会计学专业新系列教材
企业会计准则

TAXATION ACCOUNTING AND TAX PLANNING

税务会计与税务筹划

【第7版】

编 著 王素荣

机械工业出版社
China Machine Press

图书在版编目（CIP）数据

税务会计与税务筹划/王素荣编著 . — 7 版 . —北京：机械工业出版社，2019.4（2021.10 重印）

（会计学专业新企业会计准则系列教材）

ISBN 978-7-111-62221-5

I. 税… II. 王… III. ①税务会计 - 高等学校 - 教材 ②税务筹划 - 高等学校 - 教材 IV. F810.42

中国版本图书馆 CIP 数据核字（2019）第 043742 号

  本书与企业所得税会计准则密切结合，及时体现税制改革的最新成果，通过大量案例，恰到好处地介绍了相关的税法规定、会计处理和税务筹划等内容。同时，本书紧密结合注册会计师考试的主要内容，介绍了相应的考点和难点问题。本书第 7 版修订了大部分内容，习题部分修订较多，第 2 章和第 6 章全部重新撰写，适应全面增值税时代和新个税的业务要求，体现最新税务会计和税务筹划的内容。

  本书适用于会计、审计、税务、财务管理等专业的本科生教学，也可以作为研究生教育和继续教育的指导用书，并且对从事企业财务管理实践的工作者也具有一定的参考价值。

出版发行：机械工业出版社（北京市西城区百万庄大街 22 号　邮政编码：100037）
责任编辑：宋　燕　章集香　　　　　　　　　　责任校对：殷　虹
印　　刷：三河市宏图印务有限公司　　　　　　版　　次：2021 年 10 月第 7 版第 10 次印刷
开　　本：185mm×260mm　1/16　　　　　　　印　　张：21.75
书　　号：ISBN 978-7-111-62221-5　　　　　　定　　价：55.00 元

凡购本书，如有缺页、倒页、脱页，由本社发行部调换
客服热线：（010）88379210　88379833　　　　投稿热线：（010）88379007
购书热线：（010）68326294　　　　　　　　　读者信箱：hzjg@hzbook.com

版权所有·侵权必究
封底无防伪标均为盗版
本书法律顾问：北京大成律师事务所　韩光/邹晓东

前　言

税务会计是适应纳税人经营管理的需要,将会计的基本理论、基本方法同纳税活动相结合而形成的一门边缘学科,是融税收法规和会计核算于一体的一门专业会计。税务筹划是现代企业理财活动的重要内容,是纳税人在不违反税法的前提下,对企业经营活动、投资活动、筹资活动及兼并重组等事项做出筹划和安排,以实现最低税负或延迟纳税的一系列策略和行为。税务筹划也是企业理财的一门技巧。本书将税法、会计、财务管理等有关内容紧密地联系在一起,是一本非常实用的教材和参考书。

实施税务筹划需要熟知税法,熟知涉税业务的会计处理。本书将税法规定、会计处理和税务筹划的内容有机地统一起来,具有以下几大特点。

第一,本书体现了税制改革的最新成果。本书诞生于新的《企业所得税法》实施的2008年,之后,随着我国税收政策的调整多次再版。2009年1月1日起,在全国范围内实施增值税转型,本书第2版出版。2013年8月1日起,交通运输业和现代服务业"营改增"扩大到全国范围内,本书第4版出版。2016年5月1日起,建筑业、房地产业、金融保险业和生活服务业全部实行"营改增",本书第5版及时出版,以适应全面增值税时代的业务要求。2018年增值税税率下调,企业所得税诸多减税政策实施,2019年新的《个人所得税法》实施,本书第7版及时出版,为读者提供最新的税务会计和税务筹划知识。

第二,本书内容与新的企业所得税会计准则密切结合。《企业会计准则第18号——所得税》的发布和实施,是我国会计改革成果的体现。所得税会计准则明确要求企业一律采用资产负债表债务法核算递延所得税。资产负债表债务法是税务会计的一个难点,本书对此进行了详细而明确的讲解,使读者能够掌握所得税会计的最新内容。

第三,本书内容结构具有新颖性和独特性。本书将全部税种分为四大类,即流转税、流转环节小税种、所得税,以及财产税和行为税,并按每一税种的法律规定、会计核算、税务筹划的顺序安排内容。这样的分类和安排,具有一定的新颖性和独特性。

第四,本书有大量案例贯穿始终。在各税种应纳税额的计算和税务筹划环节,本书通过大量的案例来讲解相关内容，以求达到使复杂的税务计算和税务筹划更容易理解的目的。例如出口退税的计算是税法中的难点，本书通过多个案例进行细致的讲解，使难点变得简单。税务筹划部分则基本上没有讲理论，都是通过案例来讲解的，这会加深读者的感性认识。

第五，本书紧扣注册会计师考试的主要内容。一直以来，注册会计师考试是许多会计、审计和财务管理专业学生非常重视的事情，而就每年考试的情况来看，考试通过率并不高，原因有很多，其中一个主要原因是在教学过程中的相应课程难度低于注册会计师考试的要求。本书没有避开难点，而是重视注册会计师考试的内容。读者学习本书应能对通过中国注册会计师考试有所帮助。本书可以帮助学生更好地走上职业会计的道路，增强学生就业和立足社会的核心竞争力。

这里需要提示的是，有些开过"税法"课程的学校使用本书时，对于书中法律规定部分不必再全部讲解，可只讲授重点或难点的法律规定，并把流转税和所得税的会计处理及税务筹划作为课程的重点。对于很少有学生参加注册会计师考试的学校来说，教师应该因材施教，调整内容，以免发生因内容太难致使学生难以掌握的情况。

从本书的内容和深度来看，本书适用于会计、审计、税务、财务管理等专业的本科生教学，也可以作为研究生教育和继续教育的指导用书，并且对从事企业财务管理实践的工作者也具有一定的参考价值。

在本书第7版出版之际，我要感谢对外经济贸易大学国际商学院会计学系同仁对我的支持，感谢我的硕士生们对我的关心和支持，更要感谢机械工业出版社华章公司的编辑章集香女士，正是她的辛勤工作才使这本教材高质量地及时更新出版。

为了出版一本让读者满意、让自己满意的教材，在本书写作和修订的过程中，我花费了大量的时间，认真编写和修订全部内容。虽然我详细修改，以求内容准确无误，但税收制度一直在改革和完善中，疏漏之处在所难免，在此恳请读者朋友在发现错误后通过邮箱 nvbsh@126.com 与我联系，请你们批评指正！

王素荣

2019 年

教学目的

本课程的教学目的在于让学生了解经济活动中各种涉税行为的会计处理方法以及税务筹划方法。具体来说,要求学生掌握各税种的法律规定,重点掌握流转税和所得税的会计处理方法和税务筹划方法。

前期需要掌握的知识

初级会计学、中级会计学。

教学安排建议

为了使采用本书作为教材的教师在教学过程中达到更好的教学效果,现提出以下教学建议,仅供参考。

(1)对于不单独开设"税法"和"税务筹划"课程的学校来说,"税务会计与税务筹划"课程的课时最少为 48 课时,最好为 64 课时,这样才能使学生有充分的时间,系统地掌握税收的法律规定、税收的会计处理、税收的筹划技巧等全部内容,从而让学生学起来内容较连贯,效果较好。

(2)对于已经开过"税法"课程的学校,"税务会计与税务筹划"的内容以 32 课时或 48 课时为宜,教材中法律规定部分不必再全部讲解,应该只讲授法律规定中的重点或难点,其余作为学生自学的内容,同时应该把流转税和所得税的会计处理和税务筹划作为课程的重点。

48 课时的时间安排如下:

周	章节	教学内容	学时	其他教学活动
1 2	第1章	（1）了解税务会计的概念和原理 （2）了解税收实体法要素和我国现行税种 （3）掌握纳税人的权利、义务与法律责任 （4）了解税务筹划的基本理论和基本方法	6	—
3 4 5 6	第2章	（1）理解增值税的基本法律规定 （2）掌握一般纳税人增值税计税方法 （3）掌握增值税账务处理方法 （4）掌握增值税的税务筹划方法	12	作业1 作业2 结合重点案例
7 8	第3章	（1）理解消费税的基本规定及计税方法 （2）掌握消费税的会计核算方法及税务筹划方法	6	作业3 结合重点案例
9 10	第4章	（1）理解城建税、关税、资源税的内容与计税方法 （2）掌握土地增值税的计算方法和筹划方法	6	结合重点案例
11 12	第5章	（1）理解企业所得税的基本内容与会计方法 （2）掌握企业所得税的会计核算方法及税务筹划方法	6	作业4 结合重点案例
13 14	第6章	（1）理解个人所得税的法律规定与计算方法 （2）掌握个人所得税的筹划方法	6	作业5 结合重点案例
15 16	第7章	（1）理解房产税、车船税、土地使用税的内容 （2）理解印花税、契税、车辆购置税的内容	6	—

（3）对于很少有学生参加注册会计师考试的学校来说，教师应将有些难度较大的内容（如出口退税的有关内容）进行删减，以免因为内容太难而影响教学效果。作为教师，一定要会调整教材的内容，不要讲自己没有搞清楚的内容，否则，效果会很差。另外，也不是教材上所有的内容都要讲，而是要看情况，因材施教。

（4）本课程的参考书至少包括最新的 CPA 考试指定辅导教材《税法》和注册税务师考试辅导教材《税法1》《税法2》。随着经济形势的变化，税法总是在进行局部调整，而这些考试辅导书体现了税法改革的最新内容，可以让学生尽量接触到最新的税收政策。

（5）建议教授"税务会计与税务筹划"课程的教师经常到国家税务局网站浏览一下，那里有最新的税收政策及其解读，还有税务违法案例等。另一个获取税收信息的来源是《中国税务报》，它上面也有很多最新的税收政策和税收知识。

总之，希望教授"税务会计与税务筹划"课程的老师，发现教材中有什么问题或疑问及时通过邮箱 nvbsh@126.com 与我联系，相信通过我们的共同努力，会使这门非常实用的课程的地位得到提高，培养出一批既懂会计又懂税务、符合实际工作需要的学生。

王素荣

2019 年

目 录

前言
教学建议

第 1 章　税务会计与税务筹划基础 ·· 1
    1.1　税务会计概述 ··· 1
    1.2　纳税基础知识 ··· 7
    1.3　税务筹划的基本理论 ··· 17
    1.4　税务筹划的基本方法 ··· 22
    本章小结 ·· 26
    思考题 ·· 26
    练习题与作业题 ·· 27

第 2 章　增值税的会计核算与税务筹划 ·· 29
    2.1　增值税概述 ··· 29
    2.2　一般纳税人增值税的计算与申报 ··· 45
    2.3　一般纳税人增值税的会计核算 ··· 78
    2.4　小规模纳税人增值税的计算、核算与申报 ··· 102
    2.5　增值税的税务筹划 ··· 106
    本章小结 ·· 119
    思考题 ·· 119
    练习题与作业题 ·· 120

第 3 章　消费税的会计核算与税务筹划 ·· 130
    3.1　消费税概述 ··· 130
    3.2　消费税的计算与申报 ··· 134
    3.3　消费税的会计核算 ··· 142

3.4　消费税的税务筹划 ······ 151
本章小结 ······ 154
思考题 ······ 154
练习题与作业题 ······ 155

第 4 章　流转环节小税种的会计核算与税务筹划 ······ 160
4.1　城建税的会计核算 ······ 160
4.2　关税的会计核算与税务筹划 ······ 163
4.3　资源税的会计核算 ······ 173
4.4　土地增值税的会计核算与税务筹划 ······ 178
4.5　烟叶税的会计核算 ······ 190
本章小结 ······ 191
思考题 ······ 192
练习题与作业题 ······ 192

第 5 章　企业所得税的会计核算与税务筹划 ······ 196
5.1　企业所得税概述 ······ 196
5.2　企业所得税会计的基础与方法 ······ 208
5.3　企业所得税的会计核算 ······ 218
5.4　企业所得税的纳税申报 ······ 224
5.5　企业所得税的税务筹划 ······ 252
本章小结 ······ 257
思考题 ······ 258
练习题与作业题 ······ 258

第 6 章　个人所得税的会计核算与税务筹划 ······ 264
6.1　个人所得税概述 ······ 264
6.2　个人所得税的计算 ······ 268
6.3　个人所得税的申报与核算 ······ 282
6.4　个人所得税的税务筹划 ······ 291
本章小结 ······ 294
思考题 ······ 295
练习题与作业题 ······ 295

第 7 章　财产税和行为税的会计核算与税务筹划 ······ 299
7.1　房产税的会计核算与税务筹划 ······ 299

7.2 车船税的会计核算 …………………………………………………………… 304
7.3 城镇土地使用税的会计核算 ………………………………………………… 306
7.4 印花税的会计核算 …………………………………………………………… 309
7.5 环境保护税的会计核算 ……………………………………………………… 312
7.6 契税的会计核算 ……………………………………………………………… 315
7.7 车辆购置税的会计核算 ……………………………………………………… 319
7.8 耕地占用税的会计核算 ……………………………………………………… 321
本章小结 …………………………………………………………………………… 323
思考题 ……………………………………………………………………………… 324
练习题与作业题 …………………………………………………………………… 324

附录　部分练习题与作业题参考答案 ………………………………………… 327

参考文献 ………………………………………………………………………… 335

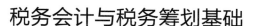

第 1 章

税务会计与税务筹划基础

> **▶ 学习提示 ◀**
>
> 税务会计是融税收法规和会计核算为一体的一门专业会计,是一门边缘学科;税务筹划是企业理财的一门技巧。"税务会计与税务筹划"这门课程,将税收、会计、财务管理等有关内容紧密地联系在一起,是一门非常实用的课程。相信通过这门课程的学习,学生能掌握税务会计和税务筹划的相关知识,能增强自身就业和立足社会的核心竞争力。本章主要介绍税务会计与税务筹划的基础知识,通过本章的学习,学生应对税务会计的概念,纳税人的权利、义务和法律责任,我国现行税种,税务筹划的概念和特点以及税务筹划的基本方法等有比较全面的理解。

1.1 税务会计概述

在税务会计概述这一部分要介绍的是税务会计的基本理论,包括税务会计的含义、税务会计的模式、税务会计的特点以及税务会计的目标、前提、原则等内容。

1.1.1 税务会计的产生及其概念

1. 税务会计的产生

在国家产生并开始征税后,同关心自己的生产耗费一样,税款的缴纳者也必然关心自己的税收负担和有关纳税情况的记录。但在生产力水平低下、各国税制远未走向法制化的情境下,纳税人纳税的原始记录和计量不可能形成规范的体系。19 世纪末 20 世纪初,现代所得税法产生后,各国税收逐步走上了法制化的轨道,随着自给自足的自然经济逐步走向工业经济,税务会计也逐步具备了其产生的经济和法律环境。很多小型企业的会计目的主要是填制所得税申报表,在大公司,收益的纳税也是会计师们要解决的一个主要问题。因此,所得税法规对建立会计的通用程序具有一定的影响。

在税务会计的产生和发展过程中，现代所得税法的产生和不断完善对其影响最大，因为企业所得税涉及企业的经营、投资和筹资各环节，涉及收入、收益、成本、费用等会计核算的全过程。另外，科学、先进的增值税法的产生和不断完善，也对税务会计的发展起到了重要的促进作用，因为它对企业会计提出了更高的要求，迫使企业在会计凭证、会计账簿设置和记载上分别反映收入的形成和物化劳动的转移价值及转移价值中所包含的已纳税金，从而正确核算其增值额，正确计算企业应纳增值税额。为了适应纳税人的需要，或者说为了使纳税人适应纳税的需要，税务会计有必要从财务会计中独立出来，以充分发挥现代会计的多重功能。现在，国内外已经有越来越多的人认同，税务会计与财务会计、成本与管理会计共同构成了会计学科的三大分支。

2. 税务会计的概念

税务会计（taxation accounting）是社会经济发展到一定阶段的产物，是关于税收及其会计处理的方法体系。税务会计是适应纳税人经营管理的需要，从财务会计、管理会计中分离出来，并将会计的基本理论、基本方法同纳税活动相结合而形成的一门边缘学科，是融税收法规和会计核算于一体的一门专业会计。税务会计进行应纳税款的计算、税款缴纳及退补税款的核算，离不开财务会计的方法体系；税务会计为纳税人进行纳税筹划、纳税控制，需要借助于管理会计的方法体系。

税务会计形成时间比较短，其制度及体系尚不完善，税务会计的定义也有多种表述。

美国著名税务会计专家吉特曼博士认为："税务会计主要是处理某项目何时被确认为收入或费用账务问题的一种专业会计。"

日本著名税务会计专家武田昌辅认为："税务会计是为计算法人税法中的课税所得而设立的会计，它不是制度会计，是以企业会计为依据，按税法的要求对既定的盈利进行加工、修正的会计。"

中国台湾"辅仁大学"吴习认为："税务会计是一种融合会计处理及税务法规于一体的专门技术，借以引导纳税义务人合理而公平地缴纳其应负担的租税。"

中国大陆著名税务会计学者盖地教授认为："税务会计是以国家现行税收法规为准绳，运用会计学的理论和方法，连续、系统、全面地对税款的形成、计算和缴纳，即税务活动引起的资金运动进行核算和监督的一门专业会计。"

本书作者在总结国内外税务会计定义的基础上，认为："税务会计是以税收法律法规为依据，以货币为主要计量单位，运用会计学的理论及其专门方法，核算和监督纳税人的纳税事务，参与纳税人的预测、决策，实现既依法纳税又合理减轻税负的一个会计学分支。"

1.1.2　税务会计模式

税务会计模式既受各国税法立法背景、立法程序的影响，又受各国会计规范方式、历史传统的影响。税务会计基本上可以归为非立法会计、立法会计和混合会计 3 种模式。

实施非立法会计模式的国家有英国、加拿大、澳大利亚、南非、美国、荷兰等国，这种会计模式在会计实务中以公认会计原则为指导，会计导向投资人，力争为投资人服务。

实施立法会计模式的国家有德国、法国、瑞士、大部分拉美国家，这种会计模式在会计实务中以广泛立法为规范，会计导向税法，按税法要求进行税务处理。

日本的会计属于准法治型，即介于立法与非立法之间。我国由于有历史与现实的特殊性，税务会计的发展方向是非立法会计或者混合会计。

在法国、德国等立法会计模式的国家，其会计准则从属于税法（特别是所得税法），即以税法为导向，因此，其会计所得与应税所得基本一致，只需要对个别差异进行纳税调整，税务会计与财务会计不必分开；而在非立法会计模式的国家和部分立法会计模式的国家，会计准则独立于税法，因此，其财务会计的账面利润不等于应税所得，需要进行纳税调整，税务会计与财务会计应该分开。我国现行税法与会计准则也是遵循分离的原则，财务会计与税务会计属于不同会计领域，两者分离有利于形成具有独立意义、目标明确、科学规范的会计理论和方法体系。

由于各国税制结构体系不同，税务会计一般有以下 3 种类型。

（1）以所得税会计为主体的税务会计。采用这种税制模式的国家（如美国、英国、加拿大、丹麦等），其所得税收入要占税收总收入的 50% 以上，这种税制模式必然要求构建以所得税会计为主体的税务会计模式。

（2）以流转税会计为主体的税务会计。在一些发展中国家，流转税收入是税收收入的主体，而所得税所占比重较小，在这种情况下，应建立以流转税会计为主体的税务会计模式。

（3）流转税与所得税并重的税务会计。在有些国家，实行的是流转税与所得税并重的复合税制，两者比重相差不大，共同构成国家的税收收入主体，如德国、荷兰、芬兰、意大利等。虽然，我国流转税所占比重较大，但近几年，所得税所占比重越来越大，从税制体系来看，我国属于复合税制体系，采用流转税与所得税并重的税务会计模式。

1.1.3 税务会计的特点

税务会计具有法律性、专业性、融合性和筹划性等特点。

1. 法律性

法律性是税务会计区别于其他专业会计的主要标志。纳税主体不论采用何种记账基础进行核算，都必须遵循税收法规。宪法规定：依法纳税是每个公民的义务，因此，遵守税收法律法规，依法及时足额纳税，保证国家的财政收入，是税务会计的一个目标。税法同其他法律一样，具有严肃性，如果纳税人不遵守税法，就会受到处罚，情节严重者将承担刑事责任。

2. 专业性

税务会计运用会计特有的专门方法，仅对纳税有关的经济业务进行核算和监督，包括计算税款、填制纳税申报表、办理纳税手续、记录税款缴纳及退补税款情况、编制纳税报表等，这些都需要有会计专业知识和税收专业知识作为支撑，因此，它是专业性很强的会计学科。

3. 融合性

税务会计是融税收法规和会计制度于一体的特种专业会计，税务会计在依照税法核算的同时，还必须结合各种专业会计的特点进行会计核算。税务会计研究的对象是税务管理活动中的会计问题，同时又是会计核算中的税务问题。从这个意义上讲，税务会计是研究税务与会计交叉问题的一门边缘性、应用性经济学科。

4. 筹划性

税务会计在进行纳税实务处理时，要时刻注重税务筹划。税务筹划是社会主义市场经济条件下，经营行为自主化、利益格局独立化的必然产物。减轻税负、提高盈利水平是企业追求的目标，通过税务会计的筹划，可以正确、合理地处理涉税事项，从而实现企业财务目标。

1.1.4 税务会计的目标、基本前提和原则

1. 税务会计的目标

税务会计的目标是向税务会计信息使用者提供关于纳税人税款形成、计算、申报、缴纳等税务活动方面的会计信息，以利于信息使用者的决策。税务会计信息使用者主要有各级税务机关和企业的利益相关者。各级税务机关可以凭借税务会计的信息，进行税款征收、检查和监督。企业的利益相关者包括经营者、投资人、债权人等，他们可以凭借税务会计的信息，了解纳税人纳税义务履行情况和纳税人的税收负担，并为其进行税务筹划、经营决策和投资决策提供依据。

税务会计的目标，具体来说，包括以下几个方面的内容。

（1）依法履行纳税义务，保证国家财政收入。税务会计要以国家的现行税收法律法规为依据，在财务会计等有关资料的基础上，正确进行与税款形成、计算、申报、缴纳有关的会计处理和调整，正确及时地填报有关的纳税报表，及时、足额缴纳各种税款，保证国家财政收入。

（2）正确进行税务处理，维护纳税人的合法权益。税务会计要求纳税人依法按时进行纳税申报和缴纳税款，如遇特殊情况，不能按时申报或不能按时缴纳税款的，有权申请延期申报或申请延期缴纳税款。纳税人对税务机关做出的具体行政行为不服的，有权申请复议或向法院起诉。总之，纳税人在处理各种税务问题时，要充分行使自己的权利，以维护自身的合法权益。

（3）合理选择纳税方案，科学进行纳税筹划。税务会计涉及的是与纳税人纳税有关的特定领域。在这个领域，要服从和服务于纳税人经营管理的总目标，即合法地减轻纳税人税

负，提高企业经济效益。因此，进行税务筹划，选择税负较轻的方案，也是税务会计的目标之一，是享受纳税人权利的具体体现。

2. 税务会计的基本前提

税务会计目标是向税务信息的使用者提供有关纳税人税务活动的信息，以利于他们的管理或决策，而纳税人错综复杂的税务业务使会计实务存在种种不确定因素，要进行正确的判断和估计，必须首先明确税务会计的基本前提。由于税务会计是以财务会计为基础的，因此，财务会计中的基本前提有些也适用于税务会计，如会计分期、货币计量等，但因税务会计的法律性等特点，税务会计的基本前提也有其特殊性。

（1）纳税主体。纳税主体就是税法规定的直接负有纳税义务的单位和个人。正确界定纳税主体，就是要求每个纳税主体应与其他纳税主体分开，保持单独的会计记录并报告其经营状况。国家规定各税种特定纳税人，有利于体现税收政策中合理负担和区别对待的原则，协调国民经济各部门、各地区、各层次的关系。

纳税主体与财务会计中的"会计主体"有一定区别。会计主体是财务会计为之服务的特定单位或组织，会计处理的数据和提供的财务信息，被严格限制在一个特定的、独立的或相对独立的经营单位之内，典型的会计主体是企业。纳税主体必须是能够独立承担纳税义务的纳税人。在一般情况下，会计主体应是纳税主体。但在特殊或特定情况下，会计主体不一定就是纳税主体，纳税主体也不一定就是会计主体。

（2）持续经营。持续经营的前提意味着该企业个体将继续存在足够长的时间以实现其现在的承诺。预期所得税在将来被继续课征是所得税款递延及暂时性差异能够存在，并且使用纳税影响会计法进行所得税跨期摊配的理由所在。

（3）货币时间价值。货币在其运行过程中具有增值能力，即使不考虑通货膨胀的因素，今天的1元钱也比若干年后收到1元钱的价值要大得多。这说明，同样一笔资金，在不同的时间具有不同的价值。随着时间的推移，投入周转使用资金的价值将会发生增值，这种增值的能力或数额就是货币的时间价值。这一基本前提已成为税收立法、税收征管的基点，因此，各税种都明确规定纳税义务发生时间的确认原则、纳税期限、缴库期等。正因为如此，递延确认收入或加速确认费用可以产生巨大的资金优势。在税务筹划实践中，人们逐步认识到最少纳税和最迟纳税的重要性。与此同时，政府及财税部门也深感货币时间价值原则的重要性，并在立法工作中开始注重这些问题。

（4）纳税年度。纳税年度是指纳税人按照税法规定应向国家缴纳各种税款的起止时间。我国税法规定，应纳税年度自公历1月1日起至12月31日止。但如果纳税人在一个纳税年度的中间开业，或者由于改组、合并、破产、关闭等原因，使该纳税年度的实际经营期不足12个月的，应当以其实际经营期限为一个纳税年度。纳税人清算时，应当以清算期间作为一个纳税年度。纳税年度不等同于纳税期限，如增值税、消费税的纳税期限一般是1个月，而所得税强调的是年度应税收益，实行的是按月或按季预交，年度汇算清缴。纳税人可在税法规定的范围内选择、确定纳税年度，但必须符合税法规定的采用和改变应纳税年度的办法，并且遵循税法中所做出的关于对不同企业组织形式、企业类型的各种限制性规定。

3. 税务会计的原则

由于税务会计与财务会计密切相关，因此，《企业会计准则》中规定的原则，基本上也适用于税务会计。但又因税务会计与税法的特定联系，税法中的实际支付能力原则、公平税负原则、程序优先于实体原则等，会非常明显地影响税务会计。

结合财务会计原则与税收原则和税务会计本身的特点，税务会计有以下几项原则。

（1）权责发生制与收付实现制结合的原则。权责发生制以权利和义务的发生来确定收入和费用的实际归属，能够合理、有效地确定不同会计期间的收益和企业的经营成果，体现了公允性和合理性。因此，企业会计核算中，坚持以权责发生制为原则。相比之下，按收付实现制来确定收入和费用的实际归属，则有失公允与合理。因此，收付实现制只适用于政府部门和事业单位等非营利组织的会计核算。

收付实现制具有如下特点：运用简单、易于审核；使收入与费用的实现具有确定性；在纳税人最有支付能力时上缴税款，税收征管操作性强等。因此，在税收历史上，最初采用的是收付实现制。但后来，由于财务会计广泛采用权责发生制，加之账簿记录转换的不方便，税务会计也采用了权责发生制。但是，税务会计的权责发生制具有以下特点：

第一，必须考虑支付能力原则，使得纳税人在最有能力支付时支付税款。

第二，确定性的需要，使得收入和费用的实际实现具有确定性。

第三，保护政府财政税收收入。在收入的确认上，权责发生制的税务会计在一定程度上被支付能力原则所覆盖，包含一定的收付实现制的方法。例如，在流转税法规中，都将"取得索取销售款的凭据的当天"作为纳税义务发生的时间，但在确定转让不动产的营业税纳税义务时间时规定："纳税人转让土地使用权或者销售不动产，采用预收款方式的，其纳税义务发生时间为收到预收款的当天"，尽管纳税人收取的预收款在会计上要记为"预收账款"和"递延收益"。

在费用的扣除上，权责发生制的税务会计也适度引用了收付实现制的方法，如在确定应纳税所得额前准予扣除的业务招待费、广告费用等项目金额时，不是完全基于其应付数，而是在特定情况下根据其实际支付的金额作为税前调整的基础。

税务会计采用收付实现制时，确定计税收入或计税成本的并不一定是现金形式，而是只要能以现金计价即可，如纳税人在以物易物进行非货币性交易时，收到对方一项实物资产，便应按该实物资产的公允价值来确认和计量换出资产所实现的收入。另外，财务会计采用稳健原则列入的某些估计、预计费用，在税务会计中是不能够被接受的，因为税务会计强调"该经济行为已经发生"的限制条件，从而起到保护政府税收收入的目的。

综上所述，税务会计在以权责发生制为基础的同时，适度引用收付实现制，以达到保证国家财政收入的目的。

（2）配比原则。税务会计在总体上遵循纳税人取得的收入与其相关的成本、费用和损失配比的原则，尤其是应用于所得税会计，在确定企业所得税税前扣除项目和金额时，应遵循配比原则，即纳税人发生的费用应当在其应配比的当期申报扣除，纳税人某一纳税年度应申报的可扣除费用，不得提前或滞后申报扣除。税务会计运用配比原则的特点体现在以下几个方面。

第一，税务会计坚持应纳税所得额是纳税人的应税收入与这些收入所实际发生的成本、费用相抵减后的结果，因而，存货跌价准备等非实际发生的费用不允许税前扣除，需做相应的纳税调整。

税务会计中的配比原则还要遵循"纳税人可扣除的费用从性质和根源上必须与取得应税收入相关"这一原则，即首先区别不同项目的税收待遇并进行分项或分类配比，其次将赞助支出、担保支出等视为与应税收入不相关，因此，不得在所得税税前扣除。

第二，税务会计由于适度地采用了收付实现制，不完全是以会计上的收入与成本费用进行比较计算，因此，应纳税所得额往往不等于会计利润。

第三，在纳税处理上，纳税人不得因会计政策变更而调整以前年度的应纳税所得额和应纳税额，也不得因此调整以前年度尚未弥补的亏损。

（3）划分营业收益和资本收益原则。营业收益和资本收益具有不同的来源，并担负着不同的纳税责任，在税务会计中应严格划分。营业收益是指企业通过其经常性的主要经营活动而获得的收入，通常表现为现金流入或其他资产的增加或负债的减少，其内容包括主营业务收入和其他业务收入两个部分，其税额的课征标准一般按正常税率计征。

资本收益是指在出售税法规定的资本资产时所得的收益，如投资收益、出售或交换有价证券的收益等。资本收益的课税标准具有许多不同于营业收益的特殊规定。因此，为了正确计算所得税，就应该有划分两种收益的原则和标准。

（4）税款支付能力原则。税款支付能力与纳税能力有所不同。纳税能力是指纳税人应以合理的标准确定计税基数，有同等计税基数的纳税人应负担同一税种的同等税款。因此，纳税能力体现的是合理负税原则。税款支付能力与企业的其他费用支出有所不同。税款支付全部是现金流出，因此，在考虑纳税能力的同时，更应考虑税款的支付能力。税务会计在确认、计量和记录其收入、收益、成本、费用时，应选择保证支付能力的会计方法。

1.2 纳税基础知识

要正确依法纳税，就必须了解税法要素的构成以及现行税种，并熟知纳税人的权利、义务与法律责任等纳税基础知识。

1.2.1 税收实体法的构成要素

企业要按照各税收实体法的要求纳税，税收实体法的构成要素包括：纳税义务人、课税对象、税率、减税和免税、纳税环节以及纳税期限等。

1. 纳税义务人

纳税义务人简称纳税人，是税法中规定的直接负有纳税义务的单位和个人。每一种税都有关于纳税义务人的规定，通过规定纳税义务人落实税收任务和法律责任。纳税义务人包括自然人和法人两种。自然人是指依法享有民事权利并承担民事义务的公民个人。法人是指依法成立，能够独立地支配财产并能以自己的名义享受民事权利和承担民事义务的社会组织。

在理解纳税人概念的过程中，要正确理解负税人、代扣代缴义务人、代收代缴义务人、代征代缴义务人等概念。

负税人是实际负担税款的单位和个人，纳税人如果能通过一定途径把税款转嫁或转移出去，纳税人就不再是负税人；否则，纳税人也就是负税人。对于流转税来说，纳税人通过定价，可以将税负转移到最终消费者身上，所以，流转税的纳税人不是负税人。对于所得税来说，它是就纳税人取得的所得额征收的税，纳税人不能通过定价将税负转移到消费者身上，所以，所得税的纳税人就是负税人。

代扣代缴义务人是指有义务从持有的纳税人收入中扣除其应纳税款并代替纳税人缴纳的企业、单位和个人。例如，我国个人所得税实行源泉扣缴的办法，给个人发放所得的单位和个人就是代扣代缴义务人。

代收代缴义务人是指有义务借助与纳税人的经济交往而向纳税人收取应纳税款并代为缴纳的单位，如受托加工单位等。代收代缴义务人不直接持有纳税人的收入，只能在与纳税人的经济交往中收取纳税人的应纳税款并代为缴纳。

代征代缴义务人是指因税法规定，受税务机关委托而代征税款的单位和个人，如发放房产证、工商营业执照的单位，在发放证照时要向领受人代征印花税税款并代为缴纳。通过代征代缴税款，便利了纳税人税款的缴纳，也有效地保证了税款征收的实现。

2. 课税对象

课税对象又称征税对象，是税法中规定的征税的目的物，是国家据以征税的依据。通过规定课税对象，解决对什么征税的问题。

每一税种都有属于自己的课税对象，否则，这一税种就失去了意义。凡是列为课税对象的，就属于该税种的征税范围；凡是未列为课税对象的，就不属于该税种的征税范围。因此，课税对象是一种税区别于另一种税的最主要标志。税种的不同，最主要是由于课税对象的不同。各税种的名称通常都是根据课税对象确定的，如增值税、所得税、房产税、车船税等。

在理解课税对象这个概念的过程中，还应理解计税依据、税目这两个概念。

计税依据又称税基，是指税法中规定的据以计算征税对象应征税款的直接数量依据。它解决对课税对象课税的计算问题，是对课税对象的量的规定。计税依据在表现形态上有两种：一种是价值形态，即以征税对象的价值作为计税依据，在这种情况下，课税对象与计税依据一般是一致的，如所得税的课税对象是所得额，计税依据也是所得额；另一种是实物形态，就是以课税对象的数量、重量、容积、面积等作为计税依据，在这种情况下，课税对象与计税依据一般是不一致的，如我国的车船税，它的课税对象是车辆、船舶，而计税依据是车的辆数或自重及船舶的净吨位。

课税对象与计税依据的关系是：课税对象是指征税的目的物，计税依据则是在目的物已经确定的前提下，对目的物据以计算税款的依据或标准。

税目是课税对象的具体化，反映具体的征税范围，代表征税的广度。不是所有的税种都规定税目，有些税种的征税对象简单、明确，没有另行规定税目的必要，如房产税、屠宰税等。但大多数税种的课税对象都比较复杂，且税种内部的不同课税对象之间又需要采取不同的税率档次进行调节。我国现行消费税有14个税目，个人所得税有9个税目，资源税有7个税目，印花税有13个税目。

3. 税率

税率是应纳税额与课税对象之间的比例，是计算税额的尺度，是税收制度的核心和灵魂，它关系着国家财政收入的多少和企业税收负担的轻重。

税率的基本形式有比例税率、累进税率和定额税率三种。

比例税率是指对同一征税对象或同一税目，不论数额大小，只规定一个比例，都按同一比例征税，税额与课税对象成正比例关系。我国对于木制一次性筷子、实木地板征收5%的消费税，就是按产品规定的比例税率。

累进税率是指对同一课税对象，随着其数额的增大，征收比例也随之增高的税率，表现为将课税对象按数额的大小分为若干等级，不同等级适用由低到高的不同税率。这一般多在收益课税中使用，它可以更有效地调节纳税人的收入，正确处理税收负担的纵向公平问题。

我国个人所得税中的工薪所得实行的是3%～45%的超额累进税率。超额累进税率是按课税对象的数额划分若干个级别，以超过前级的部分为基础计算应纳税额的累进税率。

我国的土地增值税实行的是30%～60%的超率累进税率。超率累进税率是按课税对象的相对比率划分若干个级别，以超过前级的部分为基础计算应纳税额的累进税率。

定额税率又称为固定税率，是指根据课税对象的计量单位直接规定固定的征税数额。我国的土地使用税以平方米为计税单位。

在理解上述税率概念时，还要理解名义税率与实际税率、边际税率与平均税率以及零税率与负税率等概念。

名义税率与实际税率是分析纳税人税负时常用的概念。名义税率是指税法规定的税率，实际税率是纳税人的实际负担率。由于减免税手段的使用和偷税漏税等因素的实际存在，实际税率常常低于名义税率。

边际税率是指再增加一些收入时，增加这部分收入所纳税额占增加收入的比例。平均税率是相对于边际税率而言的，它是指全部税额与全部收入之比。在比例税率的条件下，边际税率等于平均税率。在累进税率的条件下，边际税率要大于平均税率。

零税率是以零表示的税率，是免税的一种方式。零税率表明课税对象的持有人负有纳税义务，但不需要缴纳税款。负税率是指政府利用税收形式对所得额低于某一特定标准的家庭或个人予以补贴的比例。负税率主要用于负所得税的计算。负所得税是指现代一些西方国家将所得税和社会福利补助制度结合的一种主张和实验。实行负所得税的国家对那些低于维持一定生活水平所需费用的家庭或个人，按一定比例付给所得税。

4．减税和免税

减税和免税是对某些纳税人或课税对象的鼓励或照顾措施。减税是指从应征税款中减征部分税款；免税是指免征全部税款。减税和免税是为了解决按税制规定的税率征税不能解决的具体问题而采取的一种措施。为严肃税法，1994年税制改革特别强调将减免税权限集中于国务院。

减税和免税可以分为3种基本形式：税基式减免、税率式减免和税额式减免。

税基式减免是指通过缩小计税依据的方式实行的减免税，具体包括起征点、免征额、项目扣除以及跨期结转等。

税率式减免是指通过直接降低税率的方式实行的减免税，具体包括重新确定税率、选用其他税率、零税率等。

税额式减免是指通过减少应纳税额的方式实行的减免税，具体包括全部免征、减半征收、核定减免率以及另规定减征税额等。

5．纳税环节

纳税环节是指税法上规定的课税对象从生产到消费的流转过程中应当缴纳税款的环节。广义的纳税环节是指全部课税对象在再生产过程中的分布情况，如资源税分布在生产环节，商品税分布在流通环节，所得税分布在分配环节等。狭义的纳税环节是指应税商品在流转过程中应纳税的环节，具体指每一税种的纳税环节。按照纳税环节的多少，可将税收课征制度分为一次课征制和多次课征制。

一次课征制是指同一税种在商品流转的全过程中只选择某一环节课征的制度。实行一次课征制，纳税环节多选择在商品流转的必经环节和税源比较集中的环节，以便既避免重复课征，又避免税款流失。例如，我国实行的消费税采取的就是在生产或进口环节一次课征的制度，在生产或进口环节已经缴纳了消费税的商品，如小汽车，在以后的批发、零售环节，都不再缴纳消费税了。

多次课征制是指同一税种在商品流转全过程中选择两个或两个以上环节课征的制度。例如，我国实行的增值税就是采用多次课征制度，就销售有形动产来说，包括生产、批发、零售，每经过一个销售环节，就要计算缴纳一次增值税。

6．纳税期限

纳税期限是纳税人向国家缴纳税款的法定期限。国家开征的每一种税都有纳税期限的规定。我国现行税制的纳税期限有3种形式：按期纳税、按次纳税以及按年计征、分期预缴。

（1）按期纳税，即根据纳税义务的发生时间，通过确定纳税间隔期，实行按日纳税。按期纳税的纳税间隔期分为1天、3天、5天、10天、15天和1个月，共6种期限。纳税人的具体纳税间隔期由税务机关根据情况分别核定。以1个月为一期纳税的，自期满之日起15

天内申报纳税；以其他间隔期为纳税期限的，自期满之日起 5 天内预缴税款，于次月 1 日起 15 天内申报纳税并结清上月税款。

（2）按次纳税，即根据纳税行为的发生次数确定纳税期限。例如，耕地占用税、临时经营者，均采取按次纳税的办法。

（3）按年计征、分期预缴，即按规定的期限预缴税款，年度结束后汇算清缴，多退少补。

采用哪种纳税期限缴纳税款，同课税对象的性质有着密切的关系。一般来说，商品课税大都采取按期纳税的形式；所得课税采取按年计征，分期预缴的形式。无论采取哪种形式，如纳税申报期的最后一天是公休或节假日，都可以顺延。

1.2.2 我国现行税种

我国税制是以间接税和直接税为双主体的税制结构，根据国家税务总局的税收收入统计资料，近几年，我国间接税（增值税、消费税）占全部税收收入的比例为 50% 左右，直接税（企业所得税、个人所得税）占全部税收收入的比例为 25% 左右，其他辅助税种虽然数量较多，但所占税收收入比重不大。

我国现行税收法律体系是经过 1994 年工商税制改革逐渐完善而形成的。2016 年 5 月 1 日全国实行"营改增"后，我国有以下税种，按其性质和作用大致可分为四大类。

（1）流转税，包括增值税、消费税，在生产、流通或者服务业中发挥调节作用。

（2）流转环节小税种，包括城市维护建设税、关税、资源税、土地增值税、烟叶税。

（3）所得税，包括企业所得税、个人所得税，主要是在国民收入形成后，对生产经营者的利润和个人的纯收入发挥调节作用。

（4）财产税和行为税，包括房产税、车船税、土地使用税、印花税、契税、环境保护税、车辆购置税和耕地占用税，主要是对某些财产和行为发挥调节作用。

1.2.3 纳税人的权利、义务与法律责任

国家税务总局发布的公告 2009 年第 1 号《关于纳税人权利与义务的公告》中明确，您在履行纳税义务过程中，依法享有 14 项权利，并负有 10 项义务。这里"您"指纳税人或扣缴义务人，"我们"指税务机关或税务人员。

1. 纳税人的权利

（1）知情权。您有权向我们了解国家税收法律、行政法规的规定以及与纳税程序有关的情况，包括：现行税收法律、行政法规和税收政策规定；办理税收事项的时间、方式、步骤以及需要提交的资料；应纳税额核定及其他税务行政处理决定的法律依据、事实依据和计算方法；与我们在纳税、处罚和采取强制执行措施时发生争议或纠纷时，您可以采取的法律救济途径及需要满足的条件。

（2）保密权。您有权要求我们为您的情况保密。我们将依法为您的商业秘密和个人隐私保密，主要包括您的技术信息、经营信息以及您、主要投资人和经营者不愿公开的个人事项。上述事项，如无法律、行政法规明确规定或者您的许可，我们将不会对外部门、社会公众和其他个人提供。但根据法律规定，税收违法行为信息不属于保密范围。

（3）税收监督权。您对我们违反税收法律、行政法规的行为，如税务人员索贿受贿、徇私舞弊、玩忽职守、不征或者少征应征税款、滥用职权多征税款或者故意刁难等，可以进行检举和控告。同时，您对其他纳税人的税收违法行为也有权进行检举。

（4）纳税申报方式选择权。您可以直接到办税服务厅办理纳税申报或者报送代扣代缴、代收代缴税款报告表，也可以按照规定采取邮寄、数据电文或者其他方式办理上述申报、报送事项。但采取邮寄或数据电文方式办理上述申报、报送事项的，需经您的主管税务机关批准。您如采取邮寄方式办理纳税申报，应当使用统一的纳税申报专用信封，并以邮政部门收据作为申报凭据。邮寄申报以寄出的邮戳日期为实际申报日期。数据电文方式是指我们确定的电话语音、电子数据交换和网络传输等电子方式。您如采用电子方式办理纳税申报，应当按照我们规定的期限和要求保存有关资料，并定期书面报送给我们。

（5）申请延期申报权。您如不能按期办理纳税申报或者报送代扣代缴、代收代缴税款报告表，应当在规定的期限内向我们提出书面延期申请，经核准，可在核准的期限内办理。经核准延期办理申报、报送事项的，应当在税法规定的纳税期内按照上期实际缴纳的税额或者我们核定的税额预缴税款，并在核准的延期内办理税款结算。

（6）申请延期缴纳税款权。如您因有特殊困难，不能按期缴纳税款的，经省、自治区、直辖市国家税务局、地方税务局批准，可以延期缴纳税款，但是最长不得超过三个月。计划单列市国家税务局、地方税务局可以参照省级税务机关的批准权限，审批您的延期缴纳税款申请。您满足以下任何一个条件，均可以申请延期缴纳税款：一是因不可抗力，导致您发生较大损失，正常生产经营活动受到较大影响的；二是当期货币资金在扣除应付职工工资、社会保险费后，不足以缴纳税款的。

（7）申请退还多缴税款权。对您超过应纳税额缴纳的税款，我们发现后，将自发现之日起10日内办理退还手续；如您自结算缴纳税款之日起3年内发现的，可以向我们要求退还多缴的税款并加算银行同期存款利息。我们将自接到您退还申请之日起30日内查实并办理退还手续，涉及从国库中退库的，依照法律、行政法规有关国库管理的规定退还。

（8）依法享受税收优惠权。您可以依照法律、行政法规的规定书面申请减税、免税。减税、免税的申请须经法律、行政法规规定的减税、免税审查批准机关审批。减税、免税期满，应当自期满次日起恢复纳税。减税、免税条件发生变化的，应当自发生变化之日起15日内向我们报告；不再符合减税、免税条件的，应当依法履行纳税义务。如您享受的税收优惠需要备案的，应当按照税收法律、行政法规和有关政策规定，及时办理事前或事后备案。

（9）委托税务代理权。您有权就以下事项委托税务代理人代为办理：办理、变更或者注销税务登记，除增值税专用发票外的发票领购手续，纳税申报或扣缴税款报告，税款缴纳和申请退税，制作涉税文书，审查纳税情况，建账建制，办理财务、税务咨询，申请税务行政复议，提起税务行政诉讼以及国家税务总局规定的其他业务。

（10）陈述与申辩权。您对我们做出的决定，享有陈述权、申辩权。如果您有充分的证据证明自己的行为合法，我们就不得对您实施行政处罚；即使您的陈述或申辩不充分合理，我们也会向您解释实施行政处罚的原因。我们不会因您的申辩而加重处罚。

（11）对未出示税务检查证和税务检查通知书的拒绝检查权。我们派出的人员进行税务检查时，应当向您出示税务检查证和税务检查通知书；对未出示税务检查证和税务检查通知书的，您有权拒绝检查。

（12）税收法律救济权。您对我们做出的决定，依法享有申请行政复议、提起行政诉讼、请求国家赔偿等权利。您、纳税担保人同我们在纳税上发生争议时，必须先依照我们的纳税决定缴纳或者解缴税款及滞纳金或者提供相应的担保，然后可以依法申请行政复议；对行政复议决定不服的，可以依法向人民法院起诉。如您对我们的处罚决定、强制执行措施或者税收保全措施不服的，可以依法申请行政复议，也可以依法向人民法院起诉。

当我们的职务违法行为给您和其他税务当事人的合法权益造成侵害时，您和其他税务当事人可以要求税务行政赔偿。主要包括：一是您在限期内已缴纳税款，我们未立即解除税收保全措施，使您的合法权益遭受损失的；二是我们滥用职权违法采取税收保全措施、强制执行措施或者采取税收保全措施、强制执行措施不当，使您或者纳税担保人的合法权益遭受损失的。

（13）依法要求听证的权利。对您做出规定金额以上罚款的行政处罚之前，我们会向您送达《税务行政处罚事项告知书》，告知您已经查明的违法事实、证据、行政处罚的法律依据和拟将给予的行政处罚。对此，您有权要求举行听证。我们将应您的要求组织听证。如您认为我们指定的听证主持人与本案有直接利害关系，您有权申请主持人回避。对应当进行听证的案件，我们不组织听证，行政处罚决定不能成立。但您放弃听证权利或者被正当取消听证权利的除外。

（14）索取有关税收凭证的权利。我们征收税款时，必须给您开具完税凭证。扣缴义务人代扣、代收税款时，纳税人要求扣缴义务人开具代扣、代收税款凭证时，扣缴义务人应当开具。我们扣押商品、货物或者其他财产时，必须开付收据；查封商品、货物或者其他财产时，必须开付清单。

2. 纳税人的义务

（1）依法进行税务登记的义务。您应当自领取营业执照之日起 30 日内，持有关证件，向我们申报办理税务登记。税务登记主要包括领取营业执照后的设立登记，税务登记内容发生变化后的变更登记，依法申请停业、复业登记，依法终止纳税义务的注销登记等。

在各类税务登记管理中，您应该根据我们的规定分别提交相关资料，及时办理。同时，您应当按照我们的规定使用税务登记证件。税务登记证件不得转借、涂改、损毁、买卖或者伪造。

（2）依法设置账簿、保管账簿和有关资料以及依法开具、使用、取得和保管发票的义务。您应当按照有关法律、行政法规和国务院财政、税务主管部门的规定设置账簿，根据合法、有效凭证记账，进行核算；从事生产、经营的，必须按照国务院财政、税务主管部门规定的保管期限保管账簿、记账凭证、完税凭证及其他有关资料；账簿、记账凭证、完税凭证及其他有关资料不得伪造、变造或者擅自损毁。此外，您在购销商品、提供或者接受经营服务以及从事其他经营活动中，应当依法开具、使用、取得和保管发票。

（3）财务会计制度和会计核算软件备案的义务。您的财务、会计制度或者财务、会计处理办法和会计核算软件，应当报送我们备案。您的财务、会计制度或者财务、会计处理办法与国务院或者国务院财政、税务主管部门有关税收的规定抵触的，应依照国务院或者国务院财政、税务主管部门有关税收的规定计算应纳税款、代扣代缴和代收代缴税款。

（4）按照规定安装、使用税控装置的义务。国家根据税收征收管理的需要，积极推广使用税控装置。您应当按照规定安装、使用税控装置，不得损毁或者擅自改动税控装置。如您未按规定安装、使用税控装置，或者损毁或者擅自改动税控装置的，我们将责令您限期改正，并可根据情节轻重处以规定数额内的罚款。

（5）按时、如实申报的义务。您必须依照法律、行政法规规定或者我们依照法律、行政法规的规定确定的申报期限、申报内容如实办理纳税申报，报送纳税申报表、财务会计报表以及我们根据实际需要要求您报送的其他纳税资料。作为扣缴义务人，您必须依照法律、行政法规规定或者我们依照法律、行政法规的规定确定的申报期限、申报内容如实报送代扣代缴、代收代缴税款报告表以及我们根据实际需要要求您报送的其他有关资料。您即使在纳税期内没有应纳税款，也应当按照规定办理纳税申报。享受减税、免税待遇的，在减税、免税期间应当按照规定办理纳税申报。

（6）按时缴纳税款的义务。您应当按照法律、行政法规规定或者我们依照法律、行政法规的规定确定的期限，缴纳或者解缴税款。未按照规定期限缴纳税款或者未按照规定期限解缴税款的，我们除责令限期缴纳外，从滞纳税款之日起，按日加收滞纳税款万分之五的滞纳金。

（7）代扣、代收税款的义务。如您按照法律、行政法规规定负有代扣代缴、代收代缴税款义务，必须依照法律、行政法规的规定履行代扣、代收税款的义务。您依法履行代扣、代收税款义务时，纳税人不得拒绝。纳税人拒绝的，您应当及时报告我们处理。

（8）接受依法检查的义务。您有接受我们依法进行税务检查的义务，应主动配合我们按法定程序进行的税务检查，如实地向我们反映自己的生产经营情况和执行财务制度的情况，并按有关规定提供报表和资料，不得隐瞒和弄虚作假，不能阻挠、刁难我们的检查和监督。

（9）及时提供信息的义务。您除通过税务登记和纳税申报向我们提供与纳税有关的信息外，还应及时提供其他信息。如您有歇业、经营情况变化、遭受各种灾害等特殊情况的，应及时向我们说明，以便我们依法妥善处理。

（10）报告其他涉税信息的义务。为了保障国家税收能够及时、足额征收入库，税收法律还规定了您有义务向我们报告如下涉税信息：①您有义务就您与关联企业之间的业务往来，向当地税务机关提供有关的价格、费用标准等资料。您有欠税情形而以财产设定抵押、质押的，应当向抵押权人、质权人说明您的欠税情况。②企业合并、分立的报告义务。您有合并、分立情形的，应当向我们报告，并依法缴清税款。合并时未缴清税款的，应当由合并后的纳税人继续履行未履行的纳税义务；分立时未缴清税款的，分立后的纳税人对未履行的纳税义务应当承担连带责任。③报告全部账号的义务。如您从事生产、经营，应当按照国家有关规定，持税务登记证件，在银行或者其他金融机构开立基本存款账户和其他存款账户，并自开立基本存款账户或者其他存款账户之日起15日内，向您的主管税务机关书面报告全部账号；发生变化的，应当自变化之日起15日内，向您的主管税务机关书面报告。④处分大额财产报告的义务。如您的欠缴税款数额在5万元以上，您在处分不动产或者大额资产之前，应当向我们报告。

3. 税务违法责任

税务违法责任是指税收法律关系中的违法主体由于其行为违法，按照法律规定必须承担的法律后果。根据税务违法情节轻重，税务违法处罚分为行政处罚和刑事处罚。

（1）行政处罚。行政处罚是指国家行政机关对违反法律、法规的相关方当事人所给予的惩戒或制裁。行政处罚包括以下3种：

第一，责令限期改正。适用于情节轻微或尚未构成实际危害后果的违法行为的一种处罚形式。

第二，罚款。这是一种经济上的处罚，也是税务处罚中应用最广的一种形式。罚款额在2 000元以下的，由税务所决定。

第三，没收。对行政管理相对一方当事人的财产权予以剥夺。

根据《中华人民共和国税收征收管理法》及其实施细则，税务行政处罚标准规定如下：

1）对未按规定登记、申报及进行账证管理行为的处罚。除责令限期改正，可以处以2 000元以下的罚款；情节严重的，处2 000元以上1万元以下的罚款。未按照规定使用税务登记证件，或者转借、买卖、伪造税务登记证件的，处2 000元以上1万元以下的罚款；情节严重的，处1万元以上5万元以下的罚款。

2）对违反发票管理行为处罚。由税务机关销毁非法印制的发票、没收违法所得和作案工具，并处1万元以上5万元以下罚款。

3）对逃税行为的处罚。由税务机关追缴其不缴或少缴的税款和滞纳金，并处不缴或少缴的税款0.5～5倍的罚款。扣缴义务人不缴或少缴已扣、已收的税款，处罚幅度与此相同。

4）对欠税行为的处罚。由税务机关追缴欠缴的税款和滞纳金，并处欠缴税款0.5～5倍的罚款。

5）对骗税行为的处罚。由税务机关追缴其骗取的退税款，并处骗取税款1～5倍的罚款；并在规定期限内（一般6个月），税务机关停止为其办理出口退税。

6）对抗税行为的处罚。情节轻微，未构成犯罪的，由税务机关追缴其拒缴的税款和滞纳金，并处拒缴税款 1～5 倍的罚款。

7）对阻碍税务人员执行公务行为的处罚。由税务机关责令改正，处 1 万元以下的罚款；情节严重的，处 1 万～5 万元的罚款。

8）对编造虚假计税依据的处罚。由税务机关责令限期改正，并处 5 万元以下的罚款。

纳税人不进行纳税申报，不缴或少缴应纳税款的，由税务机关追缴其不缴或少缴的税款和滞纳金，并处不缴或少缴税款 0.5～5 倍的罚款。

9）对未按规定履行扣缴义务的处罚。由税务机关向纳税人追缴税款，对扣缴义务人处应扣未扣、应收未收税款 0.5～3 倍的罚款。

（2）刑事处罚。违法情节严重的，根据《中华人民共和国刑法》相关规定，属于危害税收征管罪。危害税收征管罪包括两类。一类是直接针对税款的，包括逃税罪、抗税罪、逃避追缴欠税罪、骗取出口退税罪。另一类是妨碍发票管理的，包括：①虚开增值税专用发票，用于骗取出口退税、抵扣税款发票罪；②伪造、出售伪造增值税专用发票罪；③非法购买增值税专用发票、购买伪造的增值税专用发票罪；④非法制造、出售非法制造的用于骗取出口退税、抵扣税款发票罪；⑤非法制造、出售非法制造的发票罪；⑥非法出售用于骗取出口退税、抵扣税款发票罪；⑦非法出售发票罪。

直接针对税款的犯罪，其处罚规定如下：

1）逃税罪的处罚。纳税人采取欺骗、隐瞒手段进行虚假申报或不申报，逃避缴纳税款数额较大且占应纳税额 10% 以上的，处 3 年以下有期徒刑，并处或单处 1～5 倍罚金；数额巨大并且占应纳税额 30% 以上的，处 3～7 年有期徒刑，并处 1～5 倍罚金。

对多次实施前款行为，未经处理的，按照累计数额计算。有前款行为，经税务机关依法下达追缴通知后，补缴应纳税款，缴纳滞纳金，已受行政处罚的，不予追究刑事责任；但 5 年内因逃避缴纳税款受过刑事处罚或被税务机关给予二次以上行政处罚的除外。

扣缴义务人采取前款所列手段，不缴或少缴已扣、已收的税款，税额较大的，处罚幅度相同。

2）抗税罪的处罚。犯抗税罪的，处 3 年以下有期徒刑或拘役，并处拒缴税款 1～5 倍罚金；情节严重的，处 3～7 年有期徒刑，并处拒缴税款 1～5 倍罚金。情节严重指抗税数额较大、多次抗税、抗税造成税务人员伤亡的，以及造成较为恶劣影响的。

3）逃避追缴欠税罪的处罚。犯逃避追缴欠税罪，致使税务机关无法追缴欠缴的税款，税额在 1 万～10 万元的，处 3 年以下有期徒刑或拘役，并处或单处欠缴税款 1～5 倍罚金；数额在 10 万元以上的，处 3～7 年有期徒刑，并处欠缴税款 1～5 倍罚金。单位犯逃避追缴欠税罪的，对单位判处罚金，并对其直接负责的主管人员和其他直接责任人员追究刑事责任。

4）骗取出口退税罪的处罚。犯骗取出口退税罪的，处 5 年以下有期徒刑或拘役，并处骗取税款 1～5 倍罚金；骗取国家出口退税数额巨大或有其他严重情节的，处 5～10 年有期徒刑，并处骗取税款 1～5 倍罚金；数额特别巨大或有特别严重情节的，处 10 年以上有期徒刑或无期徒刑,并处骗取税款1～5倍罚金或没收财产。单位犯骗取出口退税罪的,对单位判处罚金,并对其直接负责的主管人员和其他直接责任人员追究刑事责任。

1.3 税务筹划的基本理论

学习税务筹划的基本理论,要掌握税务筹划的含义、税务筹划的意义、税务筹划的实施,并熟知节税、避税与税负转嫁的区别。

1.3.1 税务筹划的概念和特点

在西方,纳税人进行税务筹划早已经不是什么新鲜事了,但在我国,直到改革开放初期,税务筹划还被认为是禁域,税务筹划方面的理论和实践都很少。1994年实行新税制后,特别是近十年来,税务筹划的理论和实践才逐渐繁荣。现在,不论是法人还是自然人,都对税务筹划越来越关注。

西方从事税务筹划的专家学者不少,但对"税务筹划"的定义尚未形成一致的看法。下面是国外具有代表性的几种观点。

荷兰国际财政文献局(IBDF)编写的《国际税收辞典》中是这样定义的:"税务筹划是指纳税人通过经营活动或个人事务活动的安排,实现缴纳最低的税收。"

印度税务专家 N. J. 雅萨斯威在《个人投资和税务筹划》一书中说,税务筹划是指"纳税人通过财务活动的安排,以充分利用税收法规所提供的包括减免税在内的一切优惠,从而获得最大的税收利益"。

美国南加州大学 W. B. 梅格斯博士在与他人合著的经典教科书《会计学》中,援引了知名法官汉德的一段话:"法院一再声称,人们安排自己的活动以达到低税负的目的,是无可指责的。每个人都可以这样做,不论他是富翁,还是穷人。而且这样做是完全正当的,因为他无须超过法律的规定来承担国家赋税;税收是强制课征的,而不是靠自愿捐献。以道德的名义要求税收,不过是侈谈空论而已。"之后,梅格斯博士做了如下陈述:"人们合理而又合法地安排自己的经营活动,使之缴纳可能最低的税收。他们使用的方法可称为税务筹划……少缴税和递延缴纳税收是税务筹划的目标所在。"另外,他还说:"在纳税发生之前,系统地对企业经营或投资行为做出事先安排,以达到尽量少缴所得税,这个过程就是税务筹划。"

我国学术界近几年也开始对税务筹划概念进行研究,代表性的观点有以下几种。

盖地教授认为:税务筹划是纳税人依据所涉及的现行税法及相关法规,遵循税收国际惯例,在遵守税法、尊重税法的前提下,根据税法中的"允许""不允许"以及"非不允许"项目和内容等,对企业的组建、经营、投资、筹资等活动进行的旨在减轻税负,有利于实现企业财务目标的谋划、对策与安排。

张中秀教授认为:税务筹划应包括一切采用合法和非违法手段进行的纳税方面的策划和有利于纳税人的财务安排,主要包括节税筹划、避税筹划、转退筹划和实现涉税零风险。

综合以上表述，可将税务筹划定义为：税务筹划是指纳税人在不违反税法及其他相关法律、法规的前提下，对企业经营活动、投资活动、筹资活动及兼并、重组等事项做出筹划和安排，以实现最低税负或延迟纳税的一系列策略和行为。

1.3.2 税务筹划的意义和目标

1. 税务筹划的意义

税务筹划是一项非常有意义的财务管理方法。在我国开展税务筹划，其意义主要体现在以下几个方面。

（1）税务筹划有助于提高纳税人的纳税意识。税务筹划与纳税人纳税意识的增强具有客观一致性的关系，税务筹划是纳税人纳税意识提高到一定程度的体现。进行税务筹划的初衷的确是为了减轻税负，但是，纳税人可以采取合法的方式，通过研究税收法律规定，关注税收政策变化，进行纳税方案的优化选择，以期获得最大的税收利益。在进行税务筹划的过程中，纳税人在减轻税负的同时，也提高了纳税意识。

目前，在我国，进行税务筹划的企业大多是外商投资企业和大中型国有企业，这些企业的会计核算和管理水平较高，纳税管理比较规范，相当一部分企业还是纳税先进户。这就是说，税务筹划搞得好的企业往往是会计基础较好、纳税意识较强的企业。由此可见，税务筹划有利于促使纳税人在谋求合法税收利益的驱动下，自觉主动地学习和钻研税收法律法规，自觉主动地履行纳税义务。

（2）有助于提高税收征管水平，不断健全和完善税收法规。税务筹划虽然是不违反税法的，但不一定都符合政府的政策导向，如集团内部母公司与子公司之间通过转让定价进行的利润转移。这时，税务当局可以通过签订预约定价协议等办法，避免税收的流失。而在签订预约定价协议的过程中，也能促进税务机关提高税收征收管理水平。纳税人进行税务筹划，税务机关加强税收征管，在两者的博弈中，税收征管的水平会随着税务筹划水平的提高而提高，即道高一尺，魔高一丈。纳税人的筹划活动，可以促使税务当局及早发现现行税收法规中存在的缺陷与疏漏，然后依法定程序进行更正、补充和修改，从而促进税法不断健全和完善。同时，税务筹划也有利于加快税收的立法过程及相关法律、法规的相互协调与衔接，使我国法律成为一个相互协调的有机整体。

（3）有助于提高企业的财务管理水平，实现纳税人财务利益最大化。税务筹划是企业的一项财务管理活动，进行税务筹划也离不开财务会计。税务筹划要求建立健全财务会计制度，规范财务管理工作，同时，也要求财务会计人员具有相当水平的业务能力，熟知最新的会计准则和税收法规，并对会计与税收差异进行正确的纳税调整，以便正确计税。这些方面的要求和实务操作，都有利于提高企业的财务管理水平。

税法漏洞的存在，给纳税人提供了避税的机会；税法漏洞的存在，又让纳税人不得不小心，否则会落入看似漏洞或优惠实为陷阱的圈套。纳税人一旦落入税法陷阱（tax trap），就要缴纳更多的税款。税务筹划可防止纳税人陷入税法陷阱，不缴不该缴付的税款，有利于纳税人的财务利益最大化。

2. 税务筹划的目标

税务筹划是在法律规定、国际惯例、道德规范和经营管理之间寻求平衡，以争取在涉税零风险下的企业利润（价值）最大化。在税务筹划的过程中，不能只考虑个别税种纳税的多与少，不能单纯以眼前税负的高低作为判断标准，而是要以企业整体和长远利益作为判断标准，因此，进行税务筹划时，有时可能会选择税负较高的方案。

税务筹划的基本目标是：减轻税收负担，争取税后利润最大化。税务筹划目标的外在表现是：纳税最少，纳税最晚，实现"经济纳税"。为实现税务筹划的基本目标，可以将税务筹划的目标细化，具体可分为：

（1）恰当履行纳税义务。这一基本目标旨在规避纳税风险，规避任何法定纳税义务之外纳税成本的发生，即依法纳税，实现涉税零风险。因税制具有复杂性且随着经济状况的变化而不断调整，纳税人必须不断学习，及时、正确地掌握现行税法，并进行相应的筹划，才能恰当履行纳税义务。

（2）纳税成本最低化。纳税成本包括直接纳税成本和间接纳税成本。直接纳税成本是指纳税人为履行纳税义务而付出的人力、物力和财力，即在计税、缴税、退税及办理有关税务手续时发生的各项成本费用；间接纳税成本是指纳税人在履行纳税义务过程中所承受的精神负担、心理压力等。税制公平，纳税人的心理就比较平衡；税收负担在纳税人的承受能力之内，其心理压力就小。除了纳税人要提高其自身业务素质、加强企业管理之外，不断健全、完善税制及提高税收征管人员的执业水平、业务素质，也是降低纳税成本的重要方面。

（3）税收负担最低化。税收负担最低化是税务筹划的最高目标。税负的轻重，不是看纳税人纳税数额的多少，而是看其税收负担率。而实现税负最低、利润最大，需要事先对企业的涉税事项进行总体运筹和安排。税负最低化目标更多的是从经济观点而非税收角度来谋划和安排，税务筹划的焦点是现金流量、资源的充分利用，收益、纳税人所得的最大化。

3. 以科学的观点看待税务筹划

税务筹划是现代企业理财活动的重要内容，但不是经过筹划，所有的税收都可以少缴，在实际工作中，一定要以科学的观点看待税务筹划。

就税务筹划而言，仅仅在税上做文章的筹划是小技能，也容易引起税务机关的反感。税务筹划应在税收法令、法规与其他学科的衔接中寻求答案，而更深的筹划含义在税之外。在市场经济环境下，财富的大部分是由合同构成的，而合同又是税务机关确认企业应税行为的主要依据之一，即一项经济业务是否应缴税以及按照什么标准缴税，主要看企业所签订的经济合同是否符合税法的要求，并不看企业的会计核算或者实际操作是如何进行的。

在并购合同中，最常见的条款是债权债务由谁负责，如果未明确相关的税收问题，那么并购成功后就很容易出现以前年度遗留的涉税问题，引起涉税征缴、滞纳和罚款。税款既不属于债权,也不属于债务,如果并购时没有明确由谁负担,收购方最终往往只能自食其果。例如,某企业通过艰难的讨价还价,以 1 000 万元的价格收购了另一企业,可事后却为对方支付了历年应纳税款 300 万元,实际收购价格高出对方当初的报价!

在采购环节,购货合同的通用条款通常是买方支付全款后卖方即开具发票。而实际上,因资金紧张等原因,购货后,企业并不能马上支付全款,造成支付部分款项后不能及时取得用于抵扣税款的专用发票,不能及时抵扣部分税款。出于税务筹划的考虑,应在签订采购合同时,将"支付全款后即开具发票"改为"按实际支付款开具相应金额的发票",这样能节约一笔垫付的税款。

另外,在购货合同中,还应该注意合同中货物销售价格的确定,因为不同的价格会给企业带来不同的税收负担。含税价是合同中需要结算的价税合计总额,而计算增值税的基数应该是不含增值税的价格。如果合同中没有明确指出是含税价还是不含税价,税务机关则认为是不含税价,会直接根据合同金额计算增值税,而实际上,一般购货合同中记载的金额都是含税价,计税时应该将它除以(1+税率),换算成不含税价,然后再计算增值税。所以,企业签订合同时,在合同中应明确指明为含税价,并且最好注明增值税税率(16%、10%、6% 和 3%)。

1.3.3　税务筹划的实施

现代企业具有生存权、发展权、自主权和自保权,其中自保权就包含了企业对自己经济利益的保护。纳税关系到企业的重大利益,享受法律的保护并进行合法的税务筹划,是企业的正当权利。

税务筹划是纳税人对其资产、收益的正当维护,属于纳税人应享有的经济权利。税务筹划又是纳税人对社会赋予其权利的具体运用,属于纳税人应有的社会权利。但税务筹划作为纳税人的权利是有特定界限的,超越界限就不再是企业的权利,而是违背企业的义务,就不再是合法的,而是违法的。当税法中存在的缺陷被纠正或不明确的地方被明确后,筹划权利就转变成纳税义务;当税法中的某项条款重新解释并明确适用范围后,原有的权利就很可能转变成义务;当税法中的某特定内容被取消后,筹划条件消失,税务筹划权利就转变成纳税义务;实施税务筹划而对他人正常权利构成侵害时,税务筹划权利就要受到约束。企业的税务筹划权利的行使是以不伤害、不妨碍他人的权利为前提的。

在企业依法享有税务筹划权利的过程中,税务筹划的主观动机要实现,还必须具备某些客观条件。企业的经济活动复杂多变,纳税人的经营方式多种多样,国家为了足额征税,就要制定能够应付复杂经济活动的税收制度,这就要求税收制度具有一定的弹性,而恰恰是税收制度的这种弹性给纳税人的税务筹划提供了可能性。如由于税收优惠政策的存在,同种税在实际执行中有差异,造成了非完全统一的税收法制,这就为税务筹划提供了客观条件;由于税收法律制度存在自身难以克服的缺陷或不合理性,如税法、条例、制度不配套,政策模糊、笼统、内容不完整等,这些都成了税务筹划的有利条件。由于各国税收管辖权的差异、各国税制的差异、避免国际双重征税方法的不同等,给跨国税务筹划提供了可能。

除以上内容外,税务筹划的实施还要求纳税人熟知税法和相关法律,要求纳税人具有税务筹划意识,要求纳税人具有相当的规模,在此基础上,实施税务筹划才能发挥其应有的作用。

1.3.4 节税、避税与税负转嫁

广义的税务筹划包括节税、避税和税负转嫁,但这三者之间有一定的区别。

1. 节税

节税(tax saving)是在税法规定的范围内,当存在多种税收政策、计税方法可供选择时,纳税人以税负最低为目的,对企业经营、投资、筹资等经济活动进行的涉税选择行为。

节税具有合法性、符合政府政策导向、普遍性和多样性的特点。

节税的形式有以下几种:

(1)利用税收照顾性政策、鼓励性政策进行节税,这是最基本的节税形式。

(2)在现行税法规定的范围内,选择不同的会计政策、会计方法以求节税。

(3)在现行税法规定的范围内,在企业组建、经营、投资与筹资过程中进行旨在节税的选择。

2. 避税

避税(tax avoidance)是纳税人在熟知相关税境的税收法规的基础上,在不直接触犯税法的前提下,利用税法等有关法律的疏漏、模糊之处,通过对经营活动、筹资活动、投资活动等涉税事务进行精心安排,达到规避或减轻税负的行为。

避税是纳税人应享有的权利,即纳税人有权依据法律的"非不允许"进行选择和决策。避税行为分为顺法意识避税和逆法意识避税两种。顺法意识避税活动及其产生的结果,与税法的法律意图相一致,不影响或削弱税法的法律地位,也不影响或削弱税收的职能作用。逆法意识避税是与税法的法律意图相悖的,它是利用税法的不足进行反制约、反控制的行为,但不影响或削弱税法的法律地位。

避税按涉及的税境分为国内避税与国际避税。国内避税是纳税人利用国内税法所提供的条件、存在的可能进行的避税。国际避税是指跨国纳税人利用国与国之间的税制差异以及各国涉外税收法规和国际税法中的漏洞,在跨越国境的活动中,通过种种合法手段,规避或减少有关国家纳税义务的行为。

节税与避税均属于税务筹划范围,两者联系密切,但在理论上还是有区别的。在执行税收法规制度方面,避税不违反税法或不直接触犯税法,节税符合税收法规的要求;在政府的政策导向方面,节税完全符合政府的政策导向,国家不但允许,而且鼓励(体现在税收的优惠政策上);避税是遵守"法无明文不为罪"的原则去寻求纳税人利益,当然不符合政府的政策导向。

偷税（tax evasion）是指纳税人采取伪造、变造、隐匿、擅自销毁账簿、记账凭证，在账簿上多列支出或者不列、少列收入，或者进行虚假纳税申报的手段，不缴或者少缴应纳税款的行为。

避税与偷税的区别在于：①偷税是指纳税人在纳税义务已经发生的情况下通过种种手段不缴纳税款；避税是指纳税人规避或减少纳税义务。②偷税直接违反税法，是一种非法行为；避税是钻税法空子，并不直接违反税法，形式上是一种合法行为。③偷税不仅违反税法，而且要借助犯罪手段，如做假账、伪造凭证等，偷税行为应受到法律制裁（拘役或监禁）；避税是一种合法行为，并不构成犯罪，不应受到法律的制裁。

3. 税负转嫁

税负转嫁是纳税人通过价格的调整与变动，将应纳税款转嫁给他人负担的过程。税负转嫁只适用于流转税，即只适用于纳税人与负税人分离的税种。税负转嫁能否如愿，关键是看其价格定得是否适当，但价格的高低归根结底是看其产品在市场上的竞争能力和供求弹性。与其他方式相比，税负转嫁具有以下特点：一般不存在法律上的问题，不承担法律责任；方法单一，主要通过价格的调整；直接受商品、劳务供求弹性的影响。

税负转嫁与避税的区别有：

（1）适用范围不同。税负转嫁的适用范围较窄，受制于商品、劳务的价格与供求弹性，避税则不受这些限制。

（2）适用前提不同。税负转嫁的前提是价格自由浮动，避税则不受此限制。

（3）税负转嫁可能会与企业财务目标相悖。当企业为转移税负而提高商品、劳务的供应价格时，同时可能也在使其市场占有率下降，利润减少；避税筹划一般不会出现这种悖论。

1.4 税务筹划的基本方法

税务筹划的方法有很多，这里主要介绍恰当选择税务筹划的切入点、充分利用税收优惠政策、高纳税义务转换为低纳税义务、税收递延和税负转嫁等内容。

1.4.1 恰当选择税务筹划的切入点

税务筹划是利用税法客观存在的政策空间进行筹划，政策空间体现在不同的税种上、不同的税收优惠政策上、不同的纳税人身份上及影响纳税数额的其他基本要素上。税务筹划应以税法客观存在的空间为切入点，研究实施税务筹划的方法。

（1）选择税务筹划空间大的税种为切入点。税务筹划可以针对一切税种，但在实际操作中，要选择对决策有重大影响的税种作为税务筹划的重点；选择税负弹性大的税种作为税务筹划的重点，税负弹性越大，税务筹划的潜力也越大。

（2）以税收优惠政策为切入点。国家为了实现税收调节功能，在税种设计时，都设有税收优惠条款，企业如能充分利用税收优惠条款，就可以享受节税效益。选择税收优惠政策作为税务筹划突破口时，应注意两个问题：一是纳税人不得曲解税收优惠条款，滥用税收优惠，以欺骗的手段骗取税收优惠；二是纳税人应充分了解税收优惠条款，并按规定程序进行申请，避免因程序不当而失去应有的权益。

（3）以纳税人构成为切入点。企业进行税务筹划之前，首先要考虑能否避开成为某税种纳税人，从而从根本上解决减轻税收负担问题。增值税小规模纳税人的总体税负比增值税一般纳税人的总体税负轻。但这些不是绝对的，在实践中，要全面综合考虑，进行利弊分析。

（4）以影响应纳税额的基本因素为切入点。影响应纳税额的因素有计税依据和税率。计税依据越少，税率越低，应纳税额也越小。进行税务筹划，要从这两个因素入手，找到合理、合法的办法来降低应纳税额。

（5）以不同的财务管理过程为切入点。企业的财务管理包括筹资管理、投资管理、资金运营管理和收益分配管理，每个管理过程都可进行税务筹划。

在筹资管理阶段，负债的利息作为税前扣除项目，享有所得税利益，而股息支付只能在企业税后利润中分配，因而债务资本筹资就有节税优势。通过融资租赁可以迅速获得所需资产，保存企业的举债能力，而且支付的租金利息也可以按规定在所得税前扣除，减少了计税基数。更重要的是租入固定资产可以计提折旧，进一步减少了企业的计税基数，因此，融资租赁的税收抵免作用极其显著。

在投资管理阶段，选择投资方式时要考虑不同投资方式实际效益的区别；选择投资项目时，国家鼓励的投资项目和国家限制的投资项目，两者之间在税收支出上有很大的差异；在企业组织形式的选择上，分公司与子公司、个体工商户和私营企业，采用不同组织形式的税负是不同的。

在经营管理阶段，不同的固定资产折旧方法影响各期的利润及应纳税所得额；不同的存货计价方法影响企业的所得税税负；对于一般纳税人来说，其采购对象是不是一般纳税人有很大的影响。

1.4.2 充分利用税收优惠政策

税收优惠是国家税制的一个组成部分，是政府为了达到一定的政治、社会和经济目的而对纳税人实行的税收鼓励。税收鼓励反映了政府行为，它是通过政策导向影响人们的生产与消费偏好来实现的，所以也是国家调控经济的重要杠杆。无论是经济发达国家还是发展中国家，无不把实施税收优惠政策作为引导投资方向、调整产业结构、扩大就业机会、刺激国民经济增长的重要手段加以利用。

税收优惠主要有以下几种形式：免税、减税、税率差异、税收扣除、税收抵免、优惠退税和亏损抵补。

免税是指国家出于照顾或奖励的目的，对特定的地区、行业、企业、项目或情况（特定的纳税人或纳税人的特定应税项目，或由于纳税人的特殊情况）所给予纳税人完全免征税收的情况。充分利用免税获得税收利益的关键在于：尽量争取更多的免税待遇，尽量使免税期最长化。

减税是国家出于照顾或奖励的目的，对特定的行业、企业、项目或情况给予纳税人减征部分税收。减税可以是国家对特定纳税人的税收照顾措施，也可能是出于政策需要对特定纳税人的税收奖励措施。充分利用减税优惠获得税收利益的关键在于：尽量争取减税待遇并使减税最大化，尽量使减税期最长化。

税率差异是指对性质相同或相似的税种实施不同的税率。税率差异是普遍存在的客观情况。一国境内的税率差异往往旨在鼓励某种经济、某类型企业、某类行业的存在和发展，它体现了国家的税收鼓励政策。例如我国2008年1月1日开始实施的《中华人民共和国企业所得税法》（以下简称《企业所得税法》），基本税率为25%，但高新技术企业适用15%的税率，小型微利企业适用20%的税率。充分利用税率差异来获得税收利益的关键在于：尽量寻求税率最低化，尽量寻求税率差异的稳定性和长期性。

税收扣除是指从计税金额中减去一部分，再计算出应税金额。税收扣除与适用于特定范围的免税、减税不同，税收扣除普遍适用于所有纳税人。利用税收扣除来获得税收利益最大化的关键在于：争取扣除项目最多化，争取扣除金额最大化，争取扣除最早化。

税收抵免是指从应纳税额中扣除税收抵免额。世界上很多国家都实行投资抵免所得税政策。利用税收抵免来获得税收利益最大化的关键在于：争取抵免项目最多化，争取抵免金额最大化。

优惠退税是指政府将纳税人已经缴纳或实际承担的税款退还给规定的受益人。优惠退税一般适用于对产品课税和对所得课税。在对外贸易中，出口退税是奖励出口的一种措施。世界各国奖励出口的退税措施大致有两种：一是退还进口税，即用进口原料或半成品加工制成成品出口时，退还已纳的进口税；二是退还已纳的国内销售税、消费税和增值税等，即在商品出口时退还国内已纳税款，让其以不含税价格进入国际市场，从而增强其竞争力。利用退税获得税收利益最大化的关键在于：争取退税项目最多化，争取退税额最大化。

亏损抵补是指当年经营亏损在次年或其他年度经营盈利中抵补，以减少以后年度的应纳税款。这种优惠形式对扶持新办企业的发展具有一定的作用，对具有风险的投资激励效果明显，对盈余无常的企业尤其具有均衡税负的积极作用。为了鼓励投资者进行长期风险投资，各国税法大多规定，允许投资者将年度亏损结转，即以与一定年度的盈余互抵后的差额计征所得税。

利用税收优惠政策进行税务筹划时需要注意以下两个方面：

一是注重对优惠政策的综合衡量。政府提供的税收优惠是多方面的，纳税人不能仅重视一个税种，因为有时一种税少缴了，另一种税就要多缴。纳税人要着眼于整体税负的轻重，从各种税收优惠方案中选出最优的方案。

二是注重投资风险对资本收益的影响。国家实施税收优惠是通过给纳税人提供一定税收利益而实现的，但不等于纳税人可以自然地得到资本回收实惠，许多税收优惠是与纳税人的投资风险并存的。资本效益如果不落实，再好的优惠政策也不能转化为实际收益。

1.4.3　高纳税义务转换为低纳税义务

所谓高纳税义务转换为低纳税义务，指的是同一经济行为有多种税收方案可供选择时，纳税人避开高税点而选择低税点，以减轻纳税义务，获得税收利益。

税率的基本形式有定额税率、比例税率、累进税率等。在累进税率下，同样是 1 元钱的所得，由于所处的收入区间不同，税负是不同的。这样，作为纳税人，完全可以通过收入与费用在不同纳税期的安排达到税负较低的目的。如果是全额累进税率，从高税率往低税率转换的余地更大。

除了收入与费用的实现和认定对适用税率高低有影响之外，获利年度的确认、资本物的持有期、融资的不同方式、生产经营的组织结构等都可能使纳税义务发生从重到轻或从轻到重的变动与转化。

1.4.4　税收递延

税收递延，又称纳税期的递延或延期纳税，即允许企业在规定的期限内，分期或延迟缴纳税款。纳税期的递延有利于资金周转，节省利息支出，以及由于通货膨胀的影响，延期以后缴纳税款的币值下降，从而降低了实际纳税额。

税收递延的途径是很多的，纳税人从中可得到不少税收实惠。特别在跨国公司迅速发展的今天，假定母公司位于高税管辖权的地区，其子公司设在低税管辖权的地区，子公司取得的收入长期留在账上，母公司由于未取得股息分配的收入，这部分税款自然就递延下来了。现在只有少数国家在小范围内对税收递延采取防范的措施，这对税务筹划不会有太大的影响。

就税收递延来说，税务筹划的目标是在不违反税法的前提下，尽量地延缓缴税时间，这等于得到一笔"无息贷款"，并随之得到很多额外的税收好处。

税收的重点是流转税和所得税，流转税的计税依据是收入，所得税的计税依据是应纳税所得额。应纳税所得额是纳税人的收入减去费用后的余额。尽管推迟税款缴纳的方法很多，但可归结为：推迟收入的确认和尽早确认费用两种。对于费用的确认，应当遵循以下原则：凡能直接记入营业成本、期间费用和损失的，不记入生产成本；能记入成本的，不记入资产；能预提的，不待摊；能多提的，就多提；能快摊的，就快摊。

1.4.5　税负转嫁

税负转嫁是在市场经济条件下，纳税人通过经济交易中的价格变动将所纳税收部分或全部转移给他人负担的客观经济过程。在税负转嫁的条件下，纳税人和真正的负税人是分离的，纳税人只是法律意义上的纳税主体，负税人是经济意义上的承担主体。

税负转嫁分为税负前转、税负后转、税负消转和税收资本化。

税负前转是指企业通过提高商品或生产要素价格的方法，将所纳税款转嫁给购买者或最终消费者承担，这是最为典型、最具普遍意义的税负转嫁形式。

税负后转是指纳税人将已纳税款向后逆转给货物的生产者。

税负消转是指一定的税额在名义上分配给纳税人后，既不能前转也不能后转，而是要求企业对所纳税款完全通过自身经营业绩的提高和技术进步等手段，自行补偿其纳税的损失。

税收资本化是指课税商品出售时，买主将今后若干年应纳的税款从所购商品的资本价值中预先扣除。今后若干年名义上虽由买主按期纳税，但税款实际上已经全部由卖主负担。此种情况主要发生于土地买卖和其他收益来源较为永久性的财产上。

税负转嫁是企业进行税务筹划、获得税收收益的特殊而又重要的形式。税负转嫁意味着税收负担的终极承担者不是直接的纳税人，而是其背后的隐匿者或潜在的替代者。税款的直接缴纳人通过转嫁将税负推给他人，自己只是承担部分甚至完全不承担任何纳税义务。纳税人实施税负转嫁策略，并不侵害国家利益，只是改变了税款在不同经济主体之间的重新负担状况，没有减少国家应收税款的总量，这种行为并不违反税法规定。

▶本章小结

1. 税务会计是以税收法律法规为依据，以货币为主要计量单位，运用会计学的理论及其专门方法，核算和监督纳税人的纳税事务，参与纳税人的预测、决策，达到既依法纳税又合理减轻税负的一个会计学分支。税务会计有以下几项原则：权责发生制与收付实现制结合的原则、配比原则、划分营业收益和资本收益原则、税款支付能力原则。

2. 税收实体法的构成要素包括：纳税义务人、课税对象、税率、减税和免税、纳税环节、纳税期限等。我国现行税种包括流转税、流转环节小税种、所得税、财产税和行为税4类。

3. 税务筹划是指纳税人在不违反税法及其他相关法律、法规的前提下，对企业经营活动、投资活动、筹资活动及兼并、重组等事项做出筹划和安排，以实现最低税负或递延纳税的一系列策略和行为。税务筹划基本方法包括恰当选择税务筹划的切入点、充分利用税收优惠政策、高纳税义务转换为低纳税义务、税收递延、税负转嫁等。

▶思考题

1. 何为税务会计？税务会计有哪些特点？
2. 税收实体法有哪些要素？如何正确理解税率的各种形式？
3. 我国现行税种有哪些？如何正确理解流转税和所得税是我国税制的主体税种？
4. 纳税人有哪些权利和义务？纳税人的各种违法行为应负什么样的法律责任？
5. 何谓税务筹划？如何正确理解以科学的观点看待税务筹划？
6. 税务筹划的基本方法有哪些？

▶练习题与作业题

一、单项选择题

1. 税务会计区别于其他专业会计的主要标志是（　　）。
   A. 法律性　　　　　B. 专业性　　　　　C. 融合性　　　　　D. 筹划性
2. 速算扣除数的作用主要是（　　）。
   A. 确定应纳税额的基础　　　　　　　　B. 减缓税率累进的速度
   C. 使计算准确　　　　　　　　　　　　D. 简化计算
3. 一种税区别于另一种税的最主要标志是（　　）。
   A. 税率　　　　　　B. 课税对象　　　　C. 计税依据　　　　D. 税目
4. 下列税种中属于流转税的是（　　）。
   A. 契税　　　　　　B. 个人所得税　　　C. 房产税　　　　　D. 增值税
5. 税务筹划是现代企业（　　）的体现。
   A. 生存权　　　　　B. 发展权　　　　　C. 自主权　　　　　D. 自保权

二、多项选择题

1. 税务会计的原则有（　　）。
   A. 权责发生制与收付实现制结合的原则　　B. 配比原则
   C. 划分营业收益和资本收益原则　　　　　D. 税款支付能力原则
2. 税率的基本形式有（　　）。
   A. 浮动税率　　　　B. 比例税率　　　　C. 累进税率　　　　D. 定额税率
3. 我国现行税制的纳税期限形式有（　　）。
   A. 按期纳税　　　　B. 按次纳税　　　　C. 按月纳税　　　　D. 按年计征，分期预缴
4. 税务筹划的基本方法包括（　　）。
   A. 恰当选择税务筹划的切入点　　　　　B. 充分利用税收优惠政策
   C. 高纳税义务转化为低纳税义务　　　　D. 税收递延
5. 税务会计的基本前提有（　　）。
   A. 纳税主体　　　　B. 持续经营　　　　C. 货币时间价值　　D. 纳税年度
6. 下列税种中，属于税收法律的有（　　）。
   A. 增值税　　　　　B. 企业所得税　　　C. 土地增值税　　　D. 个人所得税

三、判断题

1. 纳税主体和会计主体是一致的。　　　　　　　　　　　　　　　　　　　　　（　　）
2. 我国税制是以直接税和间接税为双主体的税制结构。　　　　　　　　　　　　（　　）
3. 避税是一种违法行为。　　　　　　　　　　　　　　　　　　　　　　　　　（　　）
4. 税负转嫁适用于所得税。　　　　　　　　　　　　　　　　　　　　　　　　（　　）

四、案例分析题

纳税人李某拖欠税款 8 000 元，滞纳金 600 元，当地税务分局责令其限期缴纳，但李某逾期仍未缴纳。经县级税务局局长批准，税务分局开具扣押清单，扣押了李某价值相当于市场零售价 9 000 元的烟酒等商品。

随后，税务分局将扣押的烟酒委托当地烟酒公司代为出售。一周后，扣押的烟酒全部售出，因市场价格变动，共得货款 8 800 元。税务分局当即将 8 800 元的货款用于抵押李某应纳税款和滞纳金，并代扣销售费 100 元，将剩余的 100 元退还给李某。

李某认为，税务分局违反了《税收征管法》的规定，超价值扣押并变卖商品，遂申请税务行政复议。

请分析税务分局的做法是否合理？

第 2 章 增值税的会计核算与税务筹划

> **学习提示**
>
> 增值税是一个非常重要的流转税,不仅企业经营行为取得的收入需要缴纳增值税,而且某些长期资产的资本利得也需要缴纳增值税。在学习本章内容时,学生要熟知增值税的法律规定,正确计算增值税的应纳税额,掌握一般纳税人增值税的会计处理方法,掌握增值税的税务筹划方法。本章主要介绍增值税的基本规定,进项税额和销项税额的计算与核算,进项税转出、出口退税及减免税的核算,增值税的纳税申报,增值税的税务筹划等内容。通过本章的学习,学生应对增值税的概念与特点、进项税额和销项税额的法律规定、增值税的核算与申报、增值税的税务筹划等有比较全面的理解和掌握。

2.1 增值税概述

增值税是现今大多数国家都征收的一种流转税。增值税只针对增值额征税,如果相同税率的商品的最终售价相同,其总税负就必然相同,而与其经过多少个流转环节无关。所以,实行增值税,使税负趋于合理。

2.1.1 增值税的含义与特点

增值税(value-added tax)是对商品生产、商品流通、劳务、服务各个环节的新增价值征收的一种流转税。由于新增价值在商品生产和流通过程中很难计算,征纳双方不易操作,世界各国一般采用间接计税法,即先计算出全部应纳税额,再扣除对外支付项目的已纳税额,最后得出应纳税额的扣税法。我国增值税的含义、特点与优点如下所述。

1. 增值税的含义

增值税是对在我国境内销售货物和销售服务，以及进口货物的单位和个人，就其货物和服务的销售额以及货物进口金额为计税依据计算税款，并实行税款抵扣制的一种流转税。

增值税是以法定增值额为征税对象征收的一种流转税，由于法定增值额的计算方法不同，根据是否扣除固定资产价值，增值税分为以下类型。

（1）消费型增值税。消费型增值税是指纳税期内购置的用于应税商品和应税服务的全部固定资产的价款在纳税期内一次全部扣除。对整个社会来说，增值额只限于国民收入中用于消费资料的部分。

（2）生产型增值税。生产型增值税是指不允许扣除任何外购固定资产的价款。对整个社会来说，增值额相当于国民生产总值。

1994年开征增值税时，我国选择采用了生产型增值税。2009年1月1日起，我国在全国范围内实施不彻底的消费型增值税，允许抵扣购入动产固定资产的进项税额。2016年5月1日起，"营改增"全面实施，并允许抵扣购入不动产的进项税额，使得我国的增值税制度转换为彻底的消费型增值税。目前在140多个实行增值税的国家中，绝大多数国家实行的是消费型增值税。

2. 增值税的特点

我国现行的增值税具有以下几大特点。

（1）税负的公平性。由于税率统一且征收普遍，使得各种产品或服务的实际税负基本相似。有效地达到了横向公平与纵向公平的统一。增值税就商品或服务的增值额征税，在某环节没有增值，实质上就不缴纳增值税，这体现了增值税的公平性。

（2）征管的严密性。由于增值税实行凭增值税专用发票注明的税额进行税款抵扣的制度，购销环节相连，形成相互交叉的审计关系，大大地减少了偷税的可能性，提高了管理的严密性。

（3）税负具有转嫁性。作为流转税，增值税可以随着商品或服务的定价而转移到消费者身上，由消费者承担税负，因而具有转嫁性。

（4）征税项目具有普遍性。增值税在流通转让环节普遍征收，具有流转税普遍征收、多环节征收的共性。

（5）实行价外计征。增值税以不含税销售额为计税基础，将税金排除在计税基础之外，税金实行"体外循环"，并在专用发票上分别列示价款和税金。

我国现行增值税采用专用凭证（增值税专用发票）、专用明细账（一般纳税人应交增值税明细账）、专用报表（应交增值税明细表、增值税纳税申报表）。

3. 增值税的优点

增值税的优点包括以下几个方面。

（1）有利于促进企业组织结构的合理化。由于增值税的税收负担不会因流转环节的多少而使整体税负发生变化，只影响整体税负在各流转环节之间的纵向分配结构，所以，实施增值税，不仅有利于企业向专业化协作方向发展，还有利于企业组织结构的合理化。

（2）有利于国家普遍、及时、稳定地取得财政收入。凡是从事经营活动的单位和个人，只要其经营中产生增值额，就应缴纳增值税。一种商品或服务，不论其在生产、经营中经过多少环节，每个环节都根据增值额计税，即不论是从纵向看还是从横向看，增值税在保证国家财政收入上都具有普遍性。

（3）有利于制定合理的价格政策。商品或服务价格一般由成本、利润和税金三部分构成。实施增值税后，商品或服务的整体税负成为可确定的因素，它只与税率有关。因此，为正确制定价格提供了有利条件。

（4）有利于扩大出口。在国际贸易中，外国消费者没有义务承担出口国的税负，各国商品都是以不含税价格进入国际市场的，因此，要将出口商品从第一环节到最后环节所累计的税款全部退还给出口企业。而在传统流转税制下，由于税制本身存在局限性，很难准确确定累计已缴税款。实施增值税后，因为税率与税负一致，出口企业只需要以购入出口商品所付金额乘以征税率，就可以计算出该出口商品在国内所缴纳的全部税款，将此税款全额退还给出口企业，出口商品就以无税的价格进入国际市场。

2.1.2　增值税的征税范围及纳税人

1. 增值税的征税范围

2016年5月1日起，增值税的征税范围包括在境内进行经营活动所取得的一切经营收入及处置固定资产及无形资产所取得的利得收入。增值税的具体征税范围如下。

（1）境内销售货物或者进口货物。货物是指有形动产，销售货物是指有偿转让货物的所有权。进口货物是指从国外购买货物报关后进入国内。

（2）提供加工、修理修配劳务。加工是指委托方提供原料及主要材料，受托方按照委托方的要求制造货物并收取加工费的业务；修理修配是指受托方对损伤和丧失功能的货物进行修复，使其恢复原状和功能的业务。

（3）境内销售服务。销售服务是指提供交通运输服务、邮政服务、电信服务、建筑服务、金融服务、现代服务、生活服务。销售服务包括服务的销售方或购买方在境内两种情形。

1）交通运输服务，包括陆路运输服务、水路运输服务、航空运输服务和管道运输服务。出租车公司向使用本公司自有出租车的出租车司机收取的管理费用，按照陆路运输服务缴纳增值税。

水路运输的程租、期租业务属于水路运输服务。程租业务是指运输企业为租船人完成某一特定航次的运输任务并收取租赁费的业务。期租业务是指运输企业将配备有操作人员的船舶承租给他人使用一定期限，承租期内听候承租方调遣，不论是否经营，均按天向承租方收取租赁费，发生的固定费用均由船东负担的业务。

航空运输的湿租业务属于航空运输服务。湿租业务是指航空运输企业将配备有机组人员的飞机承租给他人使用一定期限，承租期内听候承租方调遣，不论是否经营，均按一定标准向承租方收取租赁费，发生的固定费用均由承租方承担的业务。

航天运输服务（指利用火箭等载体将卫星、空间探测器等空间飞行器发射到空间轨道的业务活动）按照航空运输服务缴纳增值税。

2）邮政服务。邮政服务包括邮政普遍服务、邮政特殊服务和其他邮政服务。

3）电信服务。电信服务包括基础电信服务和增值电信服务。基础电信服务是指利用固网、移动网、卫星、互联网，提供语音通话服务的业务活动，以及出租或出售带宽、波长等网络元素的业务活动。增值电信服务是指利用固网、移动网、卫星、互联网、有线电视网络，提供短信和彩信服务、电子数据和信息的传输及应用服务、互联网接入服务等业务活动。卫星电视信号落地转接服务，按照增值电信服务缴纳增值税。

4）建筑服务。建筑服务包括工程服务、安装服务、修缮服务、装饰服务和其他建筑服务。固定电话、有线电视、宽带、水、电、燃气、暖气等经营者向用户收取的安装费、初装费、开户费、扩容费以及类似收费，按照安装服务缴纳增值税。

5）金融服务。金融服务包括贷款服务、直接收费金融服务、保险服务和金融商品转让。

6）现代服务。现代服务包括研发和技术服务、信息技术服务、文化创意服务、物流辅助服务、租赁服务、鉴证咨询服务、广播影视服务、商务辅助服务和其他现代服务。

研发和技术服务包括研发服务、合同能源管理服务、工程勘察勘探服务和专业技术服务。

信息技术服务包括软件服务、电路设计及测试服务、信息系统服务、业务流程管理服务和信息系统增值服务。

文化创意服务包括设计服务、知识产权服务、广告服务和会议展览服务。

物流辅助服务包括航空服务、港口码头服务、货运客运场站服务（以取得的全部价款和价外费用，扣除支付给承运方运费后的余额为销售额）、打捞救助服务、装卸搬运服务、仓储服务和收派服务。

租赁服务包括融资租赁服务和经营租赁服务。按照标的物的不同，融资租赁服务可分为有形动产融资租赁服务和不动产融资租赁服务。融资性售后回租不按照本税目缴纳增值税。

经营租赁服务可分为有形动产经营租赁服务和不动产经营租赁服务。将不动产或动产的广告位出租用于发布广告，按照经营租赁服务缴纳增值税。水路运输的光租业务、航空运输的干租业务，属于经营租赁。车辆停放服务、道路通行服务（包括过路费、过桥费、过闸费等）等按照不动产经营租赁服务缴纳增值税。

鉴证咨询服务包括认证服务、鉴证服务和咨询服务。

广播影视服务包括广播影视节目（作品）的制作服务、发行服务和播映（含放映）服务。

商务辅助服务包括企业管理服务、经纪代理服务、人力资源服务、安全保护服务。

其他现代服务是指除研发和技术服务、信息技术服务、文化创意服务、物流辅助服务、租赁服务、鉴证咨询服务、广播影视服务和商务辅助服务以外的现代服务。

7）生活服务。生活服务包括文化体育服务、教育医疗服务、旅游娱乐服务、餐饮住宿服务、居民日常服务和其他生活服务。

（4）境内销售无形资产。销售无形资产是指转让无形资产所有权或者使用权的业务活动，包括无形资产的销售方或购买方在境内两种情形。无形资产包括技术、商标、著作权、商誉、自然资源使用权和其他权益性无形资产。技术包括专利技术和非专利技术。自然资源使用权包括土地使用权、海域使用权、探矿权、采矿权、取水权和其他自然资源使用权。其他权益性无形资产包括基础设施资产经营权、公共事业特许权、配额、经营权（包括特许经营权、连锁经营权、其他经营权）、经销权、分销权、代理权、会员权、席位权、网络游戏虚拟道具和域名及名称权、肖像权、冠名权、转会费等。

（5）销售不动产。销售不动产是指转让境内不动产所有权的业务活动。不动产包括建筑物、构筑物等。建筑物包括住宅、商业营业用房、办公楼等可供居住、工作或者进行其他活动的建造物。构筑物包括道路、桥梁、隧道、水坝等建造物。

转让建筑物有限产权或者永久使用权的，转让在建的建筑物或者构筑物所有权的，以及在转让建筑物或者构筑物时一并转让其所占土地的使用权的，均按照销售不动产缴纳增值税。

（6）视同销售行为。视同销售是指企业发生特定的提供商品或劳务行为后，财务会计对此不一定作为销售业务核算，不一定确认会计收入，而税法却规定视同销售实现，要求计算销售额，并计算应交税费。增值税的视同销售行为包括以下几方面：

1）将货物交付其他单位或个人代销或销售代销货物。
2）货物移至异地另一机构用于销售。
3）产品或外购商品用于对外投资、捐赠、分配股利。
4）产品对内用于职工福利。
5）向其他单位或者个人无偿提供服务、无偿转让无形资产或者不动产（但以公益活动为目的或者以社会公众为对象的除外），视同应税行为。

企业取得的下列收入属于资本利得，无须缴纳增值税，只需要缴纳企业所得税，如股息红利收入、股权转让收入、无法偿付的应付款收入、债务重组收入、补贴收入和汇兑收益等。

2. 增值税的纳税人

增值税纳税人是指有增值税应税行为的单位和个人，即在我国境内销售货物或进口货物、提供服务、转让无形资产、销售不动产的单位和个人。

根据增值税纳税人应税商品和应税服务年销售额的不同，将增值税纳税人分为一般纳税人和小规模纳税人。一般纳税人与小规模纳税人两者的适用税率、计税方法、账务处理均不相同。这里的"年销售额"是指纳税人在连续不超过12个月的经营期内累计应征增值税的销售额，包括纳税申报销售额、稽查查补的销售额、纳税评估调整的销售额。

（1）小规模纳税人是指符合下列条件之一的纳税人：

1）应税商品或应税服务年销售额不满500万元的。

2）年销售额超过规定标准的个人不属于一般纳税人，按小规模纳税人纳税。

3）年应税销售额超过规定标准但不经常发生应税行为的单位和个体工商户，可选择按照小规模纳税人纳税。

（2）一般纳税人。增值税纳税人应税商品或应税服务年销售额超过小规模纳税人标准的，除特殊情况外，应当向主管税务机关申请一般纳税人资格认定。

应税商品或应税服务年销售额未超过小规模纳税人标准以及新开业的纳税人，可以向主管税务机关申请一般纳税人资格认定。除国家税务总局另有规定外，一经认定为一般纳税人后，不得转为小规模纳税人。

根据上述规定被认定为增值税纳税人后，自认定机关认定为一般纳税人的次月起（新开业纳税人自主管税务机关受理申请的当月起），按照规定计算应纳税额，并按照规定领购、使用增值税专用发票。

两个或者两个以上的纳税人，经财政部和国家税务总局批准可以视为一个纳税人合并纳税。

3. 扣缴义务人

境外的单位或者个人在境内提供应税服务、转让无形资产或销售不动产，在境内未设有经营机构的，以其购买方为增值税扣缴义务人。

2.1.3 增值税的税率和征收率

1. 增值税的税率

增值税一般纳税人适用税率分为13%、9%、6%和零税率。

13%税率适用于一般纳税人销售或进口货物，提供加工、修理修配劳务，有形动产租赁服务等。有形动产租赁包括有形动产融资租赁和有形动产经营性租赁。

9%税率适用于下列商品：农产品（含粮食）、食用植物油、食用盐；自来水、暖气、石油液化气、天然气、冷气、热水、煤气、居民用煤炭制品、沼气、二甲醚；农机、农药、农膜、化肥、饲料；图书、报纸、杂志、音像制品、电子出版物。

农产品是指种植业、养殖业、林业、牧业、水产业生产的各种植物、动物的初级产品，另外，还包括挂面、干姜、姜黄、玉米胚芽、动物骨粒、巴氏杀菌乳、灭菌乳。

9%税率适用于下列服务业：提供交通运输、邮政、基础电信、建筑、不动产租赁服务，以及销售不动产，转让土地使用权。

6%税率适用于一般纳税人提供现代服务（除租赁服务以外）、增值电信服务、金融服务、生活服务以及销售无形资产（除土地使用权以外）。

零税率适用于一般纳税人出口货物以及跨境应税行为。境内的单位和个人跨境销售的下列服务和无形资产，适用增值税零税率。

（1）国际运输服务。国际运输服务是指在境内载运旅客或者货物出境；在境外载运旅客或者货物入境；在境外载运旅客或者货物。

（2）航天运输服务。

（3）向境外单位提供的完全在境外消费的下列服务：研发服务；合同能源管理服务；设计服务；广播影视节目（作品）的制作和发行服务；软件服务；电路设计及测试服务；信息系统服务；业务流程管理服务；离岸服务外包业务；转让技术。

（4）财政部和国家税务总局规定的其他服务。

除上述跨境行为适用增值税零税率外，境内的单位和个人跨境销售的下列服务和无形资产免征增值税。

（1）下列在境外的服务：在境外的建筑服务、工程监理服务、工程勘察勘探服务、会议展览服务、仓储服务、广播影视节目（作品）的播映服务、文化体育服务、教育医疗服务、旅游服务以及在境外使用的有形动产租赁服务。

（2）为出口货物提供的邮政服务、收派服务、保险服务（包括出口货物保险和出口信用保险）。

（3）向境外单位提供的完全在境外消费的下列服务和无形资产：电信服务、知识产权服务、物流辅助服务（仓储服务和收派服务除外）、鉴证咨询服务、专业技术服务、商务辅助服务、广告投放地在境外的广告服务、无形资产。

（4）以无运输工具承运方式提供的国际运输服务。

（5）为境外单位之间的货币资金融通及其他金融业务提供的直接收费金融服务，且该服务与境内的货物、无形资产和不动产无关。

（6）财政部和国家税务总局规定的其他服务。

纳税人已取得国际运输资质，从事国际运输服务适用零税率；纳税人未取得国际运输资质，从事国际运输服务免增值税。提供程租服务的交通工具用于国际运输服务和港澳台运输服务，以及直接向境外单位或个人提供期租、湿租服务，由出租方申请适用增值税零税率。提供期租、湿租服务的交通工具被承租方用于提供国际运输服务和港澳台运输服务，由承租方适用增值税零税率。

纳税人销售货物、加工修理修配劳务、服务、无形资产或者不动产适用不同税率或者征收率的，应当分别核算适用不同税率或者征收率的销售额，未分别核算销售额的，从高适用税率或者征收率。

2. 增值税征收率

考虑到小规模纳税人经营规模小，且会计核算不健全，难以按两档税率计税和使用增值税专用发票抵扣进项税款，因此，按照简易办法，以销售额乘以征收率计算应纳增值税。小规模纳税人（除房地产业务和出租不动产业务外）适用的增值税征收率为3%。小规模纳税人销售已使用过的动产固定资产，减按2%征收增值税。小规模纳税人出售或出租不动产，适用征收率为5%。

一般纳税人发生特定应税行为，可以选择适用简易计税方法计税。但一经选择，36个月内不得变更。根据财税〔2014〕57号、国家税务总局公告2014年第36号及国家税务总局"营改增"的一系列文件，一般纳税人可选择按简易办法征收增值税的情况如下。

（1）下列按售价全额依3%征收率，减按2%征收。

1）销售增值税转型前（2009年1月1日以前）购入或自建并已使用过的动产固定资产。

2）销售"营改增"试点以前购进或自制并使用过的固定资产。

3）购进或者自制固定资产时为小规模纳税人，认定为一般纳税人后销售该固定资产。

4）按简易办法征税，销售其按照规定不得抵扣且未抵扣进项税额的固定资产（企业自用小轿车自2013年8月1日起，允许抵扣进项税额）。

5）旧机动车经营单位销售旧机动车、摩托车、游艇等。

（2）拍卖收入，临时外出经营在经营地开票收入，依3%征收率在经营地预征。

（3）一般纳税人下列情形，按3%的征收率简易计税。寄售商店代销寄售物品，典当业销售死当物品，经国务院或国务院授权机关批准的免税商店零售的免税品。

（4）一般纳税人销售自产货物，特殊情况因无法取得进项税额抵扣凭证，可选择按照简易办法依照3%征收率缴纳增值税，如建筑用或生产建材所用的砂、土、石料；自来水生产厂生产的自来水；小型水力发电单位生产的电力。

（5）一般纳税人提供下列服务，可选择按简易计税，适用3%的征收率。

1）公共交通运输服务，包括轮客渡、公交客运、地铁、城市轻轨、出租车、长途客运、班车。

2）以"营改增"前取得的有形动产为标的物提供的经营租赁服务，以及在"营改增"前签订的尚未执行完毕的有形动产租赁合同。

3）经认定的动漫企业为开发动漫产品提供的动漫脚本编撰、形象设计、背景设计、动画设计、分镜、动画制作、摄制、描线、上色、画面合成、配音、配乐、音效合成、剪辑、字幕制作、压缩转码服务，以及在境内转让动漫版权。

4）电影放映服务、仓储服务、装卸搬运服务、收派服务和文化体育服务。

（6）一般纳税人提供建筑服务，特殊情况下可选择简易计税，适用3%征收率。

一般纳税人提供建筑服务，可选择简易计税的情况：清包工方式、甲供工程和建筑工程老项目。选择简易计税一般纳税人，以实际价款（全部价款和价外费用扣除分包款后的余额）为销售额。

（7）一般纳税人提供教育辅助服务，可以选择简易计税方法按照3%征收率计算缴纳增值税。

（8）生产销售、进口、批发、零售抗癌药品和罕见病药品，可选择按照简易办法依照3%征收率计算缴纳增值税。2019年1月1日至2020年12月31日，继续对国产抗艾滋病病毒药品免征生产环节和流通环节增值税。

（9）自2018年1月1日起，资管产品管理人运营资管产品过程中发生的增值税应税行为，暂适用简易计税方法，按照 3% 的征收率缴纳增值税。

资管产品包括银行理财产品、资金信托、财产权信托、公开募集证券投资基金、特定客户资产管理计划、集合资产管理计划、定向资产管理计划、私募投资基金、债权投资计划、股权投资计划、股债结合型投资计划、资产支持计划、组合类保险资产管理产品、养老保障管理产品，以及财政部和税务总局规定的其他资管产品。

（10）一般纳税人不动产业务，特殊情况下可选择简易计税，适用 5% 征收率。

1）非房地产企业一般纳税人销售 2016 年 4 月 30 日前取得或自建的不动产，可选择适用简易计税方法，按照 5% 征收率计算缴纳增值税。取得的不动产以卖出价减买入价的差价为销售额，自建的不动产以卖出价全额为销售额。

2）一般纳税人出租其 2016 年 4 月 30 日前取得的不动产，可选择适用简易计税方法，按照 5% 征收率计算缴纳增值税。

3）房地产企业一般纳税人销售自行开发的房地产老项目，可以选择适用简易计税方法，按照 5% 征收率计算缴纳增值税。此时，以取得的全部价款和价外费用为销售额，不得扣除土地价款。

2.1.4 增值税的税收优惠

1. 增值税的起征点

增值税起征点的幅度为：①按期纳税的，为月应税销售额 5 000 ~ 20 000 元（含本数）；②按次纳税的，为每次（日）销售额 300 ~ 500 元（含本数）。这里的"应税销售额"为不含增值税的销售额。增值税的起征点仅适用于个人，不适用于登记为一般纳税人的个体工商户。个人提供应税商品或应税服务的销售额未达到增值税起征点的，免征增值税；达到起征点的，全额计算缴纳增值税。

2019 年 1 月 1 日至 2021 年 12 月 31 日，对月销售额 10 万元以下（含本数）的增值税小规模纳税人，免征增值税。这里的"销售额"是指小规模纳税人销售商品和提供应税服务的合计月销售额（扣除本期销售不动产的销售额）。差额征税政策的小规模纳税人，以差额后的销售额确定。一次性收取不动产租赁收入，可按租赁期平均分摊后的月租金收入确定。

2. 增值税的优惠政策

（1）增值税的免税规定。《中华人民共和国增值税暂行条例》规定的免税项目有：

1）农业生产者销售的自产农产品。农业是指种植业、养殖业、林业、牧业和水产业。农业生产者包括从事农业生产的单位和个人。农产品是指初级农产品。

2）避孕药品和用具。

3）古旧图书。古旧图书是指向社会收购的古书和旧书。

4）直接用于科学研究、科学试验和教学的进口仪器、设备。

5）外国政府、国际组织无偿援助的进口物质和设备。

6）销售自己使用过的物品，是指个人自己使用过的物品。

另外，增值税小规模纳税人销售货物或者加工、修理修配劳务月销售额不超过10万元（按季纳税30万元），销售服务、无形资产月销售额不超过10万元（按季纳税30万元）的，自2019年1月1日起至2021年12月31日，可分别享受小微企业暂免征收增值税优惠政策。

（2）不征收增值税项目。根据"营改增"的相关文件，不征收增值税的项目有：

1）根据国家指令无偿提供的铁路运输服务、航空运输服务，属于用于公益事业的服务。

2）存款利息。

3）被保险人获得的保险赔付。

4）房地产主管部门或者其指定机构、公积金管理中心、开发企业以及物业管理单位代收的住宅专项维修资金。

5）在资产重组过程中，通过合并、分立、出售、置换等方式，将全部或者部分实物资产以及与其相关联的债权、负债和劳动力一并转让给其他单位和个人，其中涉及的不动产、土地使用权转让行为。

3. "营改增"试点过渡政策

（1）原营业税的免税项目继续免征增值税的有以下几方面的内容。

1）托儿所、幼儿园提供的保育和教育服务。超标准收费，以开办实验班、特色班和兴趣班等为由另外收费以及赞助费、支教费等，不属于免征增值税的收入。

2）养老机构提供的养老服务；残疾人福利机构提供的育养服务；婚姻介绍服务；殡葬服务；残疾人员本人为社会提供的服务；医疗机构提供的医疗服务。

3）从事学历教育的学校提供的教育服务。其包括公办学校和民办学校，但不包括职业培训机构。免征增值税的收入不包括学校以各种名义收取的赞助费、择校费等。

政府举办的从事学历教育的高等、中等和初等学校，举办进修班、培训班取得的全部归学校所有的收入免税，但收入进下属部门自行开设账户的，不予免税。

政府举办的职业学校设立的主要为在校学生提供实习场所并由学校出资自办、由学校负责经营管理、经营收入归学校所有的企业，从事现代服务（不含融资租赁、广告和其他现代服务）和生活服务（不含文化体育、其他生活服务和桑拿、氧吧）业务活动取得的收入。

4）农业机耕、排灌、病虫害防治、植物保护、农牧保险以及相关技术培训业务，家禽、牲畜、水生动物的配种和疾病防治。

5）纪念馆、博物馆、文化馆、文物保护单位管理机构、美术馆、展览馆、书画院、图书馆在自己的场所提供文化体育服务取得的第一道门票收入；寺院、宫观、清真寺和教堂举办文化、宗教活动的门票收入；2017年12月31日前，科普单位的门票收入以及县级及以上党政部门和科协开展科普活动的门票收入。

6）行政单位之外的其他单位收取的符合规定的政府性基金和行政事业性收费。

7）学生勤工俭学提供的服务；个人转让著作权；个人销售自建自用住房。

8）2018年12月31日前，公共租赁住房经营管理单位出租公共租赁住房。

(2)原"营改增"免税项目继续免征增值税的有以下几方面的内容。

1)台湾航运公司、航空公司从事海峡两岸海上直航、空中直航业务在大陆取得的运输收入。

2)纳税人提供的直接或者间接国际货物运输代理服务。收入和费用必须通过金融机构进行结算。纳税人应当就国际货物运输代理服务收入向委托方全额开具增值税普通发票。

3)国家商品储备管理单位及其直属企业承担商品储备任务,从中央或者地方财政取得的利息补贴收入和价差补贴收入。

4)纳税人提供技术转让,技术开发和与之相关的技术咨询、技术服务。技术转让是指转让者将其拥有的专利和非专利技术的所有权或者使用权有偿转让他人的行为;技术开发是指开发者接受他人的委托,就新技术、新产品、新工艺或者新材料及其系统进行研究开发的行为;技术咨询是指就特定技术项目提供可行性论证、技术预测、专题技术调查、分析评价报告等。享受免税的技术咨询、技术服务价款与技术转让或者技术开发价款应当在同一张发票上开具。纳税人须持技术转让、开发的书面合同,到所在地省级科技主管部门进行认定,并持有关的书面合同和科技主管部门审核意见证明文件报主管税务机关备查。

5)符合条件的合同能源管理服务。

(3)金融机构相关的免征增值税项目有以下几方面的内容。

1)利息收入。2016年12月31日前,金融机构农户小额贷款利息收入;国家助学贷款利息收入;国债、地方政府债利息收入;中国人民银行对金融机构的贷款利息收入;住房公积金贷款利息收入;外汇管理部门委托金融机构发放的外汇贷款利息收入;统借统还业务中,企业集团(或核心企业及财务公司)向集团内单位收取的利息收入(若收取的利息高于金融机构借款利率水平,应全额缴纳增值税)。

2)被撤销金融机构以货物、不动产、无形资产、有价证券、票据等财产清偿债务。

3)保险公司开办的1年期以上人身保险产品取得的保费收入。

4)金融商品转让收入。QFII委托境内公司从事证券买卖业务;香港投资者通过沪港通买卖上交所A股或通过基金互认买卖内地基金份额;证券投资基金管理人运用基金买卖股票、债券;个人从事金融商品转让业务。

5)金融同业往来利息收入。金融机构与中国人民银行所发生的资金往来业务;银行联行往来业务;金融机构间的资金往来业务。

6)符合条件的担保机构从事中小企业信用担保或再担保业务取得的收入(不含信用评级、咨询、培训等收入),3年内免征增值税。

(4)与房地产相关的免征增值税项目有以下几方面的内容。

1)企业、行政事业单位按房改成本价、标准价出售住房取得的收入。

2)将土地使用权转让给农业生产者用于农业生产。

3)土地所有者出让土地使用权和土地使用者将土地使用权归还给土地所有者。

4)县级以上地方人民政府或自然资源行政主管部门出让、转让或收回自然资源使用权。

5）涉及家庭财产分割的个人无偿转让不动产、土地使用权。家庭财产分割，包括下列情形：离婚财产分割；无偿赠与配偶、父母、子女、祖父母、外祖父母、孙子女、外孙子女、兄弟姐妹；无偿赠与对其承担直接抚养或者赡养义务的抚养人或者赡养人；房屋产权所有人死亡，法定继承人、遗嘱继承人或者受遗赠人依法取得房屋产权。

（5）其他免征增值税项目有以下几方面的内容。

1）家政服务企业由员工制家政服务员提供家政服务取得的收入。

2）福利彩票、体育彩票的发行收入。

3）军队空余房产租赁收入。

4）为安置随军家属或军队转业干部就业而新开办的企业，3年内免征增值税（随军家属或军转干部占60%以上）。

5）从事个体经营的随军家属或军队转业干部，3年内免征增值税。

（6）增值税即征即退优惠项目有以下几方面的内容。

1）一般纳税人提供管道运输服务，对其增值税实际税负超过3%的部分实行增值税即征即退政策。

2）经中国人民银行、银监会或者商务部批准从事融资租赁业务的一般纳税人，提供有形动产融资租赁服务和有形动产融资性售后回租服务，对其增值税实际税负超过3%的部分实行增值税即征即退政策。商务部授权的省级商务主管部门和国家经济技术开发区批准的从事融资租赁业务和融资性售后回租业务的一般纳税人，2016年5月1日后实收资本达到1.7亿元的，从达到标准的当月起执行。

纳税人发生应税行为适用免税、减税规定的，可以放弃免税、减税，依照规定缴纳增值税。放弃免税、减税后，36个月内不得再申请免税、减税。

2.1.5 增值税发票

专用发票是增值税一般纳税人销售货物或者提供应税服务开具的发票，是购买方支付增值税额并可按照增值税有关规定据以抵扣增值税进项税额的凭证。修订后的《增值税专用发票使用规定》中明确，一般纳税人应通过增值税防伪税控系统使用专用发票。使用包括领购、开具、缴销、认证纸质专用发票及其相应的数据电文。

1. 专用发票的基本内容

专用发票由基本联次或者基本联次附加其他联次构成，基本联次为三联：记账联、抵扣联和发票联。第一联为记账联，作为销售方核算销售收入和增值税销项税额的记账凭证。第二联为抵扣联，作为购买方报送主管税务机关认证和留存备查的凭证。第三联为发票联，作为购买方核算采购成本和增值税进项税额的记账凭证。其他联次用途，由一般纳税人自行确定。

增值税发票的基本格式，如图2-1和图2-2所示。

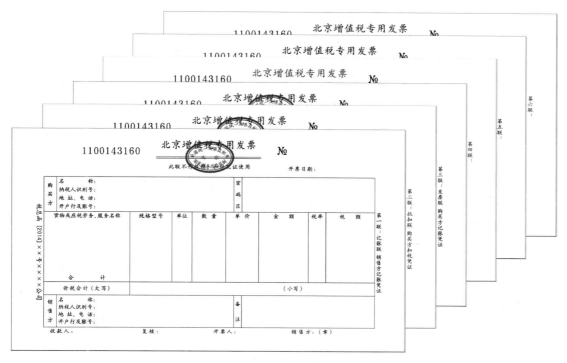

图 2-1　增值税专用发票式样

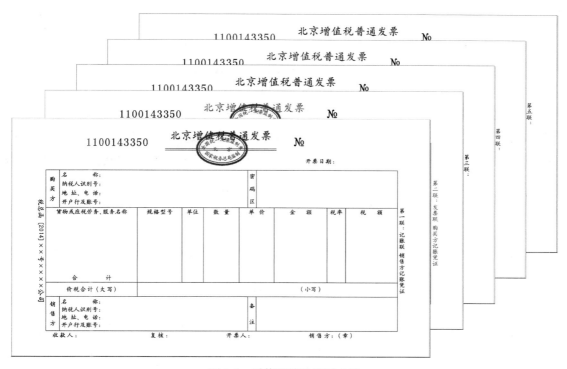

图 2-2　增值税普通发票式样

专用发票实行最高开票限额管理。最高开票限额是指单份专用发票开具的销售额合计数不得达到的上限额度。最高开票限额由一般纳税人申请，税务机关依法审批。最高开票限额为10万元及以下的，主管税务机关不需要事前进行实地查验。防伪税控系统的具体发行工作由区县级税务机关负责。一般纳税人申请最高开票限额时，需填报《增值税专用发票最高开票限额申请表》，申请变更最高开票限额时，需填报《增值税最高开票限额变更申请表》。

2. 专用发票的使用

一般纳税人凭电子版的《发票领购簿》和经办人员身份证明领购专用发票。以下纳税人可一次领取不超过3个月的增值税发票用量，纳税人需要调整增值税发票用量，手续齐全的，按照纳税人需要即时办理：① 纳税信用等级评定为A类的纳税人；② 地市国税局确定的纳税信用好、税收风险等级低的其他类型纳税人。

一般纳税人销售货物或者应税服务，应当向索取增值税专用发票的购买方开具增值税专用发票，并在增值税专用发票上分别注明销售额和销项税额。但下列情形不得开具增值税专用发票：① 适用免征增值税规定的应税行为；② 向个人和小规模纳税人销售应税货物或服务。

增值税一般纳税人购进货物或购进服务时：取得专用发票后，凭票抵扣税款；取得普通发票后，除特殊情况外，不得抵扣进项税额。特殊情况是指购进农产品时，可以凭普通发票抵扣9%。

增值税小规模纳税人销售货物时，购货方为一般纳税人索取专用发票，由小规模纳税人自行开具专用发票（3%），否则，小规模纳税人应开出普通发票(3%)。增值税小规模纳税人进货时，无论取得何种发票，都应将进货所有支出打入进货成本，不存在抵扣问题。

开具专用发票时，应项目齐全并与实际交易相符；字迹清楚并不得压线、错格；发票联和抵扣联要加盖财务专用章或发票专用章，并且按规定时限开专用发票，不得提前或滞后。对不符合上述要求的专用发票，购买方有权拒收。凡已开具发票未入账的，按偷税论处。

3. 退货或折让及开票有误的处理

使用升级版防伪税控系统后，增值税一般纳税人开具专用发票后，发生销货退回或销售折让，纳税人自行在网上办理，按照规定开具红字专用发票后，不再将该笔业务的相应记账凭证复印件报送主管税务机关备案。

4. 对丢失已开具专用发票的发票联和抵扣联的处理

（1）一般纳税人丢失已开具专用发票的发票联和抵扣联，如果丢失前已认证相符的，购买方可凭销售方提供的记账联复印件及销售方主管税务机关出具的《已报税证明单》，作为增值税进项税额的抵扣凭证；如果丢失前未认证的，购买方凭销售方提供的记账联复印件进行认证，认证相符的，可凭记账联复印件及销售方主管税务机关出具的《已报税证明单》，作为增值税进项税额的抵扣凭证。专用发票记账联复印件和《已报税证明单》留存备查。

（2）一般纳税人丢失已开具专用发票的抵扣联，如果丢失前已认证相符的，可使用专用发票的发票联复印件留存备查；如果丢失前未认证的，可使用专用发票的发票联认证，专用发票的发票联复印件留存备查。

（3）一般纳税人丢失已开具专用发票的发票联，可将专用发票抵扣联作为记账凭证，专用发票抵扣联复印件留存备查。

5. 增值税专用发票的管理

关于增值税专用发票的管理，以下主要介绍被盗、丢失增值税专用发票的处理，代开、虚开增值税专用发票的处理，善意取得虚开的增值税专用发票的处理等内容。

（1）被盗、丢失增值税专用发票的处理。

对违反规定发生被盗、丢失专用发票的纳税人，按《税收征收管理法》和《发票管理办法》的规定，处以1万元以下的罚款，并可视具体情况，对丢失专用发票的纳税人，在一定期限内（最长不超过半年）停止领购专用发票，对纳税人申报遗失的专用发票，如发现非法代开、虚开问题的，该纳税人应承担偷税、骗税的连带责任。

纳税人丢失专用发票后，必须按规定程序向当地主管税务机关、公安机关报失。各地税务机关对丢失专用发票的纳税人按规定进行处罚的同时，代收"挂失登报费"，并对丢失专用发票的纳税人名称、发票份数、字轨号码、盖章与否等情况，统一传（寄）中国税务报社刊登"遗失声明"。传（寄）中国税务报社的"遗失声明"，必须经县（市）国家税务机关审核盖章、签署意见。

（2）代开、虚开增值税专用发票的处理。

对代开、虚开增值税专用发票的，一律按票面所列货物或应税服务的适用税率全额征补税款，并按《税收征收管理法》的规定按偷税给予处罚。对纳税人取得代开、虚开的增值税专用发票，不得作为增值税合法抵扣凭证抵扣进项税额。代开、虚开发票构成犯罪的，追究刑事责任。

（3）善意取得虚开的增值税专用发票的处理。

1）购货方与销售方存在真实的交易，销售方使用的是其所在省的专用发票，专用发票注明的销售方名称、印章、货物数量、金额及税额等全部内容与实际相符，且没有证据表明购货方知道销售方提供的专用发票是以非法手段获得的，对购货方不以偷税或者骗取出口退税论处。但不予抵扣进项税额或者不予出口退税；购货方已经抵扣的进项税额或者取得的出口退税，应依法追缴。

2）购货方能够重新从销售方取得合法、有效专用发票且取得了销售方所在地税务机关依法对销售方虚开专用发票行为进行查处证明的，购货方所在地税务机关应依法准予抵扣进项税额或者出口退税。

3）如有证据表明购货方在进项税额得到抵扣或者获得出口退税前知道专用发票是销售

方以非法手段获得的，对购货方应按有关规定处罚。

4）购货方取得的增值税专用发票所注明的销售方名称、印章与其进行实际交易的销售方不符合的，购货方取得的增值税专用发票为销售方所在省以外地区的，其他有证据表明购货方明知取得的增值税专用发票系销售方以非法手段获得的，上述情况，均对购货方按有关规定处罚。

2.1.6 增值税纳税义务发生时间与期限

1. 增值税纳税义务发生时间

（1）纳税人发生应税行为并收讫销售款项或者取得索取销售款项凭据的当天；先开具发票的，为开具发票的当天。取得索取销售款项凭据的当天是指书面合同确定的付款日期；未签订书面合同或者书面合同未确定付款日期的，为服务、无形资产转让完成的当天或者不动产权属变更的当天。

（2）纳税人提供建筑服务、租赁服务采取预收款方式的，其纳税义务发生时间为收到预收款的当天。

（3）纳税人从事金融商品转让的，为金融商品所有权转移的当天。

（4）纳税人视同销售行为，纳税义务发生时间为货物移送当天、服务完成当天、无形资产转让完成的当天、不动产权属变更的当天。

（5）增值税扣缴义务发生时间为纳税人增值税纳税义务发生的当天。

（6）销售货物根据结算方式不同，分为以下5种。

1）直接收款方式，不论货物是否发出，均为收到销售款或取得索取销售款凭据的当天；若未取得销售款或索取货款凭据，也未开销售发票，纳税义务发生时间为取得销售款或取得索取销售款凭据的当天。

2）托收承付和委托银行收款，为办妥托收手续的当天。

3）赊销和分期收款，为合同约定的收款日，无约定收款日的，为货物发出的当天。

4）预收货款，为货物发出当天，但生产工期超过12个月的大型机械设备、船舶、飞机等，为收到预收款或合同约定收款日。

5）委托代销，为收到代销清单或收到全部或部分货款的当天，或发出代销货物满180天的当天。

2. 增值税纳税期限

固定业户纳税期限为1个月或者1个季度。纳税人的具体纳税期限，由主管税务机关根据纳税人应纳税额的大小分别核定。以1个季度为纳税期限的规定适用于小规模纳税人、银行、财务公司、信托投资公司、信用社，以及财政部和国家税务总局规定的其他纳税人。不能按照固定期限纳税的，可以按次纳税。

纳税人以1个月或者1个季度为1个纳税期的，自期满之日起15日内申报纳税。

2.2 一般纳税人增值税的计算与申报

一般纳税人增值税计算采用间接计税法中的购进扣税法，即先计算出销售货物或服务应纳增值税总额，再根据购进货物或服务取得的增值税专用发票，减除允许抵扣的购进货物或服务已纳增值税税额。

2.2.1 增值税销项税额的计算

纳税人发生应税行为，按照规定的税率计算并向购买方收取的增值税税额，称为销项税额。

$$销项税额 = 销售额 \times 适用税率$$

销售额的确定分为以下两种情况。

1. 一般情况下销售额的确定

销售额是指纳税人发生应税行为取得的全部价款和价外费用，但不包括收取的销项税额。开出增值税专用发票时，专用发票上所列明的价款即是不含增值税的价款。开出普通发票时，普通发票上所列明的价款若为含增值税的价款，含增值税的价款除以（1＋适用税率），就换算成了不含增值税的价款。

价外费用是指价外收取的各种性质的费用，但不包括以下项目：

1）代为收取并符合规定的政府性基金或者行政事业性收费。
2）以委托方名义开具发票代委托方收取的款项。
3）受托加工应征消费税的消费品所代收代缴的消费税。

价外费用一般开出的是普通发票。在全国，普通发票有两种形式：价税分离的普通发票和价税合一的普通发票。若为价税合一的普通发票，其票面金额是含增值税的金额。因此，需要将含税金额换算成不含税金额。作为计算增值税基数的销售额等于不含税价款加上不含税价外费用。

纳税人兼营销售货物、劳务、服务、无形资产或者不动产，适用不同税率或者征收率的，应当分别核算适用不同税率或者征收率的销售额；未分别核算的，从高适用税率。

纳税人兼营免税、减税项目的，应当分别核算免税、减税项目的销售额；未分别核算的，不得免税、减税。

纳税人发生应税行为价格明显偏低或者偏高且不具有合理商业目的的，或者发生视同销售货物行为而无销售额的，主管税务机关有权按照下列顺序确定销售额：

1）按照纳税人最近时期销售同类货物、服务、无形资产或者不动产的平均价格确定。
2）按照其他纳税人最近时期销售同类货物、服务、无形资产或者不动产的平均价格确定。
3）按照组成计税价格确定。组成计税价格的公式为

$$组成计税价格 = 成本 \times (1+ 成本利润率)$$

属于应征消费税的货物，其组成计税价格中应加计消费税税额。成本利润率由国家税务总局确定。不具有合理商业目的是指以谋取税收利益为主要目的，通过人为安排，减少、免除、推迟缴纳增值税税款，或者增加退还增值税税款。

2. 特殊情况下销售额的确定

特殊销售方式下的销售额，按下列规定确定。

（1）包装物押金。一般货物销售收取的包装物押金，单独入账，时间在1年内又未过期的，不并入销售额计算增值税，但对逾期未收回包装物不再退还的押金，应按所包装货物的适用税率计算销项税额；销售除啤酒、黄酒以外其他酒类产品而收取的包装物押金，无论是否返还及会计上如何核算，均应并入当期销售额计算增值税。

（2）商业折扣方式销售。将价款和折扣额在同一张发票上分别注明的，以折扣后的价款为销售额；未在同一张发票上分别注明的，以价款为销售额，不得扣减折扣额。

需注意两点：① 现金折扣不得从销售额中减除；② 商业折扣仅限于货物价格折扣，如为实物折扣，该实物款额不仅不能从货物销售额中减除，并且还应按赠送他人另计增值税。

（3）以旧换新销售。以旧换新销售，按新货的同期销售价格确定销售额，不得扣减旧货的收购价格。但对金银首饰以旧换新业务，可以按销售方实际收取的不含增值税的全部价款征收增值税。

（4）还本销售。还本销售方式销售货物，其销售额就是货物的销售价格，不得从销售额中减除还本支出。

（5）以物易物销售。以物易物销售，双方分别做购销处理，以各自发出货物核算销售额并计算销项税额，以各自收到货物的合法票据作为抵扣依据，计算进项税额。

【**案例2-1**】神火厨具公司是一家生产厨具的一般纳税人，2019年8月销售情况如下：

（1）向某大型商场销售厨具100件，每件不含税售价400元，开出专用发票，列明金额40 000元，税率13%，税额5 200元；另收取包装费，专用发票上列明金额500元，税率13%，税额65元，款项存入银行。

（2）向小规模纳税人销售厨具10件，每件含税售价452元，开出普通发票，金额4 000元，税率13%，税额520元；另外派车将货物运到买方指定地点，应收取运费218元，发票上列明金额200元，税率9%，税额18元。运费收入与销货收入已分别核算，分别开票。

（3）以物易物销售，用产品换入设备，双方分别开出专用发票，金额200 000元，税率13%，税额26 000元。

（4）以旧换新向消费者销售产品，实收价款共50 000元，旧货折价6 500元。

（5）本月共收取包装物押金1 000元，没收到期未退还包装物的押金565元。

（6）向某批发企业销售厨具1 000件，不含税售价400元/件，售价共计400 000元，由于对方购买数量较大，按5%给予对方折扣，共计折扣20 000元，折扣额与销售额开在同一张发票上。另给予对方现金折扣2/10。

（7）将厨具 200 件赠送给地震灾区，每件生产成本 300 元。

（8）将 20 套新产品整体厨房作为奖品，奖励企业职工试用，试用后听取职工的反馈意见。该批整体厨房没有市场售价，但知账面成本 1 000 元/套，行业成本利润率为 10%。

请分析神火厨具公司 8 月应申报的销项税额。

解析：

（1）销项税额 =5 200 + 65=5 265（元）。

（2）运费收入与销货收入已分别核算，故运费适用税率 9%。销项税额 =520 + 18=538（元）。

（3）双方应分别做购销处理，换出产品记销项税额 26 000 元，换入设备进项税额 26 000 元。

（4）向消费者销售产品是含税价，以旧换新按新货全价计税，销项税额 =（50 000 + 6 500）÷ 1.13 × 13%=6 500（元）。

（5）包装物押金收取时不计税，没收包装物押金时计税，销项税额 =565 ÷ 1.13 × 13%= 65（元）。

（6）因折扣额 20 000 元与销售额开在同一张发票上，可以按照折扣后的净额 380 000 元计税，销项税额 =380 000 × 13%=49 400（元）。现金折扣在销售时没有发生，故不得扣除现金折扣。

（7）赠送的 200 件厨具因有同类产品的销售价格，故按同类产品的不含税价 400 元/件计税，不按生产成本计税。销项税额 =200 × 400 × 13%=10 400（元）。

（8）奖励给职工的 20 套新产品因没有市场售价，因此按照组成计税价格计税。

组成计税价格 =20 ×（1 000 + 1 000 × 10%）× 13%=2 860（元）

该厨具公司 6 月应申报的销项税额为

5 265 + 538 + 26 000 + 6 500 + 65 + 49 400 + 10 400 + 2 860 = 101 028（元）

2.2.2 增值税进项税额的计算

纳税人购进货物、服务、无形资产或者不动产，所支付或负担的增值税额为增值税的进项税额。但并不是纳税人支付的所有进项税额都可以从销项税额中抵扣。当纳税人购进的货物或服务用于免税项目、集体福利和个人消费等时，其支付的进项税额就不能从当期的销项税额中抵扣。如果违反规定，将不能抵扣的进项税额进行了抵扣，按偷税论处。

1. 进项税额的一般规定

增值税全面实行后，我国实行了彻底的消费型增值税，即只有用于职工福利和个人消费方面的购进货物和服务，其进项税额不允许抵扣，而用于企业生产经营的全部购进货物和服务，只要有正规合法的发票，其进项税额均可以抵扣。

（1）允许抵扣的进项税额。允许抵扣的进项税额包括以下几种情况。

1）从销售方取得的增值税专用发票（含税控机动车销售统一发票）上注明的增值税额。

2）从海关取得的海关进口增值税专用缴款书上注明的增值税额。

3）从境外单位或者个人购进服务、无形资产或者不动产，自税务机关或者扣缴义务人取得的解缴税款的完税凭证上注明的增值税额。凭完税凭证抵扣进项税额时，应当具备书面合同、付款证明和境外单位的对账单或者发票。资料不全的，其进项税额不得抵扣。

4）取得小规模纳税人委托税务机关代开的增值税专用发票，按增值税专用发票注明的税额抵扣进项税额。

5）购进农产品，未取得专用发票或海关专用缴款书的，允许抵扣的进项税额为：

$$进项税额 = 普通发票金额 \times 9\% \text{ 或 } 10\%$$

注意：①销售货物税率为9%时，进项税额抵扣9%；销售货物税率为13%时，进项税抵扣10%；②从批发、零售环节购进免税的蔬菜、部分鲜活肉蛋，取得的普通发票不得计算进项税额。

6）购进国内旅客运输服务，未取得增值税专用发票的，允许从销项税额中抵扣的进项税额为：①取得增值税电子普通发票的，为发票上注明的税额；②取得航空运输电子客票行程单的，进项税额 =（票价 + 燃油附加费）÷（1+9%）× 9%；③取得铁路客票的，进项税额 = 票面金额 ÷（1+9%）× 9%；④取得公路、水路等其他客票的，进项税额 = 票面金额 ÷（1+3%）× 3%。

7）自2019年4月1日至2021年12月31日，对生产、生活性服务业（即邮政服务、电信服务、现代服务、生活服务等四项服务取得的销售额占全部销售额的比例超过50%的纳税人）实行加计抵减政策。

$$当期计提加计抵减额 = 当期可抵扣进项税额 \times 10\%（或15\%）$$

注：2019年10月1日起，生活服务业适用15%。

纳税人出口货物劳务、发生跨境应税行为不适用加计抵减政策，其对应的进项税额不得计提加计抵减额。

（2）不允许抵扣的进项税额。下列项目的进项税额不得从销项税额中抵扣：

1）用于简易计税方法计税项目、免征增值税项目、集体福利或者个人消费（纳税人的交际应酬消费属于个人消费）。

2）非正常损失的购进货物及其相关的劳务和服务。

3）非正常损失的在产品、产成品所耗用购进货物及其相关的劳务和服务。

4）非正常损失的不动产和不动产在建工程相关的购进货物、设计服务和建筑服务。纳税人新建、改建、扩建、修缮、装饰不动产，均属于不动产在建工程。

上述"非正常损失"是指因管理不善造成被盗、丢失、霉烂变质的损失，以及因违反法律法规造成货物或者不动产被依法没收、销毁、拆除的情形。

5）购进的贷款服务、餐饮服务、居民日常服务和娱乐服务。

6）财政部和国家税务总局规定的其他情形。

（3）进项税额的其他情形。

1）我国采用购进扣税法，当期销项税额小于当期进项税额时，不足抵扣部分，结转下期继续抵扣。

2）进货退出或折让，从发生进货退出或折让当期的进项税额中扣减。

3）已抵扣进项税额的购进货物或服务，如果事后改变用途用于免税项目、集体福利、个人消费或发生非正常损失等，应将该进项税额从改变用途当期发生的进项税额中扣减。无法准确确定该转出的进项税额时，按当期实际成本和征税时的税率计算。

4）已抵扣进项税额的固定资产、无形资产或者不动产，发生不允许抵扣的进项税额时，按照下列公式计算不得抵扣的进项税额。

不得抵扣的进项税额＝固定资产、无形资产或者不动产净值/（1＋税率）× 税率

【案例2-2】 神火厨具公司是一家生产厨具的一般纳税人，2019年8月购货情况如下：

（1）从一般纳税人购进原材料，取得了专用发票，列明金额20 000元，税率13%，税额2 600元，另支付运费，取得普通发票金额500元，税率3%，税额15元。材料已入库，货款已经转账支付。

（2）从小规模纳税人购进原材料，取得了普通发票，列明金额10 000元，税率3%，税额300元；另支付运费，取得专用发票，列明金额400元，税率9%，税额36元。材料已入库，货款已经支付。

（3）以物易物销售，用产品换入设备，双方分别开出专用发票，金额200 000元，税率13%，税额26 000元。

（4）购进改扩建办公楼需用的钢材，取得了专用发票，列明金额100 000元，税率13%，税额13 000元，钢材已入库。

（5）接受投资人投入设备一批，取得了专用发票，列明金额500 000元，税率13%，税额65 000元，该批设备已投入使用。

（6）接受捐赠材料一批，取得了专用发票，列明金额200 000元，税率13%，税额26 000元，该批材料已入库。

（7）外购一套新的生产线，取得了专用发票，列明金额300 000元，税率13%，税额39 000元，该生产线尚未投产。

（8）购入大米一批，取得了普通发票，列明金额30 000元，税率3%，税额900元；另支付运费，取得专用发票，列明金额1 000元，税率9%，税额90元。购进的大米用于发放职工福利。

上述专用发票均已通过认证。请分析神火厨具公司2018年8月应申报的进项税额。

解析：

根据我国消费型增值税的相关规定，有关计算如下：

（1）专用发票上的进项税额2 600元允许抵扣，运费取得普通发票不可以抵扣。

（2）普通发票不能作为抵扣依据，货物的进项税额不能抵扣。运费取得专用发票，可以

抵扣 36 元。

（3）以物易物换入的设备，因取得了专用发票，可以抵扣进项税额 26 000 元。

（4）2019 年 4 月 1 日起，购进不动产的进项税额允许全额抵扣。故改扩建办公楼购进的货物，取得了专用发票，允许抵扣 13 000 元。

（5）接受投资人投入设备，取得了专用发票，可以抵扣进项税额 65 000 元。

（6）接受捐赠材料，取得了专用发票，可以抵扣进项税额 26 000 元。

（7）外购生产线，取得了专用发票，可以抵扣进项税额 39 000 元。

（8）购入的大米虽然是农产品，但因用于职工福利，所以，其进项税额不得抵扣。其对应的运费也不得抵扣。如果是食品厂购入大米用于生产产品，则可按普通发票列明金额的 9% 或 10% 抵扣（食品厂销售食品适用税率 9% 时，抵扣 9%；食品厂销售食品适用税率 13% 时，抵扣 10%），其运费对应的增值税 90 元也可抵扣。

该厨具公司 8 月应申报的进项税额为：

2 600 + 36 + 26 000 + 13 000 + 65 000 + 26 000 + 39 000=171 636（元）

2. 特殊情况的进项税额

特殊情况的进项税额，指需要计算的进项税额。

（1）进口货物增值税的计算。

我国税法规定，申报进入中华人民共和国海关境内的货物，均应缴纳增值税。进口货物的收货人或办理报关手续的单位和个人，为进口货物增值税的纳税人。委托代理进口的货物，以海关开具的完税凭证上的纳税人为增值税的纳税人。

进口货物适用税率为 13% 或 9%，与纳税人规模无关。进口环节缴纳的增值税税额能否抵扣，取决于货物进口后的用途。用于增值税应税项目的，其进口环节已纳增值税可以作为进项税额抵扣；用于免税项目或用于福利项目等缴纳的增值税，不允许抵扣，应计入成本。

纳税人进口货物，应按照组成计税价格计算在进口环节应纳增值税。进口环节应纳增值税的计算公式如下：

$$应纳税额 = 组成计税价格 \times 税率$$

$$组成计税价格 = 关税完税价格 + 关税 + 消费税$$

一般贸易下进口货物的关税完税价格以海关审定的成交价格为基础的到岸价格作为完税价格。到岸价格包括货价、加上货物运抵我国关境输入地起卸前的包装费、运费、保险费和其他劳务费等费用。

【案例 2-3】某商贸企业进口服装一批，到岸价 10 000 美元，汇率 1∶6.5，关税税率为 10%，计算进口环节应纳增值税。

解析：

因服装不属于消费税征税范围，故：

组成计税价格 = 关税完税价格 + 关税
= 10 000×6.5 + 10 000×6.5×10%
= 71 500（元）

应纳增值税 = 71 500×13% = 9 295（元）

该商贸公司进口服装是为了销售，故 9 295 元为该公司的进项税额抵扣。

【案例 2-4】 某工业企业进口一辆小轿车自用，到岸价 10 000 美元，假设关税 15%，汇率 1 : 6.5，消费税 5%，计算进口环节应纳增值税。

解析：

因小汽车属于消费税征税范围，且消费税是价内税，增值税是价外税，故先计算消费税，后计算增值税。

关税 = 10 000×6.5×15% = 9 750（元）

消费税组成计税价格 = （关税完税价格 + 关税）÷（1 − 消费税税率）
= （65 000 + 9 750）÷（1−5%） = 78 684.21（元）

应纳消费税 = 78 684.21×5% = 3 934.21（元）

增值税组成计税价格 = 关税完税价格 + 关税 + 消费税
= 65 000 + 9 750 + 3 934.21 = 78 684.21（元）

应纳增值税 = 78 684.21×13% = 10 228.95（元）

（2）从境外单位或者个人购进服务、无形资产或者不动产的进项税额。

从境外单位或者个人购进服务、无形资产或者不动产，准予从销项税额中抵扣的进项税额为从税务机关取得的税收缴款凭证上注明的增值税额。纳税人凭税收缴款凭证抵扣进项税额时，应当出具书面合同、付款证明和境外单位的对账单或者发票。否则，进项税额不得从销项税额中抵扣。

境外单位或者个人在境内提供应税服务、转让无形资产或销售不动产，在境内未设有经营机构的，扣缴义务人按照下列公式计算应扣缴税额：

应扣缴税额 = 接受方支付的价款 ÷（1 + 税率）× 税率

【案例 2-5】 某航空公司准备建造 2 号航站楼，航站楼设计服务面向国际招标，A 国设计公司中标。航空公司支付 A 国设计公司设计费折合人民币 1 060 万元，合同约定设计费在中国应纳税费由外方企业承担，中国与 A 国双边税收协定约定设计费不征收预提所得税。计算航空公司应代扣代缴增值税。

解析：

设计服务属于现代服务业，适用税率 6%。

应扣缴增值税 = 1 060 ÷（1 + 6%）× 6% = 60（万元）

将扣缴的增值税交给主管税务机关后，凭从税务机关取得的税收缴款凭证，以及书面合同、付款证明和境外单位的对账单或者发票作为航空公司进项税额的抵扣依据。

【案例 2-6】 某通信企业从 B 国购入一项专利技术使用权，转让价款 1 000 万美元（汇率 1:6.5），合同中约定在中国发生的税费由外方企业承担。中国与 B 国双边税收协定中约定特许权使用费预提所得税为 10%。计算中方企业应扣缴的增值税和预提所得税。

解析： 转让专利技术属于转让无形资产，适用 6% 增值税税率。向境外支付技术费，应扣缴预提税 10%，转让价款折合人民币为 6 500 万元。

应扣缴增值税 =6 500÷（1+6%）×6%＝367.92（万元）

应扣缴预提税 =（6 500−367.92）×10%＝6 132.08×10%＝613.208（万元）

将扣缴的增值税和预提税交给主管税务机关后，凭从税务机关取得的税收缴款凭证，以及书面合同、付款证明和境外单位的对账单或者发票作为通信企业进项税额的抵扣依据。

（3）委托加工货物的进项税额。

委托加工是指委托方提供原材料，受托方只收取加工费和代垫部分辅助材料的业务。符合条件的受托加工业务，以收取的加工费和代垫的辅助材料费作为计税基础，按照 13% 的税率，计算缴纳增值税。受托方是代收代缴义务人，在委托方提货时，受托方应向委托方代收代缴增值税。委托方支付给受托方的增值税税额，如果货物用于生产经营，按规定允许抵扣，作为进项税额入账；如果货物用于非生产经营，则不允许抵扣，应计入委托加工货物的成本。

应代收代缴增值税 = 不含税加工费 × 税率

作为计税基数的加工费是指委托方支付给受托方的全部款项，包括手工费和辅助材料费。加工劳务适用税率为 13%，与受托方的规模无关。

【案例 2-7】 A 公司委托 B 公司加工一批服装，A 公司提供布料，价值 5 000 元，加工服装 50 件，B 公司收取不含税加工费 60 元/件，代垫辅助材料不含税价 2 000 元。

解析：

在 A 公司提货时，B 公司应代收代缴增值税为：

加工费 ×13%＝（60×50＋2 000）×13%＝650（元）

2.2.3 应纳税额的计算

应纳税额 = 当期销项税额 − 当期进项税额

当期是指税务机关依照规定对纳税人确定的纳税期限。只有在纳税期限内实际发生的进项税额、销项税额，才是法定的当期进项税额和当期销项税额。

因销货退回或折让而退还给购买方的增值税税额，应从发生销货退回或折让当期的销项税额中扣减；因进货退出或折让而收回的增值税税额，应从发生进货退出或折让当期的进项税额中扣减。但无论扣减销项税额还是扣减进项税额，都应有合法的票据作为依据。

【案例 2-8】 某零售商场为增值税一般纳税人，2019 年 6 月有关业务如下：

（1）购进货物，取得专用发票，列明金额 20 000 元，税率 13%，税额 2 600 元；另支付运费，取得专用发票上列明金额 500 元，税率 9%，税额 45 元，货已入库。

（2）购进货物，取得普通发票，列明金额 10 000 元，税率 3%，税额 300 元，货已入库。

（3）从农民手中收购农产品，收购凭证上金额 30 000 元，另支付运费，取得专用发票上列明金额 1 000 元，税率 9%，税额 90 元，货已入库。

（4）进口货物，到岸价 10 000 美元，汇率 1：6.5，关税 10%，取得了完税凭证，货已入库。

（5）收回委托加工货物一批，取得了专用发票，列明加工费金额 50 000 元，税率 13%，税额 6 500 元。

（6）销售货物，开出专用发票，列明金额 100 000 元，税率 13%，税额 13 000 元，款项存入银行。另支付由本单位负担的运费，取得专用发票上，金额 1 000 元，税率 9%，税额 90 元。

（7）向个人销售货物，开出普通发票，金额 20 000 元，税率 13%，税额 2 600 元；将货物运到指定地点，价外另收取运费开出普通发票，金额 200 元，税率 9%，税额 18 元。运费收入与销售收入分别核算，分别开票。

（8）以物易物销售，用商品换设备，双方分别开出专用发票，金额 200 000 元，税率 13%，税额 26 000 元。

（9）将经销的商品用于职工福利，该批货物原不含税进价 20 000 元，不含税售价 30 000 元，适用税率 13%。

（10）本月共收取销售白酒的包装物押金 1 130 元，没收到期未退还白酒包装物的押金 500 元。

（11）购入办公用固定资产，取得专用发票，列明金额 70 000 元，税率 13%，税额 9 100 元；另支付运费，取得专用发票上列明金额 500 元，税率 9%，税额 45 元。

（12）本月销售固定资产两项：出售办公设备 A，新售价 51 500 元，账面原值 70 000 元，已折旧 10 000 元，购入日期 2008 年 5 月；出售办公设备 B，新售价 22 600 元，账面原值 30 000 元，已折旧 5 000 元，购入日期 2015 年 2 月。均开出普通发票。

假设上述票据都在规定时限内通过认证，根据以上资料，计算该企业当期进项税额和当期销项税额。

解析：

（1）购货取得了专用发票，税额 2 600 元允许抵扣。支付运费也取得了专用发票，允许抵扣 45 元。

（2）普通发票不能作为抵扣依据。

（3）收购农产品抵扣 9%，30 000×9%=2 700（元），支付运费，取得了专用发票，允许抵扣 90 元。

（4）进口货物是为了销售，在进口环节缴纳的增值税允许抵扣。组成计税价格＝10 000×6.5×（1＋10%）＝71 500（元），进口环节缴纳增值税＝71 500×13%＝9 295（元）。

（5）收回委托加工货物用于销售，提货时支付增值税 6 500 元，取得了专用发票，故允许抵扣。

（6）销售货物的销项税额 13 000 元。销货支付运费，取得了专用发票，允许抵扣 90 元。

（7）一般纳税人销售货物，无论开出专用发票还是普通发票，适用税率都一样。故销项税额 2 600 元。价外收取运费属于价外费用，因已分别核算，分别开票，故适用 9% 税率，销项税额 18 元。

（8）用产品换材料，换出产品计算销项税额 26 000 元，换入材料因取得了专用发票，允许抵扣进项税额 26 000 元。

（9）商业企业将经销的商品用于职工福利，属于视同销售，应按照售价计算销项税额，30 000×13%＝3 900（元）。

（10）销售白酒的押金，收取时纳税，没收时不再纳税。销项税额＝（1 130÷1.13）×13%＝130（元）。

（11）购入办公用固定资产，进项税额＝9 100＋45＝9 145（元）。

（12）办公设备 A 购入日期为 2008 年 5 月，为增值税转型前（2009 年 1 月 1 日前）购入，购入时没有抵扣进项税额。故销售后按新售价全额和 3% 征收率计算，并减按 2% 征收。应交增值税＝（51 500÷1.03）×2%＝1 000（元）。此税额 1 000 元，既不是进项税额，也不是销项税额，而是简易计税的应交增值税。

办公设备 B 购入日期为 2010 年 2 月，为增值税转型后购入，购入时已经抵扣进项税额，故出售后按照新售价全额和税率 13% 计税增值税销项税额。销项税额＝（22 600÷1.13）×13%＝2 600（元）。

综上分析，该企业增值税的申报情况如下：

当期进项税额 ＝ 2 645 ＋ 2 790 ＋ 9 295 ＋ 6 500 ＋ 90 ＋ 26 000 ＋ 9 145
　　　　　　＝ 56 465（元）

当期销项税额 ＝ 13 000 ＋ 2 618 ＋ 26 000 ＋ 3 900 ＋ 130 ＋ 2 600 ＝ 48 248（元）

应纳税额 ＝ 48 248－56 465 ＝ －8 217（元）

简易计税 ＝（51 500÷1.03）×2%＝1 000（元）

自 2019 年 4 月 1 日起，我国试行增值税期末留抵税额退税制度。同时符合以下条件的纳税人，可以向主管税务机关申请退还增量留抵税额：

（1）自 2019 年 4 月税款所属期起，连续 6 个月增量留抵税额均大于零，且第 6 个月增量留抵税额不低于 50 万元。

（2）纳税信用等级为 A 级或者 B 级。

（3）申请退税前 36 个月：未发生骗取留抵退税、出口退税或虚开增值税专用发票情形的；未因偷税被税务机关处罚两次及以上的。

（4）自 2019 年 4 月 1 日起未享受即征即退、先征后返（退）政策的。

纳税人当期允许退还的增量留抵税额，按照以下公式计算：

$$允许退还的增量留抵税额 = 增量留抵税额 \times 进项构成比例 \times 60\%$$

进项构成比例为 2019 年 4 月至申请退税前一税款所属期内已抵扣的增值税专用发票（含税控机动车销售统一发票）、海关进口增值税专用缴款书、解缴税款完税凭证注明的增值税额占同期全部已抵扣进项税额的比重。

纳税人应在增值税纳税申报期内，向主管税务机关申请退还留抵税额。纳税人出口货物劳务、发生跨境应税行为，适用免抵退税办法的，办理免抵退税后，仍符合规定条件的，可以申请退还留抵税额；适用免退税办法的，相关进项税额不得用于退还留抵税额。

简易计税的应交增值税为 1 000 元，应在下月 15 日以前缴纳。

【案例 2-9】 某航空公司为增值税一般纳税人，2019 年 8 月发生以下经济业务：

（1）本月取得国内运输收入，专用发票总计金额 50 000 万元，税率 9%，税额 4 500 万元；国际运输收入 10 000 万元；另代收的机场建设费共计 600 万元。

（2）本月购进燃料油，专用发票列明金额 30 000 万元，税率 13%，税额 3 900 万元。

（3）干租业务（指航空运输企业将飞机在约定的时间内出租给他人使用，不配备机组人员，不承担运输过程中发生的各项费用，只收取固定租赁费）收取租赁费，开出专用发票，金额 20 万元，税率 13%，税额 2.6 万元。

（4）湿租业务（指航空运输企业将配备有机组人员的飞机承租给他人使用一定期限，承租期内听候承租方调遣，不论是否经营，均按一定标准向承租方收取租赁费，发生的固定费用均由承租方承担）收取租赁费，开出专用发票，共计金额 200 万元，税率 9%，税额 18 万元。

（5）购进高价周转件，取得专用发票上列明金额 10 万元，税率 13%，税额 1.3 万元。

（6）购进飞机发动机，取得专用发票上列明金额 100 万元，税率 13%，税额 13 万元。

（7）购进员工统一着装服装，取得专用发票上列明金额 20 万元，税率 13%，税额 2.6 万元。

（8）将一辆地面运输车出租，本月取得租金收入，开出专用发票，共计金额 10 万元，税率 13%，税额 1.3 万元。

（9）取得媒体资源使用费（即广告位租赁费），开出专用发票，金额 50 万元，税率 13%，税额 6.5 万元。

（10）预收下半年地面物业租赁费，开出专用发票，金额 100 万元，税率 9%，税额 9 万元。

（11）取得餐费收入，开出普通发票，金额 80 万元，税率 6%，税额 4.8 万元。

（12）机场办公楼装修，购入装饰材料，取得专用发票上列明金额 30 万元，税率 13%，税额 3.9 万元。

（13）转让"营改增"前购入的小汽车一辆，原价80万元，已折旧50万元，新售价30.9万元。

航空公司将上述适用不同税率的业务收入已按税法规定分别核算，分别开票。根据以上资料，计算该航空公司2019年8月应缴纳的增值税。

解析：

（1）航空运输企业的销售额不包括代收的机场建设费和代售其他航空运输企业客票而代收转付的价款。国内运输有销项税额4 500万元，国际运输适用零税率，故无销项税额。

（2）购进燃料油允许抵扣进项税额3 900万元。

（3）干租业务属于有形动产租赁业务，税率13%，销项税额2.6万元。

（4）湿租业务属于交通运输业，税率9%，销项税额18万元。

（5）购进高价周转件允许抵扣进项税额1.3万元。

（6）购进飞机发动机允许抵扣进项税额13万元。

（7）国家税务总局公告2011年第34号文明确规定：企业根据工作性质和特点，由企业统一制作并要求员工工作时统一着装所发生的工作服饰费用，可以作为企业合理的支出给予税前扣除。既然服装费在所得税前扣除，则其增值税也应允许扣除。航空公司统一着装是工作所需，允许抵扣进项税额2.6万元。

（8）地面运输车出租属于有形动产租赁，适用13%税率，销项税额1.3万元。

（9）取得媒体资源使用费，属于出租广告位收入，适用13%税率，销项税额6.5万元。

（10）预收下半年地面物业租赁费，属于不动产租赁收入，适用9%税率，并且预收款当月全部纳税，销项税额9万元。

（11）取得航空配餐服务费，属于生活服务收入，适用6%税率，销项税额4.8万元。

（12）购入装饰材料，允许当期全额抵扣3.9万元。

（13）"营改增"前购入的设备，简易计税。应交增值税=30.9/1.03×2%=0.6（万元）。

综上分析，该企业增值税的申报情况如下：

当期销项税额=4 500+2.6+18+1.3+6.5+9+4.8=4 542.2（万元）

当期进项税额=3 900+1.3+13+2.6+3.9=3 920.8（万元）

应纳税额=4 542.2-3 920.8=621.4（万元）

简易计税的应交增值税为0.6万元。

【案例2-10】 北京市某软件企业2019年6月有关业务资料如下：

（1）销售软件收入，开出专用发票，金额300 000元，税率13%，税额39 000元。

（2）销售软件收入，开出专用发票，软件金额500 000元，维护费金额50 000元，税率13%，税额71 500元。

（3）购买材料，取得专用发票，列明金额5 000元，税率13%，税额650元；支付电费，取得专用发票，列明金额2 000元，税率13%，税额260元；支付水费，取得专用发票列明金额 1 000 元，税率 9%，税额 90 元。

（4）购买笔记本电脑一批配备给职工，取得专用发票，列明金额 100 000 元，税率 13%，税额 13 000 元；购买食用油一批给职工发放福利，取得专用发票，列明金额 2 000 元，税率 9%，税额 180 元。

（5）购买办公设备，取得专用发票，列明金额 200 000 元，税率 13%，税额 26 000 元。同时支付运费，取得专用发票，金额 5 000 元，税率 9%，税额 450 元。

（6）企业转让技术，已在网上办税大厅备案。转让一项专利技术所有权，开出普通发票，列明金额 50 000 元，零税率，税额 0 元；转让一项非专利技术使用权，开出普通发票，列明金额 10 000 元，零税率，税额 0 元。

（7）收取某客户的技术维护费，开出专用发票，金额 30 000 元，税率 6%，税额 1 800 元。

（8）预付下半年办公室租赁费，取得专用发票，金额 300 000 元，税率 9%，税额 27 000 元。

该企业各类业务实行分别核算，计算该软件企业 2018 年 6 月应纳增值税额和应向税务机关申请的退税额。

解析：

税收优惠政策：增值税一般纳税人销售其自行开发生产的软件产品，按 13% 税率征收增值税后，对其增值税实际税负超过 3% 的部分实行即征即退政策。

即征即退税额 = 当期软件产品增值税应纳税额 − 当期软件产品销售额 ×3%

当期软件产品增值税应纳税额 = 当期软件产品销项税额 − 当期软件产品可抵扣进项税额

当期软件产品销项税额 = 当期软件产品销售额 ×13%

增值税一般纳税人在销售软件产品的同时销售其他货物或者应税劳务的，对于无法划分的进项税额，应按照实际成本或销售收入比例确定软件产品应分摊的进项税额。

纳税人销售软件产品并随同销售一并收取的软件安装费、维护费、培训费等收入，应按照增值税混合销售的有关规定征收增值税，并可享受软件产品增值税即征即退政策。

根据上述文件，以最低税负为目标，计算纳税如下：

（1）销售软件收入销项税额 =39 000（元）。

（2）销售软件收入及维护费销项税额 =71 500（元）。

（3）进项税额 =650 + 260 + 90=1 000（元）。

（4）笔记本电脑为职工工作所需，允许抵扣进项税额 13 000 元；食用油纯属于职工福利，增值税 180 元不允许抵扣。

（5）进项税额 =26 000 + 450=26 450（元）。

（6）企业转让技术，已在网上办税大厅备案，可以享受免增值税待遇。免税项目，可以开具零税率普通发票。故销项税额 =0（元）。

（7）销项税额 =1 800（元）。

（8）支付不动产租赁费，允许抵扣进项税额 27 000 元。

综上分析，该企业增值税的申报情况如下：

当期进项税额 =1 000 + 13 000 + 26 450 + 27 000=67 450（元）

当期销项税额 =39 000 + 71 500 + 1 800=112 300（元）

应纳税额 =112 300-67 450=44 850（元）

总销售收入 =300 000 + 550 000+50 000 + 10 000 + 30 000=940 000（元）

软件产品销售收入 =300 000 + 550 000=850 000（元）

软件产品销项税额 =39 000 + 71 500=110 500（元）

软件产品进项税额 =67 450×850 000/940 000=60 992.02（元）

软件产品应纳税额 =110 500-60 992.02=49 507.98（元）

应退税额 =49 507.98-850 000×3%=49 507.98-25 500=24 007.98（元）

【案例2-11】 某电信企业为增值税一般纳税人，2019年6月发生下列业务：

（1）基础电信业务不含税收入：固定通信业务收入100万元，卫星通信业务收入200万元，数据通信业务收入80万元，网络接入业务收入150万元，国内通信设施服务收入20万元。

（2）增值电信业务不含税收入：在线数据处理与交易处理业务300万元，存储转发类业务100万元，因特网数据中心业务及因特网接入服务业务收入50万元，信息服务业务收入50万元。

（3）购入电信设备，取得专用发票，列明金额100万元，税率13%，税额13万元；另支付运输费，取得专用发票，列明金额1万元，税率9%，税额0.09万元。

（4）购入网络维护材料，取得专用发票，列明金额20万元，税率13%，税额2.6万元。

（5）支付电费，取得专用发票，金额2万元，税率13%，税额0.26万元；支付水费，取得专用发票，金额1万元，税率9%，税额0.09万元。

（6）购进一项专利权，取得普通发票，列明金额100万元，零税率，税额0元。

（7）委托某广告公司发布广告，取得专用发票，列明金额50万元，税率6%，税额3万元。

（8）购买一栋营业用房，取得专用发票，列明金额1 000万元，税率9%，税额90万元。

（9）出租电信设备收入，开出专用发票，金额50万元，税率13%，税额6.5万元。

（10）出售2008年购入的设备一台，原价50万元，已经折旧30万元，新售价41.2万元。

该企业对适用不同税率的收入已经实行分别核算，分别开票。

根据以上资料，计算该企业2019年6月应向税务机关缴纳的增值税额。

解析：

基础电信业务收入适用9%税率，增值电信业务适用6%税率，出租电信设备适用13%税率。购进不动产，当期允许全额抵扣进项税额。

当期销项税额 =（100 + 200 + 80 + 150 + 20）×9% +（300 + 100 + 50 + 50）×6% + 6.5
= 550×9% + 500×6% + 6.5
= 49.5 + 30 + 6.5=86（万元）

当期进项税额 = 13 + 0.09 + 2.6 + 0.26 + 0.09 + 3 + 90=109.04（万元）

允许加计抵减额 =109.04×10%=10.9（万元）

应纳税额 = 86 −（109.04 + 10.9）= −33.94（万元）

考虑申请退还增量留抵税额。

出售"营改增"前购入设备，选择简易计税。

应交增值税 = 41.2÷（1 + 3%）×2% = 0.8（万元）

2.2.4　特定行业应纳税额的计算

特定行业应纳税额的计算，这部分主要介绍 2016 年 5 月 1 日开始实行"营改增"的金融业、建筑业、房地产业和生活服务业四大行业应纳税额的计算。

1. 金融业应纳税额的计算

一般纳税人销售金融服务，应采用一般计税方法计税，适用 6% 的增值税税率。金融服务是指经营金融保险的业务活动，包括贷款服务、直接收费金融服务、保险服务和金融商品转让。金融行业"营改增"后应税销售额的确定，遵循以下原则。

（1）贷款服务，以提供贷款服务取得的全部利息及利息性质的收入为销售额。以货币资金投资收取的固定利润或者保底利润，按照贷款服务缴纳增值税。自 2018 年 1 月 1 日起，金融机构开展贴现、转贴现业务，以其实际持有票据期间取得的利息收入作为贷款服务销售额计算缴纳增值税。

（2）直接收费金融服务，以提供直接收费金融服务收取的手续费、佣金、酬金、管理费、服务费、经手费、开户费、过户费、结算费、转托管费等各类费用为销售额。

（3）金融商品转让，按照卖出价扣除买入价后的余额为销售额。转让金融商品出现的正负差，按盈亏相抵后的余额为销售额。若相抵后出现负差，可结转下一纳税期与下期转让金融商品销售额相抵，但年末时仍出现负差的，不得转入下一个会计年度。金融商品的买入价，可以选择按照加权平均法或移动加权平均法进行核算，选择后 36 个月内不得变更。金融商品转让，不得开具增值税专用发票。

（4）经纪代理服务，以取得的全部价款和价外费用，扣除向委托方收取并代为支付的政府性基金或者行政事业性收费后的余额为销售额。向委托方收取的政府性基金或者行政事业性收费，不得开具增值税专用发票。

纳税人接受贷款服务向贷款方支付的与该笔贷款直接相关的投融资顾问费、手续费、咨询费等费用，其进项税额不得从销项税额中抵扣。

【案例 2-12】某银行为增值税一般纳税人，2019 年第 3 季度，该银行业务含税收入如下：

（1）企业抵押贷款利息收入1 000万元，企业担保贷款利息收入500万元，企业票据贴现贷款利息收入50万元，个人住房抵押贷款利息收入100万元，个人银行卡透支贷款利息收入30万元，个人消费贷款利息收入20万元。

（2）投资业务，本季度有价证券卖出价累计2亿元，买入价累计1.8亿元。

（3）取得代收水电费、代收违章罚款、代收税款等代理业务的手续费收入60万元。

（4）取得国内结算手续费收入10万元，国际结算手续费收入50万元。

（5）本季度结算单位存款利息支出500万元，个人存款利息支出100万元。

（6）购买办公用品，取得专用发票，金额10万元，税率13%，税额1.3万元。

（7）购买职员统一着装制服，取得专用发票，金额20万元，税率13%，税额2.6万元。

（8）支付支行营业用房房租，取得专用发票，金额50万元，税率9%，税额4.5万元。

（9）支付水费，取得专用发票，金额10 000元，税率9%，税额900元；支付电费，取得专用发票，金额20 000元，税率13%，税额2 600元。

（10）取得农户小额贷款利息收入20万元，国家助学贷款利息收入30万元，同业拆借利息收入50万元。

上述收入均为含税收入。计算该银行2018年第3季度应缴纳的增值税。

解析：

金融业适用增值税税率为6%。农户小额贷款利息收入、国家助学贷款利息收入、同业拆借利息收入均免征增值税。

含税销售额=1 000＋500＋50＋100＋30＋20＋（20 000－18 000）＋（60＋10＋50）=3 820（万元）

销项税额=3 820／（1＋6%）×6%=3 603.77×6%=216.23（万元）

因存款利息取得方免增值税，故银行利息支出不允许抵扣。

进项税额=1.3＋2.6＋4.5＋0.09＋0.26=8.75（万元）

应纳税额=216.23－8.75=207.48（万元）

2．建筑业应纳税额的计算

一般纳税人销售建筑服务，应采用一般计税方法计税，适用9%的增值税税率。但一般纳税人的下列建筑服务，可以选择简易计税方法：① 以清包工方式提供的建筑服务；② 为甲供工程（指全部或部分设备、材料、动力由工程发包方自行采购的建筑工程）提供的建筑服务；③ 为建筑工程老项目（开工日期在2016年4月30日前的建筑工程项目）提供的建筑服务。

选择简易计税的一般纳税人，以取得的实际价款为销售额。"实际价款"指全部价款和价外费用扣除支付的分包款后的余额。分包款的抵扣依据为备注栏注明建筑服务发生地和项目名称的增值税发票。

一般纳税人跨省级行政区提供建筑服务的，应按工程项目分别预缴：以取得的实际价款和 2%预征率在建筑服务发生地预缴，然后，再以取得的全部价款和价外费用为销售额计算应纳税额，向机构所在地申报。

预缴税款 = 实际价款/（1 + 9%）×2% = 不含税实际价款×2%

应缴税款 =（全部价款 + 价外费用）/（1 + 9%）×9% − 进项税额 − 预缴税款

= 不含税实际价款×9% − 进项税额 − 预缴税款

跨县（市、区）提供建筑服务，纳税人应自行建立预缴税款台账，区分不同地区和项目逐笔登记全部收入、支付的分包款、已扣除的分包款、扣除分包款的发票号、已预缴税款及预缴税款的完税凭证号等内容，留存备查。

纳税人销售活动板房、机器设备、钢结构件等自产货物的同时提供建筑、安装服务，不属于混合销售，应分别核算货物和建筑服务的销售额，分别适用不同的税率或者征收率。

一般纳税人销售电梯的同时提供安装服务，其安装服务可以按照甲供工程选择适用简易计税方法计税。纳税人对安装运行后的电梯提供的维护保养服务，按照"其他现代服务"缴纳增值税。

【案例 2-13】北京一建公司是一家大型建筑施工企业，同时承建多个大型项目。该公司为增值税一般纳税人，2019 年 8 月有关业务如下：

（1）北京 A 项目是商业地产写字楼施工项目，总承包款 1 亿元，将地基修建工程分包给分包商 800 万元。北京 A 项目开工日期是 2016 年 3 月，工程主体结构已经完成，外部装修正在进行中，内部装修尚未进行。本月购入外部装修材料，取得专用发票，金额 200 万元，税率 13%，税额 26 万元；按照工程完工进度，本月收到工程款 2 060 万元，开出普通发票，金额 2 000 万元，税率 3%，税额 60 万元。

（2）天津 B 项目是住宅楼施工项目，该项目为甲供工程，全部设备、材料、动力由发包方自行采购。按照完工进度，本月收到工程款 103 万元，开出普通发票，金额 100 万元，税率 3%，税额 3 万元。

（3）北京 C 项目是体育场施工项目，开工日期 2019 年 7 月 1 日，工程总承包款 2 亿元，本月收到甲方预付工程款，开出专用发票，金额 5 000 万元，税率 9%，税额 450 万元；本月将地基修建工程分包给分包商，支付分包款，取得专用发票，金额 1 000 万元，税率 9%，税额 90 万元（专用发票备注栏已注明北京 C 项目体育场工程，地点北京市××区××街××号）；本月购进工程所需建筑材料，取得专用发票，金额 2 000 万元，税率 13%，税额 260 万元。

（4）石家庄 D 项目是住宅楼项目，开工日期 2019 年 7 月 1 日，工程总承包款 1.5 亿元，本月收到甲方预付工程款，开出专用发票，金额 3 000 万元，税率 9%，税额 270 万元；将工程部分项目分包，本月支付分包款，取得专用发票，金额 500 万元，税率 9%，税额 45 万元（专用发票备注栏已注明石家庄 D 项目住宅楼工程，地点石家庄××区××街××号）。

计算该建筑公司 2018 年 6 月应缴纳的增值税。

解析：

（1）北京 A 项目开工日期是 2016 年 3 月，属于老项目，因工程绝大部分已经完工，应选择简易计税。因地基工程分包发生在初期，与本月无关，故计税时不予考虑。

老项目选择简易计税，其应纳税额只与收款有关，与购进材料没有关系。因此，该工程购进材料，虽然取得了专用发票，也不得抵扣进项税额。简易计税的项目，发票上的增值税额不是销项税额，而是简易计税的应交增值税 60 万元。

（2）天津 B 项目为甲供工程，也应选择简易计税。故简易计税应交增值税为 3 万元。

（3）北京 C 项目是新项目，应采用一般计税方法。

销项税额 =450（万元）

进项税额 =90 + 260=350（万元）

应纳税额 =450-350=100（万元）

（4）石家庄 D 项目是新项目，因跨省异地施工，应在石家庄预缴税款 2%，回北京再向机构所在地申报。因分包款专用发票备注栏已注明项目名称和地点，故预缴税款时可以减除分包款。

预缴税款 =（3 000-500）×2%=50（万元）

应缴税款 = 270-45-50=225-50=175（万元）

3. 不动产相关的应纳税额计算

不动产相关的增值税计算，这里分为非房地产企业出售不动产、个人（含个体户）出售不动产、不动产经营租赁和房地产企业出售自行开发的不动产。

（1）非房地产企业出售不动产的政策规定。

一般纳税人销售 2016 年 4 月 30 日前取得或自建的不动产，可选择简易计税，先按 5% 征收率在不动产所在地预缴，然后再向机构所在地申报。取得的不动产以差价为销售额，自建的不动产以全价为销售额。

一般纳税人销售 2016 年 5 月 1 日后取得或自建的不动产，适用一般计税方法。取得的不动产以差价为销售额和 5% 预征率在不动产所在地预缴，自建的不动产以全价为销售额和 5% 预征率在不动产所在地预缴，然后，均以全价为销售额向机构所在地申报。

一般纳税人于 2019 年 4 月 1 日后取得的不动产和不动产在建工程，购进货物和设计服务、建筑服务，用于新建不动产，或者用于改建、扩建、修缮、装饰不动产均在当期金额抵扣进项税。

不动产在建工程发生非正常损失时，其所耗用的购进货物、设计服务和建筑服务已抵扣的进项税额应于当期全部转出。

【案例 2-14】 某工业企业为增值税一般纳税人，2019 年 6 月业务如下：

（1）从国内购进一项专利权所有权，取得普通发票，金额 100 万元，零税率，税额 0 元。

（2）委托某广告公司发布广告，取得专用发票，金额 80 万元，税率 6%，税额 4.8 万元。

（3）购买一栋营业用房，取得增值税专用发票，金额 2 000 万元，税率 9%，税额 180 万元。

（4）购买装修材料，装修办公楼，专用发票，金额 20 万元，税率 13%，税额 2.6 万元。

（5）出租设备收入，开出专用发票，金额 100 万元，税率 13%，税额 13 万元。

（6）出租办公楼收入（2000 年购入并已报主管税务机关备案），开出专用发票，金额 100 万元，税率 5%，税额 5 万元。

（7）出售职工宿舍（2005 年购入并已报主管税务机关备案），原购入价 500 万元，现售价 2 600 万元。

（8）从外国购入专利技术使用权，价款 2 000 万美元（汇率 1∶6.5），合同约定税费由外方企业承担，税收协定约定特许权使用费预提税 10%。

（9）本月产品销售销项税额共计 951 万元。

（10）本月购进原材料，进项税额共计 20 万元。

请计算该工业企业 2019 年 6 月应缴纳的增值税。

解析：

（1）购买专利所有权，卖方备案后享受免增值税，故只能取得普通发票，允许抵扣进项税额为零。

（2）允许抵扣进项税额 4.8 万元。

（3）当期允许抵扣进项 180 万元。

（4）当期允许抵扣进项税额为 2.6 万元。

（5）销项税额 13 万元。

（6）"营改增"前取得的不动产的租金收入，已报主管税务机关备案的，可简易计税，税率 5%，故应交增值税 5 万元。

（7）出售"营改增"前购入不动产的收入，已报主管税务机关备案的，可简易计税，税率 5%。购入的不动产，金额可以抵减。

故应交增值税 =（2 600−500）÷（1＋5%）×5%=100（万元）

（8）对外支付无形资产价款，该工业企业为扣缴义务人。

扣缴增值税 =13 000÷（1＋6%）×6%=735.85（万元）

扣缴预提税 =（13 000−735.85）×10%=12 264.15×10%=1 226.42（万元）

该企业应持书面合同、付款证明和境外单位的对账单或者发票，到主管税务机关申请代开增值税专用发票，然后作为进项税额抵扣。

当期进项税额 =4.8 + 180 + 2.6 + 735.85 + 20=943.25（万元）

当期销项税额 =13+951=964（万元）

应纳税额 =964−943.25=20.75（万元）

简易计税的应交增值税 =5 + 100=105（万元）

（2）不动产经营租赁服务政策规定。一般纳税人出租不动产，其政策规定为：

① 出租2016年4月30日前取得的不动产，可选择按5%征收率简易计税。若不动产与机构所在地不在同一县（市、区），则应先在不动产所在地预缴，再向机构所在地申报。

$$预缴税款 = 含税销售额/（1+5\%）\times 5\%$$

② 出租2016年5月1日后取得的不动产，适用一般计税方法。若不动产与机构所在地不在同一县（市、区），应先按3%预征率在不动产所在地预缴，再向机构所在地申报。

$$预缴税款 = 含税销售额/（1+9\%）\times 3\%$$

$$应缴税款 = 含税销售额/（1+9\%）\times 9\% - 进项税额 - 预缴税款$$

③ 公路经营企业收取试点前开工的高速公路的车辆通行费，可选择按3%征收率简易计税。

$$应缴税款 = 含税销售额/（1+3\%）\times 3\%$$

【**案例2-15**】腾飞公司是增值税一般纳税人，主营互联网业务。2019年7月，腾飞公司业务情况如下：

（1）本月取得互联网业务收入，开出专用发票，金额200万元，税率6%，税额12万元。

（2）本月出售原办公楼（2006年建造且已报税务机关备案），开出专用发票，金额5 000万元，税率5%，税额250万元。

（3）2019年6月，腾飞公司购买办公楼一栋，取得专用发票，金额20 000万元，税率5%，税额1 000万元。7月将部分闲置房间出租，取得租金开出专用发票，金额200万元，税率9%，税额18万元。

（4）本月收到职工宿舍（"营改增"前购买的宿舍，已备案）租金，开出专用发票，金额10万元，税率5%，税额0.5万元。

（5）本月允许抵扣进项税额共计50万元。

计算腾飞公司2018年7月应缴纳的增值税。

解析：

（1）销项税额12万元。

（2）出售2016年4月30日前自建的不动产，可选择简易计税，适用税率5%。故简易计税的应交增值税为250万元。

（3）2019年6月已抵扣进项税额1 000万元，2019年7月收到租金，销项税额为18万元。

（4）出租2016年4月30日前取得的不动产，可选择简易计税，适用税率5%。故简易计税的应交增值税为0.5万元。

本月销项税额 =12+18=30（万元）

允许加计抵减额 =50×10%=5（万元）

本月应纳税额 =30−（50+5）=−25（万元）

考虑申请退还增量留抵税额。

简易计税的应交增值税 =250 + 0.5=250.5（万元）

（3）房地产企业的政策规定。

房地产开发企业中的一般纳税人销售其开发的房地产项目，应采用一般计税方法计税，适用 9% 的增值税税率。销售房地产项目销售额的确定，以取得的全部价款和价外费用，扣除受让土地时向政府部门支付的土地价款（应取得省级以上财政部门监制的财政票据）后的余额为销售额。

销售额 =（全部价款和价外费用 − 当期允许扣除的土地价款）/（1 + 9%）

当期允许扣除的土地价款 = 支付的土地价款 × 当期已售房建筑面积 / 可供销售建筑面积

支付的土地价款是指向政府、土地管理部门等直接支付的土地相关款项以及在取得土地时向其他单位或个人支付的拆迁补偿费用。纳税人应建立台账登记土地价款的扣除情况，扣除的土地价款不得超过纳税人实际支付的土地价款。

当期已售房建筑面积是指当期进行纳税申报的增值税销售额对应的建筑面积。

可供销售建筑面积是指房地产项目可以出售的总建筑面积，不包括销售房地产项目时未单独作价结算的配套公共设施的建筑面积。

一般纳税人销售自行开发的房地产老项目（建筑工程施工许可证或建筑工程承包合同注明开工日期在 2016 年 4 月 30 日前的房地产项目），可以选择简易办法按 5% 征收率计税。一经选择简易计税，36 个月内不得变更。销售房地产老项目，以取得的全部价款和价外费用为销售额，不得扣除土地价款。

房地产开发企业采取预收款方式销售所开发的房地产项目，在收到预收款时按 3% 预征率预缴增值税。应预缴税款 = 预收款 /（1 + 9% 或 5%）× 3%，按一般计税方法计税适用 9%，按简易计税方法计税适用 5%。

一般纳税人销售自行开发的房地产项目，自行开具增值税发票。但向个人销售房地产，不得开具增值税专用发票。

【案例 2-16】飞翔房地产公司是增值税一般纳税人，在北京、河北、山东等地开发多个房地产项目。2019 年 7 月飞翔房地产公司业务情况如下：

（1）2016 年 4 月在河北开工的 A 住宅楼项目于 2019 年 4 月底已经完工。A 项目的土地出让金共计 6 000 万元，取得了合法票据。A 项目共计 200 套住房，截至 2019 年 6 月底已出售 150 套。2019 年 7 月出售 30 套，总价款 3 150 万元。开出普通发票，总计金额 3 000 万元，税率 5%，税额 150 万元。

（2）2019 年 5 月在北京开工 B 写字楼项目，7 月取得了预售许可证开始预售。B 项目总建筑面积 5.1 万平方米（其中包括未单独作价的公共设施面积 1 000 平方米），2019 年 7 月出售了 3 万平方米，取得预售售房款收入共计 163 500 万元。B 项目的土地是通过政府管理部门取得，土地出让金共计100 000万元，取得了合法票据。

（3）2019年7月支付B项目工程款，取得专用发票，金额6 000万元，税率9%，税额540万元。

（4）某开发商因资金链断裂，转让山东C住宅楼项目，经过谈判，飞翔房地产公司于2019年7月购入C住宅楼工程，取得专用发票，金额20 000万元，税率5%，税额1 000万元。

（5）假设B项目2020年10月完工，并已经出售4.5万平方米，累计售房总价款247 500万元，累计已经预缴增值税6 750万元。B项目尚有5 000平方米待售。B项目累计进项税额为6 004.59万元。

上述售房款均为含增值税的价款。

计算飞翔房地产公司应纳增值税。

解析：

（1）A项目为老项目，可选择简易办法按5%征收率计税，且不得扣除土地价款。

7月简易计税的应交增值税=150（万元）

（2）B项目属于新项目，按一般计税方法计税，适用税率9%。采用预售方式，且未开出发票，预交增值税3%。若预收后开出发票，则应按照9%税率计算销项税额。

7月应预缴税款=163 500÷（1+9%）×3%=150 000×3%=4 500（万元）

（3）B项目7月进项税额=540（万元）

（4）C项目7月进项税额=1 000（万元）

7月应纳税额=4 500-（540+1 000）=4 500-1 540=2 960（万元）

7月简易计税应纳增值税=150（万元）

（5）B项目2020年10月完工，汇算应交增值税。

允许扣除的土地款=100 000×4.5/5=90 000（万元）

销项税额=（247 500-90 000）÷（1+9%）×9%=13 004.59（万元）

B项目应交增值税=13 004.59-6 004.59=7 000（万元）

B项目应补交增值税=7 000-6 750=250（万元）

4. 生活服务业应纳税额的计算

一般纳税人销售服务，应采用一般计税方法计税，适用6%的增值税税率。但提供旅游服务，可选择以取得的全部价款和价外费用，扣除向旅游服务购买方收取并支付给其他单位或者个人的住宿费、餐饮费、交通费、签证费、门票费和支付给其他接团旅游企业的旅游费用后的余额为销售额。选择以余额为销售额的纳税人，向旅游服务购买方收取并支付的上述费用，不得开具增值税专用发票，可以开具普通发票。

【案例2-17】 飞跃饭店是增值税一般纳税人，主营餐饮服务和住宿服务，兼营娱乐服务。2019年10月，飞跃饭店业务情况如下：

（1）本月取得住宿服务收入，开出专用发票，金额 500 万元，税率 6%，税额 30 万元。

（2）本月取得餐饮收入，开出普通发票，金额 100 万元，税率 6%，税额 6 万元。

（3）本月取得 KTV 服务收入，开出普通发票，金额 20 万元，税率 6%，税额 1.2 万元。

（4）本月餐饮部从菜市场购入蔬菜共计 10 万元；购入米面取得专用发票，金额 1 万元，税率 9%，税额 0.09 万元。

（5）本月购进服务员统一着装工作服，取得专用发票，金额 1 万元，税率 13%，税额 0.13 万元。

（6）住宿部购进床单和被罩，取得专用发票，金额 5 万元，税率 13%，税额 0.65 万元。

计算飞跃饭店 2019 年 10 月应纳增值税。

解析：

（1）单位人员出差住宿收入，允许开具增值税专用发票，也能作为进项税额抵扣。

销项税额为 30 万元。

（2）餐饮服务，不得开具专用发票，只能开具普通发票。

销项税额为 6 万元。

（3）娱乐服务，不得开具专用发票，只能开具普通发票。

销项税额为 1.2 万元。

（4）从菜市场购进蔬菜，不能取得发票，也没有允许抵扣的进项税额；购入米面，取得专用发票，允许抵扣进项税 0.09 万元。

（5）服务员统一着装为经营所需，取得专用发票，允许抵扣进项税额 0.13 万元。

（6）购进床单和被罩，取得专用发票，允许抵扣进项税额 0.65 万元。

销项税额 =30 + 6 + 1.2=37.2（万元）

进项税额 =0.09+0.13+0.65=0.87（万元）

允许加计抵减额 =0.87×15%=0.13（万元）

应纳税额 =37.2－（0.87+0.13）=36.2（万元）

2.2.5 出口退税的计算

出口退税是鼓励各国出口货物公平竞争的一种退还或免征间接税的措施。进口国消费者没有义务承担出口国的税收，各出口国实行出口退税或免税，使出口产品以不含税形式进入国际市场，才能在国际市场上公平竞争。

1. 出口退税的一般规定

我国对出口货物采取出口退税与免税相结合的政策。我国的出口货物税收政策分为以下 3 种形式。

（1）出口免税并退税。出口免税是指对货物在出口销售环节不征增值税、消费税（这是将出口环节与出口前的销售环节视为一个征税环节）；出口退税是指对货物出口前实际承担的税收负担，按规定的退税率计算后予以退还。

（2）出口免税不退税。在货物出口销售环节不征增值税、消费税；出口不退税指适用这个政策的出口货物因在前一道生产、销售或进口环节是免税的，因此，出口时该货物的价格中本身就不含税，也无须退税。

下列企业出口的货物，除另有规定外，给予免税，但不予退税：增值税小规模纳税人出口货物；外贸企业取得普通发票、农产品收购发票、政府非税收入票据的货物出口；农业生产者自产农产品出口；来料加工复出口的货物；软件产品（海关税则号前四位为9803的货物）；含黄金、铂金成分的货物，钻石及其饰品；国家计划内出口的卷烟等。

"营改增"后，境内的单位和个人跨境销售的下列服务和无形资产，免征增值税，但不退税。

1）下列在境外的服务：建筑服务、工程监理服务、工程勘察勘探服务、会议展览服务、仓储服务、广播影视节目（作品）的播映服务、文化体育服务、教育医疗服务、旅游服务以及在境外使用的有形动产租赁服务。

2）为出口货物提供的邮政服务、收派服务、保险服务（包括出口货物保险和出口信用保险）。

3）向境外单位提供的完全在境外消费的下列服务和无形资产：电信服务、知识产权服务、物流辅助服务（仓储服务和收派服务除外）、鉴证咨询服务、专业技术服务、商务辅助服务、广告投放地在境外的广告服务、无形资产。

4）以无运输工具承运方式提供的国际运输服务。

5）为境外单位之间的货币资金融通及其他金融业务提供的直接收费金融服务，且该服务与境内的货物、无形资产和不动产无关。

6）财政部和国家税务总局规定的其他服务。

（3）出口不免税也不退税。出口不免税是指对国家限制或禁止出口的某些货物的出口环节视同内销环节，照常征税；出口不退税是指对这些货物不退还出口前其所负担的税款。下列出口货物和劳务，视同内销，照常征收增值税：出口企业或其他单位销售给特殊区域内的生活消费用品和交通运输工具；取消出口退税的货物，如化肥等；出口企业或其他单位在办理出口退税过程中有问题，如提供虚假备案单证的货物。

2. 增值税退（免）税政策的范围

除适用出口免税不退税和出口不免税也不退税的项目外，企业出口货物或服务，凡属于已征或应征增值税、消费税的货物和服务，都是出口免税并退税的范围。

出口货物指向海关报关后实际离境并销售给境外单位或个人的货物。下列情况，视同出口货物，适用增值税退（免）税政策。

（1）出口企业对外援助、对外承包、境外投资的出口货物。

（2）出口企业经海关报关进入国家批准的特殊区域并销售给特殊区域内单位或境外单位、个人的货物。特殊区域是指出口加工区、保税物流园区、保税港区、综合保税区、珠澳跨境工业区（珠海园区）、中哈霍尔果斯国际边境合作中心（中方配套区域）、保税物流中心（B 型）等。

（3）免税品经营企业销售的货物。

（4）国际金融组织或外国政府贷款国际招标建设项目的中标机电产品。

（5）销售给国际运输企业用于国际运输工具上的货物（暂仅限于外轮供应公司、远洋运输供应公司销售给外轮、远洋国轮的货物，国内航空供应公司销售给国际航班的航空食品）。

（6）销售给特殊区域内生产企业耗用且不向海关报关而输入特殊区域的水电气。

（7）以融资租赁方式租赁给境外承租人且租赁期限在 5 年以上，并向海关报关后实际离境的货物，试行增值税、消费税出口退税政策。

"营改增"后，境内单位跨境销售下列服务和无形资产，适用增值税一般计税方法的，视同生产企业，实行"免、抵、退"政策：① 国际运输服务；② 航天运输服务；③ 向境外单位提供的完全在境外消费的研发服务、合同能源管理服务、设计服务、广播影视制作和发行服务、软件服务、电路设计及测试服务、信息系统服务、业务流程管理服务、离岸服务外包业务、转让技术。

3. 增值税出口退税率

出口货物的退税率是出口货物的实际退税额与退税计税依据的比例。出口退税作为宏观调控的手段之一，会随着经济形式的变化而调整。为应对当前复杂的国际形势、保持外贸稳定增长，同时，为深化供给侧结构性改革、推动实体经济降成本，2018 年两次提高出口退税率。自 2019 年 4 月 1 日起，我国出口货物的出口退税率有 13%、9%、6% 和 3% 共 4 档。

应税服务和无形资产的退税率为其适用的增值税税率，即 9% 或 6%。

外贸企业购进按简易办法征税的出口货物、从小规模纳税人购进的出口货物，退税率为征收率，即 3%。

出口企业委托加工修理修配货物，其加工修理修配费用的退税率，为出口货物的退税率。

中标机电产品、出口企业向海关报关进入特殊区域销售给特殊区域内生产企业生产耗用的列名原材料、输入特殊区域的水电气，其退税率为适用税率。

适用不同退税率的货物、劳务、服务，应分开报关、核算并申报退税，未分开报关、核算或划分不清的，从低适用退税率。

4. "免、抵、退"税的计算

"免、抵、退"计税方法适用于生产企业出口自产货物和视同自产货物及对外加工修理修配劳务，以及列名的 74 家生产企业出口非自产货物，跨境销售适用零税率的应税服务和无形资产。"免"是指出口销售货物，实行零税率，免征出口环节增值税。"抵"是指兼营内销和外销货物的企业，用内销货物的应纳增值税，抵顶外销货物应退增值税（不包括适用增值税即征即退、先征后退政策的应纳增值税）。"退"是指只有当外销货物应退增值税大于内销货物应纳增值税，抵顶后出现负数时，才将未抵顶完的数额退还给出口企业。该办法适用于从未发生违反增值税发票管理规定的生产企业自营出口和委托代理出口的自产货物。出口外购货物符合下列条件之一的，可视同自产货物申报适用增值税退（免）税政策。

1）同时符合下列条件的外购货物，视同自产货物退税：① 与本企业生产的货物名称、性能相同；② 使用本企业注册商标或境外单位或个人提供给本企业使用的商标；③ 出口给进口本企业自产货物的境外单位或个人。

2）生产企业外购的与本企业所生产的产品配套出口的产品，视同自产货物退税。

3）经总部所在地税务机关认定的集团公司，其控股的生产企业之间收购的自产货物以及集团公司与其控股的生产企业之间收购的自产货物，视同自产货物退税。

4）生产企业委托加工收回的产品，视同自产货物退税。

5）用于本企业中标项目下的机电产品。

6）用于对外承包工程、境外投资、对外援助等项目下的货物。

采用"免、抵、退"办法计算出口退税，分为以下几个步骤。

（1）不得免征和抵扣的税额 =（出口货物销售额 − 免税购进原材料价格）×（征税率 − 退税率）。

货物的出口价格就是其在国内的全部增值额，用出口价格乘以增值税税率，即可准确地计算出出口货物应退税款，从而做到一次全部将已征税款正确地退还给企业，使出口货物以不含税价格进入国际市场。但我国出口退税实行的是非全额退税，即出口货物退税时有个与货物购进时的征税率不同的退税率，因此，产品出口后，其进项税额的一小部分应由出口企业负担，既不得免征，也不得抵扣，应打入产品销售成本。

（2）应纳税额 = 当期内销货物销项税额 −（当期进项税额 − 不得免征和抵扣税额）− 上期留抵税额。

若计算出的应纳税额为正数，为当月应上交税务机关的税额，表明该出口企业当月不存在出口退税，即该出口企业当月虽然有出口货物，但因内销货物应纳税额多，出口货物应退税额用内销货物应纳税额抵顶后，还得向税务机关缴税。

若计算出的应纳税额为负数，则形成负数的原因有两个：一是内销货物的应纳税额小于出口货物的应退税额，此时的负数应为向税务机关申请退税的金额；二是内销货物本身的销项税额小于其进项税额，这部分的负数值应留到下期继续抵扣。

因此，只有应纳税额出现负数时，才需要通过后面两步骤计算分析，找出实际应向税务机关申请退税的金额。

（3）应退税额 =（出口货物销售额 − 免税购进原材料价格）× 退税率。

该步骤是按出口净销售额计算的出口货物应退税全额，一般来说，其中有一部分应由内销货物应纳税额抵顶，故并不一定是实际向税务机关申请的退税额。

（4）将"应纳税额"与"应退税额"比较，退两者之中较小的。

如果应退税额小于应纳税额的数值，说明应纳税额的负数中有一部分是内销货物本身的销项税额小于进项税额，这部分数值（即应纳税额数值与应退税额的差）应留到下期继续抵扣，不能申请退税。

如果应退税额大于应纳税额数值，说明应纳税额的负数是由于出口货物的应退税额大于内销货物的应纳税额，因此由内销货物应纳税额抵顶出口货物应退税额而没有抵顶完的部分，应向税务机关申请退税。应退税额与应纳税额数值的差额为内销货物应纳税额抵顶出口货物应退的税额，即"抵"的税额。

在进行增值税出口退税计算时，还应该注意两点。

一是免税购进原材料包括国内购进免税原材料和进料加工免税进口料件。其中，进料加工免税进口料件的价格为组成计税价格，其构成包括3个部分：货物到岸价、海关应征关税、海关应征消费税。

二是新发生出口业务的生产企业自发生首笔出口业务之日起12个月内的出口业务，不计算当期应退税额，当期免抵税额等于当期免抵退税额；未抵顶完的进项税额，结转下期继续抵扣，从第13个月开始，按免抵退计算公式计算当期应退税额。

【案例2-18】 某自营出口的生产企业为增值税一般纳税人，出口货物的征税税率为13%，退税率为9%，2019年6月有关业务如下：购进原材料一批，取得增值税专用发票上金额400万元，进项税额52万元，货已验收入库。当月进料加工免税进口料件到岸价折合人民币100万元，关税20%。上期末留抵税款5万元。本月内销货物开出专用发票，金额100万元，税率13%，销项税额13万元，存入银行。本月出口货物的销售额折合人民币200万元，试计算该企业当期的"免、抵、退"税额。

解析：

该案例中有外购免税原材料，是出口退税计算的复杂形式。

免税原材料组成计税价格 =100 + 100×20%=120（万元）

（1）不得免征和抵扣的税额 =（200－120）×（13%－9%）=80×4%=3.2（万元）

（2）应纳税额 =13－（52－3.2）－5=13－48.8－5=－40.8（万元）

（3）应退税额 =（200－120）×9%=80×9%=7.2（万元）

（4）比较，应纳税额的数值40.8万元大于应退税额7.2万元，故实际应退税额为7.2万元。

（5）留下期抵扣税额 =40.8－7.2=33.6（万元）

可以申请退还增量留抵税额。

因应退税全额7.2万元都是实际退税额，故由内销货物应纳税额抵顶外销货物应退税额为零，即"抵"的税额为零。

5."免退税"的计算

免退税办法适用于不具备生产能力的出口企业（即外贸企业）或其他单位出口货物、劳务，免征增值税，相应的进项税额予以退还。外贸企业外购研发服务和设计服务，免增值税，其对应的外购应税服务的进项税额予以退还。

外贸企业以及其他企业外购货物出口后，凭购进出口货物的增值税专用发票办理退税。

$$应退税额 = 不含税购进金额 \times 退税率$$

注意：这里的"不含税购进金额"是指外销货物的购进金额，不包括内销货物的购进金额。

【案例2-19】 某外贸企业出口一批服装，出口销售额400万元，国内购进时取得了专用发票，列明金额300万元，税率13%，税额39万元；同时出口一批在国内收购的农产品，收购凭证上列明的收购价200万元。服装的退税率9%，计算应退税额。

解析：

农民出售农产品时免征增值税，外贸企业收购后出口不办理退税。

出口服装应退税 =300×9%=27（万元）

外贸企业购进按简易办法征税的出口货物、从小规模纳税人购进的出口货物。

$$应退税额 = 专用发票注明的金额 \times 退税率3\%$$

【案例2-20】 某进出口公司购进小规模纳税人抽纱工艺品200套出口，取得税务机关代开的增值税专用发票注明金额6 000元，税率3%，税额180元，计算应退税额。

解析：

外贸企业购进按简易办法征税的出口货物、从小规模纳税人购进的出口货物，退税率分别为简易办法实际执行的征收率、小规模纳税人征收率。因小规模纳税人的征收率为3%，故退税率为3%。

应退税额 =6 000×3%=180（元）

2.2.6 一般纳税人增值税的纳税申报

一般纳税人进行增值税纳税申报，应报送增值税纳税申报表和附列资料1（本期销售情况明细）、附列资料2（本期进项税额明细）、附列资料3（服务、不动产和无形资产扣除项目明细）、附列资料4（税额抵扣情况表）、增值税减免税申报明细表。建筑业、房地产业按照有关规定有预缴税款的企业，还应填报增值税预缴税款表，具体格式如表2-1至表2-6所示。

表 2-1 增值税纳税申报表（一般纳税人适用）

根据国家税收法律法规及增值税相关规定制定本表。纳税人不论有无销售额，均应按税务机关核定的纳税期限填写本表，并向当地税务机关申报。

税款所属时间：自 年 月 日至 年 月 日　　填表日期：年 月 日　　金额单位：元至角分

纳税人识别号							
纳税人名称	（公章）	法定代表人姓名		注册地址		生产经营地址	
开户银行及账号			登记注册类型			电话号码	

	项　目	栏次	一般项目		即征即退	
			本月数	本年累计	本月数	本年累计
销售额	（一）按适用税率计税销售额	1				
	其中：应税货物销售额	2				
	应税劳务销售额	3				
	纳税检查调整的销售额	4				
	（二）按简易办法计税销售额	5				
	其中：纳税检查调整的销售额	6				
	（三）免、抵、退办法出口销售额	7			—	—
	（四）免税销售额	8				
	其中：免税货物销售额	9			—	—
	免税劳务销售额	10			—	—
税款计算	销项税额	11				
	进项税额	12				
	上期留抵税额	13				
	进项税额转出	14			—	—
	免、抵、退货物应退税额	15				
	按适用税率计算纳税检查应补缴税额	16				
	应抵扣税额合计	17=12+13−14−15+16		—		
	实际抵扣税额	18（如17<11，则为17，否则为11）				
	应纳税额	19=11−18				—
	期末留抵税额	20=17−18				—
	简易计税办法计算的应纳税额	21				
	按简易计税办法计算的纳税检查应补缴税额	22			—	—
	应纳税额减征额	23				
	应纳税额合计	24=19+21−23				
税款缴纳	期初未缴税额（多缴为负数）	25				
	实收出口开具专用缴款书退税额	26				
	本期已缴税额	27=28+29+30+31				
	①分次预缴税额	28		—		—
	②出口开具专用缴款书预缴税额	29	—	—	—	—
	③本期缴纳上期应纳税额	30				
	④本期缴纳欠缴税额	31				

（续）

项　目		栏　次	一般项目		即征即退	
			本月数	本年累计	本月数	本年累计
税款缴纳	期末未缴税额（多缴为负数）	32=24+25+26-27				
	其中：欠缴税额（≥0）	33=25+26-27			—	—
	本期应补（退）税额	34=24-28-29			—	—
	即征即退实际退税额	35	—	—		
	期初未缴查补税额	36				
	本期入库查补税额	37				
	期末未缴查补税额	38=16+22+36-37				
授权声明	如果你已委托代理人申报，请填写下列资料： 为代理一切税务事宜，现授权_____ （地址）_____为本纳税人的代理申报人，任何与本申报表有关的往来文件，都可寄予此人。 授权人签字：	申报人声明	本纳税申报表是根据国家税收法律法规及相关规定填报的，我确定它是真实的、可靠的、完整的。 声明人签字：			

主管税务机关：　　　　　　接收人：　　　　　　收到日期：

表2-2 增值税纳税申报表附列资料（一）

（本期销售情况明细）

税款所属时间： 年 月 日至 年 月 日

纳税人名称：（公章） 金额单位：元至角分

项目及栏次				开具税控增值税专用发票		开具其他发票		未开具发票		纳税检查调整		合计		价税合计	服务、不动产和无形资产扣除项目本期实际扣除金额	扣除后	
				销售额	销项（应纳）税额	销售额	销项（应纳）税额	销售额	销项（应纳）税额	销售额	销项（应纳）税额	销售额	销项（应纳）税额	11=9+10	12	含税（免税）销售额	销项（应纳）税额
				1	2	3	4	5	6	7	8	9=1+3+5+7	10=2+4+6+8			13=11-12	14=13÷(100%+税率或征收率)×税率或征收率
一、一般计税方法计税	全部征税项目		13%税率的货物及加工修理修配劳务	1														
			13%税率的服务	2														
			9%税率的货物	3														
			9%税率的服务、不动产	4														
			6%税率	5														
	其中：即征即退项目		即征即退货物及加工修理修配劳务	6	—	—	—	—	—	—	—	—	—	—	—	—	—
			即征即退服务、不动产和无形资产	7	—	—	—	—	—	—	—	—	—	—	—	—	—
二、简易计税方法计税	全部征税项目		6%征收率	8														
			5%征收率货物及加工修理修配劳务	9a														
			5%征收率的服务、不动产和无形资产	9b														
			4%征收率	10														
			3%征收率货物及加工修理修配劳务	11														
			3%征收率的服务、不动产和无形资产	12														
			预征率 %	13a														
			预征率 %	13b														
			预征率 %	13c														
	其中：即征即退项目		即征即退货物及加工修理修配劳务	14	—	—	—	—	—	—	—	—	—	—	—	—	—
			即征即退服务、不动产和无形资产	15	—	—	—	—	—	—	—	—	—	—	—	—	—
三、免抵退税			货物及加工修理修配劳务	16											—	—	—	—
			服务、不动产和无形资产	17											—	—	—	—
四、免税			货物及加工修理修配劳务	18											—	—	—	—
			服务、不动产和无形资产	19											—	—	—	—

表 2-3　增值税纳税申报表附列资料（二）
（本期进项税额明细）

税款所属时间：　　年　月　日至　　年　月　日

纳税人名称：（公章）　　　　　　　　　　　　　　　　　　金额单位：元至角分

一、申报抵扣的进项税额

项目	栏次	份数	金额	税额
（一）认证相符的增值税专用发票	1=2+3			
其中：本期认证相符且本期申报抵扣	2			
前期认证相符且本期申报抵扣	3			
（二）其他扣税凭证	4=5+6+7+8			
其中：海关进口增值税专用缴款书	5			
农产品收购发票或者销售发票	6			
代扣代缴税收缴款凭证	7		—	
加计扣除农产品进项税额	8a			
其他	8b			
（三）本期用于构建不动产的扣税凭证	9			
（四）本期用于抵扣的旅客运输服务扣税凭证	10			
（五）外贸企业进项税额抵扣证明	11		—	
当期申报抵扣进项税额合计	12=1+4+9+10+11			

二、进项税额转出额

项目	栏次	税额
本期进项税转出额	13=14 至 23 之和	
其中：免税项目用	14	
集体福利、个人消费	15	
非正常损失	16	
简易计税方法征税项目用	17	
免抵退税办法不得抵扣的进项税额	18	
纳税检查调减进项税额	19	
红字专用发票信息表注明的进项税额	20	
上期留抵税额抵减欠税	21	
上期留抵税额退税	22	
其他应作进项税额转出的情形	23	

三、待抵扣进项税额

项目	栏次	份数	金额	税额
（一）认证相符的增值税专用发票	24	—	—	—
期初已认证相符但未申报抵扣	25	—	—	—
本期认证相符且本期未申报抵扣	26			
期末已认证相符但未申报抵扣	27			
其中：按照税法规定不允许抵扣	28	—		
（二）其他扣税凭证	29=30 至 33 之和			
其中：海关进口增值税专用缴款书	30			
农产品收购发票或者销售发票	31			
代扣代缴税收通用缴款书	32			
其他	33			

四、其他

项目	栏次	份数	金额	税额
本期认证相符的增值税专用发票	34			
代扣代缴税额	35	—		

表 2-4 增值税纳税申报表附列资料（三）

（服务、不动产和无形资产扣除项目明细）

税款所属时间：　　年　月　日至　　年　月　日

纳税人名称：（公章）　　　　　　　　　　　　　　　　　　金额单位：元至角分

项目及栏次		本期服务、不动产和无形资产价税合计额（免税销售额）	服务、不动产和无形资产扣除项目				
			期初余额	本期发生额	本期应扣除金额	本期实际扣除金额	期末余额
		1	2	3	4=2+3	5（5≤1且5≤4）	6=4-5
13%税率的项目	1						
9%税率的项目	2						
6%税率的项目（不含金融商品转让）	3						
6%税率的金融商品转让项目	4						
5%征收率的项目	5						
3%征收率的项目	6						
免抵退税的项目	7						
免税的项目	8						

表 2-5 增值税纳税申报表附列资料（四）

（税额抵减情况表）

税款所属时间：　　年　月　日至　　年　月　日

纳税人名称：（公章）　　　　　　　　　　　　　　　　　　金额单位：元至角分

一、税额抵减情况						
序号	抵减项目	期初余额	本期发生额	本期应抵减税额	本期实际抵减税额	期末余额
		1	2	3=1+2	4≤3	5=3-4
1	增值税税控系统专用设备费及技术维护费					
2	分支机构预征缴纳税款					
3	建筑服务预征缴纳税款					
4	销售不动产预征缴纳税款					
5	出租不动产预征缴纳税款					
二、加计抵减情况						
序号	加计抵减项目	期初余额	本期发生额	本期调减额	本期可抵减额	本期实际抵减额
		1	2	3	4=1+2-3	5
6	一般项目加计抵减额计算					
7	即征即退项目加计抵减额计算					
8	合计					

表 2-6　增值税减免税申报明细表

税款所属时间：　　年　　月　　日至　　年　　月　　日

纳税人名称：（公章）　　　　　　　　　　　　　　　　　　　　金额单位：元至角分

一、减税项目						
减税性质代码及名称	栏次	期初余额	本期发生额	本期应抵减税额	本期实际抵减税额	期末余额
		1	2	3=1+2	4≤3	5=3-4
合计	1					
	2					
	3					
	4					
	5					
	6					

二、免税项目						
免税性质代码及名称	栏次	免征增值税项目销售额	免税销售额扣除项目本期实际扣除金额	扣除后免税销售额	免税销售额对应的进项税额	免税额
		1	2	3=1-2	4	5
合计	7					
出口免税	8		—	—	—	—
其中：跨境服务	9		—	—	—	—
	10					
	11					
	12					
	13					
	14					
	15					
	16					

2.3　一般纳税人增值税的会计核算

增值税的会计核算是会计实务中非常重要的内容，基于会计核算的增值税纳税申报是税务会计人员每月必须做的重要工作，因此，增值税会计核算非常重要。

1. 一般纳税人增值税会计核算的科目设置

根据现行规定，一般纳税人应在"应交税费"科目下设置"应交增值税""未交增值税""预交增值税""待认证进项税额""待转销项税额""简易计税""转让金融商品应交增值税""代扣代交增值税"等明细科目。

（1）"应交税费——应交增值税"科目。

增值税一般纳税人应在"应交增值税"明细账内设置进项税额、销项税额抵减、已交税金、转出未交增值税、减免税款、出口抵减内销产品应纳税额、销项税额、出口退税、进项税额转出、转出多交增值税等专栏。

1）"进项税额"专栏，记录一般纳税人购进货物、加工修理修配劳务、服务、无形资产或不动产而支付或负担的、准予从当期销项税额中抵扣的增值税额。

2）"销项税额抵减"专栏，记录一般纳税人按照现行增值税制度规定因扣减销售额而减少的销项税额，如差额计税时。

3）"已交税金"专栏，记录一般纳税人当月已缴纳的应交增值税额。

4）"转出未交增值税"和"转出多交增值税"专栏，分别记录一般纳税人月度终了转出当月应交未交或多交的增值税额。

5）"减免税款"专栏，记录一般纳税人按现行增值税制度规定准予减免的增值税额。企业按规定直接减免的增值税税额，借记本科目，贷记"营业外收入——政府补贴"科目。

6）"出口抵减内销产品应纳税额"专栏，记录实行"免、抵、退"办法的一般纳税人按规定计算的出口货物或应税服务的进项税抵减内销产品的应纳税额，借记本科目，贷记"应交税费——应交增值税（出口退税）"科目。

7）"销项税额"专栏，记录一般纳税人销售货物、加工修理修配劳务、服务、无形资产或不动产应收取的增值税额。

8）"出口退税"专栏，记录一般纳税人出口货物、加工修理修配劳务、服务、无形资产按规定退回的增值税额。出口企业当期按规定应退税额，借记"其他应收款——增值税退税款"科目，贷记本科目。

9）"进项税额转出"专栏，记录一般纳税人购进货物、加工修理修配劳务、服务、无形资产或不动产等发生非正常损失以及其他原因而不应从销项税额中抵扣、按规定转出的进项税额。按税法规定，对出口货物不得抵扣税额的部分，应在借记"主营业务成本"科目，同时贷记本科目。

10）"转出多交增值税"专栏，核算一般纳税企业月终转出多缴的增值税。月末企业"应交税费——应交增值税"明细账出现借方余额时，根据余额借记"应交税费——未交增值税"科目，贷记本科目。由于目前会计制度对"应交税费——应交增值税"科目月末余额是全额转出还是就预缴部分转出不明确，故企业在实际工作中有两种处理，一种是只就当月多缴部分转入"应交税费——未交增值税"科目，另一种是将期末留抵税额和当月多缴部分一并转入"应交税费——未交增值税"科目，从而造成"应交税费——未交增值税"科目期末借方余额含义不一样。但无论采取何种方法，在纳税申报时，上期留抵税额均不包括多缴部分。

上述专栏的设置用丁字账表示如下（见图2-3）。

（2）"未交增值税"明细科目，核算一般纳税人月度终了从"应交增值税"明细科目转入当月应交未交的增值税额，或从"预交增值税"明细科目转入的多交或预缴的增值税额，以及当月交纳以前期间未交的增值税额。

（3）"预交增值税"明细科目，核算一般纳税人转让不动产、提供不动产经营租赁服务、提供建筑服务、采用预收款方式销售自行开发的房地产项目等，以及其他按现行增值税制度规定应预缴的增值税额。

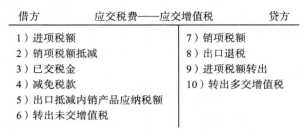

图2-3 "应交税费——应交增值税"丁字账

（4）"待认证进项税额"明细科目，核算一般纳税人由于未经税务机关认证而不得从当期销项税额中抵扣的进项税额。

（5）"待转销项税额"明细科目，核算一般纳税人销售货物、加工修理修配劳务、服务、无形资产或不动产，已确认相关收入（或利得）但尚未发生增值税纳税义务而需于以后期间确认为销项税额的增值税额，如预售购物卡。

（6）"简易计税"明细科目，核算一般纳税人采用简易计税方法发生的增值税计提、扣减、预缴、缴纳等业务。

（7）"转让金融商品应交增值税"明细科目，核算增值税纳税人转让金融商品发生的增值税额。

（8）"代扣代交增值税"明细科目，核算纳税人购进在境内未设经营机构的境外单位或个人在境内的应税行为代扣代缴的增值税。

期末，如果出现多交的增值税，应转入"应交税费——未交增值税"科目的借方，结转后，"应交税费——应交增值税"科目平衡，做分录：

借：应交税费——未交增值税
　　贷：应交税费——应交增值税（转出多交增值税）

期末，如果出现应交未交的增值税，应转入"应交税费——未交增值税"科目贷方，结转后，"应交税费——应交增值税"科目平衡，做分录：

借：应交税费——应交增值税（转出未交增值税）
　　贷：应交税费——未交增值税

期末，如果进项税额大于销项税额，出现留到下月抵扣的增值税，则为"应交税费——应交增值税"账户有借方余额。

下月缴纳上月及以前未缴纳的增值税时，做分录：

借：应交税费——未交增值税
　　贷：银行存款

下月缴纳上月简易计税的增值税时，做分录：

借：应交税费——简易计税
　　贷：银行存款

根据主管税务机关要求预缴本月及以后月份增值税时，做分录：

借：应交税费——应交增值税（已交税金）
　　贷：银行存款

异地预缴增值税（异地出售不动产、异地经营租赁不动产和异地提供建筑服务）及预收款销售自行开发的房地产预缴增值税时，做分录：

借：应交税费——预交增值税
　　贷：银行存款

2. 一般纳税人增值税业务的会计处理

一般纳税人增值税业务的会计处理，主要包括：进项税额的会计处理、进项税转出的会计处理、销项税额的会计处理、视同销售的会计处理、出口退税的会计处理、增值税优惠的会计处理和应交增值税明细表的编制等几个方面。

（1）进项税额的会计处理。

【案例2-21】 红豆服装公司在国内购进飞跃多功能电动缝纫机100台，单价500元/台，取得专用发票，列明金额50 000元，税率13%，税额6 500元，专用发票已通过认证。另有对方替企业代垫运费，取得专用发票上列明金额1 000元，税率9%，税额90元，专用发票未认证。该公司开出转账支票支付货款、税款和运费。

消费型增值税，允许外购固定资产的进项税额抵扣，运费对应的增值税也允许抵扣。做会计分录如下：

借：固定资产　　　　　　　　　　　　　　　　　　　　51 000
　　应交税费——应交增值税（进项税额）　　　　　　　 6 500
　　　　　　——待认证进项税额　　　　　　　　　　　　　 90
　　贷：银行存款　　　　　　　　　　　　　　　　　　　　　　57 590

【案例2-22】 红豆服装公司购买一栋办公楼，取得专用发票，金额5 000万元，税率9%，税额450万元，专用发票已通过认证。开出转账支票付款。

2019年4月1日后，允许当期全额抵扣外购不动产的进项税额。做会计分录如下：

借：固定资产　　　　　　　　　　　　　　　　　　　50 000 000
　　应交税费——应交增值税（进项税额）　　　　　　 4 500 000

贷：银行存款　　　　　　　　　　　　　　　　　　　　　　　54 500 000

【案例 2-23】红豆服装公司为扩大生产规模，改扩建制衣车间，将车间扩大一倍。该自建工程购入工程材料取得专用发票，列明金额 1 000 万元，税率 13%，税额 130 万元。专用发票已通过认证。

　　2019 年 4 月 1 日后，改扩建工程的进项税额允许全额抵扣。做会计分录如下：

　　借：工程物资　　　　　　　　　　　　　　　　　　　　　　10 000 000
　　　　应交税费——应交增值税（进项税额）　　　　　　　　　　1 300 000
　　　贷：银行存款　　　　　　　　　　　　　　　　　　　　　　11 300 000

【案例 2-24】红豆服装公司在国内购进原材料，取得专用发票，列明金额 200 000 元，税率 13%，税额 26 000 元，另支付运费，取得专用发票上列明金额 1 000 元，税率 9%，税额 90 元。专用发票均已通过认证。该公司开出银行承兑汇票支付货款和税款，现金支付运费。

　　外购原材料，取得专用发票，进项税额允许抵扣，运费允许抵扣 90 元。做会计分录如下：

　　借：原材料　　　　　　　　　　　　　　　　　　　　　　　　201 000
　　　　应交税费——应交增值税（进项税额）　　　　　　　　　　　26 090
　　　贷：应付票据　　　　　　　　　　　　　　　　　　　　　　226 000
　　　　　现金　　　　　　　　　　　　　　　　　　　　　　　　　1 090

【案例 2-25】红豆服装公司在国内购进原材料，取得普通发票，列明金额 10 000 元，税率 3%，税额 300 元。另支付运费取得普通发票，列明金额 100 元，税率 3%，税额 3 元。转账支票支付所有款项。

　　外购原材料及运费，取得的普通发票均不能作为抵扣依据，做分录：

　　借：原材料　　　　　　　　　　　　　　　　　　　　　　　　10 403
　　　贷：银行存款　　　　　　　　　　　　　　　　　　　　　　10 403

【案例 2-26】红豆服装公司本月生产车间用水、用电资料如下：水费专用发票，金额 20 000 元，税率 9%，税额 1 800 元；电费专用发票，金额 10 000 元，税率 13%，税额 1 300 元，专用发票均已通过认证。转账支票支付所有款项。做会计分录：

　　借：制造费用　　　　　　　　　　　　　　　　　　　　　　　30 000
　　　　应交税费——应交增值税（进项税额）　　　　　　　　　　　3 100
　　　贷：银行存款　　　　　　　　　　　　　　　　　　　　　　33 100

【案例 2-27】红豆服装公司本月支付中国联通通信费，取得专用发票，列明金额 20 000 元，税率 9%，增值税 1 800 元，专用发票均已通过认证。支付某饭店餐费（定点饭店，全月多次招待客户用餐累计餐费），取得普通发票列明金额 30 000 元，税率 6%，税额 1 800 元。专用发票已通过认证。转账支票支付上述款项。做会计分录：

借：管理费用　　　　　　　　　　　　　　　　　　　　　51 800
　　应交税费——应交增值税（进项税额）　　　　　　　　 1 800
　　贷：银行存款　　　　　　　　　　　　　　　　　　　　53 600

【案例 2-28】红豆服装公司从国外进口原材料，到岸价 100 000 美元，从外汇存款账户支付，汇率 1∶6.5，进口关税 10%，增值税 13%。支付国内运费，取得增值税专用发票上列明金额 1 000 元，税率 9%，税额 90 元，专用发票已通过认证。转账支票支付税款和运费。

支付货款时，做会计分录：

借：原材料　　　　　　　　　　　　　　　　　　　　　　650 000
　　贷：银行存款——美元账户（US＄100 000×6.5）　　　 650 000

应纳关税 = 650 000×10% = 65 000（元）

应纳增值税 =（650 000 + 65 000）×13% = 92 950（元）

关税是价内税，支付的进口关税计入原材料成本；增值税是价外税，支付的增值税允许抵扣。海关进口增值税专用缴款书通过稽核对比后，做会计分录：

借：原材料　　　　　　　　　　　　　　　　　　　　　　65 000
　　应交税费——应交增值税（进项税额）　　　　　　　　92 950
　　贷：银行存款　　　　　　　　　　　　　　　　　　　157 950

支付国内运费，做会计分录：

借：原材料　　　　　　　　　　　　　　　　　　　　　　 1 000
　　应交税费——应交增值税（进项税额）　　　　　　　　　　90
　　贷：银行存款　　　　　　　　　　　　　　　　　　　　1 900

【案例 2-29】红豆服装公司本月接受投资人投入原材料一批，取得增值税专用发票，列明金额 500 000 元，税率 13%，税额 65 000 元。专用发票已通过认证。该批投资属于注册资本份额内的金额为 400 000 元。

专用发票通过认证后，做如下会计分录：

借：原材料	500 000	
应交税费——应交增值税（进项税额）	65 000	
贷：实收资本		400 000
资本公积		165 000

【案例 2-30】 红豆服装公司本月接受捐赠原材料一批，取得专用发票，列明金额 300 000 元，税率 13%，税额 39 000 元。专用发票已通过认证。

专用发票通过认证后，做如下会计分录：

借：原材料	300 000	
应交税费——应交增值税（进项税额）	39 000	
贷：营业外收入		339 000

按照企业所得税法规定，接受捐赠当期应交所得税为 84 750（=339 000×25%）元。

【案例 2-31】 红豆服装公司本月收回委托加工布料一批，取得专用发票，加工费 20 000 元，税率 13%，税额 2 600 元，专用发票已通过认证。转账支票支付全部款项。

专用发票通过认证后，做如下会计分录：

借：委托加工物资	20 000	
应交税费——应交增值税（进项税额）	2 600	
贷：银行存款		22 600

（2）进项税转出的会计处理。

当企业用于生产经营的购进货物改变用途用于非应税项目、发生非正常损失或用于免税项目时，其进项税额不得从销项税额中抵扣。如果这些货物的增值税在其购进时已经记入进项税额进行抵扣，应将其从改变用途当期的进项税额中转出，借记有关成本、费用、损失等账户，贷记"应交税费——应交增值税（进项税转出）"。

【案例 2-32】 某机械制造公司因管理不善，被盗库存产成品 100 件，成本 400 000 元，其中原材料成本 200 000 元。

库存产成品因管理不善发生损失，其外购原材料的进项税额不得抵扣，应将进项税转出。应转出的进项税额 =200 000×13%=26 000（元）。

该企业进行财产损失处理时，做会计分录：

借：待处理财产损溢	426 000	
贷：库存商品		400 000
应交税费——应交增值税（进项税转出）		26 000

(3)销项税额的会计处理。

现销货物,不论货物是否发出,均应以收到货款或取得索取销货款凭据、销货发票交给购货方的当日,确认销售成立并发生纳税义务,即使是不完全符合收入确认条件的销售业务,只要已向对方开出专用发票,也应确认销项税额。企业根据销售结算凭证和银行存款进账单等,借记"银行存款""应收账款"等;按专用发票或普通发票上所列的增值税税额,贷记"应交税费——应交增值税(销项税额)",按实际收入额,贷记"主营业务收入"。

【案例2-33】红光机械厂采用汇兑方式销售产品100件,不含税单价500元/件,开出增值税专用发票上注明金额50 000元,税率13%,税额6 500元。开出支票支付代垫运费含税总额1 000元。款项尚未收到。

发货后,根据销售凭证做分录:

借:应收账款	57 500	
贷:主营业务收入		50 000
应交税费——应交增值税(销项税额)		6 500
银行存款		1 000

【案例2-34】红光机械厂向小规模纳税人销售产品20件,含税单价565元/件,开出普通发票上注明金额10 000元,税率13%,税额1 300元。收到转账支票一张。另外,购买者要求送货上门,本单位负担运费,以现金支付第三方运输该批货物运费,取得专用发票上列明金额100元,税率9%,税额9元。

根据销售凭证、转账支票做分录:

借:银行存款	11 300	
贷:主营业务收入		10 000
应交税费——应交增值税(销项税额)		1 300
借:销售费用	100	
应交税费——应交增值税(进项税额)	9	
贷:现金		109

采用分期收款方式销售货物,发出商品时,按其成本,借记"分期收款发出商品",贷记"库存商品";按合同约定的收款日期开具发票,借记"银行存款""应收账款"等,贷记"主营业务收入""应交税费——应交增值税(销项税额)"。

【案例2-35】红光机械厂采用分期收款方式销售产品3 000件,不含税单价500元/件,成本300元/件,适用税率13%。按合同约定分3个月平均收取货款。另外,该企业用本单位车辆将货物运到指定地点,应收取运费开出专用发票,列明金额10 000元,税率9%,税额 900 元，该企业销货收入与运费收入分别核算，分别开票。货物发出后，收到第一期货款和相应的增值税额及全部运费。

发货后，根据销售凭证做分录：

借：分期收款发出商品　　　　　　　　　　　900 000
　　贷：库存商品　　　　　　　　　　　　　　　　　900 000

收到第一期款项时，做分录：

借：银行存款　　　　　　　　　　　　　　　575 900
　　贷：主营业务收入　　　　　　　　　　　　　　　500 000
　　　　其他业务收入　　　　　　　　　　　　　　　 10 000
　　　　应交税费——应交增值税（销项税额）　　　　 65 900

同时结转该批已实现销售的货物的成本，做分录：

借：主营业务成本　　　　　　　　　　　　　300 000
　　贷：分期收款发出商品　　　　　　　　　　　　　300 000

（4）视同销售的会计处理。

增值税视同销售行为包括：① 将货物交付他人代销或销售代销货物；② 货物移至异地另一机构用于销售；③ 产品或外购商品对外投资、捐赠、分配股利；④ 产品对内用于职工福利等；⑤ 向其他单位或者个人无偿提供服务、无偿转让无形资产或者不动产（但以公益活动为目的或者以社会公众为对象的除外）。这里主要介绍产品或外购商品对外投资、捐赠、分配股利，以及产品对内用于职工福利等方面的会计处理。

1）产品或外购商品用于对外投资。

根据增值税暂行条例和实施细则的规定，应视同货物销售处理，计算缴纳增值税。由于企业用货物对外投资时，应开具专用发票，增值税专用发票上记载的税额计入投资方的"销项税额"，吸收投资方视同购入作为"进项税额"。

根据财税〔2014〕116 号，居民企业以非货币性资产出资设立新的居民企业，或将非货币性资产注入现存的居民企业，应对非货币性资产进行评估，于投资协议生效并办理股权登记手续时，确认非货币性资产转让收入，进而按评估后的公允价值扣除计税基础后的余额，确认非货币性资产转让所得。该所得可在不超过 5 年期限内，分期均匀计入相应年度的应纳税所得额，按规定计算缴纳企业所得税。

企业以非货币性资产对外投资而取得被投资企业的股权，应以非货币性资产的原计税成本为计税基础，加上每年确认的非货币性资产转让所得，逐年进行调整。被投资企业取得非货币性资产的计税基础，应按非货币性资产的公允价值确定。企业在对外投资 5 年内转让上述股权或投资收回的，或者企业在对外投资 5 年内注销的，均应停止执行递延纳税政策，一次性计算缴纳企业所得税。

【案例 2-36】 红豆服装公司将自产的实际成本为 1 500 万元的产品投资于 A 公司，双方协商以公允价值 2 260 万元（含税价）作价。红豆服装公司占 A 公司全部股份的 40%，A 公司股份的面值为 1 000 万元，其账务处理如下：

（1）投资方红豆服装公司产品的公允价值为 2 260 万元，假设 A 公司股票的市场价也为 2 260 万元，不涉及补价。

  借：长期股权投资   17 600 000
    贷：库存商品   15 000 000
      应交税费——应交增值税（销项税额） 2 600 000

该笔交易形成应纳税所得额 500 万元，可以分 5 年平均分摊，每年计入应纳税所得额 100 万元，同时，调整取得股权的成本。这笔交易属于企业非日常交易，应将调整的应税所得，计入营业外收入，做分录如下：

  借：长期股权投资   1 000 000
    贷：营业外收入   1 000 000

受资方按照非货币性资产的公允价值，一次性入账。会计处理如下：

  借：库存商品   20 000 000
    应交税费——应交增值税（进项税额） 2 600 000
    贷：股本——红豆公司   10 000 000
      资本公积——股票溢价   12 600 000

（2）投资方红豆服装公司产品的公允价值为 2 320 万元，假设 A 公司股票的市场价为 2 460 万元，红豆服装公司需支付补价 200 万元。

  借：长期股权投资   19 600 000
    贷：库存商品   15 000 000
      应交税费——应交增值税（销项税额） 2 600 000
      银行存款   2 000 000

投资方每年的调整分录如下：

  借：长期股权投资   1 000 000
    贷：营业外收入   1 000 000

受资方按照非货币性资产的公允价值，一次性入账。会计处理如下：

借：库存商品　　　　　　　　　　　　　　　　　　　　20 000 000
　　应交税费——应交增值税（进项税额）　　　　　　　 2 600 000
　　银行存款　　　　　　　　　　　　　　　　　　　　　2 000 000
　　贷：股本——红豆公司　　　　　　　　　　　　　　　10 000 000
　　　　资本公积——股票溢价　　　　　　　　　　　　　12 600 000

根据《企业会计准则第 7 号——非货币性资产交换》的规定，企业将自产、委托加工或购买的货物用于对外投资，提供给其他单位和个体经营者，应作为非货币性资产交换进行账务处理。该项交易应当以公允价值和应支付的相关税费作为换入资产的成本，公允价值与换出资产账面价值的差额计入当期损益。《企业会计准则第 7 号——非货币性资产交换》第二条第一款明确：企业以存货换取客户的非货币性资产的，适用《企业会计准则第 14 号——收入》。根据会计准则做分录，投资方会计处理应为：

不涉及补价时的分录：
借：长期股权投资　　　　　　　　　　　　　　　　　　22 600 000
　　贷：主营业务收入　　　　　　　　　　　　　　　　　20 000 000
　　　　应交税费——应交增值税（销项税额）　　　　　　 2 600 000

需支付补价 200 万元时的分录：
借：长期股权投资　　　　　　　　　　　　　　　　　　24 600 000
　　贷：主营业务收入　　　　　　　　　　　　　　　　　20 000 000
　　　　应交税费——应交增值税（销项税额）　　　　　　 2 600 000
　　　　银行存款　　　　　　　　　　　　　　　　　　　 2 000 000

结转成本的分录：
借：主营业务成本　　　　　　　　　　　　　　　　　　15 000 000
　　贷：库存商品　　　　　　　　　　　　　　　　　　　15 000 000

该笔交易形成账面利润 500 万元，税法允许分 5 年纳税，当年应税所得额仅为 100 万元，形成应纳税暂时性差异 400 万元，当年调减应税所得额 400 万元。

很明显，根据财税 [2014]116 号进行会计处理和根据《企业会计准则第 7 号——非货币性资产交换》进行会计处理有差异，这种差异影响利润额，不影响增值税和所得税的纳税额。这里需要说明：《企业会计准则第 7 号——非货币性资产交换》强调以存货换取客户的非货币性资产，若为以存货换取非客户的非货币性资产，则应按照财税 [2014]116 号进行会计处理。

2）产品或外购商品用于捐赠。

企业将自产、委托加工或购买的货物无偿赠送他人，是一种公益行为，虽然企业不会由此而取得销售收入，增加货币流入量，但按照新会计准则和新增值税暂行条例规定，应视同货物销售处理，计算缴纳增值税，并且，如果接受捐赠单位不要求，应不开具增值税专用发票。

国家税务总局国税发〔2003〕45 号文件中规定：企业将自产、委托加工和外购的原材料、固定资产、无形资产和有价证券（商业企业包括外购商品）用于捐赠，应分解为按公允价值视同对外销售和捐赠两项业务进行所得税处理。企业对外捐赠，除符合税收法律法规的公益性捐赠外，一律不得在税前扣除。

【案例 2-37】红豆服装公司将自产产品对外捐赠 200 件，直接捐赠给某希望小学，每件账面成本 40 元，每件不含税市场价 50 元，其账务处理为：

应纳增值税 =200×50×13%=1 300（元）

借：营业外支出　　　　　　　　　　　　　　　　　　　11 300
　　贷：主营业务收入　　　　　　　　　　　　　　　　　　　　10 000
　　　　应交税费——应交增值税（销项税额）　　　　　　　　　1 300

结转销售成本时：

借：主营业务成本　　　　　　　　　　　　　　　　　　　8 000
　　贷：库存商品　　　　　　　　　　　　　　　　　　　　　　8 000

捐赠的所得税纳税调整：直接对外进行的捐赠，不允许税前扣除，应调增应纳税所得额 11 300 元。

3）产品或外购商品用于分配股利。

企业将自产、委托加工或购买的货物分配给股东或投资者，虽然没有货币流入，但实质上，将货物直接分配给股东与将货物出售后取得货币资产，然后再分配利润给股东，并无大的区别，只是这里无现金流入流出，直接以货物流出。新会计准则和新增值税暂行条例规定应作销售处理，年终无须进行所得税纳税调整。

【案例 2-38】红豆服装公司以自产产品分配股利，该批产品的成本为 150 万元，增值税税率为 13%，按当时市场价格计算的销售额为 200 万元。根据相关资料，红豆服装公司会计处理如下：

红豆服装公司分配股利，转出产成品应缴纳增值税：200×13%=26（万元）。

借：应付股利　　　　　　　　　　　　　　　　　　　　2 260 000
　　贷：主营业务收入　　　　　　　　　　　　　　　　　　　　2 000 000
　　　　应交税费——应交增值税（销项税额）　　　　　　　　　260 000

结转销售成本时：

借：主营业务成本　　　　　　　　　　　　　　　　　　　1 500 000
　　贷：库存商品　　　　　　　　　　　　　　　　　　　　　　1 500 000

4）产品对内用于职工福利。

根据新会计准则和新增值税暂行条例规定，按照公允价值做销售货物处理，计算缴纳增值税。

【案例 2-39】红豆服装公司将一批产成品用于职工福利,该批产成品成本为 200 万元,增值税税率为 13%,按当时的市场价格计算的不含税销售额为 300 万元,根据上述资料,红豆服装公司应做如下会计处理:

领用产成品用于职工福利应缴纳增值税:300×13%=39(万元)

借:应付职工薪酬　　　　　　　　　　　　　　　　3 390 000
　　贷:主营业务收入　　　　　　　　　　　　　　　　3 000 000
　　　　应交税费——应交增值税(销项税额)　　　　　　390 000

结转销售成本时:

借:主营业务成本　　　　　　　　　　　　　　　　2 000 000
　　贷:库存商品　　　　　　　　　　　　　　　　　　2 000 000

(5)应税服务的会计处理。

【案例 2-40】某运输公司为增值税一般纳税人,2019 年 6 月取得国内运输收入,开出专用发票,金额 500 万元,税率 9%,税额 45 万元;将运输车出租,租金收入开出普通发票,金额 10 万元,税率 13%,税额 1.3 万元;购进汽车维修零部件,取得专用发票,金额 10 万元,税率 13%,税额 1.3 万元。款项通过银行收付。

运输行业会计处理一般不分主营和辅助业务,均计入"营业收入"账户。收入入账的会计分录为:

借:银行存款　　　　　　　　　　　　　　　　　　5 563 000
　　贷:营业收入　　　　　　　　　　　　　　　　　　5 100 000
　　　　应交税费——应交增值税(销项税额)　　　　　　463 000

购进零部件的会计分录:

借:库存材料——零部件　　　　　　　　　　　　　　100 000
　　应交税费——应交增值税(进项税额)　　　　　　　 13 000
　　贷:银行存款　　　　　　　　　　　　　　　　　　113 000

【案例 2-41】某饭店为增值税一般纳税人,2019 年 6 月取得住宿收入,专用发票共计金额 2 000 万元,税率 6%,税额 120 万元;普通发票共计金额 500 万元,税率 6%,税额 30 万元;取得餐饮收入,普通发票共计金额 1 800 万元,税率 6%,税额 108 万元;出租会议室并提供服务取得租金收入,专用发票共计金额 50 万元,税率 6%,税额 3 万元。本月从定点蔬菜种植单位购进蔬菜,取得普通发票,金额共计 100 万元,零税率,税额 0 元;从商场购进床单,取得专用发票,金额 20 万元,税率 13%,税额 2.6 万元。上述款项均通过银行转账。

无论开出专用发票,还是开出普通发票,入账处理都一样。服务行业会计处理不分主营和辅助业务,均计入"营业收入"账户。

住宿收入和餐饮收入入账的会计分录为:

借:银行存款 45 580 000
　　贷:营业收入 43 000 000
　　　　应交税费——应交增值税(销项税额) 2 580 000

根据财税〔2016〕140号第十条,宾馆、旅馆、旅社、度假村和其他经营性住宿场所提供会议场地及配套服务的活动,可按照"会议展览服务"缴纳增值税,故适用6%的增值税。

借:银行存款 530 000
　　贷:营业收入 500 000
　　　　应交税费——应交增值税(销项税额) 30 000

本月从定点供货单位购进蔬菜,取得普通发票,允许按照9%作为进项税额抵扣,即进项税额=100×9%=9(万元),购进成本=100-9=91(万元)(若是从批发、零售环节购进适用免征增值税政策的蔬菜、部分鲜活肉蛋而取得的普通发票,则不得计算抵扣进项税)。从商场购进床单,进项税额抵扣2.6万元。

借:存货——食品——蔬菜 910 000
　　物料用品——服务用品——床单 200 000
　　应交税费——应交增值税(进项税额) 116 000
　　贷:银行存款 1 226 000

【案例2-42】北京某建筑公司为增值税一般纳税人。2019年8月业务如下:

(1)北京A项目是已经在税务机关报批的老项目。本月购入装修材料,取得专用发票,金额200万元,税率13%,税额26万元;按照工程完工进度,本月收到工程款,开出普通发票,金额2 000万元,税率3%,税额60万元。

(2)天津B项目是甲供工程。本月收到工程款,开出普通发票,金额100万元,税率3%,税额3万元。

(3)石家庄D项目是新项目。本月收到甲方预付工程款,开出专用发票,金额3 000万元,税率9%,税额270万元;将工程部分项目分包,本月支付分包款,取得专用发票,金额500万元,税率9%,税额45万元(专用发票备注栏已注明石家庄D项目住宅楼工程,地点石家庄××区××街××号)。

(1)老项目选择简易计税的,其购进材料不允许抵扣。会计分录为:

借:原材料——北京A项目 2 000 000
　　应交税费——待认证进项税 260 000
　　贷:银行存款 2 260 000

发票经税务机关认证核销后,做会计分录:

借:原材料——北京 A 项目　　　　　　　　　　　260 000
　贷:应交税费——待认证进项税　　　　　　　　　　　　　　260 000

老项目选择简易计税的,其发票上列明的增值税不是销项税额,而是简易计税的应交增值税。

借:银行存款　　　　　　　　　　　　　　　　20 600 000
　贷:营业收入　　　　　　　　　　　　　　　　　　　　　20 000 000
　　　应交税费——简易计税　　　　　　　　　　　　　　　　600 000

下月 15 日以前,缴纳简易计税的税款时,做分录:

借:应交税费——简易计税　　　　　　　　　　　600 000
　贷:银行存款　　　　　　　　　　　　　　　　　　　　　600 000

(2)甲供工程选择简易计税的,收到工程款中增值税是简易计税的应交增值税。会计分录为:

借:银行存款　　　　　　　　　　　　　　　　1 030 000
　贷:营业收入　　　　　　　　　　　　　　　　　　　　　1 000 000
　　　应交税费——简易计税　　　　　　　　　　　　　　　　30 000

下月 15 日以前,缴纳简易计税的税款时,做分录:

借:应交税费——简易计税　　　　　　　　　　　30 000
　贷:银行存款　　　　　　　　　　　　　　　　　　　　　30 000

(3)新项目应采用一般计税方法。
收到工程款,会计分录为:

借:银行存款　　　　　　　　　　　　　　　　32 700 000
　贷:营业收入　　　　　　　　　　　　　　　　　　　　　30 000 000
　　　应交税费——应交增值税(销项税额)　　　　　　　　　2 700 000

支付分包款,取得专用发票,抵扣进项税额。会计分录为:

借:应付账款——石家庄 D 项目分包款　　　　　　5 000 000
　　应交税费——应交增值税(进项税额)　　　　　450 000
　贷:银行存款　　　　　　　　　　　　　　　　　　　　　5 450 000

新项目,因跨省异地施工,应在石家庄预缴税款 2%。因分包款专用发票备注栏已注明项目名称和地点,故预缴税款时可以减除分包款。

预缴税款=(3 000-500)×2%=50(万元)。
预缴税款时,做会计分录:

借:应交税费——预交增值税　　　　　　　　　　500 000
　　贷:银行存款　　　　　　　　　　　　　　　　　　500 000

期末,结转 D 项目增值税,做会计分录:
应缴税款=270-45=225(万元)

借:应交税费——应交增值税(转出未交增值税)　2 250 000
　　贷:应交税费——预交增值税　　　　　　　　　　500 000
　　　　　　　　——未交增值税　　　　　　　　　1 750 000

上交 D 项目应纳增值税时,做会计分录:

借:应交税费——未交增值税　　　　　　　　　1 750 000
　　贷:银行存款　　　　　　　　　　　　　　　　1 750 000

【案例 2-43】某软件企业为增值税一般纳税人,本月转让一项专利技术的所有权(已备案,享受免增值税),开出普通发票,列明金额 500 000 元,零税率,税额 0 元,该专利权的账面成本为 100 000 元;转让一项专利技术使用权(已备案,享受免增值税),开出普通发票,金额 100 000 元,零税率,税额 0 元,履行转让协议发生支出 10 000 元。款项均通过银行转账。

按照现行会计准则,转让专利技术所有权属于资本利得,将净所得直接列入"资产处置收益"账户。会计分录为:

借:银行存款　　　　　　　　　　　　　　　　　500 000
　　贷:无形资产　　　　　　　　　　　　　　　　　100 000
　　　　资产处置收益　　　　　　　　　　　　　　400 000

按照现行会计准则,转让专利技术使用权属于其他业务。会计分录为:

借:银行存款　　　　　　　　　　　　　　　　　100 000
　　贷:其他业务收入　　　　　　　　　　　　　　100 000

同时,将支出入账:

借:其他业务支出　　　　　　　　　　　　　　　10 000
　　贷:银行存款　　　　　　　　　　　　　　　　　10 000

(6)租赁服务的会计处理。
租赁服务包括融资租赁服务和经营租赁服务。

1）融资租赁服务是指具有融资性质和所有权转移特点的租赁活动，按照标的物分为有形动产融资租赁服务和不动产融资租赁服务。融资性售后回租不属于本税目，按照金融服务缴纳增值税。

2）经营租赁服务是指租赁物所有权不变，在约定时间内将使用权转让给他人的业务活动。按照标的物分为有形动产经营租赁服务和不动产经营租赁服务。

租赁服务适用增值税税率如下：

13%的税率适用于有形动产融资租赁和经营租赁，以及将不动产或有形动产的广告位出租用于发布广告，水路运输的光租业务，航空运输的干租业务。

9%的税率适用于不动产融资租赁和经营租赁，以及车辆停放服务、道路通行服务（包括过路费、过桥费、过闸费等）。

对经中国人民银行、银监会或者商务部批准从事融资租赁业务的试点纳税人，"营改增"政策规定为：

第一，提供融资租赁服务，以取得的全部价款和价外费用，扣除支付的借款利息、发行债券利息和车辆购置税后的余额为销售额。

第二，提供融资性售后回租服务，以取得的全部价款和价外费用（不含本金，可扣除本金为书面合同约定的当期应收取本金，否则，为当期实际收取的本金），扣除对外支付的借款利息、发行债券利息后的余额作为销售额。

第三，对有形动产融资租赁服务和有形动产融资性售后回租服务，其增值税实际税负超过3%的部分，实行增值税即征即退政策。

经省级商务主管部门和国家经济技术开发区批准的从事融资租赁业务和融资性售后回租业务的一般纳税人，2016年5月1日后实收资本达到1.7亿元的，从达到标准的当月起按照上述规定执行。

为了使读者更加清晰地理解融资租赁业务，现将融资租赁业务分为融资性直租和融资性回租两类。下面就融资性直租和融资性回租的增值税异同点进行比较分析。

融资性直租和融资性回租的相同点，主要体现在以下5个方面：

1）融资租赁的性质相同。不论是融资性直租业务还是融资性回租业务，不论是对出租方而言，还是对承租方而言，本质上都是融资租赁业务。

2）判定融资租赁的会计方法相同。不论是融资性直租业务，还是融资性回租业务，都需要根据会计租赁准则规定的标准判断租赁类型，只有属于会计规定的融资租赁业务，才可能适用融资租赁业务适用的会计处理规定。

3）未确认融资收益的会计处理方法相同。不论是融资性直租业务，还是融资性回租业务，出租方均应采用实际利率法和租赁内含利率对未确认融资收益进行分配。

4）折旧的会计主体相同。不论是融资性直租业务还是融资性回租业务，租赁资产的折旧的会计主体均是承租方。

5）未确认融资费用的会计处理方法相同。不论是融资性直租业务，还是融资性回租业务，承租方均应按实际利率法对未确认融资费用在各期之间进行分配，并且计入财务费用。

融资性直租和融资性回租的不同点，主要体现在以下 12 个方面：

1）购进资产对象的特点不同。融资性直租是一般意义的融资租赁，用于出租的资产不是向承租方购买的。融资性回租是融资性售后回租，用于出租的资产是向承租方购买的。

2）租赁期满租赁资产的处置方法不同。租赁期满时，融资性回租业务中的租赁资产所有权一般归承租方并且不需要购买。融资性直租业务中的租赁资产所有权不一定归承租方，如果归承租方一般要事先约定一个购买价款。

3）担保余值和未担保余值存在性不同。融资性直租业务，对承租方而言，可能存在担保余值，对出租方而言，可能存在担保余值和未担保余值。融资性回租业务，因为租赁期满时租赁资产的所有权一般归承租方，不存在担保余值和未担保余值。

4）未实现售后租回损益的存在性不同。融资性回租业务的承租方，因为售价与资产账面价值之间的差额会形成一块未实现售后租回损益，在会计处理要作为折旧费用的调整。融资性直租业务的承租方，因为不出售资产，因而不存在未实现售后租回损益。

5）增值税的税目和税率不同。融资性直租业务，对出租方按"租赁服务"征收增值税，适用税率分为两种：一是有形动产租赁服务，适用税率为 13%；二是不动产租赁服务，适用税率为 9%。融资性回租业务，对出租方按"贷款服务"征收增值税，适用税率为 6%。

6）出售用于租赁的资产征免增值税不同。出售资产用于融资性直租业务的，按规定缴纳增值税，出售时必须开具发票。出售资产用于融资性回租的，符合税收规定的融资性售后回租定义的，不征收增值税。

7）出售用于租赁的资产的发票开具不同。出售资产用于融资性直租业务的，出售时必须开具发票。出售资产用于融资性回租的，符合税收规定的融资性售后回租定义的，未规定需要开具发票。符合税收规定的融资性售后回租定义情况下的出售资产，不是经营行为。按发票管理办法规定，经营行为应当开具发票，未发生经营行为不得开具发票。

8）差额计算销售额的，扣除差额的内容不同。融资性直租业务可以差额计算销售额的，扣除的差额为借款利息、发行债券利息和车辆购置税。融资性回租业务也可以差额计算销售额的，扣除的差额为借款利息、发行债券利息。融资性回租业务即使租赁资产为车辆也不是第一次购进的新车，不存在车辆购置税。

9）购进租赁资产抵扣进项税额的规定不同。融资性直租业务的出租方如为一般纳税人，购进用于租赁的资产可以凭合法扣税凭证抵扣进项税额。融资性回租业务的出租方即使是一般纳税人，购进用于租赁的资产不能抵扣进项税额，因为出售资产的一方不征收增值税，不可能开具增值税专用发票。

10）收取租金征收增值税的方法不同。融资性直租业务收取的租金既包括租赁资产的本金，也包括租赁收入，对其要全额计算缴纳增值税。融资性回租业务收取的租金，租赁资产的本金部分相当于贷款的本金，对这部分租金不计算缴纳增值税，确认的融资收益相当于贷款的利息，对这部分租金应当计算缴纳增值税。

11）收取租金开具发票的方法不同。融资性直租业务收取租金，不论是租赁资产的本金，还是租赁收入，均应全额开具发票，对方是一般纳税人的，还可以开具增值税专用发票。融资性回租业务收取租金，对租赁资产的本金部分相当于贷款的本金部分，因为不是经营收入，不得开具发票；确认的融资收益相当于贷款的利息部分，则必须开具发票。

12）支付租金抵扣进项税额的规定不同。融资性直租业务，出租方按收取租金的全额计算增值税并开具增值税专用发票，承租方支付租金可以按支付租金的全额抵扣进项税额。融资性回租业务购进资产环节，已经抵扣了进项税额，出售给出租方时没形成销项税额，因此在支付的租金中，相当于贷款的本金部分进项税额是不能重复抵扣的（也不可能取得增值税专用发票）；支付的租金中相当于贷款的利息部分，税法规定不得抵扣进项税额。

【案例2-44】 长江租赁公司为增值税一般纳税人，经中国人民银行批准从事融资租赁业务和售后回租业务。2020年，该公司业务情况如下：

（1）2019年从国外购进融资租赁设备A，设备到岸价100万美元，汇率1:6.5，关税10%。2019年12月底签订一份租赁合同，将设备A租赁给甲公司，租赁期4年，自2020年1月1日起，每年12月31日支付租金225万元。租赁期满，将设备A卖给甲公司，含税价款11.3万元。

（2）2019年12月底与国内乙公司签订融资性售后回租合同，乙公司将设备B出售给长江租赁公司，同时租回。设备B账面原值60万元，已折旧12万元，公允价值50万元。租期3年，自2020年1月1日起，每年年末支付租金20万元，租赁期满，设备B所有权归乙公司。

（3）假设长江公司因资金紧张，2019年融资性直租业务发生美元借款利息11.3万元，融资性回租业务发生人民币借款利息5.3万元，企业已取得银行开具的普通发票。

解析：
（1）因设备的出售单位与承租单位不是一个单位，故该业务属于融资性直租业务。
设备到岸价折合人民币 =100×6.5=650（万元）
关税 =650×10%=65（万元）
增值税 =（650 + 65）×13%=92.95（万元）
购入设备A做会计分录：

借：融资租赁资产——设备A（=650 + 65）　　　　　7 150 000
　　应交税费——应交增值税（进项税额）　　　　　　929 500
　　贷：银行存款——美元户存款（US＄100×6.5）　　　　　　6 500 000
　　　　　　　　——人民币存款　　　　　　　　　　　　　　1 579 500

长江租赁公司出租设备A时：

借：长期应收款——应收融资租赁款　　　　　　　9 000 000
　　贷：融资租赁资产　　　　　　　　　　　　　　　　　　7 150 000
　　　　未实现融资收益　　　　　　　　　　　　　　　　　1 850 000

长江公司按照实际利率法确认各期融资租赁收益（假设当期市场上的实际利率为8%），如表2-7所示。

表 2-7　未确认融资收益分配表　　　　　　　　　　　（单位：万元）

日期	租金	确认的融资收益	租赁投资净额减少	租赁投资净额余额
1	2	3= 期初 5×8%	4=2-3	5= 期初 5-4
2018-12-31				715
2019-12-31	225	57.2	167.8	547.2
2020-12-31	225	43.78	181.22	365.98
2021-12-31	225	29.28	195.72	170.26
2022-12-31	225	54.74	170.26	
合计	900	185	715	

注：做尾数调整，54.74=225-170.26。

根据租赁准则的规定，出租人每期收到租金时，借记"银行存款"科目，贷记"长期应收款——应收融资租赁款"科目。同时，按每期确认的租赁收入，借记"未实现融资收益"科目，贷记"租赁收入"科目。

每年年末收款后，做分录：

借：银行存款　　　　　　　　　　　　　　　　　　　　　　225
　　贷：长期应收款——应收融资租赁款　　　　　　　　　　　　225

有形动产的融资性直租业务，一般纳税人的适用税率为16%，收取的融资收益既包括设备的本金，也包括租赁收入，应全额开具发票缴纳增值税。

每年销项税额 = 当期租金收入全额 ÷1.13×13%
　　　　　　 =225÷1.13×13%=199.12×13%=25.88（万元）

借：未实现融资收益　　　　　　　　　　　　　　　　　　572 000
　　贷：租赁收入　　　　　　　　　　　　　　　　　　　　313 200
　　　　应交税费——应交增值税（销项税额）　　　　　　　258 800

2021～2023 年租赁收入分别为：17.89（=43.77-25.88）万元，3.4（=29.28-25.88）万元，28.87（=54.75-25.88）万元。

2023 年租赁期满时，将设备 A 卖给甲公司，长江公司收取价款 11.3 万元。应开具发票，依法纳税，做分录：

借：银行存款　　　　　　　　　　　　　　　　　　　　113 000
　　贷：租赁设备转让收入　　　　　　　　　　　　　　　　100 000
　　　　应交税费——应交增值税（销项税额）　　　　　　　　13 000

（2）因设备的出售单位与承租单位是同一个单位，该业务属于售后回租业务，应按照金融服务业征税，适用税率6%。

根据国家税务总局公告2010年第13号的规定，在融资性售后回租业务中，承租方出售资产的行为，不属于增值税征收范围，不征收增值税。对融资性售后回租的承租方出售资产的行为是否开具发票，税法未作具体规定。本例假设当地税务机关未规定融资性售后回租出售资产不征税行为必须开具发票。

长江租赁公司根据融资性售后回租合同和取得资产的有关凭证：

借：融资租赁资产　　　　　　　　　　　　　　　　500 000
　　贷：银行存款　　　　　　　　　　　　　　　　　　　500 000

长江租赁公司出租设备时：

借：长期应收款——应收融资租赁款　　　　　　　　600 000
　　贷：融资租赁资产　　　　　　　　　　　　　　　　　500 000
　　　　未实现融资收益　　　　　　　　　　　　　　　　100 000

长江公司按照实际利率法确认各期融资租赁收益（假设当期市场上的实际利率为8%），如表2-8所示。

表2-8　未确认融资收益分配表　　　　　　（单位：万元）

日期	租金	确认的融资收益	租赁投资净额减少	租赁投资净额余额
1	2	3=期初5×8%	4=2−3	5=期初5−4
2018−12−31				50
2019−12−31	20	4	16	34
2020−12−31	20	2.72	17.28	16.72
2021−12−31	20	3.28	16.72	
合计	60	10	50	

注：做尾数调整，3.28=20−16.72。

每年年末收到租金后，做分录：

借：银行存款　　　　　　　　　　　　　　　　　　200 000
　　贷：长期应收款——应收融资租赁款　　　　　　　　　200 000

自2016年5月1日起，融资性售后回租的出租方按照贷款服务征收增值税，一般纳税人的适用税率为6%，收取的融资收益即贷款利息必须开具发票，缴纳增值税。收回的租赁设备本金部分，不需要缴纳增值税。

2020年12月，销项税额=当期确认的融资收益÷1.06×6%
　　　　　　　　　　=4÷1.06×6%=3.773 6×6%=0.226 4（万元）

借：未实现融资收益　　　　　　　　　　　　　　　40 000
　　贷：租赁收入　　　　　　　　　　　　　　　　　　　37 700
　　　　应交税费——应交增值税（销项税额）　　　　　　2 300

2021 年 12 月，销项税额 =2.72÷1.06×6%=2.566×6%=0.15（万元）

借：未实现融资收益　　　　　　　　　　　　　　27 200
　　贷：租赁收入　　　　　　　　　　　　　　　　　　25 700
　　　　应交税费——应交增值税（销项税额）　　　　　1 500

2022 年 12 月，销项税额 =3.28÷1.06×6%=3.094 3×6%=0.19（万元）

借：未实现融资收益　　　　　　　　　　　　　　32 800
　　贷：租赁收入　　　　　　　　　　　　　　　　　　30 900
　　　　应交税费——应交增值税（销项税额）　　　　　1 900

租赁期满后，租赁资产所有权转移给承租方，出租方会计上和税收上不需要做任何处理。

（3）因长江公司符合差额计税规定，支付借款利息允许抵减的销项税额。融资性直租业务利息抵减销项税额 =11.3÷1.13×13%=10×13%=1.3（万元），融资性回租业务利息抵减销项税额 =5.3÷1.06×6%=5×6%=0.3（万元）。做分录：

借：财务费用　　　　　　　　　　　　　　　　　150 000
　　应交税费——应交增值税（销项税额抵减）　　　16 000
　　贷：银行存款　　　　　　　　　　　　　　　　　　166 000

（7）出口退税的会计处理。

出口退税的会计处理包括生产企业出口货物"免、抵、退"的会计处理和外贸企业出口货物"免退税"的会计处理。

1）生产企业出口货物"免、抵、退"的会计处理。

【案例 2-45】某自营出口的生产企业为增值税一般纳税人，出口货物的征税税率为 13%，退税率为 9%，2019 年 8 月有关业务如下：购进原材料一批，取得增值税专用发票共计金额 400 万元，税率 13%，共计税额 52 万元，货已验收入库。当月进料加工免税进口料件到岸价折合人民币 100 万元，关税 20%。上期末留抵税款 5 万元。本月内销货物金额 100 万元，税率 13%，税额 13 万元，存入银行。本月出口货物的销售额折合人民币 200 万元，试计算该企业当期的"免、抵、退"税额。

出口退税计算如下：

免税原材料组成计税价格 =100 + 100×20%=120（万元）

（1）不得免征和抵扣的税额 =（200−120）×（13%−9%）=80×4%=3.2（万元）

（2）应纳税额 =13−（52−3.2）−5=13−48.8−5=−40.8（万元）

（3）应退税额 =（200−120）×9%=80×9%=7.2（万元）

（4）比较，应纳税额的数值 40.8 万元大于应退税额 7.2 万元，故实际应退税额为 7.2 万元。

（5）留下期抵扣税额 =40.8－7.2=33.6（万元）

因应退税全额 7.2 万元都是实际退税额，故由内销货物应纳税额抵顶外销货物应退税额为零，即"抵"的税额为零。

情况一：因当月出口货物的销售额折合人民币 200 万元，不得免征和抵扣的税额 3.2 万元，应纳税额为 −40.8 万元，应退税额为 7.2 万元，比较后，实际应退税额为 7.2 万元，留下期抵扣税额 33.6 万元。因应退税全额 7.2 万元都是实际退税额，故由内销货物应纳税额抵顶外销货物应退税额为零。有关会计处理如下：

货物出口时，做会计分录：

借：应收账款　　　　　　　　　　　　　　　　　　　2 000 000
　　贷：主营业务收入　　　　　　　　　　　　　　　　　　　2 000 000

计算出不得抵减的进项税额后，做会计分录：

借：主营业务成本　　　　　　　　　　　　　　　　　　32 000
　　贷：应交税费——应交增值税（进项税转出）　　　　　　　32 000

计算出实际退税款，做分录：

借：应收出口退税款　　　　　　　　　　　　　　　　　72 000
　　贷：应交税费——应交增值税（出口退税）　　　　　　　　72 000

收到退税款后，做分录：

借：银行存款　　　　　　　　　　　　　　　　　　　　72 000
　　贷：应收出口退税款　　　　　　　　　　　　　　　　　　72 000

情况二：假设计算出的应纳税额为 −40.8 万元，应退税额 50.8 万元，比较后，实际退税 40.8 万元，此时，内销货物应纳税抵顶外销货物应退税 10 万元，没有留下期抵扣税额。则会计处理，做会计分录如下：

借：应收出口退税款　　　　　　　　　　　　　　　　　408 000
　　应交税费——应交增值税（出口抵减内销产品应纳税额）　100 000
　　贷：应交税费——应交增值税（出口退税）　　　　　　　　508 000

情况三：假设计算出的应纳税额为 34.6 万元，应退税额 7.2 万元，此时，内销货物应纳税抵顶外销货物应退税 7.2 万元，没有留下期抵扣税额，也不存在退税问题。则会计分录如下：

借：应交税费——应交增值税（出口抵减内销产品应纳税额）　72 000
　　贷：应交税费——应交增值税（出口退税）　　　　　　　　　　　72 000

期末转出应纳增值税时：

借：应交税费——应交增值税（转出未交增值税）　346 000
　　贷：应交税费——未交增值税　　　　　　　　　　　　　346 000

2）外贸企业出口货物退税的会计处理。

【案例 2-46】某外贸公司 6 月出口服装，从生产企业购进服装取得专用发票一张，注明金额 10 000 元，税率 13%，税额 1 300 元，服装的退税率为 9%，则：

$$应退税 = 10\ 000 \times 9\% = 900（元）$$

做会计分录如下：

借：应收出口退税款　　　　　　　　　　　　　　900
　　贷：应交税费——应交增值税（出口退税）　　　　　　900

收到退税款后，做会计分录：

借：银行存款　　　　　　　　　　　　　　900
　　贷：应收出口退税款　　　　　　　　　　　　900

（8）增值税优惠的会计处理。

增值税优惠的会计处理主要包括直接减免、先征后返、即征即退的会计处理等。

1）直接减免增值税的会计处理。直接免税的货物销售时，不使用增值税专用发票，其不含税销售收入计入"主营业务收入"，按适用税率计算出免缴的增值税税额，贷记"应交税费——应交增值税（销项税额）"；同时，借记"应交税费——应交增值税（减免税款）"，贷记"营业外收入——政府补贴"。

【案例 2-47】某企业（增值税一般纳税人）销售一批免税率品，价款 113 000 元，货款以银行存款收讫。该货物适用的增值税税率为 13%。其会计分录为：

销售货物收款时：

借：银行存款　　　　　　　　　　　　　　113 000
　　贷：主营业务收入　　　　　　　　　　　　　100 000
　　　　应交税费——应交增值税（销项税额）　　　　13 000

结转免缴的增值税：

借：应交税费——应交增值税（减免税款） 13 000
　　贷：营业外收入——政府补贴 13 000

2）先征后返、即征即退增值税的会计处理。对于实行先征后返、即征即退的纳税人，计缴税款时按正常销售处理，返还税款时，借记"银行存款"，贷记"营业外收入——政府补贴"科目。

【案例 2-48】 某企业为增值税一般纳税人，增值税实行先征后返政策，返还率为 70%。该企业 6 月已缴增值税税额 10 000 元，6 月底计算出应返还增值税 7 000 元，做分录：

借：其他应收款——应收退税款 7 000
　　贷：营业外收入——政府补贴 7 000

7 月份收到返还增值税税款时，做会计分录：

借：银行存款 7 000
　　贷：其他应收款——应收退税款 7 000

（9）财务报表相关项目列示。

"应交税费"科目下的"应交增值税""未交增值税""待抵扣进项税额""待认证进项税额""增值税留抵税额"等明细科目期末借方余额应根据情况，在资产负债表中的"其他流动资产"或"其他非流动资产"项目列示；"应交税费——待转销项税额"等科目期末贷方余额应根据情况，在资产负债表中的"其他流动负债"或"其他非流动负债"项目列示；"应交税费"科目下的"未交增值税""简易计税""转让金融商品应交增值税""代扣代交增值税"等科目期末贷方余额应在资产负债表中的"应交税费"项目列示。

2.4 小规模纳税人增值税的计算、核算与申报

税法规定，增值税小规模纳税人采取简易办法计算增值税，不得抵扣进项税。小规模纳税人增值税计算公式如下：

$$应纳增值税 = 销售额 \times 征收率$$

小规模纳税人作为增值税计税基数的销售额也是不含增值税的价款和价外费用。一般情况下，小规模纳税人销售货物或提供服务后应开出普通发票。若对方为一般纳税人且索要专用发票，月销售额超过 10 万元的小规模纳税人可以自行开具专用发票。"营改增"全面实施后，增值税普通发票与增值税专用发票格式基本上一致，金额与税额是分别列示的。一般行

业的小规模纳税人适用3%的征收率，只有从事房地产开发和房地产租赁的小规模纳税人，适用5%的征收率。

小规模纳税人增值税的会计核算，设置"应交税费——应交增值税""转让金融商品应交增值税""代扣代交增值税"等明细科目。小规模纳税人购货时，无论取得何种发票，将全部支出（包括增值税）打入成本；销货或提供服务时，开出普通发票或专用发票，分别入销售账和应交增值税明细账。

提供建筑服务的小规模纳税人，应交增值税＝不含税实际价款×3%＝含税实际价款/（1+3%）×3%，跨省提供建筑服务的小规模纳税人，应依3%征收率在建筑服务发生地预缴，然后再向机构所在地申报。

小规模纳税人出租不动产，应交增值税＝不含税租金收入×5%

＝含税租金收入/（1＋5%）×5%

非房地产业小规模纳税人销售其取得的不动产，以售价减买价的差价为销售额计税；销售其自建的不动产，以售价全额为销售额计税。

应交增值税＝不含销售额×5%＝含税销售额/（1＋5%）×5%

出租不动产和销售不动产的小规模纳税人，应依5%的征收率在不动产所在地预缴税款，然后再向机构所在地申报。

房地产开发企业小规模纳税人应交增值税：

应交增值税＝不含销售额×5%＝（全部价款和价外费用）/（1＋5%）×5%

房地产开发企业小规模纳税人采取预收款方式销售时，

应预缴税款＝预收款/（1＋5%）×3%

工程完工，结算应交增值税：

应交增值税＝（全部价款和价外费用）/（1+5%）×5%－预缴税款

【案例2-49】某小规模商业企业，本月购进服装100套，取得了普通发票，列明金额15 000元，税率13%，税额1 950元；另支付进货运费，取得普通发票，列明金额200元，税率9%，税额18元，转账付款。本月销售服装80套，含税售价309元/套，普通发票上列明金额24 000元，税率3%，税额720元，款项存入银行存款户。

该企业有关会计处理如下：

（1）购进服装时：

借：库存商品　　　　　　　　　　　　　　　　　　　　　　　　　16 950

营业费用　　　　　　　　　　　　　　　　　　　　　　　　　218

贷：银行存款　　　　　　　　　　　　　　　　　　　　　　　　　　17 168

（2）销售服装做会计分录：

借：银行存款	24 720	
贷：主营业务收入		24 000
应交税费——应交增值税		720

（3）缴纳增值税时：

借：应交税费——应交增值税	720	
贷：银行存款		720

【案例 2-50】 某咨询业为小规模纳税人，主要从事财税咨询、代理记账服务。2019 年 6 月取得咨询收入开出专用发票，列明金额 10 万元，税率 3%，税额 0.3 万元，款项存入银行。本月支付人员工资 50 000 元，购买办公用品，取得普通发票，金额 1 000 元，税率 13%，税额 130 元，转账付款。

将收入入账，做会计分录：

借：银行存款	103 000	
贷：营业收入		100 000
应交税费——应交增值税		3 000

小规模纳税人不存在进项税额抵扣。

借：营业成本	50 000	
管理费用	1 130	
贷：银行存款		51 130

【案例 2-51】 某租赁公司为小规模纳税人，主要从事房屋租赁业务，有 3 处店面。2019 年 8 月取得房屋租赁收入，开出增值税普通发票，金额 20 万元，税率 5%，税额 1 万元，款项存入银行。因租赁业务不景气，6 月将 1 处店面房产出售，该店面房产原值 200 万元，已经折旧 80 万元，新售价 620 万元。

房屋租赁收入，做会计分录：

借：银行存款	210 000	
贷：营业收入		200 000
应交税费——应交增值税		10 000

出售房产，做会计分录：

借：累计折旧	800 000	
固定资产清理	1 200 000	
贷：固定资产		2 000 000

出售房产应纳增值税=(620-200)÷1.05×5%=400×5%=20(万元)。

借：银行存款 6 200 000
  贷：应交税费——应交增值税 200 000
    固定资产清理 6 000 000
借：固定资产清理 4 800 000
  贷：资产处置收益 4 800 000

增值税小规模纳税人进行纳税申报时，应填列的纳税申报表及附列资料，如表2-9和表2-10所示。

表2-9 增值税纳税申报表
(小规模纳税人适用)

纳税人识别号：
纳税人名称：(公章)   金额单位：元至角分
税款所属时间： 年 月 日至 年 月 日   填表日期

	项 目	栏次	本期数		本年累计	
			货物及劳务	服务、不动产和无形资产	货物及劳务	服务、不动产和无形资产
一、计税依据	(一)应征增值税不含税销售额(3%征收率)	1				
	税务机关代开的增值税专用发票不含税销售额	2				
	税控器具开具的普通发票不含税销售额	3				
	(二)应征增值税不含税销售额(5%征收率)	4		—		—
	税务机关代开的增值税专用发票不含税销售额	5		—		—
	税控器具开具的普通发票不含税销售额	6		—		—
	(三)销售使用过的固定资产不含税销售额	7(7≥8)		—		—
	其中：税控器具开具的普通发票不含税销售额	8		—		—
	(四)免税销售额	9=10+11+12				
	其中：小微企业免税销售额	10				
	未达起征点销售额	11				
	其他免税销售额	12				
	(五)出口免税销售额	13(13≥14)				
	其中：税控器具开具的普通发票销售额	14				
	本期应纳税额	15				

(续)

项目		栏次	本期数		本年累计	
			货物及劳务	服务、不动产和无形资产	货物及劳务	服务、不动产和无形资产
二、税款计算	本期应纳税额减征额	16				
	本期免税额	17				
	其中：小微企业免税额	18				
	未达起征点免税额	19				
	应纳税额合计	20=15−16				
	本期预缴税额	21			—	—
	本期应补（退）税额	22=20−21			—	—

纳税人或代理人声明：	如纳税人填报，由纳税人填写以下各栏：
本纳税申报表是根据国家税收法律法规及相关规定填报的，我确定它是真实的、可靠的、完整的。	办税人员：　　　　　　财务负责人： 法定代表人：　　　　　　联系电话： 如委托代理人填报，由代理人填写以下各栏： 代理人名称（公章）：　　　经办人： 　　　　　　　　　　　　联系电话：

主管税务机关：　　　　　接收人：　　　　　接收日期：

表 2-10　增值税纳税申报表（小规模纳税人适用）附列资料

税款所属期：　　年　月　日至　　年　月　日　　　　　　　填表日期：
纳税人名称：（公章）　　　　　　　　　　　　　　　　金额单位：元至角分

应税行为（3% 征收率）扣除额计算			
期初余额	本期发生额	本期扣除额	期末余额
1	2	3（3≤1+2 之和，且 3≤5）	4=1+2−3
应税行为（3% 征收率）计税销售额计算			
全部含税收入（适用 3% 征收率）	本期扣除额	含税销售额	不含税销售额
5	6=3	7=5−6	8=7÷1.03
应税行为（5% 征收率）扣除额计算			
期初余额	本期发生额	本期扣除额	期末余额
9	10	11（11≤9+10 之和，且 11≤13）	12=9+10−11
应税行为（5% 征收率）计税销售额计算			
全部含税收入（适用 5% 征收率）	本期扣除额	含税销售额	不含税销售额
13	14=11	15=13−14	16=15÷1.05

2.5　增值税的税务筹划

　　增值税一般纳税人的税务筹划主要包括：增值税兼营行为的筹划、增值税计税依据的筹划、增值税减免税的筹划和增值税出口退税的筹划等几个方面。

2.5.1　增值税兼营行为的筹划

　　我国实行全面的"营改增"后，增值税一般纳税人适用的增值税税率有 4 档税率——

13%、9%、6%和0，在特定情况下适用征收率5%或3%。税法规定，纳税人兼营销售货物、加工修理修配劳务、服务、无形资产或者不动产适用不同税率或者征收率的，应当分别核算适用不同税率或征收率的销售额，未分别核算销售额的，从高适用税率。

原来缴纳营业税的业务，除了出租动产适用13%的增值税税率外，其他业务适用税率（9%、6%）都明显低于销售货物适用税率（13%、9%），因此，企业经营中，一定将应税服务项目与销售货物分别签订合同，分别开具发票，分别进行收入核算，此时，才能分别适用税率。

有些情况下，兼营不同税率业务的企业，最好先去工商管理部门更正经营范围，明确主营业务和兼营业务。如建筑施工单位将自制建筑材料用到承包的建筑工程，首先，应在经营范围上明确主营工程施工，兼营建材生产销售，或者主营建材生产销售，兼营工程施工，然后，分别签订销售建材合同和工程承包合同，进而，分别开具发票，分别核算主营和兼营收入，最后才能分别适用13%和9%的税率纳税。否则，属于混合经营行为，有可能一并按照13%的税率征收增值税。

对于销售货物又兼营运输的企业，首先也应明确主营和兼营的范围，然后，分别签订销售货物合同和运输合同，进而，分别开具发票，分别核算主营和兼营收入，最后才能分别适用13%和9%的税率纳税。

【案例2-52】清凉苦瓜茶厂为小规模纳税人，适用征收率为3%。该苦瓜茶厂为了在该市茶叶市场上打开销路，与一家知名度较高的茶叶店协商，委托茶叶店代销苦瓜茶。在洽谈中，茶厂遇到了困难：该茶叶店为增值税一般纳税人，适用税率为9%。由于茶厂为小规模纳税人，不能开具增值税专用发票，这样，苦瓜茶的增值税税负将达到9%。经过咨询，有专家提出，将茶叶店的一角柜台租赁给茶厂经营，可降低税负。现具体分析如下。

解析：

方案一：茶叶店与茶厂签订代销合同。

苦瓜茶厂以250元/斤⊖的含税价委托茶叶店代销，茶叶店再以400元/斤的含税价对外销售，差价150元/斤作为代销手续费。预计每年销售1 000斤苦瓜茶，则：

茶厂应纳增值税=1 000×250÷1.03×3%=7 281.55（元）

茶厂应纳城建税及附加=7 281.55×（7%+3%+2%）=873.79（元）

暂不考虑茶厂其他成本的情况下：

茶厂毛收益=1 000×250÷1.03−873.79=241 844.66（元）

茶叶店应纳增值税=销项税额−进项税额

=1 000×400÷1.09×9%−0=33 027.52（元）

茶叶店应纳城建税及附加=33 027.52×（7%+3%+2%）=3 963.3（元）

⊖ 1斤=0.5千克。

茶叶店总税负 =33 027.52 + 3 963.3=36 990.82（元）

暂不考虑茶叶店其他成本的情况下：

茶叶店毛收益 =1 000×400÷1.09－1 000×250－3 963.3=113 009.18（元）

方案二：茶叶店与茶厂签订租赁合同。

茶厂直接在茶叶店销售苦瓜茶，按价差 150 元 / 斤付柜台租赁费。此时茶叶店应按出租不动产缴纳增值税，适用税率 9%，按照有关规定在税务机关备案的情况下，出租"营改增"前的不动产适用 5% 的征收率。

茶厂应纳增值税 =1 000×400÷1.03×3%=11 650.49（元）

茶厂应纳城建税及附加 =11 650.49×（7% + 3% + 2%）=1 398.06（元）

暂不考虑茶厂其他成本的情况下：

茶厂毛收益 = 不含税收入 － 租金 － 城建及附加

　　　　　=1 000×400÷1.03－150 000－1 398.06=236 951.45（元）

茶叶店为一般纳税人，柜台租赁费按不动产租赁收入征收 9% 增值税时：

茶叶店应纳增值税 =150×1 000÷1.09×9%=12 385.32（元）

茶叶店应纳城建税及附加 =12 385.32×（7% + 3% + 2%）=1 486.24（元）

茶叶店总税负 =12 385.32 + 1 486.24=13 871.56（元）

暂不考虑茶叶店其他成本的情况下：

茶叶店毛收益 =150 000÷1.09－1 486.24=136 128.44（元）

茶叶店为一般纳税人，柜台按 2016 年 4 月 30 日以前取得的不动产，在税务机关备案后柜台租赁收入征收 5% 增值税时：

茶叶店应纳增值税 =150×1 000÷1.05×5%=7 142.86（元）

茶叶店应纳城建税及附加 =7 142.86×（7% + 3% + 2%）=857.14（元）

茶叶店总税负 =7 142.86 + 857.14=8 000（元）

暂不考虑茶叶店其他成本的情况下：

茶叶店毛收益 =150 000÷1.05－857.14=142 000（元）

比较两种方案，分析如下。

方案二茶厂毛收益 236 951.45 元，比方案一茶厂毛收益少 4 893.21 元；方案二情况下茶叶店毛收益分别比方案一多出 23 119.26 元和 28 990.82 元，显然，选择方案二，茶叶店可以多获利，尤其当出租柜台申请适用 5% 征收率的情况下，茶叶店获利更多。此时，茶叶店可采取措施，弥补茶厂的损失。

2.5.2　增值税计税依据的筹划

我国现行增值税采用间接计税法，增值税计税依据的税务筹划应从销项税额的税务筹划和进项税额的税务筹划两方面来考虑。

1. 销项税额的税务筹划

销项税额的税务筹划，应考虑销售方式的税务筹划和结算方式的税务筹划。企业在采用各种销售方式时，应考虑不同销售方式下企业的税收利益。

【案例 2-53】 华润时装经销公司商品销售的平均利润为 30%，该公司准备在春节期间开展一次促销活动，以扩大该企业在当地的影响。现有两个方案：

方案一：让利 20% 销售，即 8 折销售。

方案二：赠送 20% 的购物券。

请分析两种方式下企业的税收利益。

解析：

现以销售 10 000 元的商品为基数，具体计算分析如下。

方案一：让利 20% 销售。

让利销售这种营销方式，可以将折扣额和销售额开在同一张发票上。依据税法规定，折扣额和销售额开在同一张发票上的，可以按折扣后的净额计算增值税。让利 20% 销售，就是将计划作价为 10 000 元的商品作价 8 000 元销售出去。假设购进成本为含税价 7 000 元，企业的纳税情况及税后利润情况如下：

应纳增值税 =8 000÷1.13×13%−7 000÷1.13×13%=115.04（元）

城建税及附加 =115.04×（7% + 3% + 2%）=13.8（元）

会计利润额 =8 000÷1.13−7 000÷1.13−13.8=884.95−13.8=871.15（元）

所得税 =871.15×25%=217.79（元）

税后利润 =871.15−217.79=653.36（元）

假设企业采用现金购货和现金销货的方式，则：

净现金流量 =8 000−7 000−115.04−13.8−217.79=653.37（元）

方案二：赠送 20% 的购物券。

赠送购物券这种营销方式，就是当消费者购买价值满 10 000 元的商品，就赠送 2 000 元的商品券。《增值税暂行条例》规定，不仅销售货物按照全额计算增值税，而且，赠送的商品视同销售货物，另外计算缴纳增值税。企业的纳税情况及税后利润情况如下：

公司销售 10 000 元商品应纳增值税为：

10 000÷1.13×13%−7 000÷1.13×13%=345.13（元）

赠送 2 000 元的商品，视同销售处理，应纳增值税为：

2 000÷1.13×13%−1 400÷1.13×13%=69.03（元）

合计应纳增值税 =345.13 + 69.03=414.16（元）

城建税及附加 =414.16×（7% + 3% + 2%）=49.7（元）

会计利润额 =10 000÷1.13−7 000÷1.13 + 2 000÷1.13−1 400÷1.13−49.7

　　　　　=2 654.87 + 530.97−49.7=3 136.14（元）

应缴所得税 =3 136.14×25%=784.04（元）

税后利润 =3 136.14-784.04=2 352.1（元）

实际会计利润 =3 136.14-2 000÷1.13=3 136.14-1 769.91=1 366.23（元）

以实际会计利润为基数的应纳所得税 =1 366.23×25%=341.56（元）

多交所得税 =784.04-341.56=442.28（元）

以实际会计利润为基数的税后利润 =1 366.23-341.56=1 024.67（元）

消费者在购买商品时获得购物券属于偶然所得，应该缴纳个人所得税。按照现行个人所得税管理办法，发放购物券的企业应该在发放环节代扣代缴个人所得税，如果企业未代扣代缴个人所得税，则发放企业应该赔缴。因此，该公司在赠送购物券时，应代顾客缴纳个人所得税。2 000 元的所得为税后所得，应将其换算成税前所得额，其应代扣代缴个人所得税额为

2 000÷（1-20%）×20%=500（元）

代顾客缴纳个人所得税后的实际利润额 =1 024.67-500=524.67（元）

假设企业采用现金购货和现金销货的方式，则：

净现金流量 =10 000-7 000-1 400-414.16-49.7-784.04-500=-147.9（元）

通过比较可以看出，方案一的税后利润和现金流量都优于方案二。因为，方案二发生销售额后进一步赠送商品，属于税法上的视同销售行为，应作视同销售处理，同时应代扣代缴个人所得税。若企业未代扣代缴个人所得税时，由企业赔缴个人所得税，进一步增加了企业的税收负担。

既然方案二不是最优方案，为什么在实际生活中我们经常会看到商家采用这种方式呢？采用方案二的理由如下：

（1）现金流。如果商家进货时没有支付现金，是赊购，而卖货时能够收回10 000 元现金，现金流入量比方案一的 8 000 元流入量大。

（2）赠送货物未来贬值和滞销情况。如果以券购货的商品有特定限制，只有那些滞销的商品或者未来有可能贬值的商品才可以用券买，则是一种处理库存积压，减少存储费用的方法。

（3）即使赠送的商品不是积压或滞销的，因用券再买时不再赠送，这也使折扣的比例大大降低，达不到表面上 20% 的比例。

（4）同供货商联盟。赠送货物的另一种做法是：实际上赠送的商品是供货商赠送，而不是商家赠送，赠送商品对商家来说没有利益上的损失，但能增加销售量。

（5）企业文化。有些企业一直采取赠送的方式销售商品，思维已成定式，根本不考虑税收负担问题。

（6）税收不是决定因素和唯一因素。在企业的经营行为中，应该考虑税收因素，但税收不是决定因素，更不是决定某一经济行为的唯一因素。如果企业经营中，把减轻税负看作第一因素，就会影响企业的正确决策，影响企业的发展。

企业在销售商品时，不同的货款结算方式，税收利益也不相同。

销售结算方式的筹划就是在税法允许的范围内，尽量采取有利于本企业的结算方式，推迟纳税时间，获得纳税期的递延。如不能及时收到货款，采用代销或分期收款结算方式，能避免垫付税款。

分期收款结算方式以合同约定日期为纳税义务发生时间。企业在产品销售过程中，在应收货款无法收回或部分无法收回的情况下，可以选择分期收款结算方式。

委托代销商品是指委托方将商品交付给受托方，受托方将商品出售后开具销货清单并交给委托方，委托方在收到销货清单时才确认销售收入。采用委托代销结算方式，收到销货清单时计算销项税额，可延缓纳税时间。

2. 进项税额的税务筹划

增值税实行的是凭票抵扣制度，站在一般纳税人的角度，只有取得合法的、可用于抵扣的票据，才能最大限度地减少应纳税额。故进项税额的税务筹划主要是供货方的选择和固定资产购进时间的筹划。

（1）供货方选择的税务筹划。

一般纳税人从一般纳税人购进货物，供货方可以开具增值税专用发票，购货方可以抵扣税款。一般纳税人从小规模纳税人购进货物，如果购进的是农产品，凭普通发票也可计算进项税额抵扣；如果购进的是一般货物，小规模纳税人委托税务所代开增值税专用发票（税率为3%），可以按专用发票上列明的税额进行抵扣，否则，销货方小规模纳税人自己开具的普通发票，不能作为一般纳税人抵扣增值税款的凭据，因此，企业进货时，必须考虑进货发票抵扣税款的不同情况，谨慎选择供货方。

增值税一般纳税人从小规模纳税人购进的货物不能进行税款抵扣，或只能抵扣3%，为了弥补因不能取得专用发票而产生的损失，必然要求小规模纳税人在价格上给予一定程度的优惠，究竟多大的折让幅度才能弥补损失呢？这就存在一个价格折让临界点，其计算公式如下：

从一般纳税人购进货物含税金额为 A，从小规模纳税人处购进货物含税金额为 B，当城建税税率为7%，教育费附加3%，所得税税率为25%时，则从一般纳税人购进货物的利润为：

净利润额 = 销售额 − 购货成本 − 城建税及附加 − 所得税

= （销售额 − 购货成本 − 城建税及附加）×（1− 所得税税率）

= {销售额 −A/（1+ 增值税税率）−[销售额 × 增值税税率 −A/（1+ 增值税税率）× 增值税税率] ×12%}×（1−25%）

= {销售额 −A/（1+ 增值税税率）−[销售额 × 增值税税率 −A/（1+ 增值税税率）× 增值税税率] ×12%}×75%

从小规模纳税人购进货物的利润为

净利润额 = 销售额 – 购货成本 – 城建税及附加 – 所得税
　　　　= (销售额 – 购货成本 – 城建税及附加) × (1 – 所得税税率)
　　　　= { 销售额 – B/ (1 + 征收率) – [销售额 × 增值税税率 – B/ (1 + 征收率)
　　　　　× 征收率] × 12%} × (1 – 25%)
　　　　= { 销售额 – B/ (1 + 征收率) – [销售额 × 增值税税率 – B/ (1 + 征收率)
　　　　　× 征收率] × 12%} × 75%

注：销售额为不含税销售额，征收率为税务所代开的发票上注明的征收率。

当两者相等时，即：

A/ (1 + 增值税税率) + [销售额 × 增值税税率 – A/ (1 + 增值税税率) × 增值税税率] × 12%
= B/ (1 + 征收率) + [销售额 × 增值税税率 – B/ (1 + 征收率) × 征收率] × 12%

得：

A/ (1 + 增值税税率) – A/ (1 + 增值税税率) × 增值税税率 × 12%
= B/ (1 + 征收率) – B/ (1 + 征收率) × 征收率 × 12%

则：

A/ (1 + 增值税税率)(1 – 增值税税率 × 12%) = B/ (1 + 征收率)(1 – 征收率 × 12%)

则：

B = (1 + 征收率) × (1 – 增值税税率 × 12%)/(1 – 征收率 × 12%) × (1 + 增值税税率) × A

将代开发票的征收率为3%，增值税税率为13%或9%分别代入；将不能取得代开发票，增值税税率为13%或9%分别代入上式，得出以下价格折让临界点，如表2-11所示。

表 2-11　价格折让临界点　　　　　　　　　　　　　　　　　　(%)

一般纳税人的抵扣率	小规模纳税人抵扣率	价格折让临界点
13	3	90.05
13	0	87.12
9	3	93.81
9	0	90.75

根据表2-13的数据可知，当小规模纳税人的价格为一般纳税人价格的百分比为表中临界点数据时，从一般纳税人和小规模纳税人处采购货物取得的利益相等。当小规模纳税人的价格高于临界点的数据时，从小规模纳税人处进货不利。

上述数据是在考虑了增值税、城建税、教育费附加、地方教育附加、企业所得税等全部税负后得出的结论。简单地，只就增值税而言，只要小规模纳税人的价格降低幅度达到该种货物一般纳税人报价除以1.13，再乘以13%，从小规模纳税人处购货就有利。

【案例2-54】一般纳税人光明厨具公司外购用于生产的钢材时，得到的报价是：一般纳税人开出专用发票，报价，含税价格50 000元/吨；小规模纳税人报价，税务所代开征收率为3%的专用发票，含税价格为46 000元。试做出该企业是否应从小规模纳税人购货的决策。

解析：

由价格折让临界点得知，增值税税率为 13%，小规模纳税人的征收率为 3% 时，价格折让临界点为 90.05%，即临界点时的价格为 45 025（=50 000×90.05%）元，而小规模纳税人的实际价格 46 000 元大于临界点的价格 45 025 元，因此，适宜从一般纳税人处采购原材料。

若该厨具厂从小规模纳税人处只能取得不能进行抵扣的普通发票，由价格临界临界点 87.12% 得知，只有在小规模纳税人报价的含税销售价格低于 43 560（=50 000×87.12%）元时，才能考虑从小规模纳税人处购货。

一般纳税人进货时，可以根据价格折让临界点，计算出进货临界点价格，用临界点价格与小规模纳税人处进货价格进行比较，就可以选择出供货方，获得最大的税后收益。

对于小规模纳税人来说，无论是从一般纳税人处进货，还是从小规模纳税人处进货，都不能进行税款抵扣，所以，只要比较供货方的含税价格，从中选择出价格较低者。

另外，如果一般纳税人采购货物用于集体福利、个人消费等项目，也不能抵扣进项税额，所以，其选择供货方的方法也是比较含税价，从中选择价格较低者。

（2）固定资产购进时间的税务筹划。

2009 年 1 月 1 日以后，购入设备的进项税额允许抵扣，通过合理安排购进固定资产的时间，以及控制购进固定资产专用发票认证时间，统筹考虑购进设备的时机，企业在增值税税额较多的月份抵扣固定资产进项税额，可以减少当月缴纳的增值税及附加，减轻企业税负。因为，企业购入设备的进项税额只有在其小于当期销项税额的前提下，才能全部得到抵扣，否则，只能结转到以后月份抵扣。

实施增值税转型后，外购设备的进项税额允许抵扣，不仅降低了企业的增值税税负，而且，因进项税额抵扣也减少了设备原值，进而，设备使用期内少提取了折旧费，导致利润上升，所得税负增加。另外，有些企业还可能享受其他增值税和企业所得税优惠政策，因此，企业需要统筹考虑各项税收政策对企业的税负影响，把税收安排与财务管理两者结合起来通盘考虑，并根据企业自身的生产经营及长远发展的需要，在税收政策允许范围内进行固定资产投资决策。

2.5.3 增值税减免税的筹划

为了用税收政策促进经济发展，在增值税法规和各种补充规定中有一些减免税优惠政策。由于增值税免税规定的存在，纳税人可以利用法定的免税规定，达到节税的目的。

企业税务筹划中常用的是农业生产者销售自产农业产品免税和国家对福利企业的税收优惠。

（1）农产品免税的税务筹划。

农业生产者销售自产农业产品，不仅免缴增值税，而且，企业所得税也享受免缴或减半的优惠，但享受优惠政策的企业必须是单一从事农业生产的企业，如果企业既有农业生产，又有农产品加工，则不得享受税收优惠政策。

【案例 2-55】 某市牛奶公司饲养奶牛生产牛奶，将产出的新鲜牛奶进行加工制成奶制品，再将奶制品销售给各大商业公司，或直接通过销售网络转销给居民。奶制品的增值税税率适用9%。该公司进项税额主要包括两部分：一是向农民个人收购的草料部分，可以抵扣9%的进项税额；二是公司水费、电费和修理用配件等，按规定可以抵扣进项税额。与销项税额相比，这两部分进项税额数额较小，致使公司的增值税税负较高。

为了取得更高的利润，公司除了加强企业管理外，还必须努力把税负降下来。从公司的客观情况来看，税负高的原因在于公司的进项税额太低，因此，公司进行税务筹划的关键在于如何增加进项税额。围绕进项税额，公司采取了以下筹划方案。

公司将整个生产流程分成饲养场和牛奶制品加工厂两部分，饲养场和奶制品加工厂均实行独立核算。分开后，饲养场属于农产品生产单位，按规定可以免征增值税，奶制品加工厂从饲养场购入的牛奶可以抵扣9%的进项税额。现将公司实施筹划方案前后有关数据对比如下。

实施前，假定某年度从农民生产者手中购入的金额为100万元，允许抵扣的进项税额为9万元，其他水电费、修理用配件等进项税额为8万元，全年奶制品销售收入为500万元，则：

$$应纳增值税额 = 销项税额 - 进项税额 = 500 \times 9\% - (9+8) = 28（万元）$$

$$税负率 = 28 \div 500 = 5.6\%$$

实施后，饲养场免征增值税，假定饲养场销售给奶制品厂的鲜奶售价为350万元，其他资料不变，则：

$$应纳增值税 = 销项税额 - 进项税额 = 500 \times 9\% - (350 \times 9\% + 8) = 5.5（万元）$$

$$税负率 = 5.5 \div 500 = 1.1\%$$

方案实施后比实施前节省增值税额：28-5.5=22.5（万元）。

（2）福利企业减免税的税务筹划。

根据财税〔2016〕52号文件《财政部、国家税务总局关于促进残疾人就业增值税优惠政策的通知》的规定，享受税收优惠政策的福利企业必须同时符合以下条件：

1）纳税人月安置残疾人占在职职工人数比例不低于25%，且不少于10人（盲人按摩机构不少于5人）。

2）依法与安置的每位残疾人员签订1年以上的劳动合同或服务协议。

3）为安置的每位残疾人按月足额缴纳了基本养老保险、基本医疗保险、失业保险和工伤保险和生育保险等社会保险。

4）通过银行等金融机构向安置的每位残疾人员支付不低于所在县（市）最低工资标准的工资。

上述残疾人员是持有《中华人民共和国残疾人证》《中华人民共和国残疾军人证（1至8级）》的盲、聋、哑、肢体残疾和智力残疾人员。

福利企业的具体税收优惠政策如下。

对纳税人（指安置残疾人的单位和个体工商户）实行限额即征即退增值税的办法，即由税务机关按纳税人安置残疾人的人数退税，安置的每位残疾人每月可退还的增值税为纳税人所在区县月最低工资标准的4倍。

上述增值税优惠政策仅适用于生产销售货物，提供加工、修理修配劳务，以及提供"营改增"现代服务和生活服务税目（不含文化体育服务和娱乐服务）范围的服务取得的收入之和，占其增值税收入的比例达到50%的纳税人，但不适用于纳税人直接销售外购货物（包括商品批发和零售）以及销售委托加工的货物取得的收入。

所得税优惠采取成本加计扣除的办法，按企业支付给残疾职工实际工资的2倍在税前扣除。

【案例2-56】1998年，钢铁公司老总张某认为企业的税负太重，就积极寻找税收优惠政策。他经常到主管税务机关询问钢铁企业有没有适用的优惠政策。由于他经常去问，税政人员不耐烦地跟他说，钢铁企业是高耗能、高污染、资源性产品的"两高一资"企业，又不是福利企业，国家还限制发展呢，哪里有什么优惠政策！张总问："福利企业可以享受优惠政策，那福利企业应该具备什么条件？税政人员就跟张总讲了享受税收优惠政策的福利企业应具备的条件。"张总受到启发，回来后到残联问，你们怎么不办一个残疾人艺术团？团长说："我们很想办，但一无场地，二无经费。"张总说："我们钢铁公司赞助你们办残疾人艺术团。"团长问张总有什么条件，张总说有两个条件：① 演出时打钢铁公司的名字；② 与民政局沟通，要福利企业牌子。经过努力，残疾人艺术团满足了张总要求的两个条件。

当时，福利企业的税务管理要求很简单：① 企业要有残疾人就业岗位。② 税务检查时残疾人要在岗。③ 残疾人员要有四残证。④ 残疾人人数在10人以上。经过筹划，钢铁公司满足了税务管理要求的条件，享受到了福利企业的税收优惠政策。

经过税务筹划，自1998年至2006年6月，该钢铁企业所上交的增值税实行先征后退，并且所得税免交（1994年1月到2006年6月，福利企业的税收优惠政策是流转税先征后退，所得税全免）。因此，企业的税负几乎为零。

如果是现在，该企业变成福利企业是否划算呢？按照现行政策，福利企业按照福利人员人数每人每月当地最低工资的4倍，2017年北京最低工资2 000元，4倍为8 000元，全年为96 000元。最低工资在全国倒数第一的是西藏，月最低工资1 400元，4倍5 600元，全年为67 200元。可见，税收优惠幅度非常大。

【案例2-57】2018年6月，张某计算机专业博士毕业，7月，他同两个好朋友吴某、刘某共同投资创业，在北京注册一家软件公司。当年公司发展很好，取得了不错的成绩。估计当年软件销售不含税收入500万元，扣除进项税额后应纳增值税约为75万元，扣除成本费用后,估计利润总额 100 万元。张某请税务专家进行筹划。

解析:

软件生产企业销售软件产品时,税收优惠政策包括增值税和所得税两个方面。

(1) 软件销售企业销售软件产品的增值税,享受即征即退优惠。

根据《财政部 国家税务总局关于软件产品增值税政策的通知》(财税〔2011〕100 号)第二条的规定,所谓的软件产品,是指信息处理程序及相关文档和数据。软件产品包括计算机软件产品、信息系统和嵌入式软件产品。嵌入式软件产品是指嵌入在计算机硬件、机器设备中并随其一并销售,构成计算机硬件、机器设备组成部分的软件产品。

《财政部 国家税务总局关于增值税若干政策的通知》(财税〔2005〕165 号)第十一条第二款规定:纳税人销售软件产品并随同销售一并收取的软件安装费、维护费、培训费等收入,应按照增值税混合销售的有关规定征收增值税,并可享受软件产品增值税即征即退政策。

此外,对软件产品交付使用后,按期或按次收取的维护、技术服务费、培训费等,则不能享受即征即退政策。

《财政部 国家税务总局关于软件产品增值税政策的通知》(财税〔2011〕100 号)对软件产品增值税政策进行了以下详细的规定:① 增值税一般纳税人销售其自行开发生产的软件产品,按 13% 税率征收增值税后,对其增值税实际税负超过 3% 的部分实行即征即退政策;② 增值税一般纳税人将进口软件产品进行本地化改造后对外销售,其销售的软件产品,对其增值税实际税负超过 3% 的部分实行即征即退政策。本地化改造是指对进口软件产品进行重新设计、改进、转换等,单纯对进口软件产品进行汉字化处理不包括在内。

财税〔2011〕100 号第五条对软件产品和嵌入式软件产品的增值税即征即退税额的计算方法进行了规定:

即征即退税额 = 当期软件产品增值税应纳税额 − 当期软件产品销售额 ×3%

当期软件产品增值税应纳税额 = 当期软件产品销项税额 − 当期软件产品可抵扣进项税额

当期软件产品销项税额 = 当期软件产品销售额 ×13%

(2) 软件生产企业销售软件产品所获得的即征即退增值税,免缴企业所得税,新办软件企业自获利年度起,享受二免三减半所得税优惠。

《财政部 国家税务总局关于企业所得税若干优惠政策的通知》(财税〔2008〕1 号)第一条第一款规定:软件生产企业实行增值税即征即退政策所退还的税款,由企业用于研究开发软件产品和扩大再生产,不作为企业所得税应税收入,不予征收企业所得税。第二款规定:我国境内新办软件生产企业经认定后,自获利年度起,第一年和第二年免征企业所得税,第三年至第五年减半征收企业所得税。

(3) 享受税收优惠,需要履行的程序。

实践中,企业要享受税法规定的税收优惠政策,必须履行一定的法律程序,否则,不可以享受优惠。国家税务总局公告 2015 年第 43 号《税收减免管理办法》明确:减免税国家对特定纳税人或征税对象,给予减轻或者免除税收负担的一种税收优惠措施,包括税基式减免、税率式减免和税额式减免三类。减免税分为核准类减免税和备案类减免税。核准类减免税是指法律、法规规定应由税务机关核准的减免税项目;备案类减免税是指不需要税务机关核准的减免税项目。

纳税人享受核准类减免税,应当提交核准材料,提出申请,经依法具有批准权限的税务机关按规定核准确认后执行。未按规定申请或虽申请但未经有批准权限的税务机关核准确认的,纳税人不得享受减免税。纳税人享受备案类减免税,应当具备相应的减免税资质,并履行规定的备案手续。

《财政部 国家税务总局关于软件产品增值税政策的通知》(财税〔2011〕100号)第三条规定:满足下列条件的软件产品,经主管税务机关审核批准,可以享受本通知规定的增值税政策:①取得省级软件产业主管部门认可的软件检测机构出具的检测证明材料;②取得软件产业主管部门颁发的《软件产品登记证书》或著作权行政管理部门颁发的《计算机软件著作权登记证书》。

基于以上政策规定,软件企业销售软件要享受增值税即征即退政策所退还的税款,不予征收企业所得税,和境内新办软件生产企业,自获利年度起,要享受二免三减半的企业所得税等税收优惠政策,必须到当地税务主管部门进行报批,否则没有资格享受税收优惠政策。

(4)履行程序后的筹划利益。

软件生产企业必须到当地软件主管部门,如科委,依照法定程序办理《软件产品登记证书》,或到当地著作权行政管理部门办理《计算机软件著作权登记证书》,再到当地税务主管部门办理税收优惠政策审批手续。在北京,纳税人申请享受软件产品增值税优惠政策时,应向主管税务机关报送以下资料:

①《软件产品增值税优惠政策审批确认表》(一份,附件2);

②省级软件产业主管部门认可的软件检测机构出具的检测证明(复印件,一份);

③由软件产业主管部门颁发的《软件产品登记证书》或由著作权行政管理部门颁发的《计算机软件著作权登记证书》(复印件,一份)。

报送资料为复印件的,应携带资料原件供主管税务机关审核;同时,应按照《财政部 国家税务总局关于软件产品增值税政策的通知》第六条的规定,将选定的无法划分软件产品进项税额的分摊方式报主管税务机关备案。

审批合格后,即征即退增值税=75-500×3%=60(万元),并且,60万元的退税免交企业所得税。由于该公司为新办软件企业,在没有取得高新技术企业资质前,适用企业所得税税率为25%。新办软件企业,所得税享受二免三减半,故当年少纳所得税=100×25%=25(万元)。

2.5.4 增值税出口退税的筹划

增值税出口退税的税务筹划主要考虑出口方式的选择。对于有出口经营权的企业来说,出口方式有两种:一种是自营出口;另一种是通过外贸企业代理出口自产货物。虽然这两种方式出口货物都可以获得免税并退税,但获得退税的数额却不尽相同。

【案例 2-58】 某中外合资企业采购国内原材料生产产品并全部用于出口，假设 2019 年自营出口产品的价格为 100 万元，当年可抵扣的进项税额为 10 万元，增值税税率为 13%，无上期留抵税额。

（1）当该企业的出口退税率为 13% 时：

第一种方式：企业自营出口

不得免抵税额 =100×（13%-13%）=0

应纳税额 = 内销销项税 −（进项税额 − 不得免抵税额）− 留抵税额
　　　　　=0−（10−0）=−10（万元）

免抵退税额 =（外销销售额 − 免税料件金额）× 退税率
　　　　　=100×13%=13（万元）

由于当期期末应纳税额为负数，且小于免抵退税额，则：当期应退税额 = 当期应纳税额的数值 =10 万元，应该由内销货物应纳税抵顶外销货物应退税为 3（=13−10）万元，但因该企业为纯出口企业，没有内销货物应纳税额，则这 3 万元不存在抵顶的问题。因为，该出口企业的进项税额已经全部退税，对该企业的出口退税不能超过其进项税额。

第二种方式：该合资企业通过关联企业某外贸企业出口，合资企业将产品以同样的价格 100 万元（含税）出售给外贸企业，外贸企业再以同样的价格出口。应纳税额的计算如下：

合资企业应纳增值税额：

100÷1.13×13%−10=11.5−10=1.5（万元）

外贸企业应收出口退税额：

100÷1.13×13%=11.5（万元）

两企业合计获得退税 10（=11.5−1.5）万元。

由此可以看出，在退税率与征税率相等的情况下，企业选择自营出口还是委托外贸企业代理出口，两者税负相等。

（2）当该企业的出口退税率为 9% 时：

第一种方式：企业自营出口

不得免抵税额 =（外销销售额 − 免税料件金额）×（征税率 − 退税率）
　　　　　=100×（13%−9%）=4（万元）

应纳税额 = 内销销项税 −（进项税额 − 不得免抵税额）− 留抵税额
　　　　　= 0−（10−4）=−6（万元）

免抵退税额 =（外销销售额 − 免税料件金额）× 退税率
　　　　　=100×9%−0=9（万元）

则：当期应退税额 = 当期应纳税额的数值 =6（万元），应该由内销货物应纳税抵顶外销货物应退税为 3（=9−6）万元，但因该企业为纯出口企业，没有内销货物应纳税额，则这 6 万元不存在抵顶的问题。该出口企业的进项税额 10 万元中，由于退税率较低，企业自行负担 4 万元，其余 6 万元实行退税。

第二种方式：合资企业通过关联企业某外贸企业出口，合资企业将产品以同样的价格100万元（含税）出售给外贸企业，外贸企业再以同样的价格出口。应纳税额的计算如下。

合资企业应纳增值税额：

100÷1.13×13%−10=11.5−10=1.5（万元）

外贸企业应收出口退税额：

100÷1.13×9%=7.96（万元）

两企业合计获得退税6.46（7.96−1.5）万元。

可以看出，在退税率与征税率不等的情况下，企业选择自营出口还是委托外贸企业代理出口，两者税负是不同的。选择自营出口收到的出口退税数额小于委托外贸企业代理出口应获得的出口退税数额，选择外贸企业代理出口有利于减轻企业增值税税负。

▶本章小结

1. 增值税是绝大多数国家都征收的流转税。增值税的计算应首先熟知税法的规定，理解增值税的征税范围、计税依据。

2. 增值税的计算，应理解13%、9%、6%和零税率，以及5%、3%征收率的适用范围。

3. 销项税额的计算是以不含税价为基数，这里应重视的是特殊情况下销售额的确定；进项税额的计算应熟知哪些项目允许抵扣，哪些项目不允许抵扣，理解不同情况下进项税的抵扣规定。

4. 出口退税的内容，应理解"免抵退"和"免退税"的适用性，进而理解"免抵退"计算各个计算步骤的含义。

5. 增值税的会计处理首先应理解"应交税费——应交增值税"明细账各项目的含义，并理解期末增值税在"应交增值税"和"未交增值税"两个明细账之间如何结转。

6. 掌握交通运输业和现代服务业增值税征税范围。

7. 了解增值税纳税申报资料及纳税申报表填制方法。

▶思考题

1. 一般纳税人的"应交税费——应交增值税"账户下如何设置明细账户？
2. 视同销售方式下如何进行销项税额的会计核算？
3. 一般纳税人增值税计算应注意哪些问题？
4. "免、抵、退"方式下如何进行出口退税的计算与核算？
5. 增值税的税务筹划应从哪几个方面进行？

练习题与作业题

一、单选题

1. 下列不属于现代服务业的项目是（　　）。
   A. 租赁服务　　　　　　　　　　　B. 商务辅助服务
   C. 研发和技术服务　　　　　　　　D. 转让专利权

2. 下面不适用 9% 税率的项目是（　　）。
   A. 销售农机　　　　　　　　　　　B. 销售图书
   C. 销售鲜奶　　　　　　　　　　　D. 农业公司销售自产农产品

3. 下面适用 13% 税率的项目是（　　）。
   A. 设备的经营租赁收入　　　　　　B. 房屋的经营租赁收入
   C. 设备的售后回租业务　　　　　　D. 房屋的融资租赁收入

4. 某 KTV 销售 "营改增" 前购进的设备，原值 30 万元，新售价 5 万元，其增值税的计算为（　　）。
   A. 按 3% 的征收率计算　　　　　　B. 按 4% 的征收率计算
   C. 按 3% 的征收率计算后再减按 2% 征收　　D. 免征增值税

5. 下列外购货物，虽然取得了专用发票也不可以作为进项税额抵扣的是（　　）。
   A. 外购生产设备　　　　　　　　　B. 外购食品用于职工福利
   C. 外购礼品赠送客户　　　　　　　D. 外购机器用于对外投资

6. 下列运费，不允许作为进项税额抵扣的是（　　）。
   A. 销售自产小轿车支付的运费且已取得专用发票
   B. 购进自用小轿车支付的运费且已取得专用发票
   C. 购买农产品作为原材料支付的运费且已取得专用发票
   D. 购买农产品作为福利支付的运费且已取得普通发票

7. 下面不适用 9% 税率的项目是（　　）。
   A. 航空运输干租业务收入　　　　　B. 航空运输湿租业务收入
   C. 水运的期租业务收入　　　　　　D. 航天运输收入

8. 下列不属于生活服务的项目是（　　）。
   A. 娱乐服务　　　B. 打印服务　　　C. 餐饮服务　　　D. 旅游服务

9. 下列不属于研发和技术服务的项目是（　　）。
   A. 研发服务　　　　　　　　　　　B. 工程勘察勘探服务
   C. 转让商标权　　　　　　　　　　D. 城市规划服务

10. 出租房屋的租金计算应交增值税时，有可能采用的征收率是（　　）。
    A. 2%　　　B. 3%　　　C. 5%　　　D. 6%

11. 下列有关不动产业务，适用 5% 税率但减按 1.5% 计税的项目是（　　）。
    A. 小规模纳税人销售住房　　　　　B. 个体户销售非住房

C. 个人出租住房　　　　　　　　　　　　D. 个人销售非住房

12. 下列关于不动产进项税额抵扣的说法，不正确的是（　　）。

　　A. 一般纳税人购进房屋，分 2 年抵扣进项税额

　　B. 一般纳税人购进在建工程，当期全额抵扣进项税额

　　C. 一般纳税人购进自建工程需要的建筑材料，当期全额抵扣进项税额

　　D. 一般纳税人购进改扩建工程需要的建筑材料，当期全额抵扣进项税额

二、多选题

1. 以下属于我国现行增值税税率的有（　　）。

　　A. 13%　　　　　　B. 3%　　　　　　C. 9%　　　　　　D. 6%

2. 金融机构的下列收入，免征增值税的项目有（　　）。

　　A. 农户小额贷款利息　　　　　　　　B. 国家助学贷款利息

　　C. 住房公积金贷款利息　　　　　　　D. 金融同业往来利息收入

3. 下列可以选择简易计税，适用 5% 征收率的有（　　）。

　　A. 小规模单位出租不动产　　　　　　B. 小规模房地产企业销售自行开发的房地产

　　C. 个人出租非住房　　　　　　　　　D. 一般纳税人销售房地产老项目

4. 下列可以选择简易计税，适用 3% 征收率的有（　　）。

　　A. 清包工工程　　　　　　　　　　　B. 建筑工程老项目

　　C. 甲供工程　　　　　　　　　　　　D. 销售房地产老项目

5. 小规模纳税人进口货物，海关进口环节代征增值税可能使用（　　）。

　　A. 3% 的征收率　　　　　　　　　　　B. 4% 的征收率

　　C. 13% 的税率　　　　　　　　　　　D. 9% 的税率

6. 下列票据，可以作为进项税额抵扣依据的有（　　）。

　　A. 销货方开具的增值税专用发票　　　B. 农产品销售专用发票

　　C. 税务机关代开的增值税专用发票　　D. 农产品销售普通发票

7. 下列不能免征增值税的有（　　）。

　　A. 纳税人销售"营改增"后购入的设备　B. 纳税人提供管道运输服务

　　C. 纳税人销售"营改增"前购入的设备　D. 纳税人取得的存款利息收入

8. 下列适用 9% 税率计算增值税的项目有（　　）。

　　A. 商店销售食用植物油　　　　　　　B. 农民销售自产粮食

　　C. 盐厂销售的食用盐　　　　　　　　D. 书市销售音像制品

9. 下列项目取得了增值税专用发票，也不得抵扣进项税额的有（　　）。

　　A. 贷款服务　　　　　　　　　　　　B. 旅客运输服务

　　C. 餐饮服务　　　　　　　　　　　　D. 娱乐服务

10. 下列跨境应税服务，适用零税率的有（　　）。

A. 国际运输服务

B. 向境外单位提供的完全在境外消费的研发服务

C. 航天运输服务

D. 向境外单位提供的完全在境外消费的设计服务

11. 下列跨境应税服务，适用免增值税政策的有（　　）。

  A. 在境外的建筑服务　　　　　　　　B. 在境外的会议展览服务

  C. 在境外的工程监理服务　　　　　　D. 在境外使用的有形动产租赁服务

12. 房地产开发企业销售房地产，计算增值税时以取得的全部价款和价外费用，扣除受让土地时向政府部门支付的土地价款（凭省级财政票据）后的余额为销售额。该政策适用于（　　）。

  A. 一般纳税人出售 2016 年 5 月 1 日以后立项的房地产项目

  B. 一般纳税人出售 2016 年 4 月 30 日以前立项但选择一般计税方法的房地产项目

  C. 一般纳税人出售 2016 年 4 月 30 日以前立项但选择简易计税的房地产项目

  D. 小规模纳税人出售其自行开发的房地产项目

三、判断题

1. 其他条件相同时，流转环节越多，增值税税负就越重。（　　）
2. 非酒类产品的包装物押金，收取时不纳税，没收押金时纳税。（　　）
3. 我国已在全国范围内实行了消费型增值税。（　　）
4. 已经抵扣了进项税额的购进货物，如果投资给其他单位，可以将进项税额在投资发生的当期转出。（　　）
5. 小规模纳税人外购小轿车自用所支付价款及其运费，只要取得了专用发票，就允许抵扣相关进项税额。（　　）
6. 汽车经销商进口小轿车所支付的境外运费，不允许计算进项税额单独抵扣。（　　）
7. 增值税扣税凭证包括增值税专用发票，海关增值税专用缴款书，销售农产品的普通发票，解缴税款完税凭证，国内旅客运输服务的增值税电子普通发票，航空运输电子客票行程单，铁路客票和公路、水路的其他客票。（　　）
8. 小规模纳税人适用征收率，一般纳税人在特殊情况下也适用征收率。（　　）
9. 搬家公司搬运货物收入和运输公司运输货物收入一样，均适用 9% 的增值税税率。（　　）
10. 除租赁服务外，一般纳税人从事现代服务业和生活服务业，均适用 6% 的增值税税率。（　　）
11. 除转让土地使用权外，一般纳税人转让无形资产适用 6% 的增值税税率。（　　）
12. 从事旅游服务的一般纳税人，若选择以全部价款和价外费用，扣除支付的住宿费、餐饮费、交通费、签证费、门票费和付给其他接团旅游费后的余额为销售额，计算增值税销项税额，则只能向旅游服务的接受方开具普通发票。（　　）

四、计算题

1. 某电视机厂是增值税一般纳税人，2019 年 8 月发生下列经济业务：

（1）采用托收承付方式 A 型电视机 100 台，不含税售价 4 000 元/台，开出专用发票，金额 40 万元，税率 13%，税额 5.2 万元。托收手续已办妥，货款尚未收到。

（2）销售 B 型电视机 100 台，不含税售价 3 000 元/台，开出专用发票，金额 30 万元，税率 13%，税额 3.9 万元，款项已收到；把自产 B 型电视机 10 台用于职工奖励。

（3）采用分期收款方式向某家电批发企业销售 C 型电视机 1 500 台，不含税单价 2 000 元，价款 300 万元，购销合同规定，本月收取 1/3 的价款，开出专用发票，金额 100 万元，税率 13%，税额 13 万元，实际收款 113 万元。

（4）购进原材料，取得专用发票，金额 200 万元，税率 13%，税额 26 万元。

（5）购进大型生产线，专用发票上注明金额 2 000 万元，税率 13%，税额 260 万元。同时取得运费专用发票上注明的金额 20 000 元，税率 9%，税额 1 800 元。

（6）购进工作服一批，取得专用发票，金额 20 万元，税率 13%，税额 2.6 万元；购进食用油一批，取得专用发票，金额 10 万元，税率 9%，税额 0.9 万元。

（7）支付银行借款利息，取得普通发票，注明金额 50 万元，税率 6%，税额 3 万元。

（8）将 2000 年购进并安装的生产线拆除，原值 1 000 万元，已折旧 980 万元。出售废品，开出普通发票，金额 2 万元，税率 13%，税额 0.26 万元。

要求：（1）计算当期销项税额。

（2）计算当期准予抵扣的进项税额。

（3）计算本月应纳增值税。

2. 北京市某运输公司为增值税一般纳税人，2019 年 6 月发生以下经济业务：

（1）本月取得运输费收入，开出专用发票，共计金额 200 万元，税率 9%，税额 18 万元。

（2）将 10 辆运输车出租，本月取得租金收入，开出专用发票，共计金额 100 万元，税率 13%，税额 13 万元。

（3）本月购进燃料油，取得专用发票，金额 50 万元，税率 13%，税额 6.5 万元。

（4）购进汽车维修用的零部件，取得专用发票，金额 10 万元，税率 13%，税额 1.3 万元。

（5）购进统一着装工作服一批，取得专用发票，金额 4 万元，税率 13%，税额 0.52 万元。

（6）转让车库，开出专用发票，金额 300 万元，税率 5%（2016 年 4 月 30 日前取得的不动产，已在税务机关备案），税额 15 万元。

（7）出租门面房的租金收入，开出专用发票，金额 20 万元，税率 5%（2016 年 4 月 30 日前取得的不动产，已在税务机关备案），税额 1 万元。

（8）转让"营改增"前购入的运输车 5 辆，原价 30 万元，已折旧 20 万元，开出普通发票，金额 10 万元，税率 3% 减按 2% 征收，税额 0.2 万元。

要求：根据以上资料，计算该企业应纳的增值税。

3. 某广告公司为增值税一般纳税人，2019 年 6 月发生以下业务：

（1）接受 A 公司广告代理业务，取得广告收入，开出专用发票，金额 500 万元，税率 6%，税额 30 万元；请某明星拍摄广告，支付给明星税后代言费 100 万元，扣缴个人所得税 46.04 万元，支付摄影师税后拍摄费 10 万元，扣缴个人所得税 3.67 万元；在某电视台播出广告，支付播映费，取得专用发票，金额 200 万元，税率 6%，税额 12 万元。

（2）接受 B 公司广告业务，取得广告收入，开出专用发票，金额 200 万元，税率 6%，税额 12 万元；本公司委托第三方制作广告牌，支付制作费，取得普通发票，金额 10 万元，税率 3%，税额 0.3 万元；本公司在公交站台发布广告向公交集团支付发布费，取得专用发票，金额 4 万元，税率 6%，税额 0.24 万元。

（4）购进公司自用小汽车一辆，取得专用发票，金额 40 万元，税率 13%，税额 5.2 万元。

（5）本月水费，取得普通发票，金额 500 元，税率 9%，税额 45 元；本月电费，取得普通发票，金额 1 000 元，税率 13%，税额 130 元。

（6）支付本月房租，取得专用发票，金额 10 万元，税率 5%，税额 5 万元，税额 0.5 万元。

要求：根据以上资料，计算该广告公司应缴纳的增值税。

4. 某城市商业银行为增值税一般纳税人，2019 年第 4 季度该银行业务如下：

（1）新办营业网点，购买营业用房，取得专用发票，金额 2 000 万元，税率 9%，税额 180 万元。

（2）支付 A 分行营业用房房租，取得专用发票，金额 500 万元，税率 9%，税额 45 万元。

（3）支付 B 分行营业用房房租，取得专用发票，金额 600 万元，税率 5%，税额 30 万元。

（4）本季度结算利息支出，单位存款利息支出 200 万元，个人存款利息支出 100 万元。

（5）对 C 分行营业用房进行装修，支付装修工程款取得专用发票，金额 60 万元，税率 9%，税额 5.4 万元。

（6）支付水费，取得专用发票，金额 2 万元，税率 9%，税额 0.18 万元；支付电费，取得专用发票，金额 4 万元，税率 13%，税额 0.52 万元。

（7）该银行本季度利息收入如下：企业抵押贷款利息收入 2 000 万元，企业担保贷款利息收入 1 000 万元，企业票据贴现贷款利息收入 50 万元，个人住房抵押贷款利息收入 500 万元，个人银行卡透支贷款利息收入 30 万元，个人消费贷款利息收入 20 万元。

（8）该银行本季度直接收费服务收入如下：取得代收水电费、代收违章罚款、代收税款等代理业务的手续费收入 300 万元；取得银联划转款项过户费收入 200 万元；取得国内结算手续费收入 100 万元，国际结算手续费收入 500 万元，银行间转贴现利息收入 40 万元。

（9）取得国债利息收入 50 万元，同业拆借利息收入 50 万元。

上述收入均为含税收入。

要求：计算该银行第 4 季度应缴纳的增值税。

5. 北京市某软件企业为一般纳税人，2019 年 6 月份有关业务资料如下：

（1）购买办公楼一栋，取得专用发票，列明金额 10 000 万元，税率 9%，税额 900 万元。

（2）购买办公设备，取得专用发票，列明金额 2 000 万元，税率 13%，税额 260 万元。同时支付运费，取得专用发票，列明金额 1 万元，税率 9%，税额 0.09 万元。

（3）支付原办公楼租金，取得专用发票，金额 20 万元，税率 9%，税额 1.8 万元。

（4）本月出差人员住宿费，取得专用发票，共计金额 100 万元，税率 6%，税额 6 万元；往返高铁车票票价共计 109 万元。

（5）销售软件收入，开出专用发票，金额 6 000 万元，税率 13%，税额 780 万元。

（6）销售软件收入，开出专用发票，软件金额 3 500 万元，维护费金额 500 万元，税率 13%，税额 520 万元。

（7）转让一项专利技术使用权，已经办理免税手续。开出普通发票，列明金额 1 500 万元，零税率，税额 0 元。

（8）收取某客户的技术维护费，开出专用发票，金额 500 万元，税率 6%，税额 30 万元。

该企业各类业务实行分别核算。

要求：计算该软件企业 6 月应纳增值税额和应向税务机关申请的退税额。

6. 北京丁建筑公司为增值税一般纳税人，该公司同时承建 2 个建筑项目，2019 年 6 月有关业务如下：

（1）北京 A 项目是住宅楼施工项目，工期 2 年，开工日期是 2016 年 3 月，至 2019 年 6 月工程主体结构和外部装修已经完成，即将进行内部装修。本月购入装修材料，取得专用发票，金额 300 万元，税率 13%，税额 39 万元。A 项目属于老项目，公司到主管税务机关申请备案后实行简易计税。

（2）本月收到 A 项目工程款 2 060 万元，开出普通发票，金额 2 000 万元，税率 3%，税额 60 万元。

（3）北京 B 项目是体育场施工项目，工期 2 年，开工日期 2018 年 6 月 1 日，工程总承包款 2.5 亿元，本月收到甲方支付工程款，开出专用发票，金额 10 000 万元，税率 9%，税额 900 万元。

（4）本月将 B 项目部分工程分包给分包商，支付分包款，取得专用发票，金额 2 000 万元，税率 9%，税额 180 万元（专用发票备注栏已注明北京 C 项目体育场工程，地点北京市××区××街××号）。

（5）本月购进 B 项目工程所需建筑材料，取得专用发票，金额 2 000 万元，税率 13%，税额 260 万元。

（6）丁建筑公司自建办公楼工程于 2019 年 5 月开工。本月购进自建办公楼建筑材料，取得专用发票，金额 2 000 万元，税率 13%，税额 260 万元。

（7）丁建筑公司支付银行贷款利息，取得普通发票，金额 800 万元，税率 6%，税额 48 万元；支付融资手续费，取得普通发票，金额 10 万元，税率 6%，税额 0.6 万元。

（8）丁建筑公司报销差旅费，住宿费取得专用发票，共计金额 500 万元，税率 6%，税额 30 万元；餐饮费取得普通发票，共计金额 200 万元，税率 6%，税额 12 万元；交通费共计 801.2 万元，其中，航空运输电子客票行程单 436 万元，燃油费 54.5 万元，高铁票共计 218 万元，其他客票 92.7 万元；出差补助费共计 50 万元。

（9）支付 A 项目水电费，取得专用发票，水费金额 5 万元，税率 9%，税额 0.45 万元；电费金额 10 万元，税率 13%，税额 1.3 万元。支付 B 项目水电费，取得专用发票；水费金额 8 万元，税率 9%，税额 0.72 万元；电费金额 20 万元，税率 13%，税额 2.6 万元。

要求：计算该建筑公司 6 月应缴纳的增值税。

7. 某企业自产产品内销和外销，出口货物退税率 9%，2019 年 6 月账面期初留抵税额 2 万元。当月发生下列业务：

（1）国内采购原材料一批，专用发票注明金额 100 万元，税率 13%，税额 13 万元。

（2）购入锅炉一台，专用发票注明金额 10 万元，税率 13%，税额 1.3 万元。

（3）进口机器一台，海关完税凭证注明关税完税价格折合人民币 50 万元，进口关税 5 万元，进口增值税 7.15 万元。

（4）该企业内销产品，开出专用发票，共计金额 100 万元，税率 13%，税额 13 万元。

（5）办理进料加工手册，进口免税料件，海关采用保税政策，未征进口环节关税和增值税，组成计税价格为 20 万元。

（6）经海关批准变更进料加工手册，将本月免税进口料件中的 1/4 内销，开出专用发票，金额 15 万元，税率 13%，税额 1.95 万元。海关对其内销行为补征关税 0.4 万元，补征增值税 0.65 万元。

（7）该企业出口产品离岸价格折人民币 40 万元。

要求：计算该企业当期免抵退税额。

五、分录题

1. 华立公司为制造业企业，是增值税一般纳税人，销售商品适用增值税税率 13%，销售实现时结转成本。2019 年 6 月该公司业务情况如下：

（1）销售商品一批，开出增值税专用发票，金额 200 万元，税率 13%，税额 26 万元。提货单和专用发票已交付购买方 B。现金折扣条件 2/10，1/20，n/30，该批商品的实际成本 140 万元。20 天内收到买方款项，存入银行。

（2）收到购买方 B 的来函，要求对上月所购商品给予 10% 折让（该批商品售出时确认收入 500 万元，未收款）。经核查，该批商品确实存在质量问题，同意折让。通过防伪税控系统开具红字增值税专用发票。

（3）与 C 公司签订预收货款销售合同，销售商品一批，商品不含税售价 300 万元。合同约定 C 公司 1/3 货款及相应增值税后，华立公司全额开具专用发票。华立公司依合同开具了专用发票，金额 300 万元，税率 13%，税额 39 万元，该公司将预收款 113 万元存入银行。该批商品的成本 210 万元。

（4）华立公司销售给 E 公司旧设备一台，该设备为增值税转型前购进，原值 50 万元，已提折旧 30 万元，新售价 10.2 万元，开具普通发票，金额 10 万元，税率 3% 减按 2% 征收，税额 0.2 万元。

（5）购进不需要安装的生产用设备一台，取得增值税专用发票，金额 80 万元，税率 13%，税额 10.4 万元。同时支付运费，取得专用发票，金额 10 万元，税率 9%，增值税 0.9 万元。款项转账支付。

（6）向 G 公司销售商品，开出专用发票，金额 100 万元，税率 13%，税额 13 万元；由华立公司代垫运费总额 5 万元，运输公司开具专用发票给 G 公司，并由华立公司转交给 G 公司。货物当日发出，运费通过银行付讫。该批商品成本 70 万元。

（7）其他资料：期初留抵税额 30 万元。

要求：（1）根据上述资料，编制华立公司 6 月的会计分录。

（2）计算华立公司 6 月应缴纳的增值税。

2. 某电器生产企业为增值税一般纳税人，销售商品适用增值税税率 13%，2019 年 6 月发生下列业务：

（1）购进原材料，取得专用发票，列明金额 40 万元，税率 13%，税额 5.2 万元；取得运费专用发票，列明金额 1 万元，税率 9%，税额 0.09 万元，款项通过银行支付。

（2）根据分期收款销售合同，本月发货不含税售价 1 600 万元，成本 1 000 万元。分两期平均收款，将本月应收一半货款开出专用发票交给对方，列明金额 800 万元，税率 13%，税额 104 万元。这笔款项已经收到，存入银行，余款 6 个月后收取。

（3）购进一项专利权，取得普通发票，列明金额 100 万元，零税率，税额 0 元，转账付款。

（4）接受网络维护服务，取得专用发票，列明金额 20 万元，税率 6%，税额 1.2 万元，款项尚未支付。

（5）委托某广告公司发布广告，取得专用发票，列明金额 50 万元，税率 6%，税额 3 万元，转账付款。

（6）出售某项非专利技术使用权，已经办理免税手续。开出普通发票，金额 30 万元，零税率，税额 0 元，款项收到一张支票。

（7）购进一栋办公楼，取得专用发票，列明金额 6 000 万元，税率 9%，税额 540 万元，转账付款。

（8）支付融资手续费，取得专用发票，金额 20 万元，税率 6%，税额 1.2 万元；支付借款利息，取得普通发票，金额 80 万元，税率 6%，税额 4.8 万元。款项转账支付。

（9）出租一辆大型运输车，租金收入开出专用发票，金额 5 万元，税率 13%，税额 0.65 万元，款项存入银行。

（10）报销差旅费，住宿费取得专用发票，金额 10 万元，税率 6%，税额 0.6 万元；餐饮费取得普通发票，共计金额 5 万元，税率 6%，税额 0.3 万元；高铁客票共计金额 21.8 万元；出差补助费共计 4.7 万元。转账付款。

该企业对适用不同税率的收入已经实行分别核算。

要求：（1）根据上述资料，编制会计分录。

（2）计算并结转该电器公司 6 月应缴纳的增值税。

3. 某水上运输企业为增值税一般纳税人，2019 年 6 月有关业务如下：

（1）取得我国海域运输收入，开出专用发票，共计金额 1 000 万元，税率 9%，税额 90 万元；

取得国际海域运输收入，开出普通发票，金额5 000万元，零税率，税额0元。款项存入银行。

（2）出租运输船只2艘，租期3个月，收到本月租金，开出专用发票，金额100万元，税率9%，税额9万元。款项存入银行。

（3）取得港口装卸业务收入，开出专用发票，共计金额200万元，税率6%，税额12万元，款项存入银行。

（4）取得港口堆存业务收入，开出专用发票，共计金额300万元，税率6%，税额18万元，款项存入银行。

（5）购入燃料油，取得专用发票，列明金额200万元，税率13%，税额26万元。转账付款。

（6）购入缆绳、五金材料、齿轮、轴承等生产用材料，取得专用发票，列明金额20万元，税率13%，税额2.6万元。转账付款。

（7）支付船舶检验费，取得专用发票，金额5万元，税率6%，税额0.3万元；支付船舶保险费，取得专用发票，金额10万元，税率6%，税额0.6万元。转账付款。

（8）支付过闸费，取得专用发票，共计金额20万元，税率9%，税额1.8万元。转账付款。

（9）购买一栋办公楼，取得专用发票，列明金额1 000万元，税率9%，税额90万元。转账付款。

（10）支付港口费、码头停靠费，取得专用发票，共计金额50万元，税率6%，税额3万元。转账付款。

（11）出售"营改增"前购入的小汽车一辆，原价100万元，已经折旧50万元，开出普通发票，金额40万元，税率3%减按2%征收，税额0.8万元。款项40.8万元存入银行。

该企业对适用不同税率的收入已经实行分别核算，分别开票。

要求：（1）根据以上资料，写出会计分录。

（2）计算并结转该企业6月应向税务机关缴纳的增值税。

4. 飞翔饭店为增值税一般纳税人，2019年6月有关业务如下：

（1）取得住宿服务收入，开出专用发票，共计金额1 000万元，税率6%，税额60万元；开出普通发票，共计金额200万元，税率6%，税额12万元。款项存入银行。

（2）取得餐饮收入，开出普通发票，金额100万元，税率6%，税额6万元。款项存入银行。

（3）取得KTV服务收入，开出普通发票，金额50万元，税率6%，税额3万元。款项存入银行。

（4）出租会议室并提供服务的收入，开出专用发票，金额20万元，税率6%，税额1.2万元。款项存入银行。

（5）本单位车辆对会议接站送站进行服务，取得接送站收入，开出专用发票，金额10万元，税率9%，税额0.9万元。款项存入银行。

（6）餐饮部从定点供应单位采购蔬菜，取得普通发票，共计金额50万元，税率3%，税额1.5万元。转账付款。

（7）住宿部购进床单和被罩，取得专用发票，金额6万元，税率13%，税额0.78万元。转账付款。

（8）购入饭店装修材料，取得专用发票，金额 80 万元，税率 13%，税额 10.4 万元。转账付款。

要求：（1）编制会计分录。

（2）计算并结转飞翔饭店 6 月应缴纳的增值税。

六．筹划题

1. 某生产企业为增值税一般纳税人，适用增值税税率 13%，主要耗用甲材料加工产品。现有 A、B、C 三个企业提供材料，其中 A 为生产甲材料的一般纳税人，能够出具增值税专用发票，适用税率 13%；B 为生产甲材料的小规模纳税人，能够委托主管税局代开增值税税率为 3% 的专用发票；C 为个体工商户，只能出具普通发票，A、B、C 三个企业所提供的材料质量相同，但是含税价格却不同，分别为 133 元、103 元、100 元。

   要求：决策该企业应当与 A、B、C 三家企业中的哪家企业签订购销合同？

2. 一般纳税人 A 企业接受小规模纳税人 B 企业的委托，为 B 企业加工铸钢件 500 个，A 企业既可以采取经销加工方式，也可以采取来料加工方式。如果采取经销加工，B 企业收回每个铸钢件的不含税价格为 210 元，有关费用由 A 企业负担，加工时提供熟铁 50 吨，每吨不含税价 1 250 元。由于 B 企业是增值税小规模纳税人，因此，只能提供由税务所按 3% 代开的专用发票。如果采取来料加工方式，每个铸钢件的不含税加工费收入为 82 元，加工费合计 41 000 元。两种方式下，加工时电费、燃料等可抵扣的进项税额均为 1 600 元。作为 A 企业应当如何进行税务筹划，选择较为合理的加工方式？并分析 B 企业是否能接受 A 企业的加工方式？

3. 请对以下 3 个案例根据要求进行分析解答。

   （1）A 纳税人在某月购进一批纸张，支付增值税进项税额 10 万元，纳税人将这些纸张的一半用于职工福利，另一半用作原材料生产应税货物，当月销售应税货物不含税 200 万元。在财务上纳税人将用于职工福利的纸张当成用于生产货物的原材料进行处理。税务机关查账时发现此事，责令其补交。请问：为何不能将用于职工福利的纸张当成用于生产货物的原材料？请说明法律依据及正确的处理方式。

   （2）某铝合金门窗厂，主要生产各种规格的铝合金门窗、柜台等。由于特型铝材供应比较紧张，所购铝材不能满足生产需求，需要向某特型铝材加工厂紧急救援，愿以较高价格或其他优惠条件求购一定数量的铝合金型材。此时正值这家特型铝材加工厂兴建职工宿舍，便要求铝合金门窗厂必须以低于成本价 30% 的价格，为其提供 1 000 套铝合金门窗，并以门窗折价抵顶相应铝合金型材的货款。铝合金门窗厂完成交易后，将此 1 000 套铝合金门窗作为成品报废进行了账务处理。请依法解释铝合金门窗厂的涉税行为性质，并计算税款金额。

   （3）某地 A、B 两企业长期合作，为报答 B 企业，A 企业决定将自己的一部分专利技术无偿赠送给 B 企业，并将自己的部分厂房无偿赠送给 B 企业。当地税务机构对该赠与的厂房进行了估价，对其征收了增值税。A 企业提出了异议，认为无偿赠送的行为不应征收增值税。请依法说明上述赠与行为要缴纳增值税吗？

第 3 章

消费税的会计核算与税务筹划

> **学习提示**
>
> 消费税是我国的第二个流转税。消费税的征税范围有限,主要是对部分应税消费品在生产环节和进口环节征收。在学习本章内容时,学生不仅要熟知消费税的法律规定,正确计算消费税的应纳税额,还要掌握消费税的会计处理方法,掌握消费税的税务筹划方法。本章主要介绍消费税的基本规定,生产销售、自产自用、委托加工及进口应税消费品的核算,消费税的纳税申报,消费税的税务筹划等内容。通过本章的学习,学生应对消费税的概念与特点、消费税的法律规定、消费税的核算与申报、消费税的税务筹划等有比较全面的理解和掌握。

3.1 消费税概述

消费税是世界上很多国家都实行的一种流转税,是对消费品和特定消费行为征收的一种流转税。我国实行的消费税的征税范围有限,在对所有商品和服务普遍征收增值税的基础上,只选择部分应税消费品再征收一道消费税。

3.1.1 消费税的含义与特点

消费税是对在我国境内从事生产、委托加工和进口特定消费品的单位和个人,以及国务院确定的销售《消费税暂行条例》规定的消费品的其他单位和个人,就其销售额或销售数量,在特定环节征收的一种税。确切地说,消费税是对特定消费品、特定消费行为征收的一种流转税。

我国消费税的征税环节是在生产销售环节、委托加工环节和进口环节,但金银首饰应缴纳的消费税在零售环节征收。零售环节征收消费税的金银首饰范围仅限于:金、银;金基、银基合金首饰；金、银和金基、银基合金的镶嵌首饰。铂金、镀金、包金等首饰仍在生产销售环节征收消费税。卷烟除了在生产销售环节征收消费税外，还在批发环节征收一道11%的消费税。

消费税纳税人包括：生产应税消费品的单位和个人；进口应税消费品的单位和个人；委托加工应税消费品的单位和个人。个人携带或者邮寄入境的应税消费品的消费税，连同关税一并计征，由携带入境者或者收件人缴纳消费税。零售金银首饰和批发卷烟的单位和个人也是消费税的纳税人。

与增值税相比，消费税具有以下几大特点。

（1）征税项目具有选择性：我国消费税目前只有14个税目，征税范围有限。只有消费税税目税率表上列举的应税消费品才征收消费税，没有列举的则不征收消费税。

（2）征税环节具有单一性：除了卷烟外，从生产到消费的整个过程中，只在某一个环节征收消费税，其他环节则不征收。如在生产或进口环节征收了消费税，后面的批发和零售环节则不再征收，如在零售环节征收消费税，则在前面的生产环节和批发环节都不征收，故消费税是一次性征收的流转税。

（3）征收方法具有多样性：采用从价定率、从量定额和复合计税3种方式征收。

（4）税收调节具有特殊性：为了调节特定消费品和特定消费行为，在有形动产普遍征收增值税的基础上，对特定消费品和特定消费行为再征收一道消费税，并且各税目适用的消费税税率不同，差异较大。

（5）税负具有转嫁性：同增值税一样，消费税税款最终都要转嫁到消费者身上，由消费者负担。

3.1.2 消费税税目与税率

1. 消费税税目

我国现行消费税共有14个税目。消费税属于价内税，并实行单一环节征收，一般在应税消费品的生产、委托加工和进口环节征收，在以后的批发、零售等环节不再征收。

（1）烟。凡是以烟叶为原料加工生产的产品，不论使用何种辅料，均属于本税目，包括卷烟、雪茄烟和烟丝。卷烟又分为甲类卷烟和乙类卷烟。甲类卷烟指每标准条（200支）调拨价格（不含增值税）在70元及以上的卷烟；乙类卷烟指每标准条调拨价格（不含增值税）在70元以下的卷烟。自2009年5月1日起，在境内批发销售所有牌号规格的卷烟，按其不含税销售额，再征收一道消费税。

（2）酒。包括粮食白酒、薯类白酒、黄酒、啤酒和其他酒。啤酒又分为甲类啤酒和乙类啤酒。甲类啤酒是指每吨出厂价（不含增值税，含包装物及包装物押金）在3 000元及以上的啤酒；乙类啤酒是指每吨出厂价（不含增值税，含包装物及包装物押金）在3 000元以下的啤酒。饮食业、商业、娱乐业的啤酒屋等自制的配制酒，征税规定如下：以蒸馏酒或食用酒精为酒基配制，酒精度在 38 度及以下的，按照"其他酒"征税；以发酵酒为酒基配制，酒精度在 20 度及以下的，按照"其他酒"征税；其他配制酒，按"白酒"征税。自 2014 年 12 月 1 日起，取消酒精消费税。

（3）高档化妆品。自 2016 年 10 月 1 日起，将"化妆品"税目更名为"高档化妆品"。征收范围包括高档美容、修饰类化妆品、高档护肤类化妆品和成套化妆品。

高档美容、修饰类化妆品和高档护肤类化妆品是指生产（进口）环节销售（完税）价格（不含增值税）在 10 元/毫升（克）或 15 元/片（张）及以上的美容、修饰类化妆品和护肤类化妆品。舞台、戏剧、影视演员化妆用的上妆油、卸妆油、油彩不属于本税目。

（4）贵重首饰及珠宝玉石。凡以金、银、白金、宝石、珍珠、钻石、翡翠、珊瑚、玛瑙等高贵稀有物质，以及其他金属、人造宝石等制作的各种纯金银首饰和经采掘、打磨、加工的各种珠宝玉石。对出国人员免税商店销售的金银首饰征收消费税。

（5）鞭炮和焰火。包括各种鞭炮和烟火。体育上用的发令纸、鞭炮药引线，不属于本税目。

（6）摩托车。包括轻便摩托车和摩托车两种。仅对气缸容量为 250 毫升和 250 毫升以上的摩托车征收消费税。对最大设计车速不超过 50 千米/时，发动机气缸总工作容量不超过 50 毫升的三轮摩托车，不征收消费税。

（7）小汽车。包括含驾驶员座位在内最多不超过 9 个座位的，在设计和技术特性上用于载运乘客和货物的各类乘用车，含驾驶员座位在内的座位数在 10～23 座位的，在设计和技术特性上用于载运乘客和货物的各类中轻型商用客车。

用排气量小于 1.5 升（含）的乘用车底盘改装、改制的车辆，属于乘用车征收范围。用排气量大于 1.5 升的乘用车底盘或用中轻型商用客车底盘改装、改制的车辆，属于中轻型商用客车征收范围。

电动汽车不属于本税目征收范围。车身长度在 7 米及以上，且座位在 10～23 座以下的商用客车，不属于中轻型商用客车征收范围。沙滩车、雪地车、卡丁车、高尔夫球车，不属于消费税征收范围，不征收消费税。

（8）高尔夫球及球具。本税目征收范围包括高尔夫球、高尔夫球杆、高尔夫球包（袋）。高尔夫球杆的杆头、杆身和握把，属于本税目征收范围。

（9）高档手表。包括不含税售价每只在 1 万元及以上的各类手表。

（10）游艇。包括艇身长度大于等于 8 米，小于等于 90 米，内置发动机，可以在水上移动，一般为私人或团体购置，主要用于水上运动和休闲娱乐等非牟利性活动的各类机动艇。

（11）木制一次性筷子。包括各种规格的木制一次性筷子。未经打磨、倒角的木制一次性筷子，属于本税目征收范围。

（12）实木地板。包括各类规格的实木地板、实木指接地板、实木复合地板及用于装饰墙壁、天棚的实木装饰板。未经涂饰的素板，也属于本税目征收范围。

（13）成品油。包括汽油、柴油、石脑油、溶剂油、航空煤油、润滑油、燃料油 7 个子目。

（14）电池、涂料。自 2015 年 2 月 1 日起对电池、涂料征收消费税。电池包括原电池、蓄电池、燃料电池、太阳能电池和其他电池。

原电池又称一次电池，是按不可以充电设计的电池。按照电极所含的活性物质分类，原电池包括锌原电池、锂原电池和其他原电池。

蓄电池又称二次电池，是按可充电、重复使用设计的电池，包括酸性蓄电池、碱性或其他非酸性蓄电池、氧化还原液流蓄电池和其他蓄电池。燃料电池是指通过一个电化学过程，将连续供应的反应物和氧化剂的化学能直接转换为电能的电化学发电装置。太阳能电池是将太阳光能转换成电能的装置，包括晶体硅太阳能电池、薄膜太阳能电池、化合物半导体太阳能电池等，但不包括用于太阳能发电储能用的蓄电池。

涂料是指涂于物体表面能形成具有保护、装饰或特殊性能的固态涂膜的一类液体或固体材料的总称。

目前，我国还没有将高档家具、高档服装、高档住房、歌厅舞厅等应当调节的高档消费品和高端消费行为都纳入消费税征税范围，但随着税制改革的深入，这些高档消费品和高端消费行为会逐渐纳入消费税征税范围。

2. 消费税税率

我国现行消费税税率有比例税率和定额税率两种，而其计税形式有复合计税、比例计税和定额计税 3 种。

（1）采用定额税率和比例税率进行复合计税的应税消费品及税率。

白酒，税率为 20%，加 0.5 元 /500 克的定额税。

卷烟：甲类卷烟，税率为 56%，加 0.003 元 / 支的定额税；乙类卷烟，税率为 36%，加 0.003 元 / 支的定额税。

境内批发卷烟，税率为 11%，加 0.003 元 / 支的定额税。

（2）采用比例税率计税的应税消费品及税率。

卷烟税目中的雪茄烟税率为 36%，烟丝税率为 30%；

其他酒的税率为 10%；高档化妆品税率为 15%；鞭炮、焰火，税率为 15%；

金银首饰、铂金首饰和钻石及钻石首饰，税率为 5%；

其他贵重首饰和珠宝玉石，税率为 10%；电池、涂料，税率为 4%；

木制一次性筷子、实木地板的税率为 5%；

游艇、高尔夫球及球具的税率为 10%；高档手表，税率为 20%。

摩托车的税率按排气量分档设置：气缸容量为 250 毫升，税率为 3%；气缸容量在 250 毫升以上，税率为 10%。

（3）采用定额税率计税的应税消费品及税额。

1）黄酒税额为 240 元 / 吨。

2）啤酒税额：甲类啤酒，税额为 250 元 / 吨；乙类啤酒，税额为 220 元 / 吨。

3）汽油、石脑油、溶剂油、润滑油的税额为 1.40 元 / 升。

4）柴油、航空煤油、燃料油的税额为 1.10 元 / 升。

成品油进口环节消费税：车用汽油及航空汽油、石脑油、橡胶溶剂油、油漆溶剂油、抽提溶剂油、润滑油、润滑脂、润滑油基础油等，适用税额 1.40 元 / 升，进口其他成品油，适用税额 1.10 元 / 升。

3.2 消费税的计算与申报

本部分主要介绍消费税的应税行为、计税方法、各种消费税应税行为下消费税的计算和消费税的纳税申报等内容。

3.2.1 消费税的应税行为

消费税的应税消费行为包括以下几大方面。

（1）有偿转让应税消费品所有权的行为，包括用应税消费品换取生产资料和消费资料、支付代扣手续费或销售回扣、在销售数量之外另付给购货方或中间人作为奖励和报酬等。

（2）自产自用于其他方面的行为，即纳税人将应税消费品用于生产非应税消费品，用于在建工程、管理部门、非生产机构、提供劳务，以及用于馈赠、赞助、广告、样品、职工福利奖励等，均视同对外销售，缴纳消费税。

（3）委托加工的应税消费品，在委托方提货时，由受托方代收代缴消费税。

（4）进口的应税消费品，由海关代征消费税。

（5）零售金银首饰时征收消费税，在零售环节征收消费税的金银首饰仅限于金基、银基合金首饰以及金、银和金基、银基合金的镶嵌首饰。

（6）批发卷烟时，按照不含增值税的批发价格缴纳消费税。

3.2.2 消费税的计税方法

消费税的计税方法有：从量定额、从价定率和复合计税 3 种。

1. 从量定额计税方法

从量定额计税方法适用于黄酒、啤酒、成品油等应税消费品消费税的计算。其计算公式为

$$应交消费税 = 应税消费品数量 \times 单位税额$$

应税数量的确定方法如下：

（1）销售的应税消费品，为应税消费品的销售数量。

（2）自产自用的应税消费品，为应税消费品的移送使用数量。

（3）委托加工的应税消费品，为纳税人收回的应税消费品数量。

（4）进口的应税消费品，为海关核定的征税数量。

【案例 3-1】某啤酒厂本月外销啤酒 20 吨，含税单价为 4 680 元 / 吨，当月作为福利发给职工 10 升 / 人，共有职工 988 人。啤酒适用税率 250 元 / 吨，1 吨啤酒 = 988 升。计算该啤酒厂当月的应交消费税。

解析：

自用啤酒 9 880 升折算成吨后再计税。

$$9\,880 \div 988 = 10（吨）$$

应交消费税 =（20 + 10）× 250 = 7 500（元）

2. 从价定率计税方法

实行从价定率征收的消费品，其消费税税基和增值税税基是一致的，即都是以含消费税而不含增值税的销售额作为计税基数。其计算公式为

$$应交消费税 = 应税消费品的销售额 × 税率$$

应税消费品的销售额包括从购买方收取的全部价款和价外费用，即销售额 = 应税消费品不含税销售额 + 不含税价外收费。价外费用，包括价外以各种名义向购买方收取的费用，如手续费、违约金、延期付款利息、包装费、包装物租金、运输装卸费，等等，但下列项目不包括在内。

（1）同时符合以下条件的代垫运输费用：① 承运部门的运输费用发票开具给购买方的；② 纳税人将该项发票转交给购买方的。

（2）同时符合以下条件代为收取的政府性基金或者行政事业性收费：① 由国务院或者财政部批准设立的政府性基金，由国务院或者省级人民政府及其财政、价格主管部门批准设立的行政事业性收费；② 收取时开具省级以上财政部门印制的财政票据；③ 所收款项全额上缴财政。

其他价外费用，无论是否属于纳税人的收入，均应并入销售额，计算消费税。

纳税人通过自设非独立核算门市部销售的自产应税消费品，应当按照门市部对外销售额或者销售数量征收消费税。

纳税人自产的应税消费品用于换取生产资料和消费资料、投资入股和抵偿债务等方面的，应当按纳税人同类应税消费品的最高销售价格作为计税依据。

【案例 3-2】某化妆品生产企业为增值税一般纳税人，10 月向某大型商场销售高档化妆品一批，开具增值税专用发票上列明金额 30 万元，税率 13%，税额 3.9 万元；向某单位销售高档化妆品一批，开具普通发票上列明金额 4 万元，税率 13%，税额 0.52 万元。另本单位用运输车将货物送到购货方单位，收取运费开出普通发票，金额 200 元，税率 9%，税额 18 元。本单位将运输收入与商品销售收入分别核算。计算该化妆品生产企业 10 月的应交消费税。

解析：

高档化妆品的适用税率为 15%。

高档化妆品应税销售额 = 300 000 + 40 000 = 340 000（元）

应交消费税 = 340 000 × 15% = 51 000（元）

该化妆品生产企业还应缴纳增值税：

增值税销项税额 = 39 000 + 5 200 + 18 = 44 218（元）

3. 复合计税方法

复合计税适用于卷烟和白酒应交消费税的计算，即对卷烟和白酒实行从量定额和从价定率相结合的计税办法。其计算公式为

$$应交消费税 = 应税数量 \times 定额税率 + 应税销售额 \times 比例税率$$

【案例3-3】 某卷烟生产企业为增值税一般纳税人，6月对外销售卷烟30箱，含税售价为2 260元/箱，当月赠送给关系户卷烟10条，卷烟适用消费税比例税率56%，定额税率150元/箱（0.003元/支），每箱250条，每箱50 000支。计算该卷烟生产企业6月的应交消费税。

解析：

将10条卷烟换算成箱：10 ÷ 250 = 0.04（箱）

应交消费税 =（30 + 0.04）× 150 +（30 + 0.04）× 2 260 ÷ 1.13 × 56%

　　　　　= 4 506 + 33 644.8

　　　　　= 38 150.8（元）

该卷烟生产企业还应缴纳增值税：

增值税销项税额 =（30 + 0.04）× 2 260 ÷ 1.13 × 13% = 7 810.4（元）

3.2.3　各种消费税应税行为下消费税的计算

1. 企业自产应税消费品销售后应交消费税的计算

企业自产应税消费品对外销售后，采用从价定率、从量定额和复合计税方法计算应交消费税金额。如果企业用外购（或委托加工提回的）已税消费品生产同类应税消费品，准予从应纳税额中扣除外购已税消费品的已交消费税税额。

【案例3-4】 某卷烟厂外购烟丝生产销售卷烟，8月有关业务如下：期初结存烟丝20万元，31日，期末结存烟丝5万元；3日，购进已税烟丝已入库，取得了增值税发票，金额10万元，税率13%，税额1.3万元；27日，销售卷烟100箱，税率56%，定额税150元/箱，取得含税收入146 900元；28日，没收逾期未退回卷烟的包装物押金22 600元。计算该厂8月的应交消费税。

解析：

（1）计算扣除外购已税烟丝已交消费税：

（200 000 + 100 000 − 50 000）× 30% = 75 000（元）

（2）销售货物应交消费税：

　　100 × 150 +（1 469 000 + 22 600）÷ 1.13 × 56%

$$= 15\,000 + 1\,320\,000 \times 56\%$$
$$= 754\,200（元）$$

$$\begin{aligned}增值税销项税额 &= (1\,469\,000 + 22\,600) \div 1.13 \times 13\% \\ &= 1\,320\,000 \times 13\% \\ &= 171\,600（元）\end{aligned}$$

（3）期末应向税务机关缴纳消费税 =754 200－75 000 = 679 200（元）

期末应向税务机关缴纳增值税 =171 600－13 000=158 600（元）

2. 自产自用应税消费品消费税的计算

自产自用的应税消费品用于不同方面，其纳税情况也不相同。纳税人自产自用的应税消费品，用于再生产应交消费税的消费品，由于最终消费品销售时要缴纳消费税，被用于生产过程中消耗的应税消费品，使用时不纳税；纳税人将生产的应税消费品用于生产非应税消费品，或用于在建工程、管理部门、非生产机构、提供劳务以及用于馈赠、赞助、集资、广告、样品、职工福利、奖励等方面，应于移送使用时纳税。自产自用消费品由于没有交换价格作为计税基础，应按下列方法确定计税价格。

（1）有同类消费品销售价格的，按照同类消费品的销售价格计税，即

$$应交消费税 = 同类售价 \times 自用数量 \times 消费税税率$$

（2）没有同类消费品销售价格的，应按组成计税价格计税，即

$$组成计税价格 = (成本 + 利润) / (1 - 消费税税率)$$
$$= 成本 \times (1 + 成本利润率) / (1 - 消费税税率)$$
$$应纳税额 = 组成计税价格 \times 消费税税率$$

实行复合计税办法计算纳税的组成计税价格为

$$组成计税价格 = (成本 + 利润 + 自用数量 \times 定额税率) \div (1 - 比例税率)$$
$$应交消费税 = 组成计税价格 \times 比例税率 + 定额税额$$

公式中的"成本"是指产品的生产成本；"利润"是指根据由国家税务总局确定的全国平均成本利润率计算的利润。

【**案例 3-5**】某汽车制造厂将自产小汽车一辆自用，转为固定资产，该种小汽车对外销售的不含税售价为 18 万元，生产成本为 15 万元，适用消费税税率 5%，行业成本利润率为 8%。计算其应交消费税。

解析：

自产自用小汽车，有同类售价，按同类售价计税。

应纳消费税 = 180 000×5% = 9 000（元）

如果该自用小汽车没有同类消费品的销售价格，则以成本为依据，应按组成计税价格计税。

组成计税价格 = 150 000×（1 + 8%）÷（1－5%）= 170 526（元）

应交消费税 = 170 526 × 5% = 8 526（元）

注意：自产产品用于允许抵扣进项税额的项目，不视同销售，不用计算增值税销项税额。

3. 委托加工应税消费品消费税的计算

委托加工的应税消费品是指由委托方提供原料和主要材料，受托方只收取加工费和代垫部分辅助材料加工的应税消费品。委托加工的应税消费品，由受托方向机构所在地或者居住地的主管税务机关解缴消费税税款。因此，在委托方提货时，由受托方代收代缴消费税。代收代缴消费税的计税价格的确定如下。

（1）有同类消费品销售价格的，按照同类消费品的销售价格计税，即

$$应交消费税 = 同类销售单价 × 加工数量 × 消费税税率$$

（2）没有同类消费品销售价格的，按组成计税价格计税，即

$$组成计税价格 = （材料成本 + 加工费）/（1 - 消费税税率）$$

$$应纳税额 = 组成计税价格 × 消费税税率$$

实行复合计税办法计算纳税的组成计税价格为

$$组成计税价格 = （材料成本 + 加工费 + 提回数量 × 定额税率）÷（1 - 比例税率）$$

$$应交消费税 = 组成计税价格 × 比例税率 + 定额税额$$

式中，"材料成本"是指委托方所提供加工材料的实际成本；"加工费"是指受托方加工应税消费品向委托方所收取的全部费用，包括代垫辅助材料的实际成本。

委托加工的应税消费品提回货后，如用于连续生产应税消费品，委托加工环节已交消费税可以抵扣；如提回后直接用于出售，根据财法〔2012〕8号，自2012年9月1日起，委托方将收回的应税消费品，以不高于受托方的计税价格出售的，不再缴纳消费税；委托方以高于受托方的计税价格出售的，需按照规定申报缴纳消费税，在计税时准予扣除受托方已代收代缴的消费税。

委托个人加工的应税消费品，由委托方收回后缴纳消费税。

【案例3-6】 A卷烟厂生产销售卷烟，6月10日发出烟叶一批，委托B厂加工成烟丝，发出加工烟叶的成本为20万元，支付不含税加工费8万元。B厂没有同类烟丝销售价格。6月20日，收回委托B厂加工的烟丝，售出其中的一半，不含税售价为25万元，另一半为生产卷烟领用。

解析：

委托加工烟丝收回提货时，缴纳消费税，也缴纳增值税。

消费税组成计税价格 = （20 + 8）/（1 - 30%） = 40（万元）

提货时，应交消费税 = 40 × 30% = 12（万元）

提货时，应交增值税 = 8 × 13% = 1.04（万元）

提货时缴纳的增值税如能取得专用发票，可作为进项税额抵扣。

注意：委托加工环节缴纳增值税和缴纳消费税的计税基础不一致。

提回委托加工的烟丝，因出售一半的成本为 20 万元，加价至 25 万元出售，既需要再缴纳增值税，也需要再缴纳消费税，在申报缴纳消费税时，准予扣除受托方已代收代缴的消费税；生产领用的另一半，领用时既不缴纳消费税，也不缴纳增值税。因烟丝用于连续生产卷烟，所以，生产卷烟领用委托加工提回的烟丝在提货时缴纳的消费税，可以从月末向税务机关申报缴纳消费税时扣除。

4. 进口应税消费品消费税的计算

进口的应税消费品，于报关进口时按照组成计税价格计算纳税。进口应税消费品消费税计算有以下几种情况：

（1）从价定率计算消费税的

组成计税价格 =（关税完税价格 + 关税）/（1 - 消费税税率）

应交消费税 = 组成计税价格 × 消费税税率

（2）从量定额计算消费税的

应交消费税 = 消费品数量 × 单位税额

（3）复合计税的

组成计税价格 =（关税完税价格 + 关税 + 进口数量 × 定额税率）/（1 - 比例税率）

应交消费税 = 组成计税价格 × 比例税率 + 定额税额

【案例 3-7】 某公司从国外进口一批高档化妆品，经海关审定的完税价格为 50 000 元人民币，关税税率为 10%，消费税税率为 15%，增值税税率为 13%。款项已支付，化妆品已验收入库。计算进口环节的应交消费税和增值税。

解析：

应交关税 = 50 000 × 10% = 5 000（元）

消费税计税价格 =（50 000 + 5 000）÷（1 - 15%）= 64 705.88（元）

应交消费税 = 64 705.88 × 15% = 9 705.88（元）

增值税计税价格 = 50 000 + 5 000 + 9 705.88 = 64 705.88（元）

应交增值税 = 64 705.88 × 13% = 8 411.76（元）

进口环节纳税总额 = 5 000 + 9 705.88 + 8 411.76 = 23 117.64（元）

注意：进口环节消费税和增值税的计税基础相同。

【案例 3-8】 某外贸公司从国外进口卷烟 100 箱，经海关审定的完税价格为 150 万元人民币，关税税率为 25%，消费税税率为 56%，消费税定额税率 150 元/箱（每箱 50 000 支），增值税税率为 13%。款项已支付，卷烟已验收入库。计算进口环节的应交消费税和增值税。

解析：

关税 = 150 × 25% = 37.5（万元）

消费税定额税 = 100 × 150 = 15 000 = 1.5（万元）
组成计税价格 =（150 + 37.5 + 1.5）/（1−56%）= 429.55（万元）
应交消费税 = 429.55 × 56% + 1.5 = 242.05（万元）
增值税组成计税价格 =（150 + 150 × 25% + 242.05）= 429.55（万元）
应交增值税 = 429.55 × 13% = 55.84（万元）
进口环节纳税总额 = 37.5 + 242.05 + 55.84 = 335.39（万元）

【案例3-9】某酒厂7月发生如下业务：

（1）销售瓶装白酒20吨，不含税单价6 000元/吨；销售散装白酒8吨，不含税单价4 500元/吨。款项已全部存入银行。

（2）销售散装白酒4吨，不含税单价3 200元/吨。货款已收回。

（3）用自产的散装白酒10吨，从农民手中换回玉米，玉米已经入库，开出收购专用发票。

（4）委托某酒厂加工酒精，收回的酒精全部用于连续生产套装礼品白酒6吨，不含税单价8 000元/吨。

计算该酒厂7月的应交消费税（白酒的定额税率为0.5元/500克，比例税率为20%）。

解析：

业务（1）的应交消费税 =（20 × 6 000 + 8 × 4 500）× 20% +（20 + 8）× 2 000 × 0.5
= 31 200 + 28 000
= 59 200（元）

业务（2）的应交消费税 = 4 × 3 200 × 20% + 4 × 2 000 × 0.5 = 2 560 + 4 000 = 6 560（元）

业务（3）视同销售，用应税消费品换取生产资料或消费资料，按酒类最高价格计税，则：

应交消费税 = 10 × 4 500 × 20% + 10 × 2 000 × 0.5
= 9 000 + 10 000
= 19 000（元）

业务（4）酒精不缴纳消费税。即使委托加工环节缴纳了消费税，酒类产品销售时也不允许抵扣。

应交消费税 = 6 × 8 000 × 20% + 6 × 2 000 × 0.5
= 9 600 + 6 000
= 15 600（元）

5. 出口应税消费品退税的计算

出口应税消费品的企业有：有出口经营权的外贸、工贸公司；特定出口退税企业，如对外承包工程公司、外轮供应公司等。

出口的应税消费品，应分别不同情况进行税务处理。

（1）生产企业直接出口应税消费品或委托外贸企业出口应税消费品，按规定直接予以免税的，可不计算应交消费税。

（2）外贸企业出口应税消费品，如实行先征后退办法，可先按规定计算缴纳消费税。即

应退消费税＝出口消费品的工厂销售额（出口数额）×税率（税额）

应税消费品适用的消费税征税率即为退税率。区分不清适用税率的，一律从低适用税率。

出口的应税消费品办理退税后，发生退关或者国外退货，进口时予以免税的，报关出口者必须及时向其机构所在地或者居住地主管税务机关申报补缴已退的消费税税款。

纳税人直接出口的应税消费品办理免税后，发生退关或者国外退货，进口时已予以免税的，经机构所在地或者居住地主管税务机关批准，可暂不办理补税，待其转为国内销售时，再申报补缴消费税。

3.2.4 消费税的纳税申报

纳税人无论当期有无销售或是否盈利，均应在次月1日起至15日，填制《消费税纳税申报表》（见表3-1），并向主管税务机关进行纳税申报。纳税申报表一式两联：第一联为申报联，第二联为收执联（税务机关签章后，作为申报凭证）。

表 3-1 北京市消费税纳税申报表（适用于消费税纳税人）

根据《中华人民共和国消费税暂行条例》第十三条和第十四条的规定，制定本表。纳税人不论有无销售额，均应按主管税务机关核定的纳税期限按期填报本报表，并于次月1日起15日内，向当地国家税务机关申报纳税并结清上月应纳税额。

纳税人登记号										金额单位：元至角分 数量单位：吨	
纳税人名称				法定代表人名称				营业地址			
开户银行及账号			经济性质			经济类型		电话号码			

本期消费税额	项目 应税消费品名称	适用税目	应税销售额（数量）	适用税率（单位税额）	消费税额
			1	2	3＝1×2
	合　计				

本期抵扣税额	项目 应税消费品名称	本月生产领用于生产应税消费品的买价	受托方代扣消费税的计税价格	适用税率	代扣代缴凭证号	抵扣税额
		4	5	6	7	8＝4（5）×6
	外购应税消费品					
	小计					
	委托加工收回的应税消费品					
	小计					
	合　计					

(续)

	项　目	税　额	本月数	累计数
税款计算	应税销售额（数量）	9＝1		
	消费税额合计	10＝3		
	应抵扣税额合计	11＝3		
	代扣代缴税款	12		
	应交消费税	13＝10－11＋12		
	已交消费税	14		
	其中：1. 上期结算税金	15		
	2. 补交本年度欠税	16		
	3. 补交以前年度欠税	17		
	应退消费税	18＝13－14＋15＋16＋17		
	截至上年累计欠税额	19		
	本年度新增欠税额	20		

委托代理申报填写本栏		纳税人自行申报填写本栏	
代理人名称： 代理人地址： 代理人电话：	代理人 （签章）	会计主管 （签章）	经办人 （签章）	纳税人 （签章）

以下由税务机关填写					
收到日期		接收人		审核日期		主管税务机关盖章：
审核记录					接收人签字：
税款所属时间：自　　年　　月　　日至　　年　　月　　日				填表日期：　　年　　月　　日

3.3　消费税的会计核算

消费税的会计核算包括会计科目的设置、对外销售应税消费品、视同销售应税消费品、委托加工应税消费品和进口应税消费品以及出口应税消费品的会计核算等内容。

3.3.1　会计科目的设置

纳税人应在"应交税费"账户下设置"应交消费税"明细账户进行消费税的会计核算。该账户采用三栏式格式记账，其贷方核算企业按规定应缴纳的消费税，其借方核算企业实际缴纳的消费税和待抵扣的消费税。期末，贷方余额反映企业尚未缴纳的消费税，借方余额反映企业多缴或待抵扣的消费税（见图3-1）。

借方	应交税费——应交消费税	贷方
1. 实际缴纳的消费税 2. 待抵扣的消费税		应缴纳的消费税
余额：1. 多缴的消费税 　　　2. 待抵扣的消费税		余额：尚未缴纳的消费税

图3-1　"应交税费——应交消费税"丁字账

3.3.2 对外销售应税消费品的会计核算

1. 直接对外销售的会计核算

由于消费税是价内税，对外销售应税消费品的售价中应包含消费税在内（但不含增值税），所以，在计算销售利润时，应从应税消费品的售价中扣除消费税。因此，企业应交消费税的核算，应记入"税金及附加"账户，由销售收入补偿。企业按规定计算出应缴纳的消费税后，做如下会计分录：

借：税金及附加　　　　　　　　　　　　　　　　　　　×××
　　贷：应交税费——应交消费税　　　　　　　　　　　　　　×××

【案例3-10】奇瑞汽车制造厂为增值税一般纳税人，6月18日销售小轿车300辆，每辆车的不含税销售价为9万元，货款尚未收到，每辆车的成本价为6万元。小轿车的增值税税率为13%，消费税税率为8%。

解析：

应向购买方收取的增值税税额 = 90 000×300×13% = 3 510 000（元）

应交消费税 = 90 000×300×8% = 2 160 000（元）

会计分录为：

借：应收账款　　　　　　　　　　　　　　　　　　　30 510 000
　　贷：主营业务收入　　　　　　　　　　　　　　　　　　27 000 000
　　　　应交税费——应交增值税（销项税额）　　　　　　　3 510 000

结转应交消费税时：

借：税金及附加　　　　　　　　　　　　　　　　　　　2 160 000
　　贷：应交税费——应交消费税　　　　　　　　　　　　　2 160 000

【案例3-11】某卷烟厂生产销售卷烟，6月的有关业务如下：期初结存烟丝20万元，31日，期末结存烟丝5万元；3日，购进已税烟丝入库，取得增值税发票，金额10万元，税率13%，税额1.3万元；27日，销售卷烟100箱，适用税率56%，定额税150元/箱，取得含税收入1 469 000元。

解析：

（1）计算扣除外购已税烟丝的已交消费税：

（200 000 + 100 000 − 50 000）×30% = 75 000（元）

相应会计分录如下：

借：应交税费——应交消费税　　　　　　　　　　　　　75 000
　　贷：主营业务成本　　　　　　　　　　　　　　　　　　75 000

（2）计算销售货物应交消费税：

$$100 \times 150 + 1\,469\,000 \div 1.13 \times 56\%$$
$$= 15\,000 + 728\,000$$
$$= 743\,000（元）$$

增值税销项税额 = 1 469 000÷1.13×13% = 169 000（元）

相应会计分录如下：

借：银行存款　　　　　　　　　　　　　　　　　　1 469 000
　　贷：主营业务收入　　　　　　　　　　　　　　　　　　1 300 000
　　　　应交税费——应交增值税（销项税额）　　　　　　　169 000

期末结转应交消费税时：

借：税金及附加　　　　　　　　　　　　　　　　　　743 000
　　贷：应交税费——应交消费税　　　　　　　　　　　　　743 000

增值税经抵扣后为 156 000 元（=169 000-13 000），消费税经抵扣后为 668 000（= 743 000-75 000）元，次月上缴税金时，编制如下会计分录。

借：应交税费——未交增值税　　　　　　　　　　　　156 000
　　　　　　——应交消费税　　　　　　　　　　　　668 000
　　贷：银行存款　　　　　　　　　　　　　　　　　　　　824 000

2. 应税消费品包装物应交消费税的会计核算

应税消费品连同包装物一并出售的，无论包装物是否单独计价，都应并入应税消费品的销售额中缴纳增值税和消费税。应税消费品若采用从量计税，包装物则只计算增值税，不计算消费税；应税消费品若采用从价计税，包装物的增值税和消费税都要计算；应税消费品若采用复合计税，对从价部分，包装物计算消费税，对从量部分，包装物不计算消费税。对出租包装物收取的租金，应缴纳增值税。

出租、出借包装物收取的押金，因逾期未收回包装物而没收的押金，都应计算增值税。没收押金是否计算消费税，依原包装应税消费品的情况而定：原包装的应税消费品是从量计算消费税的，没收押金时不计算消费税；原包装的应税消费品是从价计算消费税的，没收押金时还得计算消费税；原包装的应税消费品是复合计算消费税的，没收押金时从量部分不计算消费税，从价部分应计算消费税。

（1）随同产品出售的包装物的核算。随同产品出售不单独计价的包装物，因其包装物价款已包含在销售额中，会计处理同直接对外销售应税消费品一致。随同产品出售单独计价的包装物，其销售收入记入"其他业务收入"科目，按规定缴纳的消费税的会计分录应为：

借：税金及附加 ×××
　　贷：应交税费——应交消费税 ×××

【案例 3-12】某酒厂异地销售粮食白酒，包装物单独计价，销售白酒 20 吨，不含税售价为 5 000 元/吨，开出专用发票，列明金额 100 000 元，税率 13%，税额 13 000 元。另收取包装费开出普通发票，金额 700 元，税率 13%，税额 91 元。白酒消费税定额税为 0.5 元/500 克，比例税率为 20%。

解析：

白酒应纳消费税 = 20×2 000×0.5 + 100 000×20% = 40 000（元）

包装物应纳消费税 = 700×20% = 140（元）

会计分录如下：

借：应收账款 113 791
　　贷：主营业务收入 100 000
　　　　其他业务收入 700
　　　　应交税费——应交增值税（销项税额） 13 091

结转应交消费税时：

借：税金及附加 40 140
　　贷：应交税费——应交消费税 40 140

（2）出租出借包装物逾期未收回而没收押金的会计核算。按规定，如果包装物不作价随同产品销售，而是单独收取押金，除酒类产品以外，此项押金不并入销售额计算增值税、消费税。但对逾期未退还的包装物押金和已收取 1 年以上的包装物押金，应并入应税消费品的销售额，按原来包装应税消费品适用的税率计算增值税、消费税。

【案例 3-13】某企业为增值税一般纳税人，将逾期未退还的包装物押金 2 260 元进行转账处理，增值税税率为 13%，消费税税率为 10%。

解析：

没收押金的不含税收入 = 2 260÷1.13 = 2 000（元）

应交增值税 = 2 000×13% = 260（元）

应交消费税 = 2 000×10% = 200（元）

相应会计分录为：

借：其他应付款 2 260
　　贷：其他业务收入 2 000
　　　　应交税费——应交增值税（销项税额） 260

期末结转应交消费税时：

借：税金及附加 200
　　贷：应交税费——应交消费税 200

3.3.3　视同销售应税消费品的会计核算

企业用应税消费品对外投资，用于在建工程、非应税项目等其他方面，按规定缴纳的消费税，应记入有关科目。

【案例 3-14】 奇瑞汽车制造厂为增值税一般纳税人，6 月以自产的小轿车 20 辆投资于某出租汽车公司。每辆车市场价为 10 万元，成本价为 6 万元。双方协议投资额 226 万元。小汽车消费税税率 8%。

解析：

小轿车的应交增值税 = 100 000 × 20 × 13% = 260 000（元）

小轿车的应交消费税 = 100 000 × 20 × 8% = 160 000（元）

会计分录为：

借：长期股权投资 2 260 000
　　贷：主营业务收入 2 000 000
　　　　应交税费——应交增值税（销项税额） 260 000

结转应交消费税时：

借：税金及附加 160 000
　　贷：应交税费——应交消费税 160 000

【案例 3-15】 奇瑞汽车制造厂为增值税一般纳税人，6 月将 5 辆小轿车转作企业自用固定资产。该类小轿车的不含税销售价每辆为 12 万元，成本价每辆为 9 万元。小汽车消费税税率为 8%。

解析：

小轿车的应交增值税 = 120 000 × 5 × 13% = 78 000（元）

小轿车的应交消费税 = 120 000 × 5 × 8% = 48 000（元）

会计分录为：

借：固定资产 678 000
　　贷：主营业务收入 600 000
　　　　应交税费——应交增值税（销项税额） 78 000

结转应交消费税时：

借：税金及附加　　　　　　　　　　　　　　　　　　　　48 000
　　贷：应交税费——应交消费税　　　　　　　　　　　　　　　　　　48 000

【案例 3-16】某白酒酒厂 6 月用粮食白酒 10 吨，抵偿胜利农场玉米款 56 500 元。本月粮食白酒每吨不含税售价在 4 800～5 200 元之间浮动，平均不含税售价为 5 000 元/吨。

解析：

以物抵债属销售范畴，应缴纳增值税，属销项税额：

5 000×10×13% = 6 500（元）

以物抵债，消费税应按最高价格 5 200 元/吨计算，应交消费税为：

5 200×10×20% + 10×2 000×0.5 = 10 400 + 10 000 = 20 400（元）

会计分录如下：

借：应付账款　　　　　　　　　　　　　　　　　　　　　56 500
　　贷：主营业务收入　　　　　　　　　　　　　　　　　　　　　　50 000
　　　　应交税费——应交增值税（销项税额）　　　　　　　　　　　6 500

结转应交消费税时：

借：税金及附加　　　　　　　　　　　　　　　　　　　　20 400
　　贷：应交税费——应交消费税　　　　　　　　　　　　　　　　　20 400

【案例 3-17】某啤酒厂将自产啤酒 20 吨作为福利发给职工，将 10 吨用于广告宣传，让客户免费品尝。啤酒成本每吨 2 500 元，不含税出厂价每吨 4 000 元，定额税率 250 元/吨。

解析：

作为福利发放的 20 吨啤酒应纳税为：

应交增值税 = 4 000×20×13% = 10 400（元）

应交消费税 = 20×250 = 5 000（元）

会计分录如下：

借：应付职工薪酬　　　　　　　　　　　　　　　　　　　90 400
　　贷：主营业务收入　　　　　　　　　　　　　　　　　　　　　　80 000
　　　　应交税费——应交增值税（销项税额）　　　　　　　　　　　10 400

结转应交消费税时：

借：税金及附加　　　　　　　　　　　　　　　　　　　　5 000
　　贷：应交税费——应交消费税　　　　　　　　　　　　　　　　　5 000

作为让客户品尝的 10 吨啤酒应纳税为：

应交增值税 = 4 000×10×13% = 5 200（元）

应交消费税 = 10×250 = 2 500（元）

会计分录为：

借：销售费用　　　　　　　　　　　　　　　　　　　　　　　　45 200
　　贷：主营业务收入　　　　　　　　　　　　　　　　　　　　40 000
　　　　应交税费——应交增值税（销项税额）　　　　　　　　　 5 200

结转应交消费税时：

借：税金及附加　　　　　　　　　　　　　　　　　　　　　　　 2 500
　　贷：应交税费——应交消费税　　　　　　　　　　　　　　　 2 500

3.3.4 委托加工应税消费品的会计核算

企业委托加工应税消费品，由受托方代收代缴消费税。委托方收回应税消费品后，用于企业连续生产应税消费品的，已扣缴消费税准予按规定抵扣；收回后以不高于受托方的计税价格出售的，不再缴纳消费税；收回后以高于受托方的计税价格出售的，需按照规定申报缴纳消费税，在计税时准予扣除已代收代缴的消费税。受托方按代收税款做如下会计分录：

借：应收账款（银行存款等科目）　　　　　　　　　　　　　　　×××
　　贷：应交税费——应交消费税　　　　　　　　　　　　　　　×××

【案例 3-18】 A 卷烟厂生产销售卷烟，6 月 10 日发出烟叶一批，委托 B 厂加工成烟丝。发出加工烟叶的成本为 20 万元，支付不含税加工费 8 万元。B 厂没有同类烟丝销售价格。6 月 20 日，收回委托 B 厂加工的烟丝，售出其中的一半，不含税售价为 25 万元，另一半为生产卷烟领用。

解析：

委托加工烟丝收回提货时，缴纳消费税，因没有同类售价，按组成计税价格计税。则：

提货时，应交消费税 =（20＋8）÷（1－30%）×30% = 12（万元）

委托加工烟丝收回提货时，缴纳增值税的计税基础是不含税的加工费。

提货时应交增值税 = 8×13% = 1.04（万元）

提货时缴纳的增值税取得专用发票，作为进项税额抵扣。

提回委托加工的烟丝，用于连续生产的一半和加价出售的一半，提货时缴纳的消费税 12 万元，均可以抵扣应向税务机关缴纳的消费税，记入"应交税费——应交消费税"的借方。

（1）委托方的会计处理

发出烟叶时：

借：委托加工物资　　　　　　　　　　　　　　　　　　　　　200 000
　　贷：原材料——烟叶　　　　　　　　　　　　　　　　　　　　　　200 000

支付加工费、增值税和消费税时：

借：委托加工物资　　　　　　　　　　　　　　　　　　　　　80 000
　　应交税费——应交增值税（进项税额）　　　　　　　　　　10 400
　　　　　　——应交消费税　　　　　　　　　　　　　　　　120 000
　　贷：银行存款　　　　　　　　　　　　　　　　　　　　　　　　　210 400

收回委托加工产品时：

借：原材料——烟丝　　　　　　　　　　　　　　　　　　　　280 000
　　贷：委托加工物资　　　　　　　　　　　　　　　　　　　　　　　280 000

出售一半的会计处理：

借：银行存款　　　　　　　　　　　　　　　　　　　　　　　282 500
　　贷：主营业务收入　　　　　　　　　　　　　　　　　　　　　　　250 000
　　　　应交税费——应交增值税（销项税额）　　　　　　　　　　　32 500

结转应交消费税时：

借：税金及附加　　　　　　　　　　　　　　　　　　　　　　75 000
　　贷：应交税费——应交消费税　　　　　　　　　　　　　　　　　75 000

（2）受托方的会计处理

受托方收到委托方烟叶时，记受托加工辅助账。收到对方支付的加工费、增值税和消费税时，做如下会计分录：

借：银行存款　　　　　　　　　　　　　　　　　　　　　　　210 400
　　贷：其他业务收入　　　　　　　　　　　　　　　　　　　　　　　80 000
　　　　应交税费——应交增值税（销项税额）　　　　　　　　　　　10 400
　　　　　　　　——应交消费税　　　　　　　　　　　　　　　　　120 000

3.3.5　进口应税消费品的会计核算

进口的应税消费品，应在货物报关进口时计算缴纳消费税。进口货物应纳的消费税，同关税一样，记入进口应税消费品的成本。进口后作为原材料、作为经销商品或作为固定资产（包括进口小汽车后自用）的，进口环节缴纳的增值税均允许抵扣，记入"应交税费——应交增值税（进项税额）"账户。由于进口货物"交税后方能提货"，为简化核算，进口环节税金不通过"应交税费"账户反映，直接贷记"银行存款"。若特殊情况下采用"先提货，后交税"的，也可以通过"应交税费"账户核算。

【案例 3-19】 某外贸公司从国外进口卷烟 100 箱，经海关审定的完税价格为 150 万元人民币，关税税率为 25%，消费税税率为 56%，消费税定额税率 150 元/箱，增值税税率为 13%。款项已支付，卷烟已验收入库。计算进口环节的应交消费税和增值税。

解析：

应交关税 = 150×25% = 37.5（万元）

消费税定额税 = 100×150 = 15 000 元 = 1.5（万元）

计税价格 = （150 + 37.5 + 1.5）/（1−56%）= 429.55（万元）

消费税 = 429.55×56% + 1.5 = 242.05（万元）

应交增值税 = 429.55×13% = 55.84（万元）

进口卷烟成本 = 完税价格 + 关税 + 消费税 = 150 + 37.5 + 242.05 = 429.55（万元）

借：库存商品　　　　　　　　　　　　　　　　　　4 295 500
　　应交税费——应交增值税（进项税额）　　　　　558 400
　贷：银行存款　　　　　　　　　　　　　　　　　4 853 900

3.3.6　出口应税消费品的会计核算

由于生产企业自营出口自产的应税消费品，免税不退税，所以不存在出口应税消费品会计核算问题。只有外贸企业在购进应税消费品出口后，才存在消费税退税的会计核算。外贸企业消费税出口退税会计分录为：

（1）报关出口后申请退税时：

借：应收出口退税款　　　　　　　　　　　　　　×××
　贷：主营业务成本　　　　　　　　　　　　　　　×××

（2）收到出口应税消费品退回的税金时：

借：银行存款　　　　　　　　　　　　　　　　　×××
　贷：应收出口退税款　　　　　　　　　　　　　　×××

【案例 3-20】 某外贸公司上月从奇瑞汽车制造厂购入小轿车 20 辆，不含税价款为 240 万元，该批小轿车的增值税为 31.2 万元，消费税为 19.2 万元，款项以银行本票支付。

（1）外贸公司购入汽车时：

借：物资采购　　　　　　　　　　　　　　　　　2 400 000

　　　　应交税费——应交增值税（进项税额）　　　　　　312 000
　　　贷：其他货币资金——银行本票　　　　　　　　　　　　　　　2 712 000

（2）本月中旬，外贸公司将该批汽车出口到国外，小轿车增值税出口退税率为13%，按规定申请出口退税：

应退消费税＝240×8%＝19.2（万元）

应退增值税＝240×13%＝31.2（万元）

借：应收出口退税款　　　　　　　　　　　　　　　　　504 000
　　贷：主营业务成本　　　　　　　　　　　　　　　　　　　　　192 000
　　　　应交税费——应交增值税（出口退税）　　　　　　　　　　312 000

（3）月末，外贸公司收到出口退税款时：

借：银行存款　　　　　　　　　　　　　　　　　　　　504 000
　　贷：应收出口退税款　　　　　　　　　　　　　　　　　　　　504 000

3.4 消费税的税务筹划

消费税的税务筹划主要包括消费税纳税人的税务筹划和消费税计税依据的税务筹划等方面的内容。

3.4.1 消费税纳税人的税务筹划

消费税是针对特定纳税人的税种，因此，通过企业合并，可以递延消费税的纳税时间。

（1）企业合并会使原来企业与企业之间的购销行为转变为企业内部的购销行为，而企业内部的购销行为是不需要缴纳消费税的，这就递延了消费税的纳税时间。如果两个企业之间存在原材料供应关系，那么，在合并前原材料的转让关系为购销关系，应按正常的购销价格缴纳消费税。在合并后企业之间的原材料供应关系就转变为企业内部的原材料转让关系，内部转让环节不缴纳消费税，而是递延到对外销售环节再缴纳。

（2）如果后一环节的消费税税率较前一环节的消费税税率低，则通过企业合并，可直接减轻企业的消费税税负。因前一环节应该征收的税款延迟到后面环节再征收，而后面环节的税率又较低，这就使合并前企业间的销售额，在合并后适用了较低的税率而减轻了税负。

【案例3-21】东北地区有两家大型酒厂A和B，都是独立核算的法人企业。A企业主要经营粮食类白酒，以当地生产的大米和玉米为原料进行酿造，《消费税暂行条例》规定，适用税率为20%。B企业以A企业生产的粮食酒为原料，生产系列药酒，《税法》规定，适用税率为10%。A企业每年要向B企业提供价值2亿元，即5 000万千克的粮食酒。2019年，

B企业由于资金和人才的缺乏，无法继续经营下去，即将破产。此时，B企业共欠A企业5 000万元的货款。经评估，B企业的资产恰好也为5 000万元。A企业经营者经过研究，决定对B企业进行收购。其决策的主要依据如下。

（1）收购支出的费用小。由于合并前，B企业的资产和负债均为5 000万元，净资产为零，不需要支付对价，根据财税〔2009〕59号《关于企业重组业务企业所得税处理若干问题的通知》规定，不需要缴纳企业所得税。此外，按照税法相关规定，企业合并，也不需要缴纳增值税、契税、土地增值税等税种。

（2）合并可以递延部分税款。合并前，A企业向B企业提供的粮食酒，每年应交增值税为：20 000×13%＝2 600（万元）；应交消费税为：20 000×20%＋5 000×2×0.5＝9 000（万元）。合并后，这笔税款中的增值税和从价计征的消费税可以递延到药酒销售环节缴纳，获得递延纳税好处。而从量计征的消费税税款则免于缴纳。

（3）B企业生产的药酒市场前景很好，企业合并后可以将经营的主要方向转向药酒生产。因粮食酒的消费税税率为20%，药酒的消费税税率为10%，因而转向后，企业应缴的消费税款将减少。

总之，如果企业合并，税负将会大大减轻。

解析：

假定药酒的销售额为2.5亿元，销售数量为5 000万千克。

合并前应交消费税款为：

A企业应交消费税：20 000×20%＋5 000×2×0.5＝9 000（万元）

B企业应交消费税：25 000×10%＝2 500（万元）

合计纳税＝9 000＋2 500＝11 500（万元）

合并后应交消费税：25 000×10%＝2 500（万元）

合并后节约消费税：11 500－2 500＝9 000（万元）

3.4.2 消费税计税依据的税务筹划

消费税计税依据的税务筹划主要包括关联企业转让定价和包装物的筹划。

1. 关联企业转让定价

消费税的应税行为在生产领域而非流通领域。如果企业集团内设立独立的法人销售机构，生产应税消费品的企业以较低的价格将应税消费品销售给予其关联的销售机构，则可降低生产企业的销售额，从而减少应交消费税税额。独立的销售机构处于流通领域，只缴纳增值税，不缴纳消费税。

【案例3-22】某酒厂主要生产粮食白酒，产品销往全国各地的批发商和本地的一些商业零售户、酒店、消费者。根据以往的经验，每年销售给批发商白酒约8 000箱（每箱12瓶，每瓶500克），零售户、酒店、消费者到工厂直接购买的白酒大约1 000箱。企业的生产成本为 800 元/箱，企业销售给批发商的不含税价格为每箱 1 200 元，销售给零售商、酒店及消费者的不含税价格为 1 400 元。

经过筹划，企业在本地设立了一个法人销售公司，企业按 1 000 元/箱的价格卖给销售公司，销售公司再分别按 1 200 元/箱和 1 400 元/箱卖给批发商和零售户、酒店及消费者。粮食白酒的比例税率为 20%，定额税率为 0.5 元/500 克。

解析：

不成立销售公司，直接对外销售白酒应交消费税：

1 200×8 000×20% + 1 400×1 000×20% + 12×9 000×0.5

= 1 920 000 + 280 000 + 54 000 = 2 200 000 + 54 000 = 2 254 000（元）

成立销售公司，由销售公司对外销售白酒应交消费税：

1 000×9 000×20% + 12×9 000×0.5

= 1 800 000 + 54 000 = 1 854 000（元）

节约消费税：2 254 000 - 1 854 000 = 400 000（元）

成立销售公司和不成立销售公司，对于整个集团缴纳增值税税额没有影响。

2. 包装物的筹划

随着市场竞争的日益深化，消费者对产品包装的要求也越来越高。但对于消费税所调节的应税消费品而言，生产企业往往不能随心所欲地包装自己的产品，否则，就有可能陷入高税负的泥潭。

《中华人民共和国消费税暂行条例实施细则》规定，应税消费品连同包装销售的，无论包装物是否单独计价，也不论在会计上如何核算，实行从价定率计算消费税部分，均应并入应税消费品的销售额征收消费税。如果包装物不作价随同产品销售，而是收取押金，则此项押金不并入应税消费品的销售额中征税。但因逾期未收回包装物而不再退还的和已收取 1 年以上的押金，实行从价定率计算消费税部分，应并入应税消费品的销售额，按照应税消费品的适用税率征收消费税。

对酒类产品生产企业销售酒类产品而收取的包装物押金，无论押金是否返还及会计上如何核算，实行从价定率计算消费税部分，均应并入酒类产品销售额征收消费税。

对于包装物的纳税问题，如果经营者兼顾经营需要与税务筹划两个方面，在销售方法和操作程序上做一些筹划，就有可能少交消费税。主要做法就是企业可通过先销售、后包装的形式降低应税销售额，从而降低消费税税负。

【案例 3-23】 丽雅日用化妆品厂将生产的高档化妆品和护肤品等组成成套消费品销售。每套消费品由下列产品组成：高档化妆品包括一瓶香水（500 元）、一支口红（100 元）；护肤品（非高档产品）包括一瓶精华液 400 元、一瓶保湿滋养水 120 元。化妆品消费税税率为 15%，上述价格均不含税。按照习惯做法，将产品包装后再销售给商业企业。

解析：

《税法》规定，纳税人将应税消费品与非应税消费品组成成套消费品销售的，应根据销售金额按应税消费品的税率纳税；纳税人兼营不同税率应税消费品的，应当分别核算不同税率应税消费品的销售额或销售数量，未分别核算的，按最高税率征税。

丽雅日用化妆品厂每套化妆品的应交消费税为：

$$(500+100+400+120)\times15\%=168（元）$$

习惯上，工业企业销售产品，都采取"先包装，后销售"的方式进行。按照上述规定，如果改成"先销售，后包装"方式，则可大大降低消费税的税负。

具体的操作方法可以从两个方面考虑：其一，将上述产品先分类别销售给零售商，再由零售商包装后对外销售，这样做只是在生产流程上换了一个包装地点。在销售环节将不同类别的产品分别开具发票，在财务环节对不同的产品分别核算销售收入。其二，如果当地税务机关对有关操作环节要求比较严格，还可以采取分设机构的操作方法，即另外再设立一个独立的包装公司。

通过这样操作，丽雅日用化妆品厂每套应税消费品的应交消费税为：

$$(500+100)\times15\%=600\times15\%=90（元）$$

每套化妆品节税额为 78（=168−90）元，因为设立独立的包装公司后，生产企业还可以稍低一点的价格，卖给包装企业，使得包装企业有价差收入。

应该注意的是，若上述产品采取"先销售，后包装"方式，但在账务上未分别核算其销售额，则税务部门仍会要求按照 15% 的最高税率对所有产品征收消费税。

▶本章小结

1. 消费税是一个重要的流转税，但消费税与增值税不同，消费税是价内税，即消费税的计税基础包含消费税本身。不难看出，在税率相同时，采用价内计税（含本税）与采用价外计税（不含本税）的税负是不同的，因此，价内税具有隐蔽性。

2. 消费税的计算和会计核算主要包括对外销售应税消费品的消费税计算与核算、委托加工应税消费品消费税的计税与核算、进口应税消费品消费税的计算与核算以及出口应税消费品退还消费税的计算与核算。

3. 消费税的税务筹划主要应该从消费税纳税人和消费税计税依据等方面寻找筹划方法。

▶思考题

1. 纳税人自产自用的应税消费品，应如何计算和核算消费税？
2. 纳税人没收逾期未退还包装物的押金，应如何进行增值税和消费税核算？
3. 纳税人委托外单位加工应税消费品，应如何计算和核算消费税？

4. 消费税的税务筹划方法有哪些？

▶ 练习题与作业题

一、单项选择题

1. 下列项目中，应征消费税的是（   ）。
   A. 啤酒屋销售的自制扎啤　　　　　　　　B. 商店出售的烟火鞭炮
   C. 黄河牌卡车　　　　　　　　　　　　　D. 销售使用过的小轿车

2. 《消费税暂行条例》规定，征收消费税的车辆是（   ）。
   A. 越野吉普车　　B. 电动汽车　　C. 沙滩车　　D. 大客车

3. 现行《税法》规定，下列消费品的生产经营环节，既征收增值税，又征收消费税的是（   ）。
   A. 酒类的批发环节　　B. 金银首饰的生产环节　　C. 卷烟的批发环节　　D. 酒精的生产环节

4. 下列工业企业生产的应税消费品，无须缴纳消费税的是（   ）。
   A. 电池生产企业将其生产的电池用于生产电动汽车
   B. 汽车生产企业将其生产的轿车用于管理部门
   C. 游艇生产企业将其生产的游艇用于赠送客户
   D. 卷烟生产企业将其生产的烟丝用于连续生产卷烟

5. 下列应视同销售缴纳消费税的情况是（   ）。
   A. 将外购已税烟丝继续加工成卷烟　　　　B. 将自制烟丝用于继续加工成卷烟
   C. 将自制酒精继续加工成白酒　　　　　　D. 将自制涂料用于粉刷办公楼

6. 下列行为中，应缴纳消费税的是（   ）。
   A. 进口高档手表　　B. 进口高档家具　　C. 零售电池、涂料　　D. 零售啤酒

7. 委托加工的应税消费品在提货环节已经缴纳了消费税，下列用途中应再缴纳消费税的是（   ）。
   A. 提回后用于连续生产应税消费品
   B. 提回后用于生产非应税消费品
   C. 提回后按加工环节计税价格直接平价出售
   D. 提回后以加工环节计税价格为基础加价出售

8. 下列各种车辆中属于消费税征税范围的是（   ）。
   A. 电动汽车　　　　　　　　　　　　　　B. 高尔夫球车
   C. 四个座位的小汽车　　　　　　　　　　D. 四十个座位的大客车

二、多项选择题

1. 采用定额税率从量定额征收消费税的项目有（   ）。
   A. 黄酒　　　　B. 葡萄酒　　　　C. 柴油　　　　D. 烟丝

2. 下列不同用途的应税消费品应缴纳消费税的有（   ）。

A. 将自产应税消费品用于投资

B. 将自产应税消费品用于集体福利

C. 用委托加工收回的应税消费品连续生产应税消费品后销售的

D. 将委托加工收回的应税消费品直接加价销售的

3. 下列环节中，有可能属于消费税纳税环节的有（　　）。

　　A. 货物的批发环节　　　　　　　　B. 不动产的转让环节

　　C. 应税消费品的连续生产环节　　　D. 商品的零售环节

4. 啤酒屋自制啤酒销售的，应征收（　　）。

　　A. 消费税　　　　　　　　　　　　B. 增值税

　　C. 只征收增值税，不征收消费税　　D. 城建税

5. 下列在移送环节应缴纳消费税的有（　　）。

　　A. 酒厂将自产白酒移送生产药酒

　　B. 小轿车厂将自产轿车赠送给汽车拉力赛组委会

　　C. 制药厂将自制酒精移送生产药膏

　　D. 电池厂将自制电池作为福利发给职工

6. 现行《税法》规定，下列消费品的生产经营环节，既征收增值税，又征收消费税的是（　　）。

　　A. 卷烟的批发环节　　　　　　　　B. 卷烟的进口环节

　　C. 白酒的批发环节　　　　　　　　D. 高档手表的进口环节

7. 《税法》规定，下列说法正确的有（　　）。

　　A. 凡是征收消费税的应税消费品都征收增值税

　　B. 凡是征收增值税的货物都征收消费税

　　C. 应税消费品征收增值税的，其税基含有消费税

　　D. 应税消费品征收消费税的，其税基不含有增值税

8. 依据消费税的有关规定，下列应税消费品中，准予扣除外购环节已纳消费税的有（　　）。

　　A. 以已税烟丝为原料生产的卷烟

　　B. 以已税汽车轮胎生产的小汽车

　　C. 以已税散装白酒为原料生产的瓶装白酒

　　D. 以已税杆头、杆身和握把为原料生产的高尔夫球杆

9. 《消费税暂行条例》规定，纳税人自产自用的应税消费品用于下列用途时，应缴纳消费税的有（　　）。

　　A. 用于职工奖励和福利　　　　　　B. 用于生产非应税消费品

　　C. 用于生产应税消费品　　　　　　D. 用于馈赠和赞助

10. 高尔夫球及球具的征税范围包括（　　）。

　　A. 高尔夫球　　B. 高尔夫球杆　　C. 高尔夫球包　　D. 高尔夫球车

三、判断题

1. 对销售果子酒收取的押金，不论到期与否，均应并入销售额计征增值税。（ ）
2. 委托加工应税消费品的组成计税价格公式中，加工费包括加工费和辅料费等向委托方收取的全部费用，但不含增值税税金。（ ）
3. 鞭炮厂销售鞭炮应征收消费税，不征收增值税。（ ）
4. 化妆品在生产、批发、零售环节均要缴纳增值税和消费税。（ ）
5. 企业应将不同消费税税率的出口应税消费品分开核算和申报退税，凡划分不清适用税率的，一律从低适用税率，计算应退消费税税额。（ ）
6. 对于外购的用于连续生产应税消费品，在计税时按当期生产领用数量，计算准予扣除的外购应税消费品已纳消费税税款。（ ）
7. 企业销售应税消费品及视同销售应税消费品，均通过"税金及附加"账户核算应交消费税。（ ）
8. 进口应税消费品在海关缴纳消费税后，国内的批发和零售环节，一律不再缴纳消费税。（ ）
9. 生产应税消费品的企业，成立法人销售公司销售本企业应税消费品，在生产企业与销售公司之间进行转让定价，主要是运用消费税的纳税环节进行筹划的。（ ）
10. 消费税的纳税环节如果全部后移到零售环节，则成立销售公司或成立包装公司进行税务筹划就失去了意义。（ ）

四、计算题

1. 某轿车生产企业为增值税一般纳税人，6月的生产经营情况如下：

   （1）进口原材料一批，支付给国外买价120万元，包装材料8万元，到达我国海关前的运杂费10万元，保险费13万元。

   （2）进口两台机械设备，支付给国外的买价60万元，国外税金3万元。支付到达我国海关前的运杂费6万元，保险费2万元，从海关运到企业所在地支付的运费取得专用发票，金额4万元，税率9%，税额0.36万元。

   （3）从国内购进钢材，取得专用发票注明金额300万元，税率13%，税额39万元。支付购货运费和装卸费，取得专用发票上列明金额20万元，税率9%，税额1.8万元。

   （4）从废旧物资回收经营单位购进报废汽车部件，取得专用发票，金额100万元，税率13%，税额13万元。另支付运杂费，取得普通发票，金额5万元，税率3%，税额0.15万元。

   （5）将A型小轿车100辆赊销给境内某代理商，约定15日开具专用发票并付款，金额2 000万元，税率13%，税额260万元，代理商30日将货款支付给企业，并支付延期付款的违约金，企业开出专用发票，金额10万元，税率13%，税额1.3万元。

   （6）销售A型小轿车10辆给本企业有突出贡献的业务人员，以成本价核算销售金额80万元。

   其他相关资料：进口原材料和设备的关税均为10%；销售小轿车的消费税税率为12%；相关票据在有效期内均通过主管税务机关认证。

   要求：（1）计算进口原材料应缴纳的关税和增值税。

（2）计算进口机器设备应缴纳的关税和增值税。

（3）计算本月销项税额、允许抵扣的进项税额和应纳增值税。

（4）计算本月应缴纳的消费税。

2. 某高尔夫球生产企业是增值税一般纳税人，生产销售高尔夫球系列产品。6月发生下列业务：

（1）外购高尔夫球杆的杆头、杆身和握把一批，取得专用发票，金额150万元，税率13%，税额19.5万元，该批杆头、杆身和握把全部用于本月生产高尔夫球杆。

（2）外购生产高尔夫球的原材料一批，取得专用发票，金额50万元，税率13%，税额6.5万元。

（3）向某高尔夫球场销售高尔夫球和高尔夫球杆一批，开出专用发票，金额500万元，税率13%，税额65万元。

（4）向某电商销售高尔夫球包一批，开出专用发票，金额200万元，税率13%，税额26万元。

（5）向某高尔夫球场销售高尔夫球车一批，开出专用发票，金额80万元，税率13%，税额10.4万元。

假定上述取得发票都符合税法抵扣要求，高尔夫球和球具的消费税税率为10%，请计算高尔夫球生产企业6月应缴纳的增值税和消费税。

3. 某商贸公司为增值税一般纳税人，并具有进出口经营权。6月发生下列经济业务：

（1）从国外进口小轿车10辆，支付买价40万元/辆，支付到达我国海关前的运输费总额10万元，保险费总额5万元，国外有关税金总额3万元。进口后发生国内运费，取得专用发票上列明的金额1万元，税率9%，税额0.09万元。

（2）本月销售进口小轿车8辆，每辆含税售价90.4万元，同时每辆收取代办保险费0.5万元，收取代缴车辆购置税9.36万元，收取代办车辆牌照费0.6万元。

（3）采用分期收款方式向某汽车批发企业销售另一品牌国产小轿车100辆，每辆不含税单价30万元，价款3 000万元，增值税390万元。购销合同约定分三期收款，本月应收取1/3，开出专用发票，金额1 000万元，税率13%，税额130万元。实际收到不含税价款800万元和增值税104万元。

（4）进口卷烟100箱，海关审定完税价格总额150万元，款项已支付，卷烟已验收入库。

（5）本月批发销售卷烟60箱，不含税售价15万元/箱，开出专用发票，金额900万元，税率13%，税额117万元。

小轿车进口关税15%，小轿车消费税5%。卷烟进口关税20%，卷烟生产/进口环节消费税56%，卷烟批发环节消费税11%，定额税均为150元/箱。

要求：（1）计算进口环节应缴纳的增值税和消费税。

（2）计算当期销项税额和当期准予抵扣的进项税额。

（3）计算本月应向税务机关缴纳的增值税和消费税。

4. 某酒厂为增值税一般纳税人，6月发生下列经济业务：

（1）销售瓶装白酒50吨，不含税单价2万元/吨，开出专用发票，金额100万元，税率13%，税额13万元，款项全部存入银行。

（2）销售瓶装白酒 100 吨，不含税单价 4 万元/吨，开出专用发票，金额 400 万元，税率 13%，税额 52 万元，款项全部存入银行。

（3）销售套装礼品白酒 20 吨，不含税单价 8 万元/吨，开出专用发票，金额 160 万元，税率 13%，税额 20.8 万元，款项全部存入银行。

（4）购进粮食，取得专用发票，金额 200 万元，税率 9%，税额 18 万元，银行付款。

（5）将本厂生产的瓶装白酒作为福利发给职工，共计 8 吨。

白酒消费税定额税率 0.5 元/500 克，比例税率 20%。

要求：计算该酒厂本月应向税务机关缴纳的消费税和增值税。

五、分录题

1. 某酒厂异地销售粮食白酒 2 000 瓶（500 克/瓶），开出专用发票，金额 20 000 元，税率 13%，税额 2 600 元；另包装物单独计价，收取包装费，开出普通发票，金额 1 000 元，税率 13%，税额 130 元。款项全部存入银行。编制会计分录，并结转应缴消费税。

2. 某卷烟厂委托 A 厂加工烟丝，卷烟厂和 A 厂均为一般纳税人。卷烟厂提供烟叶 55 000 元，A 厂收取加工费 20 000 元，专用发票上列明金额 20 000 元，税率 13%，税额 2 600 元。计算 A 厂应代扣代缴消费税，请做出委托加工的会计处理。

六、筹划题

1. 某手表生产企业为增值税一般纳税人，生产销售某款高档手表，销售部门定价 11 000 元。该厂财务总监建议：将手表售价降低 1 100 元，手表每只售价 9 900 元。请分析该方案是否可行？如果可行，还有多大的降价空间？

2. 某酒厂接到一笔粮食白酒订单，合同议定不含税销售价格为 2 000 万元（100 万千克），如何组织该批白酒的生产，共有以下 3 种方案可供选择。

方案一：委托加工成酒精，然后由本厂生产成白酒。

该酒厂以价值 250 万元的原材料委托 A 厂加工成酒精，加工费支出 150 万元，加工后的酒精运回本厂后，再由本厂生产成白酒，需支付人工及其他费用 100 万元。

方案二：委托 A 厂直接加工成白酒，收回后直接加价销售。

该酒厂将价值 250 万元的原材料交 A 厂加工成白酒，需支付加工费 250 万元。产品运回后仍以 2 000 万元的价格销售。

方案三：由该厂自己完成白酒的生产过程。

由本厂生产，消耗材料 250 万元，需支付人工费及其他费用 250 万元。

白酒的消费税税率 20%，定额税率 0.5 元/500 克。

根据以上资料，分析计算后做出筹划方案。

第 4 章

流转环节小税种的会计核算与税务筹划

> ▶ **学习提示** ◀
>
> 流转环节小税种包括城市维护建设税、关税、资源税、土地增值税和烟叶税。本章主要介绍城建税、关税、资源税、土地增值税和烟叶税的法律规定、应纳税额的计算及其税务筹划方法。通过本章的学习,学生应对城建税、关税、资源税、土地增值税和烟叶税的概念与特点、计算与申报、核算与筹划等有比较全面的理解和掌握。

4.1 城建税的会计核算

城市维护建设税(简称城建税)是对从事工商经营,缴纳增值税和消费税的单位和个人,以其实际缴纳的增值税和消费税税额为依据征收的一种税。城建税属于特定目的税,是国家为加强城市的维护建设,扩大和稳定城市维护建设资金的来源而采取的一项税收措施。

4.1.1 城建税的基本规定

1. 纳税人

城建税没有独立的征税对象或税基,而是以实际缴纳增值税和消费税的税额之和为计税依据附加征收。所以,城建税的纳税人是负有缴纳增值税和消费税义务的单位和个人。自 2010 年 12 月 1 日起,对外商投资企业、外国企业及外籍个人征收城市维护建设税。

2. 征税范围和税率

城建税的征税范围包括城市、县城、建制镇以及税法规定的其他地区。在城建税的征税范围内实行地区差别比例税率,具体规定如下:

- 纳税人所在地在城市市区的,税率为 7%。

- 纳税人所在地在县城、建制镇的，税率为5%。根据税总函〔2015〕511号，撤县建市后，城建税税率为7%。
- 纳税人所在地为其他地区的，税率为1%。开采海洋石油资源的油气田在海上，城建税适用1%的税率。

城建税的适用税率，应当按纳税人所在地的规定税率执行。但下列情况，可按缴纳流转税所在地的规定税率就地缴纳城建税：

（1）由受托方代收代缴、代扣代缴流转税的单位和个人，其代扣代缴、代收代缴的城建税按受托方所在地适用税率执行。

（2）流动经营等无固定纳税地点的单位和个人，其城建税的缴纳按经营地适用税率执行。

3. 减免税

城建税以增值税和消费税税额为计税依据并同时征收，如果要免征或者减征增值税和消费税，也就要同时免征或者减征城建税。城建税的税收减免还有以下几种情况：

（1）城建税按减免后实际缴纳的增值税和消费税税额计征，随增值税和消费税的减免而减免，随增值税和消费税的退还而退还。

（2）海关对进口产品代征的增值税、消费税，不征收城建税。

（3）对增值税和消费税实行先征后返、先征后退、即征即退办法的，除另有规定外，对附征的城建税和教育费附加，一律不退还或返还。

（4）对国家重大水利工程建设基金免征城建税。

2019年1月1日至2021年12月31日，各省级政府可以对增值税小规模纳税人，在50%幅度内减征城建税。

4.1.2　城建税的计算

城建税的计税依据是纳税人实际缴纳的增值税和消费税税额，不包括加收的滞纳金和罚款。但纳税人在查补增值税、消费税和被处以罚款时，应同时对其偷漏的城建税进行补税，并缴纳滞纳金和罚款。

对出口产品退还增值税、消费税的，不退还已缴纳的城建税。

自2005年1月1日起，经国家税务局正式审核批准的当月免抵的增值税税额，应纳入城建税和教育费附加的计征范围。

城建税纳税人应纳税额的大小由纳税人实际缴纳的增值税和消费税税额决定，计算公式为

$$应纳城建税税额 = 纳税人实际缴纳的（增值税 + 消费税） \times 适用税率$$

【案例4-1】光明公司位于市中心，3月应缴纳增值税231万元，缴纳消费税69万元；因故被加收滞纳金0.25万元，计算实际应缴纳的城建税。

应纳税额 =（231 + 69）× 7% = 300 × 7% = 21（万元）

4.1.3　教育附加

教育附加包括教育费附加和地方教育附加，是对缴纳增值税和消费税的单位和个人，以其实际缴纳的增值税和消费税税额为计算依据征收的附加费。教育附加是为加快地方教育事业，扩大地方教育经费的资金而征收的专用基金。

自 2010 年 12 月 1 日起，对外商投资企业、外国企业及外籍个人征收教育费附加。

教育费附加的征收率为 3%，但是对生产卷烟和烟叶的单位减半征收教育费附加。

地方教育附加征收率为 2%（自 2010 年起全国统一为 2%）。

教育费附加的减免规定：

（1）进口产品征收的增值税、消费税，不征收教育费附加。

（2）因减免增值税和消费税而发生退税的，同时退还已征收的教育费附加。但对出口产品退还增值税、消费税的，不退还已征的教育费附加。

（3）对国家重大水利工程建设基金免征教育费附加。

2019 年 1 月 1 日至 2021 年 12 月 31 日，各省级政府可以对增值税小规模纳税人，在 50% 幅度内减征教育费附加、地方教育附加。

教育费附加和地方教育附加的计算公式为：

应纳教育费附加或地方教育附加 = 实际缴纳的（增值税 + 消费税）× 征收比率

【**案例 4-2**】光明公司 11 月实际缴纳增值税 30 万元，消费税 25 万元，请计算该企业应缴纳的教育附加。

应缴纳的教育费附加 =（30 + 25）× 3% = 1.65（万元）

应缴纳的地方教育附加 =（30 + 25）× 2% = 1.1（万元）

4.1.4　城建税及教育附加的会计核算

城建税和教育附加通过"应交税费——应交城建税""应交税费——教育费附加""应交税费——地方教育附加"账户进行核算。该账户的贷方发生额反映企业应缴纳的城建税或教育附加，借方发生额反映企业已纳的城建税或教育附加。该账户的期末余额在贷方，反映企业应缴未缴的城建税或教育附加。具体账务处理如下。

（1）计算应缴纳的城建税或教育附加时。

借：税金及附加
　　贷：应交税费——应交城建税
　　　　　　　　——教育费附加
　　　　　　　　——地方教育附加

(2)实际缴纳税款时。

借:应交税费——应交城建税
    ——教育费附加
    ——地方教育附加
  贷:银行存款

4.2 关税的会计核算与税务筹划

从本国利益出发,各国都鼓励本国商品出口,而不愿意让大量的外国商品进入国内市场,冲击本国市场,故各国都征收关税。关税是海关依法对进出关境的货物和物品征收的一种商品税。

4.2.1 关税的基本规定

1. 征税对象

关税的征税对象是准许进出境的货物和物品。货物是指贸易性商品;物品是指出入境旅客随身携带的行李物品、各种运输工具上的服务人员携带进出口的自用物品、馈赠物品以及以其他方式出入境的个人物品。

关税对进口货物的收货人、出口货物的发货人和进出境物品的所有人征收。进出口货物的收、发货人是指依法取得对外贸易经营权并进口或出口货物的法人或其他社会团体。

2. 关税分类

关税可以按以下 4 种标准进行分类。

(1)按征税对象分类,关税分为进口关税(import duty)和出口关税(export duty)。进口关税是对进口货物或物品按照一定标准征收的关税;出口关税是对出口货物或物品征收的关税。因各国都鼓励商品出口,故征收出口关税的商品品种很少。

(2)按征税标准分类,关税分为从量税(specific duty)、从价税(ad valorem duty)、复合税(mixed or compound duty)和滑准税。从量税与进口商品价值无关,以进出口商品的重量、长度、容量、面积等计量单位为计税依据征税。从量税计算简便,通关手续快捷,能抑制质次价廉商品或故意压低价格商品的进口。目前,我国对原油、啤酒、胶卷、冻鸡等进口商品实行从量税。从价税以进口商品的价值为计税依据,按照进口商品价值的一个百分比征税。从价计税税负比较公平、明确。复合税是对进口商品同时使用从价和从量计征进口关税。目前我国仅对录像机、放像机、摄像机、数字照相机、摄录一体机等进口商品实行复合税。滑准税是一种关税税率随进口商品价格由高到低而由低到高设置税率计征的关税。滑准税可以保持实行滑准税商品的国内市场价格相对稳定,尽可能减少国际市场价格波动的影响。我国曾对进口新闻纸实行过滑准税,2003 年停止了滑准税,对进口新闻纸实行单一从价税，普通税率30%，最惠国税率7.5%。2005年5月开始对关税配额外棉花进口配额征收滑准税，税率为5%～40%。

（3）按征税性质分类，关税分为普通税率、优惠税率和差别税率。普通税率适用于与本国没有签税收协定的国家的进口货物征税。优惠税率是按协议规定的优惠税率征税，包括特定优惠关税（特惠税）、发达国家给予发展中国家的普遍优惠制（普惠制）、最惠国待遇（现在和将来给予第三国的优惠，同样适于对方）。差别税率是对来自不同国家和地区的货物给予差别对待，包括反补贴关税、反倾销关税、报复关税、保障性关税（某类商品进口量剧增，对相关产业带来巨大影响或损害时，按照WTO规则，启动一般保障措施、磋商、提高进口关税或数量限制）等。

（4）按保护形式分类，分为关税壁垒和非关税壁垒。关税壁垒是以提高关税的办法限制外国商品进口的措施，由于关税就像城墙一样可以挡住外国商品进入本国，故称为关税壁垒。非关税壁垒是指采取除关税以外的一切限制商品进口的措施。直接非关税壁垒是指对本国产品和进口产品差别对待或迫使出口国限制出口等措施，包括政府采购、海关估价、进口许可制度、进口配额制、关税配额制等。间接非关税壁垒是指为了其他目的，但同样起到限制商品进口效果的措施，包括外汇管制、进出口国家垄断、复杂的海关手续、苛刻的卫生安全标准和技术标准。

3. 税率

我国现行关税税率包括进口关税税率和出口关税税率。

（1）进口关税税率。自2002年1月1日起，我国进口税则设有最惠国税率、协定税率、特惠税率、普通税率、关税配额税率等税率形式，并准许进口货物在一定期限内实行暂定税率。

最惠国税率适用于原产于共同适用最惠国待遇条款的世界贸易组织成员的进口货物；原产于与我国签订含有相互给予最惠国待遇条款的双边贸易协定的国家和地区的进口货物；原产于我国境内的进口货物。

2018年关税实施方案，对有关最惠国税率进行了如下调整。

1）我国对948种进口商品实施暂定税率，如心脏起搏器、血管支架，最惠国税率为2.7%，暂定税率为2%；人工耳蜗植入装置，最惠国税率2.7%，暂定零税率；太阳镜，最惠国税率为20%，暂定税率为6%；微波炉、电饭锅、电烤箱，最惠国税率为15%，暂定税率为8%；太阳能热水器，最惠国税率为35%，暂定税率为5%；抽油烟机，最惠国税率为10%，暂定税率为6%；护肤品、洗发香波，最惠国税率为6.5%，暂定税率为2%；烫发剂和定型剂，最惠国税率均为15%，暂定税率均为5%；酱油，最惠国税率为28%，暂定税率为15%；人用疫苗，最惠国税率3%，暂定零税率。

实行暂定税率的948种商品中，27项信息技术产品暂定税率实施至2018年6月30日止，自2018年7月1日起实施第三次降税，如心脏起搏器、血管支架，最惠国税率由2.7%降至2%。

2）对小麦、玉米、稻谷和大米、糖、羊毛、毛条、棉花、化肥等8类47个税目商品继续实施关税配额税率,如糖,普通税率为125%,最惠国税率为50%,关税配额税率为15%;羊毛,普通税率为50%,最惠国税率为38%,关税配额税率为1%;税号为10061011的进口大米,普通税率为180%,最惠国税率为65%,关税配额税率为1%;棉花,普通税率为125%,最惠国税率为40%,关税配额税率为1%;化肥,普通税率为150%,最惠国税率为50%,关税配额税率为1%。

协定税率适用于原产于我国参加的含关税优惠条款的区域性贸易协定的有关缔约方的进口货物。如中国—韩国自贸协定下,有1668种商品实施零关税,中国—澳大利亚自贸协定下,有2419种商品实施零关税;中国—冰岛协定下,有7230种商品零关税;中国—秘鲁协定下,有5331种商品零关税;中国—哥斯达黎加协定下,有7784种商品零关税;中国—瑞士协定下,有3365种商品零关税;中国—新西兰协定下,有7372种商品零关税。适用协定税率的商品还有来自文莱、柬埔寨、印度尼西亚、老挝、马来西亚、缅甸、菲律宾、新加坡、泰国、越南、斯里兰卡、孟加拉、印度、巴基斯坦、智利等国家和中国香港、中国澳门、中国台湾等地区的部分进口货物。这些协定税率都低于最惠国税率。

亚太贸易协定税率适用于韩国、印度、斯里兰卡、孟加拉和老挝;中国—东盟自由贸易协定税率适用于文莱、印度尼西亚、马来西亚、新加坡、泰国、菲律宾、越南、缅甸、老挝和柬埔寨。还有中国—智利协定税率、中国—巴基斯坦协定税率、中国—新西兰协定税率、中国—新加坡协定税率、中国—秘鲁协定税率、中国—哥斯达黎加协定税率。对原产于中国香港和澳门地区,且已制定优惠原产地标准的商品,实施零关税;对原产于中国台湾地区的614个税目商品实施海峡两岸经济合作框架协议货物贸易早期收获计划协定税率。

特惠税率适用于原产于与我国签有特殊优惠关税协定的国家和地区的进口货物,目前,适用特惠税率的国家或地区为原产于埃塞俄比亚、贝宁、布隆迪、厄立特里亚、吉布提、刚果、几内亚、几内亚比绍、科摩罗、利比里亚、马达加斯加、马里、马拉维、毛里塔尼亚、莫桑比克、卢旺达、塞拉利昂、苏丹、坦桑尼亚、多哥、乌干达、赞比亚、莱索托、乍得、中非、阿富汗、孟加拉国、尼泊尔、东帝汶、也门、萨摩亚、瓦努阿图、赤道几内亚、安哥拉、塞内加尔、尼日尔、索马里、老挝、缅甸和柬埔寨,共40个联合国认定的最不发达国家的部分税目商品实施特惠税率。

普通税率适用于原产于上述国家或地区以外的其他国家或地区的进口货物,以及原产地不明的进口货物。按照普通税率征税的进口货物,经国务院关税税则委员会特别批准,可以适用最惠国税率。

(2)出口关税税率。现行税则对110种商品计征出口关税,主要是鳗鱼苗、部分有色金属矿砂及其精矿、生锑、磷、氟钽酸钾、苯、山羊板皮、部分铁合金、钢铁废碎料、铜和铝原料及其制品、镍锭、锌锭、锑锭。

出口关税税率为20%～40%,如鳗鱼苗的出口税率为20%,山羊板皮出口税率为20%,合金生铁出口税率为20%,铅矿砂及其精矿出口税率为30%。但我国对征税范围内的部分商品实行0～30%的暂定税率,如苯出口税率为40%,暂定零税率;铜锌合金丝出口税率为

30%，暂定零税率；高纯阴极铜出口税率为30%，暂定零税率。

此外，根据需要对其他92种商品出口征收暂定税率，如褐煤出口暂定税率为3%；肥料用硝酸钾出口暂定税率为5%；钛矿砂及其精矿的暂定税率为10%；镍矿砂及其精矿出口暂定税率均为10%。

4. 原产地规定

原产地原则是确定进口货物唯一产地的规定，包括原产地标准和直接运输规定。确定进口货物原产地的主要原因是为了便于正确运用进口税则的各栏税率，对产自不同国家或地区的进口货物适用不同的关税税率。

（1）原产地标准。对只有一个国家可供审定的进口货物，采用"完全在一国生产"标准，确定原产地；如果有两个及两个以上国家参与生产的进口货物，采用"实质性改变"准则。

完全在一国生产标准是指从原材料到制成品的全部生产过程都在一个国家内进行的货物，这些货物完全不使用外国料、件，也没有在他国加工生产。

实质性改变标准是指凡经过两个及以上国家加工的货物，应以最后一个实质性改变了原产品，使其得到了新的特有的性质或特征的国家作为货物的原产国。① 改变税号的方法。甲国的货物在乙国加工后，改变了税号，原产地为乙国；没改变税号，原产地仍为甲国。② 列出加工程度表。对加工程序列表，在原产地生产，必须达到表列要求。③ 从价百分比法。当乙国增值量等于或超过规定的百分比时，将乙国视为原产地。

（2）直接运输规定。原产国要将出口产品直接运到进口国，进口国才能将进口货物作为该国原产的货物给予相应的待遇，包括不通过他国关境直接将货物运到进口国；由于地理条件等特殊原因，通过了他国关境，但在他国关境内有关货物始终处于海关的监管之下。

（3）原产地证书。海关对进口货物要求交验原产地证书及其他能证明进口货物产地的单证。原产地证书可由生产厂家、供应商、出口商或其他当事人提供，也可由主管当局或公共团体出具。

（4）我国原产地规定。我国原产地规定采用了国际上通用的"全部产地生产标准"和"实质性加工标准"，具体规定如下：① 对于完全在一个国家内生产或制造的进口货物，生产国或制造国即视为该货物的原产国。② 对经过几个国家加工、制造的货物，以最后一个对货物进行经济上可以视为实质性加工的国家作为货物的原产国。我国税则中对归类改变，或虽然归类没有改变但加工增值部分所占比例超过30%的，作为实质加工对待。③ 对于零件、部件、备件及工具，如与主件同时进口且数量合理，按主件原产地确定；如分别进口，按各自原产国确定。

5. 征收管理

关税的征收管理包括关税缴纳、关税强制执行、关税退还、关税补征和追征、关税纳税争议的解决等。

（1）关税缴纳。进口货物自运输工具申报进境之日起14日内，出口货物在货物运抵海关监管区后装货24小时以前，纳税人向货物进出境地海关申报，海关根据税则归类和完税价格，计算应缴纳的关税和进口环节代征税，并填发税款缴款书。在海关填发税款缴款书之日起 15 日内，纳税人到指定银行缴纳税款。经过申请且海关同意，纳税人可以在设有海关的指运地（启运地）办理海关申报、纳税手续。因不可抗力或者国家税收政策调整而不能按期缴纳税款的，经海关总署批准，可以申请延期纳税，但最长不得超过 6 个月。

（2）关税强制执行。纳税人未按期缴纳关税，即构成关税滞纳。关税滞纳要缴纳滞纳金，即自期满之日起，按日征收万分之五的滞纳金，遇节假日不扣除节假日天数。自海关填发缴款书之日起 3 个月未缴纳关税的，经海关关长批准，可采取强制扣缴、变价抵缴等强制执行措施。

（3）关税退还。进出境货物被征收关税后，发现有下列情形的，可以退还关税：① 海关误征；② 免验进口货物，完税后发现短缺，情况属实的；③ 已征收关税的出口货物，因故未运出口，发生退关的；④ 溢征关税退还指因货物品种或规格原因（非其他原因）原状复运进境或出境的，经海关查验属实的，退还已征关税。

自缴纳关税 1 年内发现有以上可以退还关税情形的，纳税人应书面声明理由，持原纳税收据向海关申请退税。情况属实的，海关退还关税时要加算银行活期存款利息。

（4）关税补征和追征。纳税人违反规定而未交少交关税的，海关可以追征税款。追征税款自缴纳税款或货物放行之日起 3 年内，并按日加收追征税款万分之五的滞纳金。非因纳税人违反规定而未交或少交关税的，海关可以补征。补征关税的期限是自缴纳税款之日起 1 年内。

（5）关税纳税争议的解决。纳税人因关税缴纳问题与海关发生争议，自海关填发税款缴纳书之日起 30 日内，可以向原征税海关的上一级海关书面申请复议；接到复议申请的上一级海关应自收到复议申请之日起 60 日内做出复议答复。纳税人对上一级海关的复议决定仍不服的，自收到复议决定之日起 15 日内，可以向人民法院起诉。

4.2.2 关税的计算与核算

关税的计算是关税缴纳的主要环节，主要包括进口关税的计算和出口关税的计算。关税的会计核算是纳税人会计工作的重要内容。

关税的计算与关税完税价格密切相关。自 2002 年 1 月 1 日起，我国执行新的进出口货物关税完税价格确认办法。新的《完税价格办法》规定，进口货物的完税价格由海关以该货物的成交价格为基础审查确认，包括货物的货价、货物运抵我国境内输入地起卸前的运输及其相关费用、保险费。进出口实务中，以我国口岸 CIF 价格（成本、保险费加运费，指定目的港）成交的进口货物，完税价格 = CIF。以出口国口岸 FOB 价格（船上交货，指定装运港）成交的进口货物，必须在 FOB 价格基础上，加上从发货口岸到我国口岸的运杂费和保险费，才能作为完税价格，即完税价格 = FOB 价格 + 运杂费 + 保险费 =(FOB 价格 + 运杂费)÷（1－保险费率）；以 CRF 价格（成本加运费价格）成交的，应当另加保险费作为完税价格，即完税价格 = CRF 价格 + 保险费 = CRF 价格 ÷（1－保险费率）。

1. 进口关税的计算

进口关税的计算，分为从价税、从量税和复合税。

（1）从价税应纳税额的计算。我国绝大部分进口货物都采用从价计征关税。如税号08013100，短筒靴，普通税率100%，最惠国税率10%；税号24022000，烟草制的卷烟，普通税率180%，最惠国税率25%；税号22060010，黄酒，普通税率180%，最惠国税率40%；税号22083000，威士忌酒，普通税率180%，最惠国税率10%；排气量小于2.5升的小轿车、小客车、越野车，普通税率230%，最惠国税率15%；天然气，普通税率20%，最惠国零税率。

$$关税税额 = 应税进口货物数量 \times 单位完税价格 \times 税率$$
$$= 应税进口货物完税价格总额 \times 税率$$

【案例4-3】某进出口公司从美国进口一批卷烟，进口申报价格FOB价100万美元，进口运费20万美元，保险费率0.3%，当日汇率1∶6.2。适用最惠国税率25%。

解析：

货价折合人民币 = 100×6.2 = 620（万元）

运费折合人民币 = 20×6.2 = 124（万元）

完税价格 =（620 + 124）÷（1−0.3%）= 746.24（万元）

应交进口关税 = 746.24×25% = 186.56（万元）

（2）从量税应纳税额的计算。目前我国对原油、啤酒、胶卷、冻鸡等，实行从量计征进口关税。如税号27090000，石油原油，普通税率85元/吨，最惠国零税率；税号0207120，冻的整只鸡，普通税率5.6元/千克，最惠国税率为1.3元/千克；税号2203000，麦芽酿造的啤酒，普通税率7.5元/升，最惠国零税率；税号3702429，红色或红外激光胶片，普通税率为213元/平方米，最惠国税率为2.4元/平方米。

$$关税税额 = 应税进口货物数量 \times 单位税额$$

【案例4-4】某进出口公司从国外进口红外激光胶片400平方米，税则号列3702429，执行普通税率213元/平方米。

解析：

应交进口关税 = 400×213 = 85 200（元）

（3）复合税应纳税额的计算。目前我国对录像机、放像机、摄像机、数字照相机、摄录一体机等，实行复合计征进口关税。如税号85211011，广播级磁带录像机，完税价格不高于2 000美元/台的，普通税率为130%加定额税20 600元/台，最惠国税率为30%加定额税4 374元/台；完税价格高于2 000美元/台，普通税率为6%加定额税20 600元/台，最惠国税率为3%加定额税4 374元/台。税号85258029，非特种用途的其他数字照相机，完税价格不高于5 000美元/台，普通税率为130%加定额税51 500元/台，完税价格高于5 000美元/台，普通税率为6%加定额税51 500元/台，最惠国均为零税率。我国目前实行的复合税都是先计征从量税，再计征从价税。

$$关税税额 = 应税进口货物数量 \times 单位税额 + 应税进口货物数量 \times 单位完税价格 \times 税率$$

【案例 4-5】某广播电视局经批准从国外购入广播级磁带录像机一台，进口申报价格 CIF 上海 2 500 美元，执行普通税率 6% 加定额税 20 600 元/台，税则号列 85211011，当日汇率 1∶6.2。

解析：

货价折合人民币 = 2 500×6.2 = 15 500（元）

应交进口关税 = 20 600×1 + 15 500×6% = 21 530（元）

2. 出口关税的计算

出口货物完税价格由海关以该货物向境外销售的成交价为基础审查确定，包括货物运至我国境内输入地装载前的运输及其相关费用、保险费，但其中的出口关税税额应当扣除。以离开我国口岸的 FOB 价格成交的，完税价格 = FOB 价格÷（1+出口关税税率）。以到达国外口岸的 CIF 价格成交的，完税价格 =（CIF 价格 − 保险费 − 运费）÷（1+出口关税税率）。以 CRF 价格成交的，完税价格 =（CRF 价格 − 运费）÷（1+出口关税税率）。以 CIFC 价格成交的，当佣金 C 为给定金额时，完税价格 =（CIFC 价格 − 保险费 − 运费 − 佣金）÷（1+出口关税税率）；当佣金 C 为百分比时，完税价格 =［CIFC 价格×（1−佣金）− 保险费 − 运费］÷（1+出口关税税率）。

我国现行部分出口商品税率如下：税号 03019210，鳗鱼苗，税率 20%，暂定税率为 10%；税号 26070000，铅矿砂及其精矿，税率 30%；税号 26080000，锌矿砂及其精矿，税率 30%；税号 41039019，山羊板皮，税率 20%。

【案例 4-6】某进出口公司出口山羊板皮一批，FOB 上海总价格 120 000 美元，当日汇率 1∶6.2。

解析：

完税价格 = 120 000÷（1+20%）= 100 000（美元）

应交出口关税 = 100 000×6.2×20% = 124 000（元）

3. 关税的核算

进口关税的核算比较简单，因关税是价内税，无论进口流动资产，还是进口固定资产，在海关缴纳的进口关税都计入进口货物的成本。

【案例 4-7】依据【案例 4-5】的数据，广播电视局进口广播级磁带录像机后，缴纳进口关税 21 530 元，做会计分录为：

借：固定资产　　　　　　　　　　　　　　　　　　　　37 030
　　贷：银行存款——美元户（$2 500×6.2）　　　　　　15 500
　　　　　　　　——人民币户　　　　　　　　　　　　21 530

出口货物缴纳的关税实质上属于企业销售过程发生的费用，因此，通过"税金及附加"

账户核算。

【案例4-8】依据【案例4-6】的数据，进出口公司出口山羊板皮缴纳的出口关税124 000元，做会计分录为：

借：税金及附加 124 000
　　贷：银行存款——人民币户 124 000

4.2.3 关税的税务筹划

合理控制关税的完税价格是关税筹划的又一个重要方法。在税率确定的情况下，完税价格的高低就决定了关税的轻重。在审定成交价格下，如何缩小进口货物的申报价格而又能为海关审定认可为"正常成交价格"就成为筹划的关键所在。在审定成交价格法下经海关审查未能确定的，海关按以下方法依次确定完税价格：相同货物成交价格法、类似货物成交价格法、国际市场价格法、国内市场价格倒扣法以及由海关按其他合理方法估定价格。

值得注意的是，不能把完税价格的筹划方法片面地理解为降低申报价格。为了少缴关税而降低申报价格的，就构成了偷税。

【案例4-9】世纪才华科技研究所经批准投资3亿元建立一个新能源实验室，其中的核心设备只有西欧某国才能制造，这是一种高新技术产品。由于这种新产品刚刚走出实验室，其确切的市场价格尚未形成，世纪才华科技研究所已确认其未来的市场价格将远远高于目前市场上的类似产品。因而，开发商预计此种产品进口到中国市场上的售价将达到2 000万美元，经过多次友好协商，世纪才华科技研究所以1 800万美元的价格作为该国技术援助项目购得该设备，而其类似产品的市场价格仅为1 000万美元，关税税率为25%，外汇汇率为1∶6.2。

世纪才华科技研究所不符合关税的优惠条件，在报关环节应该照章征收关税。如果按照交易的实际情况进行申报，则该设备应缴纳的关税为：

$$1\,800 \times 6.2 \times 25\% = 2\,790（万元）$$

请税务专家筹划，税务专家对业务情况进行了全面调研后，提出了一个申报方案：以900万美元的价格向海关申报。

当世纪才华科技研究所向当地海关进行申报进口时，海关认为其资料不真实，于是立案调查。经过调查，海关当局发现与该设备相近的产品的市场价格为1 000万美元。而该设备是一种刚刚研制开发出来的新产品，其价格应当高于1 000万美元，于是，海关对该进口新产品比照类似货物成交价格进行估价，确定其价格为1 000万美元。于是，世纪才华科技研究所应当缴纳关税

$$1\,000 \times 6.2 \times 25\% = 1\,550（万元）$$

通过税务筹划，世纪才华科技研究所节约关税1 240（= 2 790−1 550）万元。

解析：

关税完税价格的确定依据和方法，在各国目前并不一致，这为关税筹划提供了切入点。

目前，所有经济发达国家和相当一部分发展中国家和地区都"以进口商品的成交价格作为海关作价的依据"，但至少还有六七十个国家仍"以正常价格作为海关作价依据"。"正常价格"指的是在进口国立法确定的某一时间和地点，在正常贸易过程中有充分竞争的条件下该种货物的价格，而不一定是实际买卖合同的价格。我国目前实施的是后一种，不过，在海关估价实务中也兼用了前一种方法中的很多做法。二者相比，前一种定价法有利于自由贸易，而后一种更强调海关审定价格的作用，有利于关税征管。

本案例是针对稀有产品的税务筹划。稀有产品指的是目前市场上还没有或很少出现的产品，如高新技术、特种资源、新产品等。由于这些产品进口没有确定的市场价格，而且其预期市场价格一般要远远高于通常市场类似产品的价格，这就为进口完税价格的申报留下了较大的空间。

由于有关税则的刚性比较强，进行类似的筹划存在较大的政策风险和技术风险。因此，税务筹划时应注意化解企业的相关风险。

我国进口税则设有最惠国税率、协定税率、特惠税率和普通税率4栏税率。同一种进口货物的原产国不同，适用的税率有很大差别。而关于原产地的确认，我国设定了全部产地标准和实质性加工标准。正确合理地运用原产地标准，选择合适的地点，就能达到税务筹划的效果。

【案例4-10】 英特汽车公司是一家从事跨国经营的汽车生产厂商，由多个设在不同国家和地区的子公司提供零配件，其销售业务已遍布全球。该公司发现中国具有巨大的汽车市场，而且预计中国的汽车消费呈增长之势。公司的董事长决定，从2004年开始将自己的产品打进中国市场。该公司计划首批引进公司最近研制的最新款A品牌高档小汽车100辆。该种小汽车的市场销售价格为90万元/辆，而与此款汽车相近的其他品牌小汽车的市场销售价格为70万元/辆。小汽车的关税税率为50%。作为英特汽车公司，应该如何筹划才能够将关税降到最低水平？

解析：

方案一，利用原产地与中国是否签订有关协议来进行税务筹划。

由于英特汽车公司是一家由多个不同国家和地区的子公司提供零配件的跨国经营企业，适用实质性加工标准。实质性加工标准有两个条件，满足其中一项标准即可。

第一个条件是"经过几个国家或地区加工、制造的进口货物，以最后一个对货物进行经济上可以视为实质性加工的国家或地区作为该货物的原产国或原产地"。"实质性加工"指加工后的进口货物在进出口税则中的税目税率发生了改变。如果这家汽车生产商在中国台湾地区、新加坡、菲律宾、马来西亚都设有供应零配件的子公司，那么，其最终装配厂应设在哪里呢？首先，要选择那些与中国签有关税互惠协议的国家或地区作为所在地；其次，要综合考虑从装配地到中国口岸的运输条件、装配地的汽车产品进口关税和出口关税等因素；最后，还要考虑装配地的政治经济形象、外汇管制情况和出口配额控制情况等。企业应在综合考虑上述因素的基础上做出一个最优惠选择。

第二个条件指"加工增值部分所占新产品总值的比例已经超过30%以上的"，可视为实质性加工。如果英特汽车公司已经在一个未与中国签订关税互惠协议的国家或地区建立了装配厂，要改变厂址无疑需要付出较高的成本。那么，这家厂商可以将原装配厂作为汽车的半成品生产厂家，再在已选定的国家和地区建立一家最终装配厂，只要使最终装配的增值部分占到汽车总价格的30%以上，生产出来的汽车即可享受优惠税率。假如最终装配的增值部分没有达到所要求的30%，则可以采取转让定价的方法，降低原装配厂生产半成品汽车的价格，减少半成品的增值比例，争取使最终装配的增值比例达到或超过30%。

总之，根据实际情况进行测算、比较，选择最经济的国家和地区作为进口汽车的原产地，英特汽车公司就会通过享受优惠税率而获得较大的比较收益。

方案二，利用海关对报关资料是否齐全而采用不同的定税方法来进行税务筹划。《中华人民共和国进出口关税条例》第十五条规定：进出口货物的收货人或者他们的代理人，在向海关递交进出口货物的报关单证时，应当交验载明货物真实价格、运费、保险费和其他费用的发票（如有厂家发票应附着在内）、包装清单和其他有关单证。

《中华人民共和国进出口关税条例》第十七条规定：进出口货物的发货人和收货人或者他们的代理人，在递交进出口货物报关单时，未交验第十五条规定的各项单证的，应当按照海关估定的完税价格完税，事后补交单证的，税款不予调整。

认真理解，我们可以发现，《中华人民共和国进出口关税条例》第十七条规定中的"未"字留下了进行税务筹划的机会。也就是说，进出口商可以将其所有的单证全部交给海关进行查验，也可以不交验关税条例第十五条所指的有关单证（当然这里不是指对有关账簿数字的隐瞒、涂改等），这时，海关将对进出口货物的完税价格进行估定。

如果一家进口商的某种进口商品应申报的完税价格高于同类产品的市场价格，那么，可以根据实际情况在法律许可的范围内少报或不报部分单证，以求海关估定较低的完税价格，从而减轻关税税负。对于英特汽车公司而言，如果未按有关法律规定申报单证，海关将按同类产品或者相近产品的市场价格核定其关税的计税依据。

经过深入调查，英特汽车公司决定采纳第二个筹划方案。在具体操作环节，公司出现了"申报资料不全"的问题，请求海关谅解。海关则将该案交给海关稽查部门处理。海关稽查部门对该批汽车的市场行情进行了调研，取得了有关资料，最后按每辆70万元的价格作为计算关税的依据征收关税。

通过筹划，英特汽车公司实际节省关税：$(90-70) \times 100 \times 50\% = 1\,000$（万元）。

英特汽车公司在配合海关稽查部门调查期间发生费用50万元，实际取得筹划收益950万元。

应该注意的是，此类税务筹划案例存在巨大的筹划风险：① 政策风险。要求参与具体筹划的人员对有关政策的规定以及当地有关管理机关的管理水平、管理程序、办事风格等方面都有比较全面的了解。② 技术风险，包括对产品技术水平的认定、市场认可水平的认定和事态发展趋势把握的风险。③ 协调操作风险。目前中国的法制建设和管理手段都处于发展和成长阶段，在此过程中，许多具体事项的处理具有很大的不确定性。

4.3 资源税的会计核算

资源税是对在中华人民共和国领域及管辖海域开采或消耗应税资源的单位和个人，以其应税资源的销售额或者销售数量为计税依据而征收的一种税，因此，资源税是对开采或消耗资源的企业在流转环节征收的税。

4.3.1 资源税的基本规定

1. 纳税人

资源税的纳税人是在我国领域及管辖海域开采或消耗应税资源的单位和个人。针对零星、分散、不定期开采的情况，为了加强管理，避免漏税，由扣缴义务人在收购矿产品时代扣代缴资源税，此时，收购未税矿产品的单位为资源税的扣缴义务人。

2. 税目、税额

自 2016 年 7 月 1 日起，我国实施矿产资源税从价计征改革，并扩大资源税征税范围。在河北省开展水资源税试点，并逐步将森林、草场、滩涂等其他自然资源纳入征收范围。

（1）原已实施从价计征的原油、天然气、煤炭、稀土、钨、钼 6 个资源品目资源税政策，仍按原办法执行。具体税目、税率情况如下：

1) 原油，税率为 6%。

2) 天然气，税率为 6%。

3) 煤炭，税率为 2%～10%。

4) 轻稀土按地区执行不同的适用税率，其中，内蒙古为 11.5%、四川为 9.5%、山东为 7.5%；中重稀土资源税适用税率为 27%；钨资源税适用税率为 6.5%；钼资源税适用税率为 11%。

（2）自 2016 年 7 月 1 日起，实施从价计征的矿产资源，其资源税税目税率，如表 4-1 所示。

各地应根据文件规定，合理确定资源税税率水平。

1) 对《资源税税目税率幅度表》中列举名称的资源品目，由省级人民政府在规定的税率幅度内提出具体适用税率建议，报财政部、国家税务总局确定核准。

2) 对未列举名称的其他金属和非金属矿产品，由省级人民政府根据实际情况确定具体税目和适用税率，报财政部、国家税务总局备案。

表 4-1 资源税税目税率幅度表

序号	税目		征税对象	税率幅度
1	金属矿	铁矿	精矿	1%～6%
2		金矿	金锭	1%～4%
3		铜矿	精矿	2%～8%
4		铝土矿	原矿	3%～9%
5		铅锌矿	精矿	2%～6%
6		镍矿	精矿	2%～6%
7		锡矿	精矿	2%～6%
8		未列名其他金属矿产品	原矿或精矿	税率不超过20%
9	非金属矿	石墨	精矿	3%～10%
10		硅藻土	精矿	1%～6%
11		高岭土	原矿	1%～6%
12		萤石	精矿	1%～6%
13		石灰石	原矿	1%～6%
14		硫铁矿	精矿	1%～6%
15	非金属矿	磷矿	原矿	3%～8%
16		氯化钾	精矿	3%～8%
17		硫酸钾	精矿	6%～12%
18		井矿盐	氯化钠初级产品	1%～6%
19		湖盐	氯化钠初级产品	1%～6%
20		提取地下卤水晒制的盐	氯化钠初级产品	3%～15%
21		煤层（成）气	原矿	1%～2%
22		粘土、砂石	原矿	每吨或立方米 0.1～5元
23		未列名的其他非金属矿产品	原矿或精矿	从量税率每吨或立方米不超过30元；从价税率不超过20%
24		海盐	氯化钠初级产品	1%～5%

注：1. 铝土矿包括耐火级矾土、研磨级矾土等高铝粘土。
2. 氯化钠初级产品是指井矿盐、湖盐原盐、提取地下卤水晒制的盐和海盐原盐，包括固体和液体形态的初级产品。
3. 海盐是指海水晒制的盐，不包括提取地下卤水晒制的盐。

3）省级人民政府在提出和确定适用税率时，要结合当前矿产企业实际生产经营情况，遵循改革前后税费平移原则，充分考虑企业负担能力。

（3）自 2017 年 12 月 1 日起，在北京、天津、山西、内蒙古、山东、河南、四川、陕西、宁夏9个省（自治区、直辖市）扩大水资源税改革试点。水资源税的征税对象为地表水和地下水。直接取用地表水、地下水的单位和个人，为水资源税纳税人。下列情形不缴纳水资源税：① 农村集体经济组织及其成员从本集体经济组织的水塘、水库中取用水的；② 家庭生活和零星散养、圈养畜禽饮用等少量取用水的；③ 水利工程管理单位为配置或者调度水资源取水的；④ 为保障矿井等地下工程施工安全和生产安全必须进行临时应急取用（排）水的；⑤ 为了消除对公共安全或者公共利益的危害临时应急取水的；⑥为农业抗旱和维护生态与环境必须临时应急取水的。

水资源税实行从量计征,应纳税额的计算公式为:

$$应纳税额 = 实际取用水量 \times 适用税额$$

城镇公共供水企业实际取用水量应当考虑合理损耗因素。疏干排水的实际取用水量按照排水量确定。疏干排水是指在采矿和工程建设过程中破坏地下水层、发生地下涌水的活动。

水力发电循环式和火力发电贯流式(不含循环式)冷却取用水应纳税额的计算公式为

$$应纳税额 = 实际发电量 \times 适用税额$$

火力发电循环式冷却取用水,是指火力发电企业从江河、湖泊(含水库)、地下等水源取水并引入自建冷却水塔,对机组冷却后返回冷却水塔循环利用的取用水方式。火力发电贯流式冷却取用水,是指火力发电企业从江河、湖泊(含水库)等水源取水,并对机组冷却后将水直接排入水源的取用水方式。

试点省份的中央直属和跨省(区、市)水力发电取用水税额为每千瓦时 0.005 元。其他情况由试点省份省级人民政府统筹考虑本地区水资源状况、经济社会发展水平和水资源节约保护要求,在规定的最低平均税额基础上(见表4-2),分类确定具体适用税额。

表 4-2 试点省份水资源税最低平均税额表 (单位:元/立方米)

地区	地表水最低平均税额	地下水最低平均税额	地区	地表水最低平均税额	地下水最低平均税额
北京	1.6	4	河南	0.4	1.5
天津	0.8	4	四川	0.1	0.2
山西	0.5	2	陕西	0.3	0.7
内蒙古	0.5	2	宁夏	0.3	0.7
山东	0.4	1.5			

3. 减税、免税

符合下列条件的,减征或免征资源税:

(1)原油、天然气资源税优惠政策。

1)对油田范围内运输稠油过程中用于加热的原油、天然气免征资源税。

2)对稠油、高凝油和高含硫天然气资源税减征 40%。

3)对三次采油资源税减征 30%。

4)对低丰度油气田资源税暂减征 20%。

5)对深水油气田资源税减征 30%。

(2)煤炭资源税优惠政策。

1)对衰竭期煤矿开采的煤炭,资源税减征 30%。

2)对充填开采置换出来的煤炭,资源税减征 50%。

(3)新实行从价计征资源税的矿产品税收优惠。对依法在建筑物下、铁路下、水体下通过充填开采方式采出的矿产资源,资源税减征 50%;对实际开采年限在 15 年以上的衰竭期矿山开采的矿产资源,资源税减征 30%;对鼓励利用的低品位矿、废石、尾矿、废渣、废水、废气等提取的矿产品,由省级人民政府根据实际情况确定是否给予减税或免税。

纳税人的减税、免税项目,应单独核算课税数量;未单独核算或者不能准确提供课税数量的,不予减税或者免税。

进口矿产品和盐不征收资源税,出口应税矿产品和盐不免征或退还已纳资源税。

2019年1月1日至2021年12月31日,各省级政府可以对增值税小规模纳税人,在50%幅度内减征资源税。

4. 资源税的收入分配体制

按照现行财政管理体制,此次纳入改革的矿产资源税收入全部为地方财政收入;水资源税仍按水资源费中央与地方1:9的分成比例不变。河北省在缴纳南水北调工程基金期间,水资源税收入全部留给该省。

4.3.2 资源税的计算与核算

除试点的水资源税外,现行资源税实行从价定率计征。

1. 石油、天然气应纳资源税计算

对于石油、天然气,实行从价定率计税,其计算公式为

$$应纳资源税 = 销售额 \times 比例税率$$

这里的"销售额"与计算增值税的税基相同,为不含增值税的价款和价外费用。公式中的销售额为实际销售额和视同销售额之和。

【案例4-11】某油田6月生产原油20万桶,其中:向外销售10万桶,不含税售价500元/桶,增值税税率13%,自用原油5万桶。在生产原油同时生产天然气106 000立方米,其中:对外销售100 000立方米,不含税售价2.0元/立方米,增值税税率9%,自办炼油厂耗用6 000立方米。原油和天然气资源税税率均为6%,计算该油田6月应纳资源税。

解析:

原油应纳资源税 = (10 + 5) × 500 × 6% = 450(万元)

天然气应纳资源税 = (100 000 + 6 000) × 2 × 6% = 12 720(元)

6月应纳资源税总计为4 512 720元。

2. 煤炭应纳资源税计算

煤炭资源税实行从价定率计征,应税煤炭包括原煤和以未税原煤加工的洗选煤。计算公式为

$$应纳资源税 = 应税煤炭销售额 \times 适用税率$$

应税煤炭销售额的确定如下:

(1)开采原煤直接对外销售的,为原煤销售额,但不含从坑口到车站、码头等的运输费用。

（2）将其开采的原煤，自用于连续生产洗选煤的，在原煤移送使用环节不缴纳资源税；自用于其他方面的，视同销售原煤，依法确定销售额，缴纳资源税。

（3）将原煤加工成洗选煤后，对外销售或自用的，以洗选煤销售额乘以折算率作为应税煤炭销售额，缴纳资源税。洗选煤销售额包括洗选副产品的销售额，不包括洗选煤从洗选煤厂到车站、码头等的运输费用。折算率由省、自治区、直辖市财税部门或其授权地市级财税部门确定。

【案例 4-12】 某煤矿 12 月生产原煤焦煤 18 万吨，其中，对外销售焦煤 8 万吨，不含增值税售价 700 元/吨。该矿还用自产原煤加工洗煤，本月销售洗小块 10 万吨，不含税售价 1 000 元/吨；本月销售洗大块 5 万吨，不含税售价 1 300 元/吨。洗煤的折算率为 70%，当地政府规定煤炭资源税税率为 5%。计算该煤矿 12 月应纳资源税。

解析：

应税煤炭销售额 = 8 × 700 +（10 × 1 000 + 5 × 1 300）× 70%

= 5 600 +（10 000 + 6 500）× 70%

= 5 600 + 11 550

= 17 150（万元）

应纳资源税 = 17 150 × 5% = 857.5（万元）

3. 稀土、钨、钼应纳资源税计算

自 2015 年 5 月 1 日起，稀土、钨、钼资源税实行从价定率计征。稀土、钨、钼应税率品包括原矿和以自采原矿加工的精矿。应纳税额的计算公式为

应纳税额 = 精矿销售额 × 适用税率

原矿销售额换算成精矿销售额的方法：

（1）采用成本法将原矿销售额换算为精矿销售额。计算公式为

精矿销售额 = 原矿销售额 + 原矿加工为精矿的成本 ×（1 + 成本利润率）

（2）采用市场法将原矿销售额换算为精矿销售额。计算公式为

精矿销售额 = 原矿销售额 × 换算比

换算比 = 同类精矿单位价格 ÷（原矿单位价格 × 选矿比）

选矿比 = 加工精矿耗用的原矿数量 ÷ 精矿数量

上述计算中，精矿销售额和原矿销售额，均不包括从矿区到车站、码头或用户指定运达地点的运输费用。

4. 其他矿产品应纳资源税计算

其他矿产品资源税的计税依据为应税率品的销售额，各税目的征税对象包括原矿、精矿（或原矿加工品）、金锭、氯化钠初级产品，具体按照《资源税税目税率幅度表》执行。销售额是指纳税人销售应税率品向购买方收取的全部价款和价外费用，不包括增值税销项税额和运杂费用。

原矿销售额与精矿销售额的换算或折算依据以下原则：对同一种应税率品，征税对象为精矿的，纳税人销售原矿时，应将原矿销售额换算为精矿销售额缴纳资源税；征税对象为原矿的，纳税人销售自采原矿加工的精矿，应将精矿销售额折算为原矿销售额缴纳资源税。换算比或折算率原则上应通过原矿售价、精矿售价和选矿比计算，也可通过原矿销售额、加工环节平均成本和利润计算。

金矿以标准金锭为征税对象，纳税人销售金原矿、金精矿的，应比照上述规定将其销售额换算为金锭销售额缴纳资源税。

换算比或折算率应按简便可行、公平合理的原则，由省级财税部门确定，并报财政部、国家税务总局备案。

5. 水应纳资源税计算

水资源税的征税对象为地表水和地下水。水资源税实行从量计征。应纳税额计算公式：

$$应纳税额 = 取水口所在地税额标准 \times 实际取用水量$$

水力发电和火力发电贯流式取用水量按照实际发电量确定。

对下列取用水减免征收水资源税：

A. 对规定限额内的农业生产取用水，免征水资源税。

B. 对取用污水处理回用水、再生水等非常规水源，免征水资源税。

6. 资源税的会计核算

资源税的会计核算通过"应交税费——应交资源税"科目进行。因资源税属于流转环节缴纳的税种，故外销产品应缴纳的资源税计入"税金及附加"账户，而自用于其他方面的应纳的资源税，计入"管理费用"等账户。资源税会计核算如下：

借：税金及附加
　　管理费用等
　　贷：应交税费——应交资源税

4.4　土地增值税的会计核算与税务筹划

土地增值税是对转让国有土地使用权、地上建筑物及附着物并取得收入的单位和个人，就其转让房地产取得的增值额征收的一种税。现行的《中华人民共和国土地增值税暂行条例》是自 1994 年 1 月 1 日起实施的。

4.4.1　土地增值税的基本规定

1. 纳税人

土地增值税的纳税人为转让土地使用权、地上建筑物及其附着物并取得收入的单位和个人。

土地增值税纳税人不论法人与自然人，不论经济性质，不论内资与外资，不论部门，只要有转让房地产的行为，均为土地增值税的纳税人。

土地增值税的纳税人应在转让房地产合同签订后的 7 日内，到房地产所在地主管税务机关办理纳税申报。

2. 征税范围

土地增值税的征税范围包括：① 转让国有土地使用权；② 地上的建筑物及其附着物连同国有土地使用权一并转让；③ 存量房地产的买卖。

土地增值税的征税范围的界定，以转让的土地是否为国有、产权是否发生转让、是否取得了收入为判定标准，具体情况判定如下。

（1）房地产的继承、赠与。虽然发生了房地产的权属变更，但作为房屋产权、土地使用权的原所有人并没有因为权属变更取得任何收入，故不属于土地增值税的征税范围。这里的赠与仅指以下情况：① 房屋所有人、土地使用权所有人将房屋产权、土地使用权赠与直系亲属或承担直接赡养义务人的；② 房屋所有人、土地使用权所有人通过中国境内非营利的社会团体、国家机关将房屋产权、土地使用权赠与教育、民政和其他社会福利、公益事业的。

（2）房地产的出租。出租人虽然取得了收入，但没有发生房屋产权、土地使用权变更，故不属于土地增值税的征税范围。

（3）房地产抵押，在抵押期间，不征收土地增值税。抵押期满后，如果以房地产抵债，发生了权属转移，则属于土地增值税征税范围。

（4）房地产交换。既发生了权属转移，交换双方又取得了实物形态的收入，故属于土地增值税征税范围。但个人互换自有居住用房，免土地增值税。

（5）以房地产进行投资、联营。投资、联营一方以房地产作价入股进行投资或作为联营条件，将房地产转让到所投资或联营的企业中，暂免征收土地增值税。对投资、联营企业将上述房地产再转让的，应征收土地增值税。但投资、联营的企业属于从事房地产开发的，或者房地产开发企业以其建造的商品房进行投资和联营的，应当征收土地增值税。

（6）企业兼并转让房地产。被兼并企业将房地产转让到兼并企业中的，暂免征收土地增值税。

（7）合作建房。建成后按比例分房自用的，暂免征收土地增值税；建成后转让的，征收土地增值税。

（8）房地产的代建房行为。对于房地产开发公司而言，虽然取得了收入，但没有发生房地产权属转移，其收入属于劳务收入，故不属于土地增值税征税范围。

（9）房地产的重新评估。房地产虽然有增值，但既没有发生房地产权属转移，房屋产权、土地使用权人也未取得收入，故不属于土地增值税征税范围。

3. 税率

土地增值税实行 4 级超率累进税率，按照增值额占扣除项目的比例，划分税率累进级次。土地增值税税率如表 4-3 所示。

表 4-3 土地增值税税率表

级数	增值额占扣除项目的比例	税率	扣除系数
1	50% 以下	30%	0
2	50%～100%	40%	5%
3	100%～200%	50%	15%
4	200% 以上	60%	35%

4. 税收优惠

（1）纳税人建造普通标准住宅出售，增值额未超过扣除项目金额 20% 的，免征土地增值税；超过 20% 的，应就全部增值额纳税。这里的"普通标准住宅"应同时满足：住宅小区建筑容积率在 1.0 以上；单套建筑面积在 120 平方米以下（各地制定标准时允许上浮 20%）；实际成交价格低于同级别土地上住房平均交易价格 1.2 倍以下。

（2）因国家建设需要而被依法征用、收回的房地产，免征土地增值税。

（3）因城市实施规划、国家建设需要而搬迁由纳税人自行转让原房地产的，免征土地增值税。

（4）财税〔2008〕137 号明确：对个人销售住房暂免征收土地增值税。

4.4.2 土地增值税的计算与核算

土地增值税以纳税人转让房地产所取得的增值额为计税依据，它是纳税人转让房地产所取得的收入，减去允许扣除项目后的余额，计算公式为

$$应缴土地增值税 = 增值额 \times 税率 - 允许扣除项目金额 \times 扣除率$$

$$增值额 = 收入总额 - 允许扣除项目金额$$

公式中的收入总额是指纳税人转让房地产取得的不含增值税收入，既包括货币收入又包括实物收入和其他收入。

公式中的允许扣除项目金额是指税法允许纳税人从转让收入中扣除的项目金额。允许扣除的项目金额分别按不同情况确定。

1. 转让新开发房地产允许扣除项目金额的确定

（1）土地款，是指取得土地使用权所支付的金额，包括地价款和按国家统一规定缴纳的有关费用。

（2）房地产开发成本，是指纳税人房地产开发项目实际发生的成本，包括土地征用及拆迁补偿费、前期工程费、建筑安装工程费、基础设施费、公共配套设施费、开发间接费等。

（3）房地产开发费用，是指与房地产开发项目有关的销售费用、管理费用、财务费用。根据《会计法规》的规定，这 3 项费用作为期间费用，直接冲减当期利润，不按成本核算对象分摊。故土地增值税扣除项目的房地产开发费用，不按纳税人房地产开发项目实际发生的费用进行扣除，而是按照以下标准计算：利息支出能按转让房地产项目计算、分摊，并能提供金融机构证明的，利息支出在最高不超过同类同期贷款利率计算的金额的前提下，允许据

实扣除。其他开发费用按照上述（1）、（2）项计算的金额之和，在 5% 以内计算扣除（具体比例由省级政府规定）；不能按转让房地产项目计算分摊利息支出，或不能提供金融机构证明的，按照上述（1）、（2）项计算的金额之和，在 10% 以内计算扣除（具体比例由省级政府规定）。

（4）与转让房地产有关的税金。转让房地产缴纳的增值税是价外税，不允许在计算土地增值税时扣除。转让房地产缴纳的城建税、教育费附加、地方教育附加和印花税，允许全额扣除。

（5）加计扣除。考虑到投资的合理回报，对专门从事房地产开发的纳税人，可以按土地款和开发成本之和的 20% 加计扣除。

【案例 4-13】新新房地产开发公司转让写字楼一栋，开出专用发票，金额 20 000 万元，税率 9%，税额 1 800 万元。公司为取得土地使用权支付的不含增值税金额为 4 000 万元，开发土地、建房及配套设施支付 3 800 万元，开发费用共计 1 500 万元（其中利息支出 1 000 万元，未超过标准，当地政府规定其他开发费用扣除比例为 5%），按规定支付了转让环节应缴纳的增值税（税率 9%）、城建税（税率 7%）、教育费附加（3%）、地方教育附加（2%）和印花税（税率 0.5‰），计算该公司应纳土地增值税。

解析：

转让房地产收入 20 000 万元。

允许扣除项目金额：

开发费用 = 1 000 +（4 000 + 3 800）× 5% = 1 390（万元）

转让环节增值税 = 1 800（万元）

转让环节城建税及附加 = 1 800 ×（7% + 3% + 2%）+ 21 800 × 0.5‰

= 216 + 10.9

= 226.9（万元）

加计扣除 =（4 000 + 3 800）× 20% = 1 560（万元）

允许扣除项目金额总计 = 4 000 + 3 800 + 1 390 + 226.9 + 1 560 = 10 976.9（万元）

增值额 = 20 000 − 10 976.9 = 9 023.1（万元）

增值额占扣除项目比例 = 9 023.1 ÷ 10 976.9 = 82.2%，适用税率 40%，扣除率 5%。

应纳土地增值税 = 9 023.1 × 40% − 10 976.9 × 5% = 3 609.24 − 548.84 = 3 060.4（万元）

【案例 4-14】兴业公司是主营产品制造的生产企业，该公司建造普通住宅一栋销售给本企业职工，开出普通发票，共计金额 5 000 万元，税率 9%，税额 450 万元。公司为取得土地使用权支付的不含增值税金额为 2 000 万元，开发土地、建房及配套设施支付 1 750 万元，开发费用计 800 万元，利息支出不能提供金融机构证明，当地政府规定开发费用扣除比例为 10%，按规定支付了转让环节应缴纳的增值税 450 万元，城建税和教育附加共计 54 万元，印花税 2.725 万元，计算该公司应纳土地增值税。

解析：

转让房地产收入 5 000 万元。

允许扣除项目金额：

开发费用 =（2 000 + 1 750）× 10% = 375（万元）

转让环节税金 = 54 + 2.725 = 56.725（万元），一般企业没有加计扣除。

允许扣除项目金额总计 = 2 000 + 1 750 + 375 + 56.725 = 4 181.73（万元）

增值额 = 5 000 - 4 181.73 = 818.27（万元）

增值额占扣除项目比例 = 818.27 ÷ 4 181.73 = 19.56%，因是普通住宅，增值额又扣除项目的 20%，故免土地增值税。

为加强对定价过高、价格上涨过快的房地产开发项目的税收征管，按照国税发〔2010〕53 号的有关规定，北京市对房地产开发企业销售商品房取得的收入，实行差别化土地增值税预征率。

（1）房地产开发企业按照政策规定销售各类保障性住房取得的收入，暂不预征土地增值税。

（2）房地产开发企业销售新办理预售许可和现房销售备案的商品房取得的收入，按照预计增值率实行 2%～8% 的幅度预征率，如表 4-4 所示。

表 4-4 北京市土地增值税预征率

预计增值率	预征率（%）
预计增值率 ≤ 50%	2
50% < 预计增值率 ≤ 100%	3
100% < 预计增值率 ≤ 200%	5
200% < 预计增值率	8
预计增值率匡算公式：[（拟售价格 × 预售面积 - 项目成本）] ÷ 项目成本 × 100% 项目成本 =（土地成本 + 建安成本）×（1 + 间接费用率） 间接费用率暂为 30%	

注：容积率小于 1.0 的房地产开发项目，最低按照销售收入的 5% 预征土地增值税。

（3）房地产开发企业应当在商品房预售方案和现房销售方案中填报土地成本、建安成本和销售价格等信息，并匡算预计增值额和增值率。市住房城乡建设部门将上述信息审核确认后及时传递至市地税部门。主管税务机关接收信息后，以《税务事项通知书》的形式告知纳税人，要求其在征期内按照规定的预征率计算缴纳土地增值税。

2. 转让旧房及建筑物允许扣除项目金额的确定

转让旧房及建筑物的允许扣除项目，包括取得土地使用权所支付的金额、旧房及建筑物的评估价格和转让环节支付的相关税金。

（1）转让旧房能提供评估价格的，转让旧房可扣除的项目金额包括 3 项：一是旧房及建筑物的评估价格，指在转让已使用的房屋及建筑物时，由政府批准设立的房地产评估机构评定的重置成本价乘以成新度折扣率后的价格，评估价格需经当地税务机关确认；二是取得土地使用权所支付的地价款和按国家统一规定缴纳的有关费用；三是在转让环节缴纳的缴纳城建税、教育费附加、地方教育附加和印花税。此外，纳税人支付的评估费用准予在计算土地增值税时扣除。

（2）转让旧房不能提供评估价格但能提供购房发票的，扣除项目金额包括3项：一是购房发票所载金额，实际上包含了取得土地使用权所支付的金额以及旧房及建筑物的评估价格两部分；二是加计扣除金额，加计扣除金额＝购房发票所载金额×5%×购买年度起至转让年度止的年数；三是与转让房地产有关的税金，包括转让旧房时缴纳城建税、教育费附加、地方教育附加、印花税和购房时契税。

（3）转让旧房既没有评估价格又不能提供购房发票的，地方税务机关可以根据《中华人民共和国税收征收管理法》第三十五条的规定，实行核定征收。具体核定征收办法，各地税务机构规定有所不同。北京市地税局规定，在二手房交易中对既不能提供评估价格，又不能提供购房发票的，按交易价格的1%征收率，计征土地增值税。国税发〔2010〕53号《关于加强土地增值税征管工作的通知》明确，核定征收率：原则上不得低于5%。

【案例4-15】 某公司2018年5月转让一幢2005年建造的办公楼，当时的造价为1 000万元。经房地产评估机构评定，该公寓楼的重置成本价为3 000万元，该楼房为七成新。转让前为取得土地使用权支付的地价款和按规定缴纳的有关费用为1 200万元（可提供支付凭证），另支付房地产评估费用3万元，转让时开出专用发票，金额8 000万元，税率5%，税额400万元。并按规定缴纳了转让环节的城建税、教育附加和印花税（能提供完税凭证）。该公司的评估价格已经税务机关认定。计算该公司应纳土地增值税。

解析：

转让房地产的收入为8 000万元。

准予扣除的项目金额：

取得土地使用权支付的金额为1 200万元。

房地产的评估价格＝3 000×70%＝2 100（万元）

房地产评估费用为3万元。

转让房地产老项目，增值税简易计税，自建的不动产，按全价的5%计税，税额400万元。

城建税、教育附加和印花税＝400×（7%＋3%＋2%）＋8 400×0.5‰＝52.2（万元）

扣除项目合计：1 200＋2 100＋3＋52.2＝3 355.2（万元）

土地增值额＝8 000－3 355.2＝4 644.8（万元）

土地增值率＝4 644.8÷3 355.2＝138%，税率50%，扣除率15%。

应纳土地增值税＝4 644.8×50%－3 355.2×15%＝2 322.4－503.28＝1 819.12（万元）

【案例 4-16】 某食品厂 2010 年 8 月购买办公楼一幢，取得商品房销售专用发票，注明购买金额为 200 万元，购买时已按税法规定缴纳契税 6 万元（能提供契税完税凭证）。2016 年 8 月，该食品厂因搬迁将购买的办公楼转让给某商场，取得转让收入开出专用发票，金额 1 000 万元，税率 5%，税额 40 万元。转让时已按税法规定缴纳了增值税、城建税、教育费附加及印花税（能提供已纳税费完税凭证）。该食品厂转让的办公楼不能取得评估价格。计算该食品厂应缴纳的土地增值税。

解析：

转让办公楼的收入为 1 000 万元。

准予扣除的项目金额：

购房发票金额为 200 万元。

加计扣除金额 = 200×5%×6 年 = 60（万元）。

转让房地产老项目，增值税简易计税，购进的不动产，按差价的 5% 计税，税额 40 万元。

城建税、教育附加和印花税 = 40×（7%＋3%＋2%）＋1 040×0.5‰＋6 = 11.32（万元）

扣除项目金额合计：200＋60＋11.32 = 271.32（万元）

土地增值额 = 1 000－271.32 = 728.68（万元）

土地增值率 = 728.68÷271.32 = 268%

应缴纳土地增值税 = 728.68×60%－271.32×35% = 437.21－94.96 = 342.25（万元）

土地增值税的会计核算通过"应交税费——应交土地增值税"科目进行。因土地增值税属于流转环节缴纳的税种，故主营和兼营房地产开发的企业应缴纳的土地增值税，记入"税金及附加"账户，一般企业销售已使用过的房地产应缴纳的土地增值税，记入"固定资产清理"账户。土地增值税的会计分录如下：

借：税金及附加　　　　　　　　　　　　　　　　　×××
　　固定资产清理　　　　　　　　　　　　　　　　×××
　　贷：应交税费——应交土地增值税　　　　　　　×××

4.4.3　土地增值税的税务筹划

土地增值税的税务筹划主要包括利用税收优惠政策筹划、通过控制增值额筹划和利用房地产转移方式进行筹划等。

1. 利用税收优惠进行税务筹划

土地增值税的税收优惠不是很多，主要有：① 个人将购买的普通标准住宅再转让的，免征土地增值税；② 个人转让别墅、度假村、酒店式公寓，凡居住 5 年及以上的，免征土地增值税；③ 居住满 3 年不满 5 年的，减半征收土地增值税；纳税人建造普通标准住宅出售，增值额未超过扣除项目金额 20% 的，免征土地增值税。但税法规定，纳税人既建造普通标准住宅，又搞其他房地产开发的，应分别核算增值额；不分别核算增值额的，其建造的普通标准住宅不得享受免税优惠。

根据规定，房地产开发企业如果既建造普通住宅，又搞其他房地产开发，分开核算与不分开核算，税收的差异取决于两种住宅的销售额和可扣除项目金额。在分开核算的情况下，如果能把普通标准住宅的增值额控制在扣除项目金额的 20% 以内，可免缴土地增值税，减轻税负。

【案例 4-17】 不同土地开发项目如何核算更好？世华房地产开发企业 2010 年出资开发了一个商品房工程，预计不含增值税销售收入为 6 亿元，该项目包括两个部分，一部分是豪华住宅，预计不含税销售价格为 2 亿元，另一部分为不含税价值 4 亿元的普通商品房。经过初步测算，整个工程中按照税法规定的可扣除项目金额为 4.4 亿元，其中：普通住宅的可扣除项目金额为 3.2 亿元，豪华住宅的可扣除项目金额为 1.2 亿元。根据当地主管税务机关的规定，该工程的两种商品房可以分开核算，也可以合并核算。

对于这个工程，在投资核算方法上，公司内部管理人员发生了分歧。总经理从强化管理的角度出发，认为应将两个工程项目合并在一起管理，实行统一核算。财务处长从降低成本的角度出发，认为应将两个工程项目分开进行核算。财务总监从税务筹划的角度出发，认为应该在分开进行工程核算的基础上，将普通住宅的增值率控制在 20% 以下。哪一种意见最有利呢？

解析：

在现有条件下，不同的操作方式影响投资活动的最重要因素是税收，尤其是土地增值税对土地开发项目的获利成果影响最大。只要土地增值税额是最低的，方案就是最优的。

方案一，两个工程项目统一管理、统一进行会计核算。

当两个项目不分开核算时，该企业应缴土地增值税的计算如下：

增值额与扣除项目金额比例 =（60 000－44 000）÷44 000×100% = 36%

因此，适用 30% 的税率。

应缴纳土地增值税 =（60 000－44 000）×30% = 4 800（万元）

方案二，两个项目分开管理，分别进行会计核算。

当两个不同性质的开发项目分开进行会计核算，分别计算开发成本和开发成果时，应缴土地增值税的计算如下：

普通住宅增值率 =（40 000－32 000）÷32 000×100% = 25%

因此，适用 30% 的税率。

普通住宅应缴纳土地增值税 =（40 000－32 000）×30% = 2 400（万元）

豪华住宅增值率 =（20 000－12 000）÷12 000×100% = 67%

因此，适用 40% 的税率。

豪华住宅应缴纳土地增值税=（20 000-12 000）×40%-12 000×5%=2 600（万元）

合计应缴增值税5 000万元，分开核算比不分开核算多支出税金200万元。

方案三，在将两个项目分开管理、分别进行会计核算的基础上，对普通住宅的支出项目进行筹划和控制，使普通住宅的增值率控制在20%以下。

普通住宅：对普通住宅的可扣除项目金额做适当的控制，使普通住宅的增值率控制在20%以下。这可以通过增加公共生活设施，改善住房的设计或条件等方法来实现，可扣除项目（M）金额可根据（40 000-M）÷M×100%=20%等式计算得出，M=33 333万元。在可扣除项目为33 333万元的条件下，普通住宅免征土地增值税。

豪华住宅：

增值率=（20 000-12 000）÷12 000×100%=67%

因此，适用40%的税率。

豪华住宅应缴纳土地增值税=（20 000-12 000）×40%-12 000×5%=2 600（万元）

此时，该企业应缴纳的土地增值税仅为豪华住宅应缴纳的2 600万元。

筹划结论：方案一下应缴纳土地增值税4 800万元；方案二下应缴纳土地增值税5 000万元。通过筹划，方案三下土地增值税实际支出2 600万元，增加支出1 333（即33 333-32 000）万元，共计3 933万元。

通过计算分析发现，进行系统的税务筹划比不分开核算少支出867万元，比分开核算少缴纳税额1 067万元。

2. 通过控制增值额进行税务筹划

土地增值税实行以增值额为基础的超率累进税率，土地增值税筹划的关键就是合理合法地控制、降低增值额。增值额是纳税人转让房地产所取得的收入，减去允许扣除项目金额后的余额。控制增值额的方法主要有两个：一是增加扣除项目；二是降低商品房的销售价格。

增加可扣除项目金额的途径有很多，比如增加房地产开发成本和房地产开发费用等，使商品房的质量进一步提高。但是，在增加房地产开发费用时，应注意税法规定的比例限制。税法规定，不能按转让房地产项目计算分摊借款利息支出的，开发费用的扣除比例不得超过取得土地使用权支付金额和开发成本的10%；能提供金融机构证明并能按转让房地产项目计算分摊借款利息支出的，可以据实扣除利息支出，但其他开发费用不得超过取得土地使用权支付金额和开发成本的5%。企业可以试算一下按哪种情况对企业更有利。

当可扣除项目金额不变，减少销售收入时，增值率同样也会降低。此时应比较减少的销售收入与控制增值率减少的税金支出的大小，从而做出选择。收入筹划还可以将收入分散，即将可以分开单独处理的部分从整个房地产项目中分离，比如房屋里面的各种设施，从而使得转让收入变少，降低纳税人转让房地产的土地增值额。

【案例4-18】2018年7月，聚财房地产开发有限责任公司在中等城市按当地一般民用住宅标准建造了一栋住宅楼，目前工程已经完工，准备以6 000万元左右的不含税市场价格销售。该住宅楼共发生如下支出：取得土地使用权支付 2 400 万元，房地产开发成本 1 500 万元，其他扣除额为 970 万元。公司财务人员对主要税收情况进行了测算。

应缴纳增值税 = 6 000×9% = 540（万元）

税金及附加 = 540×（7% + 3% + 2%）+6 540×0.5‰= 64.8 + 3.27 = 68.07（万元）

应缴纳的土地增值税：

允许扣除金额 = 2 400 + 1 500 + 970 + 68.07 =4 938.07（万元）

增值额 = 6 000-4 938.07 = 1 061.93（万元）

增值率 = 1 061.93÷4 938.07 = 21.5%

应纳土地增值税额 = 1 061.93×30% = 318.56（万元）

对于这笔转让房地产业务，该公司是否存在税务筹划的可能呢？

解析：

《土地增值税暂行条例》规定，纳税人建造普通标准住宅出售，增值额未超过扣除项目金额 20% 的，免征土地增值税。案例中，聚财公司建造的是普通标准住宅，增值额为 21.5%，超过了 20%，应按全部增值额缴纳增值税。如果将增值额控制在 1 000 万元，即 20% 以内就可以免交土地增值税了。实际增值额仅仅超过了 74.33 万元，如果按照上述方案销售，该公司就应缴纳土地增值税 318.56 万元。就是说，销售收入增加 74.33 万元，多支付土地增值税 318.56 万元，这对于企业来说，实际上是不划算的。

此时的筹划方案，就是要降低 74.33 万元的销售价格，公司会多盈利约 244.23 万元（这里面还有一个问题，价格降低了，允许扣除的税金附加也少了，实际上价格降低多少有一个临界点，这里就不细算了）。

通过上述分析可以发现，在销售收入处于政策平台的转换点附近时，应该充分考虑商品价格对税收档次爬升的影响。

另外，在进行税务筹划时，还应注意筹划事项的特点。如果多笔应税业务在不分别核算的情况下，其土地增值税应纳税额少于各笔业务分别核算下的应纳税额之和，此时，可以选择不分别核算增值额。

3. 利用房地产转移方式进行税务筹划

判定是否征收土地增值税的 3 个标准是：转让的土地是否为国有；产权是否发生转让；是否取得了收入。房地产开发人或所有人可以通过避免符合以上 3 个判定标准来避免成为土地增值税的征税对象。例如，通过土地管理部门转让房产；将房产、土地使用权租赁给承租人使用，由承租人向出租人支付租金；将房地产作价入股进行投资或作为联营条件等，均可免征土地增值税。

【案例 4-19】 南方实业公司是一个地处成都市中心的军工企业，为了城市规划的需要，市政府决定将南方实业公司迁到郊区，因公司地理位置较好，该公司收到土地补偿价款 8 000 万元。该公司用土地补偿价款在郊区购买了一块比原面积大 2 倍的土地，兴建了新的厂区。后来，税务局要求该军工企业就原土地价款缴纳营业税和土地增值税，该公司财务经理李英知道公司因这块土地获益很大，但对该不该缴税拿不准，因此，李英请教了税务专家。税务专家了解和分析了与该块土地相关的情况后，告诉李英，该公司不应该缴纳营业税和土地增值税。

解析：

南方实业公司属于通过土地管理部门转让土地使用权，而《中华人民共和国土地增值税暂行案例》规定：因国家收回国有土地使用权、征用地上的建筑物及其附着物而使房地产权属发生转让的，免征土地增值税。

"营改增"文件规定：转让土地使用权，按照9%的税率征收增值税。土地使用者将土地使用权还给土地所有者的行为，应不属于增值税征税范围。

值得注意的是，在我国，国家是土地的所有者。转让土地使用权是指单位或个人从土地所有者购买土地使用权后，再将土地使用权卖给其他单位和个人。国家将土地使用权卖给单位或个人是出让土地使用权，国家因建设需要可以从拥有土地使用权的单位或个人手中收回土地使用权。通过土地管理部门转让土地使用权，属于国家收回土地使用权，不应缴纳营业税。

【案例4-20】 维美姿公司是升华集团公司下属的一个子公司，为了扩大经营规模，该公司想建一栋办公楼，于2018年以1 110万元的成本（其中增值税110万元）购进一块土地，虽然因资金问题没有建楼，但这块土地却大幅度升值。2019年10月，维美姿公司以6 000万元的不含税价格将土地出售给毅力公司，应缴各项税费计算如下（城建税7%，教育费附加率3%，地方教育附加2%，印花税0.5‰，契税3%）。

解析：

维美姿公司转让土地使用权应缴纳的增值税为：

$6\,000 \times 9\% = 540$（万元）

应缴纳的城建税、教育附加为：

$540 \times (7\% + 3\% + 2\%) = 64.8$（万元）

应纳印花税以总合同价6 540万元为依据。

印花税 $= 6\,540 \times 0.5‰ = 3.27$（万元）

买地时契税 $= 1\,000 \times 3\% = 30$（万元）

允许扣除税费总计 $= 64.8 + 3.27 + 30 = 98.07$（万元）

应缴纳的土地增值税计算如下：

允许扣除项目金额合计 $= 1\,000 + 98.07 = 1\,098.07$（万元）

增值率 $= (6\,000 - 1\,098.07) \div 1\,098.07 = 4\,901.93 \div 1\,098.07 = 446\%$

大于200%，因此，适用税率60%。

应缴纳的土地增值税 $= 4\,901.93 \times 60\% - 1\,098.07 \times 35\% = 2\,941.16 - 384.32 = 2\,556.84$（万元）

税务筹划：土地增值税适用超率累进税率，增值率越高，适用税率越高。设法降低增值率,就能实现节税目的。因此,对于土地转让活动,增加流转环节,降低增值率和适用税率,是减轻土地增值税税负的有效途径。

维美姿公司可以先将土地通过升华集团公司的维亚子公司做一个流转环节,然后再以协议价格销售给毅力公司。具体做法是:

第一个环节,以2 900万元的不含税价格将土地销售给集团内的维亚子公司,在本环节维美姿公司应纳税为:

应缴纳的增值税 = 2 900×9% = 261(万元)

应缴纳的城建税、教育附加 = 261×(7% + 3% + 2%) = 31.32(万元)

印花税 =(2 900 + 261)×0.5‰= 1.58(万元)

买地时契税 = 1 000×3% = 30(万元)

允许扣除税费总计 = 31.32 + 1.58 + 30 = 62.9(万元)

应缴纳土地增值税:

允许扣除项目金额 = 1 000 + 62.9 = 1 062.9(万元)

增值率 =(2 900−1 062.9)÷ 1 062.9 = 1 837.1 ÷ 1 062.9 = 173%

大于100%,适用税率50%。

土地增值税 = 1 837.1×50%−1 062.9×15% = 918.55−159.44 = 759.11(万元)

第二个环节,由集团内的维亚公司以6 000万元的价格将土地销售给毅力公司。

土地过户缴纳契税 = 2 900×3% = 87(万元)

土地过户缴纳印花税 =(2 900 + 261)×0.5‰= 1.58(万元)

维亚公司出售土地应纳税计算如下:

应缴纳增值税 = 6 000×9% = 540(万元)

注意:对于增值税来说,集团内部销售时,前一个公司缴纳的增值税销项税额,后一个公司作为增值税进项税额抵扣了,增加流转环节没有增加增值税税负。对于整个集团来说,增值税税负是最终对外销售应纳的增值税,抵扣从集团外购进土地时的进项税额。

应缴纳城建税、教育附加 = 540×(7% + 3% + 2%) = 64.8(万元)

应缴纳印花税 =(6 000 + 540)×0.5‰= 3.27(万元)

允许扣除税费总计 = 87 + 1.58 + 64.8 + 3.27 = 156.65(万元)

应缴纳土地增值税:

允许扣除项目金额 = 2 900 + 156.65 = 3 056.65(万元)

增值率 =(6 000−3 056.65)÷ 3 056.65 = 2 943.35 ÷ 3 056.65 = 96%

小于100%,适用税率40%。

土地增值税 = 2 943.35×40%−3 056.65×5% = 1 177.34−152.83 = 1 024.51(万元)

集团内土地增值税总和 = 759.11 + 1 024.51 = 1 783.62(万元)

通过税务筹划,少纳土地增值税773.22万元(= 2 556.84−1 783.62),但因集团内过户缴纳了契税87万元,双方各缴纳印花税1.58万元,故筹划净收益为683.06万元。

分析：

通过上述计算可知，通过筹划增加了一道纳税环节，但并没有增加增值税负担，而减轻税负 683.06 万元。本案例的重点是通过筹划，将下一个环节将近 3 000 万元的增值额的税率降低了 20%。

在实施上述筹划方案时，需要注意相关法律规定。通过关联企业进行税务筹划时，不能违反有关关联交易的限制性规定。这就要求企业具有超前意识，在可以预见的期限内，所筹划的对象（如土地、房屋等不动产）市场价格持续上涨，并且计划将其转让的情况下，可以提前进行筹划相关操作，先以适当的价格在关联企业间进行销售，然后，再销售给其他购买者。在转让过程中，不要将销售给关联企业的业务利润做得太低，防止出现避税嫌疑。

4.5 烟叶税的会计核算

自 2006 年 1 月 1 日起，我国全面取消了农业税。取消农业税后，为调节卷烟类产品，我国自 2006 年 4 月起征收烟叶税。只有从事烟叶收购的单位才缴纳烟叶税。烟叶税是以纳税人收购烟叶的收购金额为计税依据征收的一种税。

4.5.1 烟叶税的基本规定

烟叶税的纳税人是在中华人民共和国境内收购烟叶的单位。这里的烟叶是指晾晒烟叶和烤烟叶。

烟叶税实行比例税率，税率为 20%。烟叶税税率的调整，由国务院决定。

烟叶税由地方税务机关征收。纳税人收购烟叶，应当向烟叶收购地的主管税务机关申报纳税。纳税人收购烟叶的当天就是烟叶税的纳税义务发生时间。纳税人应当自纳税义务发生之日起 30 日内申报纳税。烟叶税的具体纳税期限由主管税务机关核定。

4.5.2 烟叶税的计算与核算

烟叶税以烟叶的收购金额为计税基础，其计算公式为

$$应交烟叶税 = 烟叶收购金额 \times 税率$$

烟叶收购金额包括纳税人支付给烟叶销售者的烟叶收购价款和价外补贴，价外补贴统一暂按烟叶收购价款的 10% 计算，即烟叶收购金额 = 烟叶收购价款 × （1 + 10%）。

对烟叶税纳税人按规定缴纳的烟叶税，准予并入烟叶产品的买价计算增值税的进项税额（因出售卷烟适用税率 13%，故烟叶适用 10% 抵扣率），并在计算缴纳增值税时予以抵扣，计算公式为

$$收购烟叶准予抵扣的进项税额 = （烟叶收购金额 + 烟叶税）\times 10\%$$
$$= 烟叶收购金额 \times （1 + 20\%）\times 10\%$$
$$= 烟叶收购价款 \times （1 + 10\%）\times （1 + 20\%）\times 10\%$$

= 烟叶收购价款 ×13.2%

烟叶税属于所收购烟叶的成本的一部分，收购烟叶的单位应将烟叶税计入烟叶的采购成本中，会计上不单独设立会计科目核算烟叶税。

【案例 4-21】 某卷烟厂收购烟叶一批，现金支付给卖烟叶的农民的收购价款为 20 000 元，并按收购价款的 10% 支付价外补贴 2 000 元。计算该单位应交烟叶税和准予抵扣的增值税进项税额。

解析：

烟叶收购金额 = 20 000×（1 + 10%）= 22 000（元）

烟叶收购金额是收购单位支付给烟叶销售者的全部款项。

会计分录为：

借：物资采购	22 000	
贷：库存现金		22 000

应交烟叶税 = 22 000×20% = 4 400（元）

将应交烟叶税入账时，会计分录为：

借：物资采购	4 400	
贷：应交税费——应交烟叶税		4 400

准予抵扣的进项税额 =（22 000 + 4 400）×10% = 2 640（元）

借：应交税费——应交增值税（进项税额）	2 640	
贷：物资采购		2 640

▶本章小结

1. 流转环节小税种包括城市维护建设税、关税、资源税、土地增值税和烟叶税。城建税是以纳税人实际缴纳的流转税为计税依据而附加征收的一种税，应重点掌握其征税范围。

2. 关税是对进出关境的货物和物品征收的一种税。关税部分应重点掌握进口货物适用税率、关税完税价格的确定以及进口关税的计算及税务筹划方法。

3. 资源税是在我国境内开采资源的企业缴纳的一种税，是部分企业缴纳的税种，应重点掌握资源税的税目及应纳税额的计算。

4. 土地增值税是有房地产销售行为，按照房地产销售增值额缴纳的一种税，应重点掌握土地增值税的征税范围、计税方法（尤其是允许扣除项目的确定方法）和税务筹划方法。

▶思考题

1. 对纳税人缴纳的城建税、资源税，应如何进行账务处理？
2. 进口关税的计算方法有哪些？税务筹划方法有哪些？
3. 土地增值税允许扣除项目是怎样确定的？其税务筹划方法有哪些？

▶练习题与作业题

一、单项选择题

1. 下列项目中，不作为城建税计税依据的是（　　）。
   A. 纳税人被认定为偷税少缴的增值税款
   B. 纳税人被认定为抗税少缴的消费税款
   C. 纳税人欠缴的增值税
   D. 对欠缴增值税加收的滞纳金

2. 下列关于城建税的说法中，正确的是（　　）。
   A. 进口环节征收的增值税和消费税，同样征收城建税
   B. 出口环节退还的增值税和消费税，同样退还城建税
   C. 企业由于偷漏增值税和消费税而被加收的滞纳金和罚款，也列入城建税的计税范围
   D. 经国家税务总局批准的当月免抵的增值税税额，也纳入城建税计税范围

3. 以下计入进口货物关税完税价格的项目是（　　）。
   A. 货物运抵境内输入地点后的运输费用　　B. 进口关税
   C. 国内保险费　　D. 货物运抵境内输入地点前的保险费

4. 按中国海关现行规定，进出口货物完税后，如发现少征或漏征税款，海关应当自缴纳税款或者货物放行之日起（　　）内，向收发货人或者他们的代理人补征。
   A. 半年　　B. 一年　　C. 二年　　D. 三年

5. 计算土地增值税时，转让二手房不能扣除的项目是（　　）。
   A. 全部重置成本　　B. 旧房评估价　　C. 转让环节城建税　　D. 转让环节印花税

6. 下列行为中，应征收土地增值税的有（　　）。
   A. 非房地产企业间用房地产进行投资　　B. 兼并企业取得被兼并企业房地产
   C. 企业间房地产交换　　D. 个人之间互换自有住房

7. 进口货物的完税价格，由海关以进口货物的（　　）为基础审定完税价格。
   A. 到岸价格　　B. 申报价格　　C. 实际成交价格　　D. 离岸价格

8. 计入进口货物关税完税价格的项目是（　　）。
   A. 进口关税　　B. 货物运抵境内输入地点之后的运输费
   C. 国内保险费　　D. 货物在境外的运输费

二、多项选择题

1. 我国进口税则中设有的进口关税税率，包括（   ）。
   A. 最惠国税率　　B. 协定税率　　C. 特惠税率　　D. 普通税率

2. 我国目前原产地规定采用（   ）。
   A. 全部产地生产标准　　B. 参与性加工标准
   C. 实质性加工标准　　D. 挂靠性加工标准

3. 非房地产开发企业在计算土地增值税时，允许从收入中直接扣减的税金有（   ）。
   A. 增值税　　B. 印花税　　C. 契税　　D. 城建税

4. 进口关税按照计税形式，分为（   ）。
   A. 从价税　　B. 从量税　　C. 复合税　　D. 滑准税

5. 下列属于关税纳税人的有（   ）。
   A. 进口货物的收货人　　B. 出口货物的发货人
   C. 进出境物品的所有人　　D. 进出口业务的代理人

6. 一般企业转让新开发的房地产，计算土地增值税时允许扣除的项目有（   ）。
   A. 地价款　　B. 开发成本
   C. 开发费用　　D. 加扣地价款和开发成本的 20%

7. 下列各项中，通过"税金及附加"账户核算的有（   ）。
   A. 土地增值税　　B. 消费税
   C. 进口关税　　D. 出口关税

8. 某企业将 5 年前购买的一块商业用地出售，下列说法中正确的有（   ）。
   A. 按售价全额缴纳增值税
   B. 按售价减买价的差额缴纳增值税
   C. 缴纳土地增值税时，允许扣除买地支付的款项和卖地时支付的相关税费
   D. 缴纳土地增值税时，允许加计扣除土地款的 20%

三、判断题

1. 城建税的征税范围不包括农村。（   ）
2. 转让房地产缴纳的印花税，在计算土地增值税时允许扣除。（   ）
3. 烟叶税属于所收购烟叶的成本的一部分，收购烟叶的单位应将烟叶税计入烟叶的采购成本中。（   ）
4. 城市维护建设税的计税依据为纳税人实际缴纳的增值税、消费税和查补增值税、消费税税额，以及对纳税人违反增值税、消费税法规而加收的滞纳金和罚款。（   ）
5. 增值额未超过扣除项目金额 20% 的房地产开发项目，免征土地增值税。（   ）
6. 以房地产进行投资、联营的，暂免征收土地增值税。（   ）
7. 原产于我国境内的货物，进口时采用普通税率。（   ）

8. 对承受国有土地使用权所应支付的土地出让金，要缴纳契税。（　　）
9. 房地产抵押，在抵押期间，不征收土地增值税；抵押期满后，如果因以房抵债而发生产权转移，则属于土地增值税的征税范围。（　　）
10. 进口关税和出口关税的计税依据中都包含关税本身。（　　）

四、计算题

1. 某房地产开发企业建造一栋普通住宅楼出售，取得不含税货币收入2 900万元，取得水泥两车皮（不含税市价折合100万元）（城建税率7%，教育费附加3%，地方教育附加2%）。建此住宅支付地价款（不含税）和相关过户手续费1 000万元，开发成本900万元，其利息支出100万元可以准确计算分摊，该省政府规定的费用扣除比例为5%。计算其应缴纳的土地增值税。

2. 某市房地产开发公司，某年发生以下业务：
   （1）1月，通过竞拍取得市区一处土地的使用权，支付土地出让金4 750万元，缴纳相关税费250万元。
   （2）该公司将这块土地用于建住宅楼和写字楼，占地面积各占50%。
   （3）住宅楼开发成本3 000万元，能提供金融机构证明，分摊到住宅楼的利息支出300万元。
   （4）写字楼开发成本4 000万元，无法提供金融机构证明利息支出的具体数额。
   （5）12月，工程全部完工，出售住宅楼不含税收入20 000万元，出售写字楼不含税收入30 000万元。
       该公司已经按规定缴纳增值税9%，城建税7%，教育费附加3%，地方教育附加2%，印花税0.05%。
   根据以上资料，分别计算该公司转让住宅楼和转让写字楼应缴纳的土地增值税。

3. 某公司2018年购买一块土地，支付不含税土地款10 000万元，缴纳契税300万元。现该公司将这块土地转让，开出专用发票，金额70 000万元，税率9%，税额6 300万元（以差价为基数），计算该公司转让土地应缴纳的土地增值税。

4. 某公司进口货物一批，CIF成交价格为人民币600万元，含单独计价并经海关审核属实的进口后装配调试费用30万元，该货物进口关税税率为10%，海关填发税款缴纳证日期为2018年1月10日，该公司于1月25日缴纳税款。
   要求：计算其应缴纳的关税及滞纳金。（滞纳金利息为每天0.05%。）

五、分录题

1. 某外贸企业从国外自营进口一批排气量小于2 200毫升的小汽车一批，CIF价格折合人民币400万元，进口关税税率为15%，代征消费税税率为8%、增值税率13%。根据海关开出的税款缴纳凭证，以银行转账支票付讫税款。请做相应会计分录。

2. 某非主营房地产业务的企业转让以行政划拨方式取得的土地使用权，转让土地应补交的土地出让金50万元，补缴契税1.5万元，转让土地使用权开出专用发票，金额400万元，税率9%，税额36万元。计算应缴纳的土地增值税，并做会计分录。

六、筹划题

1. 某房地产开发企业,某年商品房不含税销售收入为 10 000 万元,其中:普通住宅的不含税销售额为 6 000 万元,豪华住宅的不含税销售额为 4 000 万元。税法规定可以扣除项目金额为 5 600 万元,其中:普通住宅可扣除项目金额为 3 000 万元,豪华住宅可扣除项目金额为 2 600 万元。
   要求:分析该企业应该如何对此进行税务筹划,以使土地增值税的纳税负担最小?

2. 某外贸进出口企业主要从事某国际知名品牌洗衣机的进口和销售,年销售数量为 10 000 台,每台国内的销售价格为 5 000 元,进口完税价格为 3 000 元,假定进口环节适用的关税税率为 20%,增值税 13%。该企业管理层提出议案:在取得该品牌洗衣机厂家的同意和技术协作的情况下,进口该品牌洗衣机的电路板和发动机,进口完税价格为整机价格的 60%,假定进口环节适用的关税税率为 15%。其他配件委托国内技术先进的企业加工,并完成整机组装,所发生的成本费用为进口完税价格的 50%,购进配件及劳务的增值税税率为 13%。
   要求:分析该管理层议案的经济可行性。

3. A 公司是国有企业,拥有的土地都是国家无偿划拨,故企业账面没有土地价值记录。A 公司有一块土地上的房屋年代已久,使用价值不大,故欲将这块土地开发,建造住房出售,取得房地产行业的高收益。因 A 公司没有房地产开发资质,故 A 公司与另一房地产公司共同投资成立一个独立的房地产公司 B,B 公司注册资本 1 000 万元,A 公司以现金出资 400 万元,另一投资方现金出资 600 万元。

   新的房地产公司 B 成立后,首先对 A 公司拥有的那块地进行开发。A 公司与房地产公司 B 协议规定土地和房屋不含税总价款为 1 800 万元。经过中介公司评估,房屋评估价 520 万元(房屋账面价值 100 万元),土地挂牌价 1 098 万元,A 公司缴纳土地出让金 400 万元。
   要求:分析 A 公司涉及的税务问题,并提出 A 公司的税务筹划方案,分析各种方案下的经济利益。

第 5 章

企业所得税的会计核算与税务筹划

> **学习提示**
>
> 企业所得税是一个非常重要的税种,企业所得税的会计核算和税务筹划在实务工作中也非常重要。在学习本章内容时,学生不仅要熟知企业所得税的法律规定,正确计算企业所得税的应纳税额,还要掌握企业所得税的会计处理方法和税务筹划方法。本章主要介绍企业所得税的基本规定,所得税会计基础与方法,企业所得税的会计核算、纳税申报和税务筹划等内容。通过本章的学习,学生应对企业所得税的概念、企业所得税的法律规定、企业所得税的会计核算和税务筹划等有比较全面的理解和掌握。

5.1 企业所得税概述

企业所得税是对我国境内的企业和其他取得收入的组织的生产经营所得和其他所得征收的所得税。它是国家参与企业利润分配的重要手段。现行《中华人民共和国企业所得税法》是 2007 年 3 月 16 日由中华人民共和国第十届全国人民代表大会第五次会议通过并公布,于 2008 年 1 月 1 日起施行的,它适用于包括外资在内的所有企业。

5.1.1 企业所得税的纳税人

企业所得税的纳税人是在境内取得收入的企业或组织,不包括个人独资企业和合伙企业。企业所得税的纳税人按照纳税义务的不同,分为居民企业和非居民企业。

居民企业是指依法在中国境内成立,或者依照外国(地区)法律成立,但实际管理机构在中国境内的企业。实际管理机构是指对企业生产经营、人员、账务、财产等实施实质性全面管理和控制的机构。

居民企业负有全面纳税义务，应就其来源于中国境内、境外的所得，按规定税率缴纳企业所得税。

非居民企业是指依照外国（地区）法律成立且实际管理机构不在中国境内，但在中国境内设立机构、场所的，或者在中国境内虽未设立机构、场所，但有来源于中国境内所得的企业。

机构、场所是指在中国境内从事生产经营活动的机构、场所，包括：

（1）管理机构、营业机构、办事机构。

（2）工厂、农场、开采自然资源的场所。

（3）提供劳务的场所。

（4）从事建筑、安装、装配、修理、勘探等工程作业的场所。

（5）其他从事生产经营活动的机构、场所。

非居民企业委托营业代理人在中国境内从事生产经营活动的，包括委托单位或个人经常代其签订合同，或者储存、交付货物等，该营业代理人视为非居民企业在中国境内设立的机构、场所。

非居民企业在境内设机构、场所的，就来源于境内的所得及发生在境外但与境内机构、场所有实际联系的所得，按规定税率缴纳企业所得税。

非居民企业在境内未设机构、场所的，或者虽设有机构、场所，但取得的所得与所设机构、场所没有实际联系的，就来源于中国境内的所得，按20%的税率（优惠后为10%），缴纳企业所得税。

5.1.2 企业所得税的税率

居民企业和境内有机构、场所且所得与机构场所有关联的非居民企业，适用基本税率25%。

在境内不设机构场所的非居民企业，或虽设立机构场所但所得与境内机构场所没有实际联系的，只就来源于中国境内的所得依据20%的低税率（减半优惠后为10%），缴纳企业所得税。

国家需要重点扶持的高新技术企业，减按15%的税率缴纳企业所得税。按照税总函〔2016〕74号规定，认定为高新技术企业须同时符合以下条件：

（1）企业申请认定时须注册成立一年以上。

（2）企业通过自主研发、受让、受赠、并购等方式，获得对其主要产品（服务）在技术上发挥核心支持作用的知识产权的所有权。

（3）对企业主要产品（服务）发挥核心支持作用的技术属于《国家重点支持的高新技术领域》规定的范围。

（4）企业从事研发和相关创新活动的科技人员占企业当年职工总数的比例不低于10%。

（5）企业近三个会计年度（实际经营期不满三年的按实际经营时间计算）的研究开发费总额占同期销售收入总的比例符合要求：①最近一年销售收入小于5 000万元的企业，比例不低于5%；②最近一年销售收入在5 000万元至2亿元的企业，比例不低于4%；③最近一年销售收入在2亿元以上的企业，比例不低于3%。其中，企业在中国境内发生的研究开发费总额占全部研究开发费总额的比例不低于60%。

（6）近一年高新技术产品（服务）收入占企业同期总收入的比例不低于60%。

（7）企业创新能力评价应达到相关要求。

（8）企业申请认定前一年内未发生重大安全、重大质量事故或严重环境违法行为。

经认定的技术先进型服务企业，减按15%的税率征收企业所得税。按照财税〔2017〕79号规定，认定为技术先进型服务企业必须同时符合以下条件：

1）在中国境内（不包括港、澳、台地区）注册的法人企业。

2）从事《技术先进型服务业务认定范围（试行）》中的一种或多种技术先进型服务业务，采用先进技术或具备较强的研发能力。技术先进型服务业务认定范围：①信息技术外包服务（ITO），包括软件研发及外包（主要有软件研发及开发服务、软件技术服务）、信息技术研发服务外包（主要有集成电路和电子电路设计、测试平台）、信息系统运营维护外包（主要有信息系统运营和维护服务、基础信息技术服务）；②技术性业务流程外包服务（BPO），包括企业业务流程设计服务、企业内部管理服务、企业运营服务、企业供应链管理服务；③技术性知识流程外包服务（KPO），包括知识产权研究、医药和生物技术研发和测试、产品技术研发、工业设计、分析学和数据挖掘、动漫及网游设计研发、教育课件研发、工程设计等领域。

3）具有大专以上学历的员工占企业职工总数的50%以上。

4）从事《技术先进型服务业务认定范围（试行）》中的技术先进型服务业务取得的收入占企业当年总收入的50%以上。

5）从事离岸服务外包业务取得的收入不低于企业当年总收入的35%。

小型微利企业减按20%的税率征收企业所得税。小型微利企业是指从事国家非限制和禁止行业，且同时符合年度应纳税所得额不超过300万元、从业人数不超过300人、资产总额不超过5 000万元3个条件的企业。

2019年1月1日至2021年12月31日，小型微利企业年应纳税所得额不超过100万元的部分，减按25%计入应纳税所得额，按20%的税率缴纳企业所得税（即实际税率5%）；对年应纳税所得额超过100万元但不超过300万元的部分，减按50%计入应纳税所得额，按20%的税率缴纳企业所得税（即实际税率10%）。

享受上述税收优惠政策的"小型微利企业"必须是在我国负有全面纳税义务的居民企业。仅就来源于我国境内所得纳税的非居民企业，不属于企业所得税法规定的"小型微利企业"。

5.1.3 应纳税所得额的确定

企业所得税的应纳税所得额按照下列公式确定

$$应纳税所得额 = 收入总额 - 不征税收入 - 免税收入 - 允许的各项扣除 - 允许弥补的以前年度亏损$$

1. 收入的确定

计算应纳税所得额时的收入总额，包括销售货物收入，提供劳务收入，转让财产收入，利息收入，股息、红利等权益性投资收益，租金收入，特许权使用费收入，接受捐赠收入和其他收入。企业取得的收入，既可以是货币形式，也可以是非货币形式。非货币形式包括固定资产、生物资产、无形资产、股权投资、存货、不准备持有至到期的债券投资、劳务以及有关权益等；各种非货币形式的收入，应按照公允价值确定。

企业将资产移送他人，因资产所有权属已发生改变，应按规定视同销售确认收入，具体情况包括用于市场推广或销售、交际应酬、职工奖励或福利、股息分配、对外捐赠及其他改变资产所有权属的用途。

除将资产转移至境外以外，由于资产所有权属在形式上和实质上均不发生改变，可作为内部处置，不视同销售确认收入，相关资产的计税基础延续计算，具体情况包括：将资产用于生产、制造、加工另一产品；改变资产形状、结构或性能；改变资产用途（如自建商品房转为自用或经营）；将资产在总机构及其分支机构之间转移；上述两种或两种以上所有权属的混合，其他不改变资产所有权属的用途。

收入总额中的其他收入，包括企业资产溢余收入、逾期未退包装物押金收入、确实无法偿付的应付款项、已作坏账处理后又收回的应收款项、债务重组收入、补贴收入、违约金收入、汇兑收益等。企业取得财产（包括各类资产、股权、债权等）转让收入、债务重组收入、接受捐赠收入、无法支付的应付款收入等，不论是以货币形式，还是非货币形式体现，除另有规定外，均应一次性计入确认收入的年度，计算缴纳企业所得税。

财税〔2014〕116号明确：居民企业以非货币性资产出资设立新的居民企业，或将非货币性资产注入现存的居民企业，按评估后的公允价值扣除计税基础后的余额，确认非货币性资产转让所得。该所得可在不超过5年期限内，分期均匀计入相应年度的应纳税所得额，按规定计算缴纳企业所得税。但企业在对外投资5年内转让上述股权或投资收回的，或者企业在对外投资5年内注销的，均应停止执行递延纳税政策，一次性计算缴纳企业所得税。

公式中的"不征税收入"是指：财政拨款；依法收取并纳入财政管理的行政事业性收费、政府性基金；国务院规定的其他不征税收入。

公式中的"免税收入"是指：国债利息收入；符合条件的居民企业之间的股息、红利等权益性投资收益；境内设立机构、场所的非居民企业从居民企业取得与该机构、场所有实际联系的股息、红利等权益性投资收益；符合条件的非营利组织的收入。

2. 允许扣除项目的一般规定

计算应纳税所得额时允许的各项扣除，包括成本、费用、税金、损失和其他支出。企业发生各项支出时，应区分为收益性支出和资本性支出。收益性支出在发生当期直接扣除；资本性支出应当分期扣除，或者计入有关资产成本，不得在发生当期直接扣除。

允许扣除的税金是指企业经营环节缴纳的税费，包括消费税、城建税、教育费附加、地方教育附加、资源税、土地增值税、出口关税、房产税、车船税、土地使用税和印花税，不包括企业所得税和增值税。

允许扣除的损失，包括固定资产和存货的盘亏、毁损、报废损失，转让财产损失，呆账损失，坏账损失，自然灾害等不可抗力因素造成的损失以及其他损失，在减除责任人赔偿和保险赔款后的余额。已作为损失处理的资产以后又全部或部分收回时，应计入当期收入。

3. 不得扣除的支出

计算应纳税所得额时不得扣除的支出，包括：①向投资者支付的股息、红利等权益性投资收益款项；②企业所得税税款；③税收滞纳金；④罚金、罚款和被没收财物的损失；⑤超过规定标准的捐赠支出；⑥赞助支出；⑦未经核定的准备金支出；⑧与取得收入无关的其他支出。

4. 允许扣除项目的具体情况

（1）工资、薪金支出。其包括基本工资、奖金、津贴、补贴、年终加薪、加班工资，以及与任职或受雇有关的其他支出。企业发生的合理的工资薪金支出，准予据实扣除。

"合理的工资、薪金"是指企业按照股东大会、董事会、薪酬委员会或相关管理机构制定的工资薪金制度规定实际发放给员工的工资薪金。税务机关在对工资薪金进行合理性确认时，依据以下原则：①企业制定了较为规范的员工工资薪金制度；②企业所制定的工资薪金制度符合行业及地区水平；③企业在一定时期所发放的工资薪金是相对固定的，工资薪金的调整是有序进行的；④企业对实际发放的工资薪金，已依法履行了代扣代缴个人所得税义务；⑤有关工资薪金的安排，不以减少或逃避税款为目的。

国家税务总局公告2015年第34号第三条明确：企业接受外部劳务派遣用工所实际发生的费用，应分两种情况按规定在税前扣除：按照协议（合同）约定直接支付给劳务派遣公司的费用，应作为劳务费支出；直接支付给员工个人的费用，应作为工资薪金支出和职工福利费支出。其中属于工资薪金支出的费用，准予计入企业工资薪金总额的基数，作为计算其他各项相关费用扣除的依据。该文件第二条还明确：企业在年度汇算清缴结束前向员工实际支付的已预提汇缴年度工资薪金，准予在汇缴年度按规定扣除。

企业依照规定范围和标准为职工缴纳的基本养老保险费、基本医疗保险费、失业保险费、工伤保险费等基本社会保险费和住房公积金，准予扣除。

企业为投资者或职工支付的补充养老保险费、补充医疗保险费，在规定范围和标准内的，准予扣除。

除特殊工种人身安全保险费和按规定可以扣除的其他商业保险费外，企业为投资者或职工支付的商业保险费，不得扣除。

企业发生的职工福利费支出，不超过工资薪金总额14%的部分，准予扣除。企业职工福利费，包括以下内容：

1）企业内设福利部门所发生的设备、设施和人员费用，包括职工食堂、职工浴室、理发室、医务所、疗养院等集体福利部门的设备、设施及维修保养费用和福利部门工作人员的工资薪金、社会保险费、住房公积金、劳务费等。

2）为职工卫生保健、生活、住房、交通等所发放的各项补贴和非货币性福利，包括外地就医费用、未实行医疗统筹企业职工医疗费用、职工供养直系亲属医疗补贴、供暖费补贴、职工防暑降温费、职工困难补贴、救济费、职工食堂经费补贴、职工交通补贴等。

3）其他职工福利费，包括丧葬补助费、抚恤费、安家费、探亲路费等。

国家税务总局公告 2015 年第 34 号第一条明确规定：列入企业员工工资薪金制度、固定与工资薪金一起发放的福利性补贴，符合"合理的工资薪金"规定的，可作为企业发生的工资薪金支出，按规定在税前据实扣除。不能同时符合上述条件的福利性补贴，应作为职工福利费，按不超过工资薪金总额 14% 的部分，在税前限额扣除。

企业拨缴的工会经费，不超过工资薪金总额 2% 的部分，凭工会组织开具的《工会经费收入专用收据》准予在企业所得税前扣除。

企业发生的职工教育经费支出，按照工资薪金总额 8% 限额扣除。超过限额部分，准予在以后纳税年度结转扣除。另外，软件企业、集成电路设计企业和动漫企业发生的职工培训费用，可以全额税前扣除。

（2）借款利息支出。不需要资本化的借款费用，准予扣除。企业购建固定资产、无形资产和 12 个月以上才能达到可销售状态的存货，在资产购置、建造期间的借款费用，应予以资本化，作为资本性支出，计入有关资产的成本；有关资产交付使用后发生的借款利息，可在发生当期扣除。

非金融企业向金融企业借款的利息支出、金融企业存款和同业拆借的利息支出、企业发行债券的利息支出，准予扣除。非金融企业向非金融企业借款的利息，不超过同期同类金融企业贷款利率的部分，准予扣除。除计入资产成本或者与利润分配相关外，汇兑损失准予扣除。

企业实际支付给关联方的利息，除了不超过同类同期金融企业贷款利率外，还要满足资本弱化规则的要求，即接受关联方债权性投资与其权益性投资比例为 2∶1（金融企业为 5∶1）。也就是说，关联方借款超过规定比例时，即使支付的利息满足"不超过同类同期金融企业贷款利率"，也不得在所得税前扣除。

（3）业务招待费。企业发生的与生产经营活动有关的业务招待费支出，按照发生额的 60% 扣除，但最高不得超过当年销售（营业）收入的 5‰。对从事股权投资业务的企业（包括集团公司总部、创业投资企业等），其从被投资企业所分配的股息、红利，以及股权转让收入，可以按规定比例计算业务招待费扣除限额。

（4）广告费和业务宣传费。企业发生的符合条件的广告费和业务宣传费支出，除另有规定外，不超过当年销售（营业）收入 15% 的部分，准予扣除；化妆品制造、医药制造和饮料制造（不含酒类制造）企业，不超过当年销售收入 30% 的部分，准予扣除。上述企业超过规定的部分，准予在以后纳税年度结转扣除。烟草企业发生的广告费和业务宣传费，一律不得扣除。

广告费与赞助支出的扣除政策不同。税法规定，符合条件的广告费支出允许在企业所得税前扣除，而企业发生的与生产经营活动无关的各种非广告性质支出，则不得在所得税前扣除。

计算业务招待费、广告费和业务宣传费支出扣除限额时，其基数为主营业务收入和其他业务收入两项营业收入之和，不包括投资收益和营业外收入。

企业申报扣除的广告费支出，必须符合下列条件：广告是通过工商部门批准的专门机构制作的；已实际支付费用，并已取得相应发票；通过一定的媒体传播。

（5）公益性的捐赠支出。企业当年发生及以前年度结转的公益性捐赠支出，不超过年度利润总额12%的部分，准予扣除。公益性捐赠指企业通过公益性社会组织或县级以上人民政府及其部门，用于符合法律规定的慈善活动、公益事业的捐赠。公益性社会组织指同时符合下列条件的慈善组织以及其他社会组织：依法登记，有法人资格；以发展公益事业为宗旨，且不以盈利为目的；全部资产及其增值为该法人所有；收益和营运结余主要用于符合法人设立目的的事业；不经营与其设立目的无关的业务；有健全的财务会计制度；捐赠者不以任何形式参与该法人财产的分配；国务院财政、税务主管部门会同国务院民政部门规定的其他条件。

国家税务总局公告2019年49号明确：2019年1月1日至2022年12月31日，企业通过公益性社会组织或者县级（含县级）以上人民政府及其组成部门和直属机构，用于目标脱贫地区的扶贫捐赠支出，准予在计算企业所得税应纳税所得额时据实扣除。在政策执行期限内，目标脱贫地区实现脱贫的，可继续适用上述政策。"目标脱贫地区"包括832个国家扶贫开发工作重点县、集中连片特困地区县（新疆阿克苏地区6县1市享受片区政策）和建档立卡贫困村。

企业在2015年1月1日至2018年12月31日期间已发生的符合上述条件的扶贫捐赠支出，尚未在计算企业所得税应纳税所得额时扣除的部分，可执行上述企业所得税政策。

（6）总机构管理费。企业之间支付的管理费、企业内营业机构之间支付的租金和特许权使用费，以及非银行企业内营业机构之间支付的利息，不得扣除。

非居民企业在境内设立的机构、场所，就其中国境外总机构发生的与该机构、场所生产经营有关的费用，能够提供总机构出具的费用汇集范围、定额、分配依据和方法等证明文件，并合理分摊的，准予扣除。

（7）手续费及佣金支出。企业发生的与生产经营有关的手续费及佣金支出，在限额内的部分，准予扣除，超过限额的部分，不得扣除。企业按与具有合法经营资格中介服务机构或个人所签订服务协议或合同确认的收入金额的5%计算限额。国家税务总局公告2019年第72号明确：保险企业按全部保费收入扣除退保金等余额18%计算限额，超过部分，允许结转以后年度扣除。

（8）其他项目。企业依照法律、行政法规有关规定提取的用于环境保护、生态恢复等方面的专项资金，准予扣除。提取后改变用途的，不得扣除。

按照规定缴纳的财产保险费，准予扣除。经营租赁固定资产的租赁费，允许扣除。劳动保护支出，准予扣除。

（9）固定资产折旧费。固定资产按直线法计算折旧的，准予扣除。各类固定资产的最低折旧年限为：①房屋、建筑物，为20年；②飞机、火车、轮船、机器、机械和其他生产设备，为10年；③与生产经营活动有关的器具、工具、家具等，为5年；④飞机、火车、轮船以外的运输工具，为4年；⑤电子设备，为3年。

可缩短折旧年限或采取加速折旧法的固定资产：①由于技术进步，产品更新换代较快的固定资产；②常年处于强震动、高腐蚀状态的固定资产。

近些年，国家税务总局出台一系列固定资产加速折旧政策，具体内容归类如下：

国家税务总局公告2018年第46号明确：企业在2018年1月1日至2020年12月31日

期间新购进的设备、器具，单位价值不超过 500 万元的，允许一次性计入当期成本费用在计算应纳税所得额时扣除。

单位价值超过 500 万元的固定资产，按照财税 [2014]75 号、财税 [2015]106 号、国家税务总局公告 2014 年第 64 号和 2015 年第 68 号等相关规定执行。

财税 [2014]75 号明确对 6 个行业的企业新购进的固定资产，财税 [2015]106 号明确对四个领域重点行业的企业新购进的固定资产，可由企业选择缩短折旧年限或采取加速折旧的方法。国家税务总局公告 2019 年第 66 号明确：自 2019 年 1 月 1 日起，适用财税 [2014]75 号和财税 [2015]106 号规定固定资产加速折旧优惠的行业范围，扩大至全部制造业领域。即全部制造业企业，新购进的固定资产单位价值超过 500 万元的，可缩短折旧年限或采取加速折旧的方法。

财税 [2014]75 号、财税 [2015]106 号、国家税务总局公告 2018 年第 46 号和 2019 年第 66 号：对制造业的小型微利企业，新购进的研发和生产经营共用的仪器、设备，单位价值不超过 500 万元的，允许一次性计入当期成本费用在计算应纳税所得额时扣除，不再分年度计算折旧；单位价值超过 500 万元的，可缩短折旧年限或采取加速折旧的方法。

财税 [2014]75 号和国家税务总局公告 2018 年第 46 号明确：对所有行业企业新购进的专门用于研发的仪器、设备，单位价值不超过 500 万元的，允许一次性计入当期成本费用在计算应纳税所得额时扣除，不再分年度计算折旧；单位价值超过 500 万元的，可缩短折旧年限或采取加速折旧的方法。

对所有行业企业持有的单位价值不超过 5 000 元的固定资产，允许一次性计入当期成本费用在计算应纳税所得额时扣除，不再分年度计算折旧。

上述"缩短折旧年限"均指不低于规定折旧年限的 60%；"加速折旧法"均指双倍余额递减法和年数总和法。

（10）生物资产的折旧费。生产性生物资产按照直线法计算的折旧，准予扣除。生产性生物资产的最低折旧年限为：①林木类生产性生物资产，为 10 年；②畜类生产性生物资产，为 3 年。

（11）无形资产及长期待摊费用的摊销。无形资产按照直线法计算的摊销费用，准予扣除。但无形资产的摊销年限不得低于 10 年。长期待摊费用的摊销年限不得低于 3 年。

5. 应纳税额的计算

企业应交所得税的计算公式为

$$应交所得税 = 应纳税所得额 \times 适用税率 - 减免税额 - 抵免税额$$

【案例 5-1】世华公司有年末会计利润 100 万元，经注册会计师审核，发现有以下项目需调整：

（1）企业当年发生的不符合资本化条件的已列入财务费用的借款利息 80 万元，其中：向非金融机构借款 500 万元，利率为 10%，同期的金融机构借款利率为 8%。

（2）企业账面列支业务招待费 50 万元，该企业当年的销售收入为 5 000 万元。

（3）企业全年发生的广告费和业务宣传费共计 100 万元。

（4）全年发生公益性捐赠 40 万元。

（5）当年计入损益的研究开发费为 80 万元。

(6)当年已经列入营业外支出的税务罚款为7万元。

根据以上资料,计算该公司的应纳税所得额和应交所得税。

解析:

应纳税所得额应该在会计利润的基础上,按照税法规定进行调整。

(1)借款利息调增 = 500×(10% − 8%) = 10(万元)

(2)业务招待费调增 = 50 − 25 = 25(万元)

50×60% = 30(万元),5 000×5‰ = 25(万元),故允许扣除25万元。

(3)广告宣传费允许扣除:5 000×15% = 750(万元)

实际发生100万元,全部允许扣除。

(4)允许捐赠 = 100×12% = 12(万元)

捐赠调增 = 40 − 12 = 28(万元)

(5)研发费加扣 = 80×50% = 40(万元)

(6)罚款不允许税前扣除,调增7万元。

应纳税所得额 = 100 + 10 + 25 + 28 − 40 + 7 = 130(万元)

应交所得税 = 130×25% = 32.5(万元)

5.1.4 影响应纳税额的三项制度

影响应纳税额的三项制度是指关联企业制度、亏损结转制度和税收抵免制度。这三项制度体现了既要避免双重征税,又要防止逃税,还要给予税收鼓励的精神。

(1)关联企业制度。关联企业制度是防止逃税的重要制度。企业与其关联方之间的业务往来,不符合独立交易原则而减少企业或者其关联方应纳税收入或者所得额的,税务机关有权按照合理方法调整。

企业与其关联方共同开发、受让无形资产,或者共同提供、接受劳务发生的成本,在计算应纳税所得额时应当按照独立交易原则进行分摊。企业可以向税务机关提出与其关联方之间业务往来的定价原则和计算方法,税务机关与企业协商、确认后,达成预约定价安排。

关联方是指与企业有下列关联关系之一的企业、其他组织或者个人:

1)在资金、经营、购销等方面存在直接或者间接的控制关系。

2)直接或者间接地同为第三者控制。

3)在利益上具有相关联的其他关系。

独立交易原则是指没有关联关系的交易各方,按照公平成交价格和营业常规进行业务往来遵循的原则。

《企业所得税法》中规定的税务机关有权调整的合理方法,包括:

1)可比非受控价格法,即按照没有关联关系的交易各方进行相同或者类似业务往来的价格进行定价的方法。

2)再销售价格法,即按照从关联方购进商品再销售给没有关联关系的交易方的价格,减除相同或者类似业务的销售毛利进行定价的方法。

3）成本加成法，即按照成本加合理的费用和利润进行定价的方法。

4）交易净利润法，即按照没有关联关系的交易各方进行相同或者类似业务往来取得的净利润水平确定利润的方法。

5）利润分割法，即将企业与其关联方的合并利润或者亏损在各方之间采用合理标准进行分配的方法。

6）其他符合独立交易原则的方法。

税务机关对关联交易进行特别纳税调整的，应当补征税款，并对补征税款自税款所属纳税年度的次年 6 月 1 日起至补缴税款之日止的期间，按日加收利息。并且，加收的利息，不得在计算应纳税所得额时扣除。

（2）亏损结转制度。亏损结转制度是一种税收优惠制度。企业纳税年度发生的亏损，准予向以后年度结转，用以后年度的所得弥补，一般企业结转年限最长不得超过 5 年。高新技术企业和科技型中小企业亏损年限不得超过 10 年。企业在汇总计算缴纳企业所得税时，境外营业机构的亏损不得抵减境内营业机构的盈利。

（3）税收抵免制度。税收抵免制度是避免所得双重征税的制度。我国为避免重复征税，采用限额扣除法，既实行直接抵免，又实行间接抵免。纳税人来源于中国境外的所得已在境外缴纳的所得税税款，准予在汇总纳税时从其应纳税所得额中扣除，但是扣除额不得超过其境外所得依照中国税法规定计算的应纳税所得额。超过抵免限额的部分，可在以后 5 个年度内，用每年度抵免限额抵免当年应抵税额后的余额进行抵补。

直接抵免包括：①居民企业来源于境外的应税所得；②境内设立机构、场所的非居民企业取得境外与该机构、场所有实际联系的应税所得。

居民企业从其直接或者间接控制 20% 以上股份的外国企业分得的来源于境外的股息、红利等权益性投资收益，外国企业在境外实际缴纳的所得税税额中属于该居民企业权益性投资收益负担的部分，可以抵免境内应交所得税，这是间接抵免。

企业在境外缴纳的所得税税款，不包括减免税或纳税后又得到补偿，以及由他人代为承担的税款。但协定中有税收饶让规定的，可按协定中的规定执行。

境外所得税扣除限额 = 境内境外应纳税总额 ×（来源于某外国所得 ÷ 境内境外总所得）

境外实际纳税低于扣除限额的，据实扣除；超过扣除限额的，超过部分不得在本年度的应纳税额中扣除，也不得列为费用支出，但可用以后年度税额扣除的余额补扣，补扣期最长不得超过 5 年。

5.1.5　税收优惠

《企业所得税法》对需要重点扶持和鼓励发展的产业和项目，给予税收优惠。

（1）企业从事农、林、牧、渔业项目的所得，可以减征、免征企业所得税。减半征收企业所得税的项目有：花卉、茶以及其他饮料作物和香料作物的种植；海水养殖、内陆养殖。

免征企业所得税的项目有：蔬菜、谷物、薯类、油料、豆类、棉花、麻类、糖料、水果、坚果的种植；农作物新品种的选育；中药材的种植；林木的培育和种植；牲畜、家禽的饲养；林产品的采集；灌溉、农产品初加工、兽医、农技推广、农机作业和维修等农、林、牧、渔服务业项目；远洋捕捞。

（2）从事《公共基础设施项目企业所得税优惠目录》规定的港口码头、机场、铁路、公路、城市公共交通、电力、水利等国家重点扶持的公共基础设施项目的投资经营的所得，自项目取得第一笔生产经营收入所属纳税年度起，第1～3年免征企业所得税，第4～6年减半征收企业所得税。

（3）从事公共污水处理、公共垃圾处理、沼气综合开发利用、节能减排技术改造、海水淡化等符合条件的环境保护、节能节水项目的所得，自项目取得第一笔生产经营收入所属纳税年度起，第1～3年免征企业所得税，第4～6年减半征收企业所得税。

（4）符合条件的技术转让所得，免征、减征企业所得税。即在一个纳税年度内，居民企业技术转让所得不超过500万元的部分，免征企业所得税；超过500万元的部分，减半征收企业所得税。

技术转让的范围包括居民企业转让专利技术、计算机软件著作权、集成电路布图设计权、植物新品种、生物医药新品种，以及财政部和国家税务总局确定的其他技术。技术转让是指居民企业转让其拥有所有权或5年以上（含5年）全球独占许可使用权的行为。

$$技术转让所得 = 技术转让收入 - 技术转让成本 - 相关税费$$

技术转让收入是指当事人履行技术转让合同后获得的价款，不包括销售或转让设备、仪器、零部件、原材料等非技术性收入。可以计入技术转让收入的技术咨询、技术服务、技术培训收入，是指转让方为使受让方掌握所转让的技术投入使用、实现产业化而提供的必要的技术咨询、技术服务、技术培训所产生的收入，并应同时符合以下条件：①在技术转让合同中约定的与该技术转让相关的技术咨询、技术服务、技术培训；②技术咨询、技术服务、技术培训收入与该技术转让项目收入一并收取价款。

境内的技术转让须经省级以上科技部门认定登记，跨境的技术转让须经省级以上商务部门认定登记，涉及财政经费支持产生技术的转让，需省级以上科技部门审批。

居民企业取得禁止出口和限制出口技术转让所得，不享受技术转让减免企业所得税优惠政策。居民企业直接或间接持股之和达到100%的关联方取得的技术转让所得，不享受技术转让减免企业所得税优惠政策。

（5）企业开展研发活动中实际发生的研发费用，未形成无形资产计入当期损益的，在按规定据实扣除的基础上，按照本年度实际发生额的50%加计扣除；形成无形资产的，按照无形资产成本的150%在税前摊销。根据财税〔2018〕99号规定，在2018年1月1日至2020年12月31日期间，按照本年度实际发生额的75%加计扣除，形成无形资产的，按照无形资产成本的175%摊销。

不适用税前加计扣除政策的行业，包括烟草制造业、住宿和餐饮业、批发和零售业、房地产业、租赁和商务服务业、娱乐业以及财政部和国家税务总局规定的其他行业。

研发活动是指企业为获得科学与技术新知识，创造性运用科学技术新知识，或实质性改进技术、产品（服务）、工艺而持续进行的具有明确目标的系统性活动。研发费用的具体范围包括：人员人工费用，直接投入费用，折旧费用，无形资产摊销，新产品设计费、新工艺规程制定费、新药研制的临床试验费、勘探开发技术的现场试验费，其他相关费用。

特别事项的处理：

1）企业委托外部机构或个人进行研发活动所发生的费用，按照费用实际发生额的80%计入委托方研发费用并计算加计扣除，受托方不得再进行加计扣除。委托外部研究开发费用实际发生额应按照独立交易原则确定。

2）企业共同合作开发的项目，由合作各方就自身实际承担的研发费用分别计算加计扣除。

3）企业集团根据生产经营和科技开发的实际情况，对技术要求高、投资数额大，需要集中研发的项目，其实际发生的研发费用，可以按照权利和义务相一致、费用支出和收益分享相配比的原则，合理确定研发费用的分摊方法，在受益成员企业间进行分摊，由相关成员企业分别计算加计扣除。

4）企业为获得创新性、创意性、突破性的产品进行创意设计活动而发生的相关费用，可按照本通知规定进行税前加计扣除。创意设计活动是指多媒体软件、动漫游戏软件开发，数字动漫、游戏设计制作；房屋建筑工程设计（绿色建筑评价标准为三星）、风景园林工程专项设计；工业设计、多媒体设计、动漫及衍生产品设计、模型设计等。

（6）创业投资企业股权投资于未上市的中小高新技术企业2年以上，可按其投资额的70%在股权持有满2年的当年抵扣该创业投资企业的应纳税所得额；当年不足抵扣的，可在以后纳税年度结转抵扣。创业投资企业和天使投资个人投向种子期、初创期科技型企业，按照投资额的70%抵扣应纳税所得额。

（7）企业以《资源综合利用企业所得税优惠目录》规定的资源作为主要原材料，生产国家非限制和禁止并符合国家和行业相关标准的产品取得的收入，减按90%计入收入总额。

（8）企业购置并实际使用《环境保护专用设备企业所得税优惠目录》《节能节水专用设备企业所得税优惠目录》和《安全生产专用设备企业所得税优惠目录》规定的环境保护、节能节水、安全生产等专用设备的，该专用设备的投资额的10%可以从企业当年的应纳税额中抵免；当年不足抵免的，可以在以后5个纳税年度结转抵免。

（9）软件生产企业实行增值税即征即退政策所退还的税款，由企业用于研究开发软件产品和扩大再生产，不作为企业所得税应税收入，不征收企业所得税。境内新办软件生产企业经认定后，自获利年度起，第1年和第2年免征企业所得税，第3～5年减半征收企业所得税。国家规划布局内的重点软件生产企业，如当年未享受免税优惠的，减按10%的税率征收企业所得税。

（10）2018年1月1日后投资新设的集成电路线宽小于130纳米，且经营期在10年以上的集成电路生产企业或项目，第1～2年免征企业所得税，第3～5年按照25%的法定税率减半征收企业所得税。线宽小于65纳米或投资额超过150亿元，且经营期在15年以上的集成电路生产企业或项目，第1～5年免征企业所得税，第6～10年按照25%的法定税率减半征收企业所得税。

按照集成电路生产企业享受上述税收优惠政策的，优惠期自企业获利年度起计算；按照集成电路生产项目享受上述优惠的,优惠期自项目取得第一笔生产经营收入所属纳税年度起计算。

（11）对证券投资基金从证券市场取得的收入,包括买卖股票、债券的差价收入,股权的股息、红利收入,债券的利息收入及其他收入,暂不征收企业所得税;对投资者从证券投资基金分配中取得的收入,对证券投资基金管理人运用基金买卖股票、债券的差价收入,暂不征收企业所得税。

同时从事不同税收待遇的项目,优惠项目应单独计算所得,并合理分摊期间费用;没有单独计算的,不得享受所得税优惠。

5.2　企业所得税会计的基础与方法

1994 年以前,我国会计制度与税法在收入、费用、利润、资产、负债等确认方面基本一致,因此,按会计制度规定计算的税前会计利润与按税法规定计算的应纳税所得额基本一致,计算企业所得税时无须进行调整。1994 年的税制改革和 2001 年的企业会计制度改革,使会计与税收在收入、收益、费用、损失等的确认上差异较大,因此,需要进行纳税调整。2007 年 1 月 1 日开始实施的 38 项《企业会计准则》与 2008 年 1 月 1 日开始执行的新《中华人民共和国企业所得税法》,虽然使税收与会计在很大程度上进行了协调一致,但仍存在一定的差异。《企业会计准则第 18 号——所得税》明确要求企业一律采用资产负债表债务法核算递延所得税。

5.2.1　企业所得税会计的性质

企业所得税会计的性质,即所得税的归属,是指所得税项目在财务会计报表中如何列示:是作为一项收益分配,还是作为一项费用?若是作为收益分配,则不能递延,应采用当期计列法（以本期纳税申报表上列示的应交所得税作为本期所得税费用）进行所得税会计处理;若是作为费用,才能递延,可采用跨期所得税分摊法（将暂时性差异对未来所得税的影响确认为负债或资产,递延至以后期间,分期确认为所得税费用或收益）进行所得税会计处理。

1. 收益分配观

收益分配观认为,企业向政府缴纳的所得税同企业分配给股东的收益一样,是对企业收益的分配,但两者的分配对象不同。企业所得税是对国家支持的一种回报,故所得税应归入收益分配项目。企业通常以资产或权益的增加、减少为依据,判定现金流入与流出是属于收入还是费用。企业所得税的支付使企业的资产减少,权益减少,属于收益分配的性质。

收益分配观的理论依据是"企业主体理论"。该理论从企业是经营实体的角度出发,认为企业应独立于企业所有者而存在,企业的收益是所有者权益的体现,代表企业的经营业绩。基于收益分配观进行企业所得税的会计处理时,不需要单独设置会计账户,直接在"利润分配"账户中进行核算。

2. 费用观

费用观认为,企业所得税是企业为取得收益而发生的一种耗费,与企业生产经营中的其他耗费一样,应归入费用项目。费用观的理论依据是"业主理论"。该理论认为企业的所有者是企业的主体,资产是所有者的资产,负债是所有者的负债,权益是所有者的净资产。在企业经营过程中,收益意味着所有者权益的增加,费用意味着所有者权益的减少,收入减费用而形成的企业收益,实际上体现了所有者财富的净增加。企业应以所有者权益的增减为依据,判定现金流入与流出是属于收入还是属于费用。企业所得税是为获得收益而付出的代价,当然应属于费用性质。

基于费用观进行企业所得税的会计处理时,需要单独设置费用类账户"所得税费用"。由于差异的存在,"所得税费用"账户中记录的是从本期损益中减去的所得税费用。对差异形成的税款,还应设置"递延所得税资产"和"递延所得税负债"账户,核算由于暂时性差异存在而产生的影响所得税的金额以及以后各期转回的金额。

在我国,目前以费用观为主,因为:第一,所得税的属性符合会计对费用的定义。费用是指企业为销售商品、提供劳务等日常活动所发生的经济利益的流出。从费用观来看,所得税是为了取得收益而必然发生的利益流出。第二,费用观符合收入与费用的配比原则。配比原则是指将收入与取得收入相关的成本、费用配比,以结出损益。就业主来看,有收益,就会发生所得税支出,为了收益而付出的所得税应当计入当期费用,与收益相配比,才能正确计算净收益。

5.2.2 资产负债表债务法

资产负债表债务法是从暂时性差异产生的本质出发,分析暂时性差异产生的原因及其对期末资产负债表的影响,并以此进行企业所得税核算的一种会计处理方法。

资产负债表债务法较为完整地体现了资产负债观。从资产负债表角度考虑,资产的账面价值代表的是企业持续持有至最终处置某项资产的一定期间内,该资产为企业带来的未来经济利益,而其计税基础代表的是在这一期间内就该项资产按照税法规定可以税前扣除的金额。一项资产的账面价值小于其计税基础,表明该项资产在未来期间产生的经济利益流入低于按照税法规定允许税前扣除的金额,产生可抵扣未来期间应纳税所得额的因素,减少未来期间以应交所得税方式流出企业的经济利益,从其产生时点来看,应确认为资产。反之,一项资产的账面价值大于其计税基础,两者之间的差额将会在未来期间产生应税金额,增加未来期间的应纳税所得额及应交所得税,企业形成经济利益流出的义务,应确认为负债。

1. 资产的计税基础

资产的计税基础是指企业收回资产账面价值的过程中,在计算应纳税所得额时,按照税法规定可以自应税经济利益中扣除的金额,即某一项资产在未来期间计税时按照税法规定可以税前扣除的金额。

资产在初始确认时,其计税基础一般为取得成本,即企业为取得某项资产支付的成本在未来期间准予税前扣除的金额。在持续持有的过程中,其计税基础是指资产的取得成本减去以前期间按照税法规定已经税前扣除的金额后的余额。如固定资产、无形资产等长期资产在某一资产负债表日的计税基础，是指其成本扣除按照税法规定已在以前期间税前扣除累计折旧或累计摊销额后的金额。但有些特殊业务，如非货币性交易、债务重组等方式下取得的资产，其计税基础有特殊性。

（1）固定资产。以各种方式取得的固定资产，初始确认时按照会计准则确定的入账价值基本上被税法认可，即取得时其账面价值一般等于计税基础。

固定资产持有期间进行后续计量时，由于会计与税法规定的差异，即会计与税法在折旧方法、折旧年限以及固定资产减值准备的提取等处理的不同，可能造成固定资产的账面价值与计税基础的差异。

按照会计准则确认的账面价值 = 成本 − 累计折旧 − 固定资产减值准备

企业所得税法认可的计税基础 = 成本 − 税法允许的以前期间税前扣除折旧额

1）折旧方法、折旧年限的差异。会计准则规定，企业应当根据与固定资产有关的经济利益的预期实现方式合理选择折旧方法，可以选择直线法，也可以选择双倍余额递减法和年数总和法计提折旧。税法规定按照直线法计算的折旧，只有由于技术进步，产品更新换代较快的固定资产，常年处于强震动、高腐蚀状态的固定资产，才可以缩短折旧年限，或采用双倍余额递减法或者年数总和法计提折旧，并且缩短折旧年限计提折旧的，最低折旧年限不得低于规定年限的60%。税法还对每一类固定资产的最低折旧年限做出了规定。如果会计上计提折旧的年限短于税法规定的最低折旧年限，就会产生固定资产持有期间账面价值与计税基础的差异。

2）因计提固定资产减值准备产生的差异。在持有固定资产的期间内，会计准则允许提取固定资产减值准备，而税法规定提取的减值准备在资产发生实质性损失前不允许税前扣除，也会造成固定资产的账面价值与计税基础的差异。

【案例5-2】茂华公司于2014年年末以800万元购入一套设备，使用寿命10年，会计上采用了双倍余额递减法提取折旧，但不符合税法要求的条件，税法上不允许加速折旧，只能按照直线法提取折旧。其他情况会计与税法一致，假定无残值。到2015年12月31日，茂华公司估计该项资产可收回金额为600万元。

解析：

会计上按照双倍余额递减法提取的2015年折旧额 = (800 − 0) × 2/10 = 160（万元）

该项固定资产在2015年12月31日的账面净值 = 800 − 160 = 640（万元）

2015年末提取减值准备 = 640 − 600 = 40（万元）

该项固定资产在2015年12月31日的账面价值 = 640 − 40 = 600（万元）

税法上按照直线法提取2015年折旧额 = 800 ÷ 10 = 80（万元）

该项固定资产在2015年12月31日的计税基础 = 800 − 80 = 720（万元）

该项固定资产的账面价值600万元与计税基础720万元之间的差额120万元，在本期会增加应纳税所得额和应交所得税，而在未来期间会减少应纳税所得额和应交所得税。

（2）无形资产。除内部开发形成的无形资产以外，以其他方式取得的无形资产，初始确认时按照会计准则规定确认的入账价值与按照税法规定确定的成本之间一般不存在差异。无形资产的账面价值与计税基础之间的差异主要产生于内部研究开发形成的无形资产以及使用寿命不确定的无形资产。

1）内部研究开发形成的无形资产，按会计准则规定，有关内部研究开发活动区分为两个阶段：研究阶段和开发阶段。研究阶段的支出应当费用化，计入当期损益。开发阶段符合资本化条件以后至达到预定用途前发生的支出，应当资本化，作为无形资产的成本。税法规定：企业为开发新技术、新产品、新工艺发生的研究开发费用，未形成无形资产计入当期损益的，在据实扣除的基础上，加扣50%；形成无形资产的，按照无形资产成本的150%摊销。

内部研究开发形成的无形资产，初始确认时，按照会计准则规定，符合资本化条件以后至达到预定用途前发生的支出总额，形成无形资产的账面价值，而其计税基础是账面价值的150%，两者有差异。

2）无形资产后续计量时，会计与税收的差异主要产生于无形资产摊销和无形资产减值准备提取两方面。

会计准则规定，企业取得无形资产后，应根据其使用寿命情况，区分为使用寿命有限的无形资产和使用寿命不确定的无形资产。对于使用寿命不确定的无形资产，不要求摊销，但持有期间每年应进行减值测试。

税法规定，无形资产按照直线法计算的摊销费用，准予扣除，且无形资产的摊销年限不得低于10年。税法规定，企业取得的无形资产（除外购商誉外），应在一定期限内摊销。对于使用寿命不确定的无形资产，会计处理时不予摊销，但计税时按照税法规定确定的摊销额，允许税前扣除，造成该类无形资产的账面价值与计税基础的差异。

在对无形资产计提减值准备的情况下，因税法规定计提的减值准备在资产发生实质性损失前不允许税前扣除，即无形资产的计税基础不会随着减值准备的提取发生变化，从而造成无形资产的账面价值与计税基础的差异。

【案例5-3】茂华公司本年度发生研究开发支出2 000万元，其中，研究阶段支出400万元，开发阶段符合资本化条件前的支出为600万元，符合资本化条件后达到预定用途前发生的支出为1 000万元。税法规定：企业为开发新技术、新产品、新工艺发生的研究开发费用，未形成无形资产计入当期损益的，在据实扣除的基础上，加扣50%；形成无形资产的，按照无形资产成本的150%摊销。

解析：

茂华公司本期发生的研究开发支出中，应该费用化的金额为1 000万元，形成无形资产成本的支出为1 000万元，即期末无形资产的账面价值为1 000万元，而按照税法规定，该项无形资产的计税基础为无形资产成本的150%，即1 500万元。该项无形资产的账面价值

1 000万元与其计税基础1 500万元之间的差额500万元,形成未来期间抵减应交所得税的权利,假定按10年摊销,每年可抵减应纳税所得额50万元。

假设茂华公司自行研发的该项无形资产在年末达到预定使用状态,故当年不予以摊销,从下年度起开始摊销。因此,茂华公司本期发生的研究开发支出中,按照税法规定可在当年税前扣除的金额为

$$(400 + 600) \times 150\% = 1\ 500(万元)$$

茂华公司本期发生的研究开发支出中,按照税法规定可在以后年度每年税前扣除的金额为

$$1\ 500 \div 10 = 150(万元)$$

如果茂华公司自行研发的无形资产不是在年末达到预定使用状态,则当年应按照实际使用月份进行摊销。

【案例5-4】茂华公司2015年1月1日取得的某项无形资产,取得成本为2 000万元,取得后因无法合理预计其使用期限,作为使用寿命不确定的无形资产管理。2015年12月31日,对该项无形资产进行减值测试表明其未发生减值。在计税时,税法允许按照10年期限摊销在税前扣除。

解析:

会计上将该项无形资产作为使用寿命不确定的无形资产,因未发生减值,其在2015年12月31日的账面价值为取得时的实际成本2 000万元。

税法规定,当年允许税前摊销额为200万元,因此,2015年12月31日该项无形资产的计税基础为1 800万元。

该项无形资产的账面价值2 000万元与其计税基础1 800万元之间的差额200万元,在未来期间无形资产发生减值或处置时则不能再抵扣,形成应纳税暂时性差异。

(3)以公允价值计量且其变动计入当期损益的金融资产。按照《企业会计准则第22号——金融工具确认和计量》的规定,以公允价值计量且其变动计入当期损益的金融资产,其在某一会计期末的账面价值为该时点的公允价值。而税法规定,企业以公允价值计量的金融资产、金融负债、投资性房地产等,持有期间公允价值的变动不计入应纳税所得额,在实际处置或结算时,处置取得的价款扣除其历史成本后的差额,应计入处置或结算期间的应纳税所得额。按照该规定,以公允价值计量的金融资产在持有期间市价的波动在计税时不予考虑,金融资产在某一会计期末的计税基础为其取得时的成本,从而造成在公允价值变动的情况下,以公允价值计量的金融资产账面价值与计税基础之间有差异。当会计期末公允价值降低时,以公允价值计量且其变动计入当期损益的金融资产的账面价值小于计税基础,形成可抵扣暂时性差异;而会计期末公允价值升高时,以公允价值计量且其变动计入当期损益的金融资产的账面价值大于计税基础,形成应纳税暂时性差异。

企业持有的可供出售金融资产计税基础的确定,与以公允价值计量且其变动计入当期损

益的金融资产类似,可以比照处理。

【案例 5-5】 2015 年 3 月 20 日,茂华公司自股票市场取得一项权益性投资,支付价款 1 500 万元,作为交易性金融资产核算。2015 年 6 月 30 日,该项权益性投资的市价为 1 350 万元。

解析:

税法规定,以公允价值计量的金融资产在持有期间市价的波动计税时不予考虑,金融资产在某一会计期末的计税基础为其取得时的成本。因此,编制半年报表时,茂华公司 6 月 30 日资产负债表上的计税基础为其取得成本 1 500 万元,而按照会计准则规定确认的账面价值为 1 350 万元。

账面价值与计税基础的差异 150 万元,属于暂时性差异,该差异在未来期间转回时会减少未来期间的应纳税所得额,导致应交所得税减少。

假设到 2015 年 12 月 31 日,茂华公司仍持有该项权益性投资,此时其市价为 1 800 万元,账面价值 1 800 万元与计税基础 1 500 万元之间的差额 300 万元,属于暂时性差异,该差异增加未来期间的应纳税所得额,导致应交所得税增加。

(4)其他资产。因会计准则规定与税法规定不同,企业持有的其他资产,可能造成其账面价值与计税基础之间存在差异,如采用公允价值模式计量的投资性房地产以及其他计提了减值准备的各项资产,账面价值与计税基础就存在差异。

1)投资性房地产。企业持有的投资性房地产进行后续计量时,会计准则规定可以采用成本模式,符合规定条件的,也可以采用公允价值模式。对于采用公允价值计量的投资性房地产,其账面价值与计税基础会有差异。

2)其他计提了减值准备的各项资产。有关资产计提了减值准备后,其账面价值会随之下降,而税法规定在资产发生实质性损失前不允许税前扣除,即其的计税基础不会随着减值准备的提取发生变化,从而造成资产的账面价值与计税基础之间的差异。

【案例 5-6】 茂华公司 2015 年购入某项存货,成本 4 000 万元,由于各种原因,该种原材料没有使用过。考虑到该种原材料的市场情况及市价,2015 年资产负债表日估计该项原材料的可变现净值 3 400 万元。假定该种原材料的年初余额为零。

解析:

因该项原材料期末的可变现净值低于成本,提取减值准备 600 万元,计提减值准备后,该项存货的账面价值为 3 400 万元。

税法规定,提取的减值准备不允许税前扣除,因此,其计税基础仍为存货取得时的成本 4 000 万元。

该项存货账面价值与计税基础的差额 600 万元,属于暂时性差异。该差异会减少企业在未来期间的应纳税所得额和应交所得税。

2. 负债的计税基础

负债的计税基础是指负债的账面价值减去未来期间计算应纳税所得额时按照税法规定可予抵扣的金额。相应公式为

$$负债的计税基础 = 账面价值 - 未来期间按照税法规定可予税前扣除的金额$$

负债的确认与偿还一般不会影响企业的损益，也不会影响其应纳税所得额，未来期间计算应纳税所得额时按照税法规定可予抵扣的金额为零，计税基础即为账面价值，如短期借款、应付账款等。但在某些情况下，负债的确认可能会影响企业的损益，进而影响不同期间的应纳税所得额，使得其计税基础与账面价值之间产生差异，如按照会计规定确认的某些预计负债。

（1）企业因销售商品提供售后服务等原因确认的预计负债。按照或有事项准则规定，企业对于预计提供售后服务将发生的支出在满足有关确认条件时，销售当期即确认为费用，同时确认预计负债。税法则规定，与销售产品相关的支出应于发生时税前扣除。因该类事项产生的预计负债在期末的计税基础为其账面价值与未来期间可税前扣除的金额之间的差额，因有关的支出实际发生时可全部税前扣除，其计税基础为零。

其他交易或事项确认的预计负债，应按税法规定的计税原则确定其计税基础。某些情况下，因有些事项确认的预计负债，税法规定其支出无论是否实际发生均不允许税前扣除，即未来期间按照税法规定可予抵扣的金额为零，账面价值等于计税基础。

【案例 5-7】 茂华公司 2015 年销售一批产品，承诺提供 2 年保修服务，在 2015 年估计相应的负债为 200 万元，并在利润表中确认为销售费用。当年发生保修支出 50 万元。税法规定，与产品售后服务相关的费用在实际发生时允许税前扣除。

解析：

2015 年 12 月 31 日，资产负债表中的预计负债的账面价值为 150（= 200 − 50）万元。税法规定，50 万元的预计负债在当期税前扣除，其余的 150 万元在未来期间实际发生时税前扣除。该项负债的计税基础 = 账面价值 − 未来期间计算应纳税所得额时按照税法规定可予抵扣的金额。而在未来期间计算应纳税所得额时可予抵扣的金额为 150 万元，该项负债的计税基础 = 150 − 150 = 0。

（2）预收账款。企业在收到客户预付的款项时，因不符合收入的确认条件，会计上将其确认为负债。税法中对收入的确认原则一般与会计规定相同，即会计上未确认收入时，计税时一般不计入应纳税所得额，该部分经济利益在未来期间计税时可予税前抵扣的金额为零，计税基础等于账面价值。

但在某些特殊情况下，因不符合会计准则规定的收入确认条件而未确认为收入的预收账款，按照税法规定则计入应纳税所得额，此时有关预收账款的计税基础为 0，即因产生时已经计算缴纳所得税，未来期间可全额税前抵扣。

【案例 5-8】 2016 年 2 月份，华强公司收到预售商品房款 2 000 万元，因不符合收入确认条件，将其作为预收账款核算。而按照税法规定，该预收账款应计入取得当期的应纳税所得额，计算缴纳所得税。

解析：

该预收账款在当年 12 月 31 日的资产负债表上的账面价值为 2 000 万元。

因税法规定，该项预收账款应计入取得当期的应纳税所得额，与该项负债相关的经济利益已在取得当期缴纳所得税，未来期间按照会计准则规定确认收入时，不再计入应纳税所得额，即其在未来期间计算应纳税所得额时可予税前扣除的金额为 2 000 万元，计税基础 = 账面价值 − 未来期间计算应纳税所得额时按照税法规定可予扣除的金额 = 2 000 − 2 000 = 0。

该项负债的账面价值 2 000 万元与计税基础 0 之间产生了 2 000 万元的暂时性差异，减少未来期间应纳税所得额，使企业未来期间以应交所得税的方式流出的经济利益减少。

（3）其他负债。企业的其他负债项目，如应交的罚款和滞纳金等，在尚未支付前按照会计准则规定确认为费用，同时作为负债反映。税法规定，罚款和滞纳金不得税前扣除，即该部分费用无论是发生在当期，还是在以后期间均不得税前扣除。计税基础 = 账面价值 − 未来期间计税时可予税前扣除的金额零之间的差额，即计税基础 = 账面价值。

【案例 5-9】 2015 年 12 月，华强公司因违反当地有关环保规定而受到环保部门处罚 200 万元。税法规定，企业因违反国家有关法律法规支付的罚款和滞纳金，计算应纳税所得额时不允许扣除。至 2015 年 12 月 31 日，该项罚款尚未支付，但已经计入利润表和资产负债表。

解析：

税法规定，企业违反国家有关法律法规支付的罚款和滞纳金，不允许税前扣除，与该项负债相关的支出在未来期间计税时允许税前扣除的金额为零，因此，其计税基础 = 账面价值 − 未来期间按照税法规定允许税前抵扣的金额 = 200 − 0 = 200（万元）。

该项负债的账面价值 200 万元与其计税基础 200 万元相同，不形成暂时性差异。

3. 特殊交易或事项中产生资产、负债计税基础的确定

某些特殊交易中产生的资产、负债，如企业合并中取得的资产、负债，其计税基础的确定应遵守税法规定。

企业合并准则中，根据参与合并各方在合并前后是否为同一方或相同的多方最终控制，分为同一控制下的企业合并与非同一控制下的企业合并两种。同一控制下的企业合并，合并中取得的有关资产、负债，基本上维持其原账面价值不变，合并中不产生新的资产和负债；对于非同一控制下的企业合并，合并中取得的有关资产、负债，应按其在购买日的公允价值计量，企业合并成本大于合并中取得可辨认净资产公允价值的份额部分，计入合并当期损益。

企业合并的税务处理原则是，在通常情况下，当事各方应按下列规定处理：①合并企业应按公允价值确定接受被合并企业各项资产和负债的计税基础。②被合并企业及其股东都应

按清算进行所得税处理。③被合并企业的亏损不得在合并企业结转弥补。

企业重组符合规定条件的，适用特殊性税务处理规定。企业股东在该企业合并发生时取得的股权支付金额不低于其交易支付总额的85%，以及同一控制下不需要支付对价的企业合并，可以选择按以下规定处理：①合并企业接受被合并企业资产和负债的计税基础，以被合并企业的原有计税基础确定。②被合并企业合并前的相关所得税事项由合并企业继承。③可由合并企业弥补的被合并企业亏损的限额＝被合并企业净资产公允价值×截至合并业务发生当年年末国家发行的最长期限的国债利率。④被合并企业股东取得合并企业股权的计税基础，以其原持有的被合并企业股权的计税基础确定。

企业重组必须同时符合下列条件，才能适用特殊税务处理：①具有合理的商业目的，且不以减少、免除或者推迟缴纳税款为主要目的。②被收购、合并或分立部分的资产或股权比例符合规定的比例。③企业重组后的连续12个月内不改变重组资产原来的实质性经营活动。④重组交易对价中涉及股权支付金额符合规定比例。⑤企业重组中取得股权支付的原主要股东，在重组后连续12个月内，不得转让所取得的股权。

由于会计准则与税法规定对企业合并的处理原则不同，某些情况下会造成企业合并中取得的有关资产、负债的入账价值与其计税基础的差异。

5.2.3 所得税会计差异

所得税会计差异是指会计利润与应纳税所得额之间的差异额，分为永久性差异和暂时性差异两类。

1. 永久性差异

永久性差异是指某一会计期间，由于会计准则和税法在计算收益、费用或损失时的口径不同、标准不同所产生的税前会计利润与应纳税所得额之间的差异。这种差异不影响其他会计期间，也不会在其他期间得到弥补。永久性差异有以下4种类型。

（1）会计准则规定应确认为收入、收益，但税法规定不作为应纳税所得额的项目，如企业购买国债的利息收入；居民企业之间的股息、红利等权益性投资收益；境内设立机构、场所的非居民企业从居民企业取得与该机构、场所有实际联系的权益性投资收益等。这些项目使会计利润大于应纳税所得额，计算应纳税所得额时，从会计利润中减去这些项目，才能得出应纳税所得额。

（2）会计准则规定可以列入费用或损失，但税法上不允许扣除的项目。这些项目使会计利润低于应纳税所得额，计算应纳税所得额时，应将这些项目金额加到会计利润中，一并纳税。产生这些项目的原因，一是由于会计准则与税法关于费用的扣除范围不同，如企业之间支付的管理费、企业内营业机构之间支付的租金和特许权使用费，以及非银行企业内营业机构之间支付的利息；税收滞纳金；罚金、罚款和被没收财物的损失；公益救济以外的捐赠支出；赞助支出；未经核定的准备金支出；与取得收入无关的其他支出等。二是由于会计准则与税法关于费用的扣除标准不同，如非金融企业向非金融企业借款的利息支出；业务招待费；

广告费和业务宣传费；公益性的捐赠支出等。

（3）会计准则规定不确认为收入，但税法规定要作为应税收入的项目，如关联企业之间采用不合理定价减少应纳税所得额，税法规定税务机关有权进行特别调整，调增应纳税所得额；视同销售收入，如果会计上没有作为销售收入，而税法上则要求作为应税收入等。这些项目使会计利润低于应纳税所得额，计算应纳税所得额时，应将这些项目金额加计到会计利润中，一并纳税。

（4）会计准则规定不确认为费用或损失，但税法规定应作为费用或损失扣除，如税法规定企业安置残疾人员所支付的工资，在据实扣除的基础上，再按照支付给残疾职工工资的100%加计扣除；企业为开发新技术、新产品、新工艺发生的研究开发费用，未形成无形资产计入当期损益的，在据实扣除的基础上，加扣50%；形成无形资产的，按照无形资产成本的150%摊销等。这些项目使会计利润大于应纳税所得额，计算应纳税所得额时，应将这些项目金额从会计利润减去，才能得出应纳税所得额。

在资产负债表债务法下，从资产负债表角度考虑，永久性差异都是收入、费用的确认问题，不会产生资产、负债的账面价值与其计税基础之间的差异，即不形成暂时性差异，对企业未来期间计税没有影响，不产生递延所得税。

2. 暂时性差异

暂时性差异是指资产、负债的账面价值与其计税基础不同产生的差额。由于资产、负债的账面价值与其计税基础不同，产生了在未来收回资产或清偿负债的期间内应纳税所得额增加或减少，并导致未来期间应交所得税增加或减少的情况，形成企业的递延所得税资产和递延所得税负债。

根据暂时性差异对未来期间应纳税所得额的影响，分为应纳税暂时性差异和可抵扣暂时性差异。

除因资产、负债的账面价值与其计税基础不同产生的暂时性差异以外，按照税法规定可以结转以后年度的未弥补亏损和税款抵减，也视同可抵扣暂时性差异处理。

（1）应纳税暂时性差异。应纳税暂时性差异是指在确定未来收回资产或清偿负债期间的应纳税所得额时，将导致产生应税金额的暂时性差异。该差异在未来期间转回时，会增加转回期间的应纳税所得额，即在未来期间由于该暂时性差异的转回会进一步增加转回期间的应纳税所得额和应交所得税金额。在应纳税暂时性差异产生的当期，应当确认相关的递延所得税负债。

应纳税暂时性差异通常产生于以下情况：

1）资产的账面价值大于其计税基础，即资产未来期间产生的经济利益不能全部税前扣除，两者之间的差额需要缴纳所得税，产生应纳税暂时性差异。

2）负债的账面价值小于其计税基础，即该项负债在未来期间可以税前扣除的金额为负数，即应在未来期间应纳税所得额的基础上调增，增加应纳税所得额和应交所得税，产生应纳税暂时性差异。

（2）可抵扣暂时性差异。可抵扣暂时性差异是指在确定未来收回资产或清偿负债期间的应纳税所得额时，将导致产生可抵扣金额的暂时性差异。该差异在未来期间转回时会减少转回期的应纳税所得额，减少未来期间的应交所得税。在可抵扣暂时性差异产生当期，应当确认相关的递延所得税资产。

可抵扣暂时性差异一般产生于以下情况：

1）资产的账面价值小于其计税基础，即资产在未来期间产生的经济利益少，按照税法规定允许税前扣除的金额多，企业在未来期间可以减少应纳税所得额并减少应交所得税，符合有关条件时，应当确认相关的递延所得税资产。

2）负债的账面价值大于其计税基础，即未来期间按照税法规定与该项负债相关的全部或部分支出，可从未来应税利益中扣除，减少未来期间的应纳税所得额和应交所得税，符合有关确认条件时，应确认相关的递延所得税资产。

（3）特殊项目产生的暂时性差异。特殊项目产生的暂时性差异包括以下两个方面：

1）未作为资产、负债确认的项目产生的暂时性差异。某些交易或事项发生后，因不符合资产、负债的确认条件而未体现为资产负债表中的资产或负债项目，但按照税法规定能够确定其计税基础，其账面价值与计税基础之间的差异也构成暂时性差异。例如，企业在开始正常的生产经营活动以前发生的筹建费用，会计准则规定应于发生时计入当期损益，不体现为资产负债表中的资产。而税法规定，企业发生的该类长期待摊费用，应分期摊销，摊销年限不得低于3年。此时两者之间的差异也形成暂时性差异。

2）可抵扣亏损及税款抵减产生的暂时性差异。对于税法规定可以结转以后年度的未弥补亏损及税款抵减，虽不是因资产、负债的账面价值与计税基础不同产生的，但本质上可抵扣亏损和税款抵减与可抵扣暂时性差异具有同样的作用，均能减少未来期间的应纳税所得额和应交所得税，视同可抵扣暂时性差异，在符合确认条件的情况下，应确认与其相关的递延所得税资产。

5.3 企业所得税的会计核算

企业所得税的会计核算指的是在资产负债表债务法下企业所得税的核算方法。资产负债表债务法是纳税影响会计法中债务法的一种。纳税影响会计法是将本期暂时性差异影响所得税的金额，递延和分配到以后各期，而永久性差异影响所得税的金额，体现在产生差异当期的所得税费用中。资产负债表债务法下暂时性差异影响所得税的金额，通过比较资产和负债项目的账面价值和计税基础来确定。

1. 企业所得税会计核算的一般程序

采用资产负债表债务法核算所得税的情况下，企业一般应于每一资产负债表日进行所得税的核算。发生特殊交易或事项时，如企业合并，在确认因交易或事项取得的资产、负债时即应确认相关的所得税影响。企业进行所得税核算一般应遵循以下程序。

（1）计算当期应交所得税。按照适用税法规定，计算确定当期应纳税所得额，将应纳税所得额与适用的所得税税率计算的结果，确认为当期应交所得税。会计分录如下：

借：所得税费用　　　　　　　　　　　　　　　　　　　×××
　　贷：应交税费——应交所得税　　　　　　　　　　　　　　　×××

这里的所得税费用，既包括永久性差异影响所得税的金额，也包括暂时性差异影响所得税的金额，更包括会计规定与税法规定一致的内容。对于会计规定与税法规定一致的内容和永久性差异影响所得税的金额，就体现在所得税费用中，属于当期所得税，不需要进一步调整。

（2）调整暂时性差异对所得税的影响。资产负债表下调整暂时性差异对所得税的影响，属于递延所得税，通过比较资产、负债项目的账面价值与计税基础来进行调整。调整步骤如下：

1）按照相关会计准则规定确定资产负债表中除递延所得税资产和递延所得税负债以外的其他资产和负债项目的账面价值。

2）按照适用的税法，确定资产负债表中有关资产和负债的计税基础。

3）比较资产、负债的账面价值与其计税基础，对于两者存在差异的，分析其差异的性质，除准则中规定的特殊情况外，分别以应纳税暂时性差异和可抵扣暂时性差异乘以所得税税率，确定资产负债表日递延所得税负债和递延所得税资产的应有金额，并与期初递延所得税负债与递延所得税资产的余额相比，确定当期应予进一步确认的递延所得税资产和递延所得税负债金额或予以转销的金额。

借：递延所得税资产（递延所得税负债）　　　　　　　　×××
　　贷：所得税费用　　　　　　　　　　　　　　　　　　　×××
或　借：所得税费用　　　　　　　　　　　　　　　　　　×××
　　贷：递延所得税负债（递延所得税资产）　　　　　　　　　×××

（3）确定利润表中的所得税费用。利润表中的所得税费用包括当期所得税和递延所得税两个组成部分。企业在计算确定了当期所得税和递延所得税后，两者之和（或之差），是利润表中的所得税费用。

2. 递延所得税的确认和计量

递延所得税包括与应纳税暂时性差异相关的递延所得税负债和与可抵扣暂时性差异相关的递延所得税资产。

（1）递延所得税负债的确认和计量。确认应纳税暂时性差异产生的递延所得税负债时，交易或事项发生时影响到会计利润或应纳税所得额的，所确认的递延所得税负债应作为利润表中所得税费用的组成部分；与直接计入所有者权益的交易或事项相关的应纳税暂时性差异，所确认的递延所得税负债应减少所有者权益；与企业合并中取得资产、负债相关的应纳税暂时性差异，所确认的递延所得税负债应调整购买日确认的商誉或计入合并当期损益。

企业在确认因应纳税暂时性差异产生的递延所得税负债时，除了所得税准则中规定的可以不确认递延所得税负债的情况以外，企业应对所有的应纳税暂时性差异均应确认相关的递延所得税负债。这样处理是基于谨慎性原则，为了充分反映交易或事项发生后对未来期间所得税的影响。

所得税准则中规定不确认递延所得税负债的特殊情况有以下几种。

1）商誉的初始确认。非同一控制下的企业合并中，企业合并成本大于合并中取得的被购买方可辨认净资产公允价值份额的差额，按照会计准则规定应确认为商誉。计税时商誉适用特殊性税务处理规定，商誉的计税基础为零，两者之间的差额形成应纳税暂时性差异。根据所得税准则的规定，对这项应纳税暂时性差异，不确认与其相关的递延所得税负债。

2）除企业合并以外的其他交易或事项中，如果该项交易或事项发生时既不影响会计利润，也不影响应纳税所得额，则所产生的资产、负债的初始确认金额与其计税基础不同而形成的应纳税暂时性差异，在交易或事项发生时不确认相应的递延所得税负债。

3）与子公司、联营企业、合营企业投资等相关的应纳税暂时性差异，一般应确认相关的递延所得税负债，但同时满足以下两个条件的，不确认递延所得税负债：一是投资企业能够控制暂时性差异转回的时间；二是该暂时性差异在可预见的未来很可能不会转回。

满足上述两个条件时，投资企业可以运用自身的影响力决定暂时性差异的转回，如果不希望其转回，则在可预见的未来该项暂时性差异不会转回，从而对未来期间不会产生所得税影响，无须确认相应的递延所得税负债。满足所得税准则规定的能够控制暂时性差异转回时间的条件是通过与其他投资者签订协议等，达到能够控制被投资单位的利润分配政策等情况。

所得税准则规定，在资产负债表日，企业应根据税法规定按照预期清偿负债期间的适用税率，计量递延所得税负债。即递延所得税负债应按照相关应纳税暂时性差异转回期间适用的所得税税率计量。并且，无论应纳税暂时性差异转回期间如何，所得税准则中规定递延所得税负债不要求折现。

（2）递延所得税资产的确认和计量。同递延所得税负债的确认相同，有关交易或事项发生时对应纳税所得额产生影响的，所确认的递延所得税资产应作为利润表中所得税费用的调整；有关的可抵扣暂时性差异产生于直接计入所有者权益的交易或事项的，所确认的递延所得税资产应计入所有者权益；企业合并中取得资产、负债时产生的可抵扣暂时性差异，所确认的递延所得税资产应调整合并中确认的商誉或计入合并当期损益。

确认递延所得税资产时，应注意以下问题。

1）递延所得税资产的确认应以未来期间很可能取得的用来抵扣可抵扣暂时性差异的应纳税所得额为限。只有在企业有明确的证据表明，在可抵扣暂时性差异转回的未来期间，能够产生足够的应纳税所得额用来抵扣可抵扣暂时性差异的，才以很可能取得的应纳税所得额为限确认相关的递延所得税资产，否则，不确认递延所得税资产，只在会计报表附注中进行披露。判定在未来期间是否能够产生足够的应纳税所得额时,应考虑企业在未来期间通过正常的生产经营活动能够实现的应纳税所得额,以及以前期间产生的应纳税暂时性差异在未来期间转回时增加的应纳税所得额。

2)对与子公司、联营公司、合营公司的投资相关的可抵扣暂时性差异同时满足下列条件的,应当确认相关的递延所得税资产:一是暂时性差异在可预见的未来很可能转回;二是未来很可能获得用来抵扣可抵扣暂时性差异的应纳税所得额。

对联营企业和合营企业等投资产生的可抵扣暂时性差异,主要产生于权益法下被投资单位发生亏损时,投资企业按照持股比例确认应予承担的部分并相应减少长期股权投资的账面价值。但税法规定长期股权投资的成本在持有期间不发生变化,这造成长期股权投资的账面价值小于其计税基础,产生可抵扣暂时性差异。可抵扣暂时性差异还产生于长期股权投资计提减值准备的情况下。

3)对于按照税法规定可以结转以后年度的未弥补亏损(可抵扣亏损)和税款抵减,应视同可抵扣暂时性差异处理。在有关亏损或税款抵减金额得到税务部门的认可或预计能够得到税务部门的认可,且预计可利用可弥补亏损或税款抵减的未来期间内很可能取得足够的应纳税所得额时,应当以很可能取得的应纳税所得额为限,确认相应的递延所得税资产,同时减少确认当期的所得税费用。

不确认递延所得税资产的特殊情况是:在某些情况下,企业发生的某项交易或事项不属于企业合并,并且交易发生时既不影响会计利润,也不影响所得税所得额,且该项资产、负债的初始确认金额与其计税基础不同,产生可抵扣暂时性差异的,所得税会计准则中规定在交易或事项发生时不确认相关的递延所得税资产。

【案例5-10】假设茂华公司自行研发的无形资产成本为2 000万元,因税法规定未来期间税前扣除时可以按照成本的150%扣除,即自行研发的无形资产的计税基础为3 000万元。

解析:

该项无形资产并非产生于企业合并,并且在初始确认时既不影响会计利润,也不影响应纳税所得额,其账面价值与计税基础之间产生的可抵扣暂时性差异影响以后各期的应纳所得税,会计准则规定,此时不确认相关的递延所得税资产。

所得税准则规定,在资产负债表日,企业应根据税法规定按照预期收回该资产期间的适用所得税税率,计量递延所得税资产,即递延所得税资产应按照相关可抵扣暂时性差异转回期间适用的所得税税率计量。并且,无论可抵扣暂时性差异转回期间如何,所得税准则中规定递延所得税资产不要求折现。

所得税准则规定,资产负债表日,企业应当对递延所得税资产的账面价值进行复核。如果未来期间很可能无法取得足够的应纳税所得额用以抵扣可抵扣暂时性差异带来的经济利益,应当减计递延所得税资产的账面价值,即对递延所得税资产提取减值准备。

(3)适用税率变化对已确认递延所得税资产和递延所得税负债的影响。因适用税收法规的变化导致企业在某一会计期间适用的所得税税率发生变化的,企业应对已确认的递延所得税资产和递延所得税负债按照新的税率进行重新计量。

直接计入所有者权益的交易或事项产生的递延所得税资产及递延所得税负债,其相关的调整金额应计入所有者权益,除此之外,其他情况下产生的递延所得税资产及递延所得税负债的调整金额应确认为变化当期的所得税费用(或收益)。

3. 所得税费用的确认和计量

企业所得税的核算主要是为了确定当期应交所得税以及利润表中应确认的所得税费用。按照资产负债表债务法核算企业所得税的情况下,利润表中的所得税费用由两个部分组成:当期所得税和递延所得税。

当期所得税是指企业按照税法规定计算确定的应交给税务部门的所得税金额。其计算公式为

当期所得税 = 当期应交所得税 = 应纳税所得额 × 适用的所得税税率

递延所得税是指按照所得税准则规定应予以确认的递延所得税资产和递延所得税负债在期末应有的金额相对于原已确认金额之间的差额,即递延所得税资产和递延所得税负债当期发生额的综合结果。其计算公式为

递延所得税 = 递延所得税负债的增加额 − 递延所得税资产的增加额

= 递延所得税负债的期末数减去期初数后的差额

− 递延所得税资产的期末数减去期初数后的差额

利润表中所得税费用 = 当期所得税 + 递延所得税

【案例 5-11】 华侨公司 2018 年度利润表中的利润总额为 1 370 万元,该公司适用的企业所得税税率为 25%。公司的递延所得税资产和递延所得税负债不存在期初余额。与所得税核算的有关情况如下:

(1)公益性捐赠 100 万元。

(2)当年发生研究开发费 1 000 万元,未形成无形资产成本。

(3)当期取得的交易性金融资产,投资成本 2 000 万元,资产负债表日的公允价值 2 250 万元。

(4)环保罚款 200 万元。

(5)期末对存货计提了 500 万元的存货跌价准备。

(6)本期新增固定资产 1 200 万元,会计上提取折旧额 240 万元,税法上允许的折旧额 120 万元。

根据所给资料,为企业进行年末企业所得税会计核算。

解析:

应交企业所得税的核算过程如下:

允许捐赠 = 1 000×12% = 120(万元),实际捐赠 100 万元,可以全额税前扣除。

加扣研发费 = 1 000×50% = 500(万元),调增应税所得额。

以公允价值计量的金融资产,会计上确认增值额 250 万元,本期无须纳税,调减应税所

得额 250 万元。

环保罚款 200 万元，不允许税前扣除，调增应税所得额。

存货跌价准备 500 万元，本期不允许税前扣除，调增应税所得额 500 万元。

会计上比税法多提取折旧额 120 万元，本期不允许税前扣除，调增应税所得额。

应交所得税 = (1 370 − 500 − 250 + 200 + 500 − 120)×25% = 1 200×25%=300（万元）

借：所得税费用　　　　　　　　　　　　　　　　　　　　　3 000 000
　　贷：应交税费——应交所得税　　　　　　　　　　　　　　　　　3 000 000

递延所得税的核算：

华侨公司 2019 年年末资产负债表相关项目金额及其计税基础如表 5-1 所示。

表 5-1　华侨公司 2019 年年末资产负债表项目金额及其计税基础　　（单位：万元）

项目	账面价值	计税基础	应纳税暂时性差异	可抵扣暂时性差异
存货	1 000	1 500		500
交易性金融资产	2 250	2 000	250	
固定资产原价	1 200	1 200		
累计折旧	240	120		
固定资产减值准备	0	0		
固定资产账面价值	960	1 080		120
预计负债	0	0		
总计			250	620

递延所得税资产期末余额 = 620×25% = 155（万元）

递延所得税负债期末余额 = 250×25% = 62.5（万元）

递延所得税 = 62.5 − 155 = −92.5（万元）

借：递延所得税资产　　　　　　　　　　　　　　　　　　　1 550 000
　　贷：递延所得税负债　　　　　　　　　　　　　　　　　　　　625 000
　　　　所得税费用　　　　　　　　　　　　　　　　　　　　　　925 000

利润表中所得税费用 = 237.5 − 92.5 = 145（万元）

合并做复合会计分录为：

借：所得税费用　　　　　　　　　　　　　　　　　　　　　1 450 000
　　递延所得税资产　　　　　　　　　　　　　　　　　　　1 550 000
　　贷：递延所得税负债　　　　　　　　　　　　　　　　　　　　625 000
　　　　应交税费——应交所得税　　　　　　　　　　　　　　2 375 000

假设华侨公司 2019 年应交所得税为 200 万元，做会计分录：

借：所得税费用　　　　　　　　　　　　　　　　　　　　　2 000 000
　　贷：应交税费——应交所得税　　　　　　　　　　　　　　　　　2 000 000

2019 年年末，华侨公司资产负债表中有关项目的金额和计税基础如表 5-2 所示。

表 5-2　华侨公司 2016 年年末资产负债表项目金额及其计税基础　　（单位：万元）

项　目	账面价值	计税基础	应纳税暂时性差异	可抵扣暂时性差异
存货	1 500	1 700		200
交易性金融资产	2 150	2 000	150	
固定资产原价	1 200	1 200		
累计折旧	460	300		
固定资产减值准备	40	0		
固定资产账面价值	700	900		200
预计负债	200	0		200
总计			150	600

期末递延所得税资产：600×25% = 150（万元）

期初递延所得税资产：155 万元

递延所得税资产增加：−5 万元

期末递延所得税负债：150×25% = 37.5（万元）

期初递延所得税负债：62.5 万元

递延所得税负债增加：−25 万元

递延所得税 = −25 −（−5）= −20（万元）

借：递延所得税负债　　　　　　　　　　　　　　　250 000
　　贷：递延所得税资产　　　　　　　　　　　　　　　　　50 000
　　　　所得税费用　　　　　　　　　　　　　　　　　　 200 000

利润表中所得税费用 = 200 − 20 = 180（万元）

合并做复合会计分录为：

借：所得税费用　　　　　　　　　　　　　　　　1 800 000
　　递延所得税负债　　　　　　　　　　　　　　　　250 000
　　贷：递延所得税资产　　　　　　　　　　　　　　　　　50 000
　　　　应交税费——应交所得税　　　　　　　　　　 2 000 000

5.4　企业所得税的纳税申报

企业所得税的纳税申报非常重要。企业应当自月份或者季度终了之日起 15 日内，向税务机关报送预缴企业所得税纳税申报表，预缴税款。自年度终了之日起 5 个月内，向税务机关报送年度企业所得税纳税申报表，并汇算清缴，结清应缴应退税款。

根据国家税务总局公告 2017 年第 14 号，自 2018 年 1 月 1 日起，企业所得税纳税申报系列资料由企业所得税申报表填报表单，企业基础信息表，企业所得税纳税申报表及其相关附表组成，如表 5-3 至表 5-35 所示。

表 5-3　企业所得税年度纳税申报表填报表单

表单编号	表单名称	选择填报情况	
		填报	不填报
A000000	企业基础信息表	√	×
A100000	中华人民共和国企业所得税年度纳税申报表（A类）	√	×
A101010	一般企业收入明细表		
A101020	金融企业收入明细表		
A102010	一般企业成本支出明细表		
A102020	金融企业支出明细表		
A103000	事业单位、民间非营利组织收入、支出明细表		
A104000	期间费用明细表		
A105000	纳税调整项目明细表		
A105010	视同销售和房地产开发企业特定业务纳税调整明细表		
A105020	未按权责发生制确认收入纳税调整明细表		
A105030	投资收益纳税调整明细表		
A105040	专项用途财政性资金纳税调整明细表		
A105050	职工薪酬支出及纳税调整明细表		
A105060	广告费和业务宣传费跨年度纳税调整明细表		
A105070	捐赠支出及纳税调整明细表		
A105080	资产折旧、摊销及纳税调整明细表		
A105090	资产损失税前扣除及纳税调整明细表		
A105100	企业重组及递延纳税事项纳税调整明细表		
A105110	政策性搬迁纳税调整明细表		
A105120	特殊行业准备金及纳税调整明细表		
A106000	企业所得税弥补亏损明细表		
A107010	免税、减计收入及加计扣除优惠明细表		
A107011	符合条件的居民企业之间的股息、红利等权益性投资收益优惠明细表		
A107012	研发费用加计扣除优惠明细表		
A107020	所得减免优惠明细表		
A107030	抵扣应纳税所得额明细表		
A107040	减免所得税优惠明细表		
A107041	高新技术企业优惠情况及明细表		
A107042	软件、集成电路企业优惠情况及明细表		
A107050	税额抵免优惠明细表		
A108000	境外所得税收抵免明细表		
A108010	境外所得纳税调整后所得明细表		
A108020	境外分支机构弥补亏损明细表		
A108030	跨年度结转抵免境外所得税明细表		
A109000	跨地区经营汇总纳税企业年度分摊企业所得税明细表		
A109010	企业所得税汇总纳税分支机构所得税分配表		

说明：企业应当根据实际情况选择需要填表的表单。

表 5-4　企业基础信息表　　A000000

	100 基本信息			
101 汇总纳税企业	□总机构（跨省）——适用《跨地区经营汇总纳税企业所得税征收管理办法》 □总机构（跨省）——不适用《跨地区经营汇总纳税企业所得税征收管理办法》 □总机构（省内） □分支机构（须进行完整年度纳税申报且按比例纳税）——就地缴纳比例＝　　% □分支机构（须进行完整年度纳税申报但不就地缴纳） □否			
102 所属行业明细代码		103 资产总额（万元）		
104 从业人数		105 国家限制或禁止行业	□是	□否
106 非营利组织	□是　□否	107 存在境外关联交易	□是	□否
108 上市公司	是（□境内　□境外）　□否	109 从事股权投资业务	□是	□否
110 适用的会计准则或会计制度	企业会计准则（□一般企业　□银行　□证券　□保险　□担保） □小企业会计准则 □企业会计制度 事业单位会计准则（□事业单位会计制度　□科学事业单位会计制度　□医院会计制度 　　　　　　　　　　□高等学校会计制度　□中小学校会计制度　□彩票机构会计制度） □民间非营利组织会计制度 □村集体经济组织会计制度 □农民专业合作社财务会计制度（试行） □其他			
	200 企业重组及递延纳税事项			
201 发生资产（股权）划转特殊性税务处理事项		□是		□否
202 发生非货币性资产投资递延纳税事项		□是		□否
203 发生技术入股递延纳税事项		□是		□否
204 发生企业重组事项		是（□一般性税务处理　□特殊性税务处理）　□否		
204-1 重组开始时间	年　月　日	204-2 重组完成时间		年　月　日
204-3 重组交易类型	□法律形式改变	□债务重组	□股权收购	□资产收购	□合并	□分立
204-4 企业在重组业务中所属当事方类型	＊	□债务人 □债权人	□收购方 □转让方 □被收购企业	□收购方 □转让方	□合并企业 □被合并企业 □被合并企业股东	□分立企业 □被分立企业 □被分立企业股东

300 企业主要股东及分红情况						
股东名称	证件种类	证件种类	证件号码	投资比例	当年（决议日）分配的股息、红利等权益性投资收益金额	国籍（注册地址）
其余股东合计	—	—				—

表 5-5　中华人民共和国企业所得税年度纳税申报表（A 类）　　A100000

行次	类别	项目	金额
1	利润总额计算	一、营业收入（填写 A101010\101020\103000）	
2		减：营业成本（填写 A102010\102020\103000）	
3		营业税金及附加	
4		销售费用（填写 A104000）	
5		管理费用（填写 A104000）	
6		财务费用（填写 A104000）	
7		资产减值损失	
8		加：公允价值变动收益	
9		投资收益	
10		二、营业利润（1－2－3－4－5－6－7＋8＋9）	
11		加：营业外收入（填写 A101010\101020\103000）	
12		减：营业外支出（填写 A102010\102020\103000）	
13		三、利润总额（10＋11－12）	
14	应纳税所得额计算	减：境外所得（填写 A108010）	
15		加：纳税调整增加额（填写 A105000）	
16		减：纳税调整减少额（填写 A105000）	
17		减：免税、减计收入及加计扣除（填写 A107010）	
18		加：境外应税所得抵减境内亏损（填写 A108000）	
19		四、纳税调整后所得（13－14＋15－16－17＋18）	
20		减：所得减免（填写 A107020）	
21		减：抵扣应纳税所得额（填写 A107030）	
22		减：弥补以前年度亏损（填写 A106000）	
23		五、应纳税所得额（19－20－21－22）	
24	应纳税额计算	税率（25%）	
25		六、应纳所得税额（23×24）	
26		减：减免所得税额（填写 A107040）	
27		减：抵免所得税额（填写 A107050）	
28		七、应纳税额（25－26－27）	
29		加：境外所得应纳所得税额（填写 A108000）	
30		减：境外所得抵免所得税额（填写 A108000）	
31		八、实际应纳所得税额（28＋29－30）	
32		减：本年累计实际已预缴的所得税额	
33		九、本年应补（退）所得税额（31－32）	
34		其中：总机构分摊本年应补（退）所得税额（填写 A109000）	
35		财政集中分配本年应补（退）所得税额（填写 A109000）	
36		总机构主体生产经营部门分摊本年应补（退）所得税额（填写 A109000）	

表 5-6　一般企业收入明细表　　A101010

行次	项目	金额
1	一、营业收入（2+9）	
2	（一）主营业务收入（3+5+6+7+8）	
3	1.销售商品收入	
4	其中：非货币性资产交换收入	
5	2.提供劳务收入	
6	3.建造合同收入	
7	4.让渡资产使用权收入	
8	5.其他	
9	（二）其他业务收入（10+12+13+14+15）	
10	1.销售材料收入	
11	其中：非货币性资产交换收入	
12	2.出租固定资产收入	
13	3.出租无形资产收入	
14	4.出租包装物和商品收入	
15	5.其他	
16	二、营业外收入（17+18+19+20+21+22+23+24+25+26）	
17	（一）非流动资产处置利得	
18	（二）非货币性资产交换利得	
19	（三）债务重组利得	
20	（四）政府补助利得	
21	（五）盘盈利得	
22	（六）捐赠利得	
23	（七）罚没利得	
24	（八）确实无法偿付的应付款项	
25	（九）汇兑收益	
26	（十）其他	

表 5-7　一般企业成本支出明细表　　A102010

行次	项目	金额
1	一、营业成本（2+9）	
2	（一）主营业务成本（3+5+6+7+8）	
3	1.销售商品成本	
4	其中：非货币性资产交换成本	
5	2.提供劳务成本	
6	3.建造合同成本	
7	4.让渡资产使用权成本	
8	5.其他	
9	（二）其他业务成本（10+12+13+14+15）	
10	1.销售材料成本	
11	其中：非货币性资产交换成本	
12	2.出租固定资产成本	
13	3.出租无形资产成本	

(续)

行次	项目	金额
14	4.包装物出租成本	
15	5.其他	
16	二、营业外支出（17＋18＋19＋20＋21＋22＋23＋24＋25＋26）	
17	（一）非流动资产处置损失	
18	（二）非货币性资产交换损失	
19	（三）债务重组损失	
20	（四）非常损失	
21	（五）捐赠支出	
22	（六）赞助支出	
23	（七）罚没支出	
24	（八）坏账损失	
25	（九）无法收回的债券股权投资损失	
26	（十）其他	

表 5-8　期间费用明细表　　A104000

行次	项目	销售费用	其中：境外支付	管理费用	其中：境外支付	财务费用	其中：境外支付
		1	2	3	4	5	6
1	一、职工薪酬		*		*	*	*
2	二、劳务费					*	*
3	三、咨询顾问费					*	*
4	四、业务招待费		*		*	*	*
5	五、广告费和业务宣传费		*		*	*	*
6	六、佣金和手续费						
7	七、资产折旧摊销费		*		*	*	*
8	八、财产损耗、盘亏及毁损损失		*		*	*	*
9	九、办公费		*		*	*	*
10	十、董事会费		*		*	*	*
11	十一、租赁费					*	*
12	十二、诉讼费		*		*	*	*
13	十三、差旅费		*		*	*	*
14	十四、保险费		*		*	*	*
15	十五、运输、仓储费					*	*
16	十六、修理费					*	*
17	十七、包装费	*		*			
18	十八、技术转让费					*	*
19	十九、研究费用					*	*
20	二十、各项税费		*		*		*
21	二十一、利息收支	*	*	*			
22	二十二、汇兑差额	*	*	*			
23	二十三、现金折扣	*	*	*	*		*
24	二十四、党组织工作经费						
25	二十五、其他						
26	合计（1＋2＋3＋…＋25）						

表 5-9　纳税调整项目明细表　　A105000

行次	项目	账载金额	税收金额	调增金额	调减金额
1	一、收入类调整项目（2＋3＋…＋8＋10＋11）	*	*		
2	（一）视同销售收入（填写A105010）	*	*		*
3	（二）未按权责发生制原则确认的收入（填写A105020）				
4	（三）投资收益（填写A105030）				
5	（四）按权益法核算长期股权投资对初始投资成本调整确认收益	*	*	*	
6	（五）交易性金融资产初始投资调整	*	*		*
7	（六）公允价值变动净损益		*		
8	（七）不征税收入	*	*		
9	其中：专项用途财政性资金（填写A105040）	*	*		
10	（八）销售折扣、折让和退回				
11	（九）其他				
12	二、扣除类调整项目（13＋14＋…＋24＋26＋27＋28＋29）	*	*		
13	（一）视同销售成本（填写A105010）	*	*		
14	（二）职工薪酬（填写A105050）				
15	（三）业务招待费支出				*
16	（四）广告费和业务宣传费支出（填写A105060）	*	*		
17	（五）捐赠支出（填写A105070）				*
18	（六）利息支出				
19	（七）罚金、罚款和被没收财物的损失		*		*
20	（八）税收滞纳金、加收利息		*		*
21	（九）赞助支出		*		*
22	（十）与未实现融资收益相关在当期确认的财务费用				
23	（十一）佣金和手续费支出				*
24	（十二）不征税收入用于支出所形成的费用	*	*		*
25	其中：专项用途财政性资金用于支出所形成的费用（填写A105040）	*	*		*
26	（十三）跨期扣除项目				
27	（十四）与取得收入无关的支出		*		*
28	（十五）境外所得分摊的共同支出	*	*		*
29	（十六）党组织工作经费				
30	（十七）其他				
31	三、资产类调整项目（32＋33＋34＋35）	*	*		
32	（一）资产折旧、摊销（填写A105080）				
33	（二）资产减值准备金		*		
34	（三）资产损失（填写A105090）				
35	（四）其他				
36	四、特殊事项调整项目（37＋38＋…＋42）	*	*		
37	（一）企业重组及递延纳税事项（填写A105100）				
38	（二）政策性搬迁（填写A105110）	*	*		
39	（三）特殊行业准备金（填写A105120）				
40	（四）房地产开发企业特定业务计算的纳税调整额（填写A105010）	*			
41	（五）有限合伙企业法人合伙方应分得的应纳税所得额				
42	（六）其他	*	*		
43	五、特别纳税调整应税所得	*	*		
44	六、其他	*	*		
45	合计（1＋12＋31＋36＋43＋44）	*	*		

表 5-10 视同销售和房地产开发企业特定业务纳税调整明细表　　A105010

行次	项目	税收金额	纳税调整金额
1	一、视同销售（营业）收入（2+3+4+5+6+7+8+9+10）		
2	（一）非货币性资产交换视同销售收入		
3	（二）用于市场推广或销售视同销售收入		
4	（三）用于交际应酬视同销售收入		
5	（四）用于职工奖励或福利视同销售收入		
6	（五）用于股息分配视同销售收入		
7	（六）用于对外捐赠视同销售收入		
8	（七）用于对外投资项目视同销售收入		
9	（八）提供劳务视同销售收入		
10	（九）其他		
11	二、视同销售（营业）成本（12+13+14+15+16+17+18+19+20）		
12	（一）非货币性资产交换视同销售成本		
13	（二）用于市场推广或销售视同销售成本		
14	（三）用于交际应酬视同销售成本		
15	（四）用于职工奖励或福利视同销售成本		
16	（五）用于股息分配视同销售成本		
17	（六）用于对外捐赠视同销售成本		
18	（七）用于对外投资项目视同销售成本		
19	（八）提供劳务视同销售成本		
20	（九）其他		
21	三、房地产开发企业特定业务计算的纳税调整额（22−26）		
22	（一）房地产企业销售未完工开发产品特定业务计算的纳税调整额（24−25）		
23	1.销售未完工产品的收入		*
24	2.销售未完工产品预计毛利额		
25	3.实际发生的营业税金及附加、土地增值税		
26	（二）房地产企业销售的未完工产品转完工产品特定业务计算的纳税调整额（28−29）		
27	1.销售未完工产品转完工产品确认的销售收入		*
28	2.转回的销售未完工产品预计毛利额		
29	3.转回实际发生的营业税金及附加、土地增值税		

表 5-11 未按权责发生制确认收入纳税调整明细表　　A105020

行次	项目	合同金额（交易金额）	账载金额		税收金额		纳税调整金额
			本年	累计	本年	累计	
		1	2	3	4	5	6（4−2）
1	一、跨期收取的租金、利息、特许权使用费收入（2+3+4）						
2	（一）租金						
3	（二）利息						
4	（三）特许权使用费						
5	二、分期确认收入（6+7+8）						
6	（一）分期收款方式销售货物收入						
7	（二）持续时间超过12个月的建造合同收入						
8	（三）其他分期确认收入						
9	三、政府补助递延收入（10+11+12）						
10	（一）与收益相关的政府补助						
11	（二）与资产相关的政府补助						
12	（三）其他						
13	四、其他未按权责发生制确认收入						
14	合计（1+5+9+13）						

表 5-12 投资收益纳税调整明细　A105030

行次	项目	持有收益			处置收益							纳税调整金额
		账载金额	税收金额	纳税调整金额	会计确认处置收入	税收计算处置收入	处置投资账面价值	处置投资计税基础	会计确认的处置所得或损失	税收计算处置所得	纳税调整金额	
		1	2	3＝2－1	4	5	6	7	8＝4－6	9＝5－7	10＝9－8	11＝3＋10
1	一、交易性金融资产											
2	二、可供出售金融资产											
3	三、持有至到期投资											
4	四、衍生工具											
5	五、交易性金融负债											
6	六、长期股权投资											
7	七、短期投资											
8	八、长期债券投资											
9	九、其他											
	合计											

表 5-13 专项用途财政性资金纳税调整明细表　A105040

行次	项目	取得年度	财政性资金	其中:符合不征税收入条件的财政性资金	其中:计入本年损益的金额	以前年度支出情况					本年支出情况		本年结余情况		
						前五年度	前四年度	前三年度	前二年度	前一年度	支出金额	其中:费用化支出金额	结余金额	其中:上缴财政金额	应计入本年应税收入金额
		1	2	3	4	5	6	7	8	9	10	11	12	13	14
1	前五年度					*									
2	前四年度					*	*								
3	前三年度					*	*	*							
4	前二年度					*	*	*	*						
5	前一年度					*	*	*	*	*					
6	本年					*	*	*	*	*					
7	合计(1＋2＋…＋6)	*													

表 5-14 职工薪酬支出及纳税调整明细表   A105050

行次	项目	账载金额	实际发生额	税收规定扣除率	以前年度累计结转扣除额	税收金额	纳税调整金额	累计结转以后年度扣除额
		1	2	3	4	5	6(1-5)	7(1+4-5)
1	一、工资薪金支出			*	*			*
2	其中：股权激励			*	*			*
3	二、职工福利费支出				*			*
4	三、职工教育经费支出			*				
5	其中：按税收规定比例扣除的职工教育经费							
6	按税收规定全额扣除的职工培训费用				*			*
7	四、工会经费支出				*			*
8	五、各类基本社会保障性缴款			*	*			*
9	六、住房公积金			*	*			*
10	七、补充养老保险				*			*
11	八、补充医疗保险				*			*
12	九、其他				*			*
13	合计（1+3+4+7+8+9+10+11+12）			*				

表 5-15 广告费和业务宣传费跨年度纳税调整明细表   A105060

行次	项目	金额
1	一、本年广告费和业务宣传费支出	
2	减：不允许扣除的广告费和业务宣传费支出	
3	二、本年符合条件的广告费和业务宣传费支出（1-2）	
4	三、本年计算广告费和业务宣传费扣除限额的销售（营业）收入	
5	税收规定扣除率	
6	四、本企业计算的广告费和业务宣传费扣除限额（4×5）	
7	五、本年结转以后年度扣除额（3＞6，本行＝3－6；3≤6，本行＝0）	
8	加：以前年度累计结转扣除额	
9	减：本年扣除的以前年度结转额 [3＞6，本行＝0；3≤6，本行＝8或(6-3)孰小值]	
10	六、按照分摊协议归集至其他关联方的广告费和业务宣传费（10≤3或6孰小值）	
11	按照分摊协议从其他关联方归集至本企业的广告费和业务宣传费	
12	七、本年广告费和业务宣传费支出纳税调整金额（3＞6，本行＝2＋3－6＋10－11；3≤6，本行＝2＋10－11－9）	
13	八、累计结转以后年度扣除额（7＋8－9）	

表 5-16 捐赠支出及纳税调整明细表 A105070

行次	项目	账载金额	以前年度结转可扣除的捐赠额	按税收规定计算的扣除限额	税收金额	纳税调增金额	纳税调减金额	可结转以后年度扣除的捐赠额
		1	2	3	4	5	6	7
1	一、非公益性捐赠		*	*	*		*	*
2	二、全额扣除的公益性捐赠		*	*		*		*
3	三、限额扣除的公益性捐赠（4+5+6+7）	*			*	*		
4	前三年度（　　年）	*		*		*		
5	前二年度（　　年）	*		*			*	
6	前一年度（　　年）	*						
7	本年（　　年）		*					
8	合计（1+2+3）							

表 5-17 资产折旧、摊销及纳税调整明细表 A105080

行次	项目	账载金额			税收金额				纳税调整金额
		资产原值 1	本年折旧、摊销额 2	累计折旧、摊销额 3	资产计税基础 4	税收折旧额 5	享受加速折旧政策的资产按税收一般规定计算的折旧、摊销额 6	加速折旧统计额 7=5−6	累计折旧、摊销额 8	9(2−5)
1	一、固定资产（2+3+4+5+6+7）						*	*		
2	（一）房屋、建筑物						*	*		
3	（二）飞机、火车、轮船、机器、机械和其他生产设备						*	*		
4	（三）与生产经营活动有关的器具、工具、家具等						*	*		
5	（四）飞机、火车、轮船以外的运输工具						*	*		
6	（五）电子设备						*	*		
7	（六）其他									
8	其中：所有固定资产享受加速折旧政策的资产加速折旧及一般折旧额大于一般折旧的部分	（一）重要行业固定资产加速折旧（不含一次性扣除）								*
9		（二）其他行业研发设备加速折旧								*
10		（三）允许一次性扣除的固定资产（11+12+13）								*
11		1.单价不超过100万元专用研发设备								*
12		2.重要行业小型微利企业单价不超过100万元研发生产共用设备								*
13		3.5 000元以下固定资产								*
14		（四）技术进步、更新换代固定资产								*
15		（五）常年强震动、高腐蚀固定资产								*
16		（六）外购软件折旧								*
17		（七）集成电路企业生产设备								*

(续)

行次	项目	账载金额				税收金额			纳税调整金额
		资产原值	本年折旧、摊销额	累计折旧、摊销额	资产计税基础	税收折旧额	享受加速折旧政策的资产按税收一般规定计算的折旧、摊销额	加速折旧统计额	累计折旧、摊销额
		1	2	3	4	5	6	7=5-6	8	9(2-5)
18	二、生产性生物资产（19＋20）						*			
19	（一）林木类						*	*		
20	（二）畜类						*	*		
21	三、无形资产（22＋23＋24＋25＋26＋27＋28＋30）						*	*		
22	（一）专利权						*	*		
23	（二）商标权						*	*		
24	（三）著作权						*	*		
25	（四）土地使用权						*	*		
26	（五）非专利技术						*	*		
27	（六）特许权使用费						*	*		
28	（七）软件						*	*		
29	其中：享受企业外购软件加速摊销政策						*	*		*
30	（八）其他						*	*		
31	四、长期待摊费用（32＋33＋34＋35＋36）						*	*		
32	（一）已足额提取折旧的固定资产的改建支出						*	*		
33	（二）租入固定资产的改建支出						*	*		
34	（三）固定资产的大修理支出						*	*		
35	（四）开办费						*	*		
36	（五）其他						*	*		
37	五、油气勘探投资						*	*		
38	六、油气开发投资						*	*		
39	合计（1＋18＋21＋31＋37＋38）						*	*		
附列资料	全民所有制改制资产评估增值政策资产						*	*		

表 5-18　资产损失税前扣除及纳税调整明细表　　A105090

行次	项目	资产损失的账载金额	资产处置收入	赔偿收入	资产计税基础	资产损失的税收金额	纳税调整金额
		1	2	3	4	5(4-2-3)	6(1-5)
1	一、清单申报资产损失（2+3+4+5+6+7+8）						
2	（一）正常经营管理活动中，按照公允价格销售、转让、变卖非货币资产的损失						
3	（二）存货发生的正常损耗						
4	（三）固定资产达到或超过使用年限而正常报废清理的损失						
5	（四）生产性生物资产达到或超过使用年限而正常死亡发生的资产损失						
6	（五）按照市场公平交易原则，通过各种交易场所、市场等买卖债券、股票、期货、基金以及金融衍生产品等发生的损失						
7	（六）分支机构上报的资产损失						
8	（七）其他						
9	二、专项申报资产损失（10+11+12+13)						
10	（一）货币资产损失						
11	（二）非货币资产损失						
12	（三）投资损失						
13	（四）其他						
14	合计（1+9）						

表 5-19　企业重组及递延纳税事项纳税调整明细表　　A105100

行次	项目	一般性税务处理			特殊性税务处理			纳税调整金额
		账载金额	税收金额	纳税调整金额	账载金额	税收金额	纳税调整金额	
		1	2	3=2-1	4	5	6=5-4	7=3+6
1	一、债务重组							
2	其中：以非货币性资产清偿债务							
3	债转股							
4	二、股权收购							
5	其中：涉及跨境重组的股权收购							
6	三、资产收购							
7	其中：涉及跨境重组的资产收购							
8	四、企业合并（9+10）							
9	其中：同一控制下企业合并							
10	非同一控制下企业合并							
11	五、企业分立							
12	六、非货币性资产对外投资							
13	七、技术入股							
14	八、股权划转、资产划转							
15	九、其他							
16	合计（1+4+6+8+11+12+13+14+15）							

表 5-20　企业所得税弥补亏损明细表　A106000

行次	项目	年度	可弥补亏损所得额	合并、分立转入（转出）可弥补亏损额	当年可弥补的亏损额	以前年度亏损已弥补额					本年度实际弥补的以前年度亏损额	可结转以后年度弥补的亏损额
						前四年度	前三年度	前二年度	前一年度	合计		
		1	2	3	4	5	6	7	8	9	10	11
1	前五年度					*						*
2	前四年度						*					
3	前三年度					*	*					
4	前二年度					*	*	*				
5	前一年度					*	*	*	*			
6	本年度											
7	可结转以后年度弥补的亏损额合计											

表 5-21　免税、减计收入及加计扣除优惠明细表　　A107010

行次	项目	金额
1	一、免税收入（2+3+6+7+…+16）	
2	（一）国债利息收入免征企业所得税	
3	（二）符合条件的居民企业之间的股息、红利等权益性投资收益免征企业所得税（填写 A107011）	
4	其中：内地居民企业通过沪港通投资且连续持有 H 股满 12 个月取得的股息红利所得免征企业所得税（填写 A107011）	
5	内地居民企业通过深港通投资且连续持有 H 股满 12 个月取得的股息红利所得免征企业所得税（填写 A107011）	
6	（三）符合条件的非营利组织的收入免征企业所得税	
7	（四）符合条件的非营利组织（科技企业孵化器）的收入免征企业所得税	
8	（五）符合条件的非营利组织（国家大学科技园）的收入免征企业所得税	
9	（六）中国清洁发展机制基金取得的收入免征企业所得税	
10	（七）投资者从证券投资基金分配中取得的收入免征企业所得税	
11	（八）取得的地方政府债券利息收入免征企业所得税	
12	（九）中国保险保障基金有限责任公司取得的保险保障基金等收入免征企业所得税	
13	（十）中央电视台的广告费和有线电视费收入免征企业所得税	
14	（十一）中国奥委会取得北京冬奥组委支付的收入免征企业所得税	
15	（十二）中国残奥委会取得北京冬奥组委分期支付的收入免征企业所得税	
16	（十三）其他	
17	二、减计收入（18+19+23+24）	
18	（一）综合利用资源生产产品取得的收入在计算应纳税所得额时减计收入	
19	（二）金融、保险等机构取得的涉农利息、保费减计收入（20+21+22）	
20	1.金融机构取得的涉农贷款利息收入在计算应纳税所得额时减计收入	
21	2.保险机构取得的涉农保费收入在计算应纳税所得额时减计收入	
22	3.小额贷款公司取得的农户小额贷款利息收入在计算应纳税所得额时减计收入	
23	（三）取得铁路债券利息收入减半征收企业所得税	
24	（四）其他	
25	三、加计扣除（26+27+28+29+30）	
26	（一）开发新技术、新产品、新工艺发生的研究开发费用加计扣除（填写 A107012）	
27	（二）科技型中小企业开发新技术、新产品、新工艺发生的研究开发费用加计扣除（填写 A107012）	
28	（三）企业为获得创新性、创意性、突破性的产品进行创意设计活动而发生的相关费用加计扣除	
29	（四）安置残疾人员所支付的工资加计扣除	
30	（五）其他	
31	合计（1+17+25）	

表5-22 符合条件的居民企业之间的股息、红利等权益性投资收益优惠明细表 A107011

行次	被投资企业	被投资企业统一社会信用代码(纳税人识别号)	投资性质	投资成本	投资比例	被投资企业作出利润分配或转股决定时间	依决定归属于本公司的股息、红利等权益性投资收益金额	被投资企业清算确认金额			撤回减少投资确认金额				合计
								分得的被投资企业清算剩余资产	被清算企业累计未分配利润和累计盈余公积应享有部分	应确认的股息所得	从被投资企业撤回或减少投资取得的资产	减少投资比例	收回初始投资成本	取得资产中超过收回初始投资成本部分	撤回或减少被投资企业累计未分配利润和累计盈余公积应享有部分	应确认的股息所得	
	1	2	3	4	5	6	7	8	9	10(8与9孰小)	11	12	13 (4×12)	14 (11-13)	15	16 (14与15孰小)	17 (7+10+16)
1																	
2																	
3																	
4																	
5																	
6																	
7																	
8																	
9																	
10	合计	*	*	*	*	*		*	*		*		*	*	*	

表 5-23　研发费用加计扣除优惠明细表　　A107012

	基本信息		
1	□一般企业　　　　□科技型中小企业	科技型中小企业登记编号	
2	本年可享受研发费用加计扣除项目数量		
	研发活动费用明细		
3	一、自主研发、合作研发、集中研发（4＋8＋17＋20＋24＋35）		
4	（一）人员人工费用（5＋6＋7）		
5	1. 直接从事研发活动人员工资薪金		
6	2. 直接从事研发活动人员五险一金		
7	3. 外聘研发人员的劳务费用		
8	（二）直接投入费用（9＋10＋…＋16）		
9	1. 研发活动直接消耗材料		
10	2. 研发活动直接消耗燃料		
11	3. 研发活动直接消耗动力费用		
12	4. 用于中间试验和产品试制的模具、工艺装备开发及制造费		
13	5. 用于不构成固定资产的样品、样机及一般测试手段购置费		
14	6. 用于试制产品的检验费		
15	7. 用于研发活动的仪器、设备的运行维护、调整、检验、维修等费用		
16	8. 通过经营租赁方式租入的用于研发活动的仪器、设备租赁费		
17	（三）折旧费用（18＋19）		
18	1. 用于研发活动的仪器的折旧费		
19	2. 用于研发活动的设备的折旧费		
20	（四）无形资产摊销（21＋22＋23）		
21	1. 用于研发活动的软件的摊销费用		
22	2. 用于研发活动的专利权的摊销费用		
23	3. 用于研发活动的非专利技术（包括许可证、专有技术、设计和计算方法等）的摊销费用		
24	（五）新产品设计费等（25＋26＋27＋28）		
25	1. 新产品设计费		
26	2. 新工艺规程制定费		
27	3. 新药研制的临床试验费		
28	4. 勘探开发技术的现场试验费		
29	（六）其他相关费用（30＋31＋32＋33＋34）		
30	1. 技术图书资料费、资料翻译费、专家咨询费、高新科技研发保险费		
31	2. 研发成果的检索、分析、评议、论证、鉴定、评审、评估、验收费用		
32	3. 知识产权的申请费、注册费、代理费		
33	4. 职工福利费、补充养老保险费、补充医疗保险费		
34	5. 差旅费、会议费		
35	（七）经限额调整后的其他相关费用		
36	二、委托研发 [(37－38)×80%]		
37	委托外部机构或个人进行研发活动所发生的费用		
38	其中：委托境外进行研发活动所发生的费用		
39	三、年度研发费用小计（3＋36）		
40	（一）本年费用化金额		

（续）

	研发活动费用明细	
41	（二）本年资本化金额	
42	四、本年形成无形资产摊销额	
43	五、以前年度形成无形资产本年摊销额	
44	六、允许扣除的研发费用合计（40＋42＋43）	
45	减：特殊收入部分	
46	七、允许扣除的研发费用抵减特殊收入后的金额（44－5）	
47	减：当年销售研发活动直接形成产品（包括组成部分）对应的材料部分	
48	减：以前年度销售研发活动直接形成产品（包括组成部分）对应材料部分结转金额	
49	八、加计扣除比例	
50	九、本年研发费用加计扣除总额 (46–47–48)×49	
51	十、销售研发活动直接形成产品（包括组成部分）对应材料部分结转以后年度扣减金额（当46－47－48≥0，本行＝0；当46－47－48＜0，本行＝46－47－48的绝对值）	

表 5-24 所得减免优惠明细表   A107020

行次	减免项目	项目名称 1	优惠事项名称 2	优惠方式 3	项目收入 4	项目成本 5	相关税费 6	应分摊期间费用 7	纳税调整额 8	项目所得额 免税项目 9	项目所得额 减半项目 10	减免所得额 11（9＋10×50%）
1	一、农、林、牧、渔业项目											
2			*	*								
3		小计										
4	二、国家重点扶持的公共基础设施项目											
5			*	*								
6		小计										
7	三、符合条件的环境保护、节能节水项目											
8			*	*								
9		小计										
10	四、符合条件的技术转让项目			*						*	*	*
11			*	*						*	*	*
12		小计										
13	五、实施清洁机制发展项目											
14			*	*								
15		小计										
16	六、符合条件的节能服务公司实施合同能源管理项目											
17			*									
18		小计										
19	七、其他											
20			*	*								
21		小计										
22	合计	*		*								

表 5-25　抵扣应纳税所得额明细表　　A107030

行次	项目	合计金额 1 = 2 + 3	投资于未上市 中小高新技术企业 2	投资于种子期、初创 期科技型企业 3
一、创业投资企业直接投资按投资额一定比例抵扣应纳税所得额				
1	本年新增的符合条件的股权投资额			
2	税收规定的抵扣率	70%	70%	70%
3	本年新增的可抵扣的股权投资额（1×2）			
4	以前年度结转的尚未抵扣的股权投资余额		*	*
5	本年可抵扣的股权投资额（3+4）		*	*
6	本年可用于抵扣的应纳税所得额		*	*
7	本年实际抵扣应纳税所得额			
8	结转以后年度抵扣的股权投资余额		*	*
二、通过有限合伙制创业投资企业投资按一定比例抵扣分得的应纳税所得额				
9	本年从有限合伙创投企业应分得的应纳税所得额			
10	本年新增的可抵扣投资额			
11	以前年度结转的可抵扣投资额余额		*	*
12	本年可抵扣投资额（10+11）		*	*
13	本年实际抵扣应分得的应纳税所得额			
14	结转以后年度抵扣的投资额余额		*	*
三、抵扣应纳税所得额合计				
15	合计（7+13）			

表 5-26 减免所得税优惠明细表   A107040

行次	项目	金额
1	一、享受小型微利企业普惠性所得税减免政策减免企业所得税的金额	
2	二、国家需要重点扶持的高新技术企业减按 15% 的税率征收企业所得税（填写 A107041）	
3	三、经济特区和上海浦东新区新设立的高新技术企业在区内取得的所得定期减免企业所得税（填写 A107041）	
4	四、受灾地区农村信用社免征企业所得税（4.1＋4.2）	
4.1	（一）芦山受灾地区农村信用社免征企业所得税	
4.2	（二）鲁甸受灾地区农村信用社免征企业所得税	
5	五、动漫企业自主开发、生产动漫产品定期减免企业所得税	
6	六、线宽小于 0.8 微米（含）的集成电路生产企业减免企业所得税（填写 A107042）	
7	七、线宽小于 0.25 微米的集成电路生产企业减按 15% 税率征收企业所得税（填写 A107042）	
8	八、投资额超过 80 亿元的集成电路生产企业减按 15% 税率征收企业所得税（填写 A107042）	
9	九、线宽小于 0.25 微米的集成电路生产企业减免企业所得税（填写 A107042）	
10	十、投资额超过 80 亿元的集成电路生产企业减免企业所得税（填写 A107042）	
11	十一、新办集成电路设计企业减免企业所得税（填写 A107042）	
12	十二、国家规划布局内集成电路设计企业可减按 10% 的税率征收企业所得税（填写 A107042）	
13	十三、符合条件的软件企业减免企业所得税（填写 A107042）	
14	十四、国家规划布局内重点软件企业可减按 10% 的税率征收企业所得税（填写 A107042）	
15	十五、符合条件的集成电路封装、测试企业定期减免企业所得税（填写 A107042）	
16	十六、符合条件的集成电路关键专用材料生产企业、集成电路专用设备生产企业定期减免企业所得税（填写 A107042）	
17	十七、经营性文化事业单位转制为企业的免征企业所得税	
18	十八、符合条件的生产和装配伤残人员专门用品企业免征企业所得税	
19	十九、技术先进型服务企业减按 15% 的税率征收企业所得税	
20	二十、服务贸易创新发展试点地区符合条件的技术先进型服务企业减按 15% 的税率征收企业所得税	
21	二十一、设在西部地区的鼓励类产业企业减按 15% 的税率征收企业所得税	
22	二十二、新疆困难地区新办企业定期减免企业所得税	
23	二十三、新疆喀什、霍尔果斯特殊经济开发区新办企业定期免征企业所得税	
24	二十四、广东横琴、福建平潭、深圳前海等地区的鼓励类产业企业减按 15% 税率征收企业所得税	
25	二十五、北京冬奥组委、北京冬奥会测试赛赛事组委会免征企业所得税	
26	二十六、享受过渡期税收优惠定期减免企业所得税	
27	二十七、其他	
28	二十八、减：项目所得额按法定税率减半征收企业所得税叠加享受减免税优惠	
29	二十九、支持和促进重点群体创业就业企业限额减征企业所得税 (29.1＋29.2)	
29.1	（一）下岗失业人员再就业	
29.2	（二）高校毕业生就业	
30	三十、扶持自主就业退役士兵创业就业企业限额减征企业所得税	
31	三十一、民族自治地方的自治机关对本民族自治地方的企业应缴纳的企业所得税中属于地方分享的部分减征或免征（□免征　□减征：减征幅度_____%）	
32	合计（1＋2＋…＋26＋27－28＋29＋30＋31）	

表 5-27　高新技术企业优惠情况及明细表　A107041

		基本信息				
1		高新技术企业证书编号		高新技术企业证书取得时间		
2		对企业主要产品（服务）发挥核心支持作用的技术所属范围	国家重点支持的高新技术领域			
			一级领域	二级领域	三级领域	
3		关键指标情况				
4	收入指标	一、本年高新技术产品（服务）收入（5＋6）				
5		其中：产品（服务）收入				
6		技术性收入				
7		二、本年企业总收入（8－9）				
8		其中：收入总额				
9		不征税收入				
10		三、本年高新技术产品（服务）收入占企业总收入的比例（4÷7）				
11	人员指标	四、本年科技人员数				
12		五、本年职工总数				
13		六、本年科技人员占企业当年职工总数的比例（11÷12）				
14	研发费用指标	高新研发费用归集年度	本年度	前一年度	前二年度	合计
			1	2	3	4
15		七、归集的高新研发费用金额（16＋25）				
16		（一）内部研究开发投入（17＋…＋22＋24）				
17		1. 人员人工费用				
18		2. 直接投入费用				
19		3. 折旧费用与长期待摊费用				
20		4. 无形资产摊销费用				
21		5. 设计费用				
22		6. 装备调试费与实验费用				
23		7. 其他费用				
24		其中：可计入研发费用的其他费用				
25		（二）委托外部研发费用 [(26＋28)×80%]				
26		1. 境内的外部研发费				
27		2. 境外的外部研发费				
28		其中：可计入研发费用的境外的外部研发费				
29		八、销售（营业）收入				
30		九、三年研发费用占销售（营业）收入的比例（15行4列÷29行4列）				
31	减免税额	十、国家需要重点扶持的高新技术企业减征企业所得税				
32		十一、经济特区和上海浦东新区新设立的高新技术企业定期减免税额				

表 5-28　软件、集成电路企业优惠情况及明细表　A107042

行号	企业类型及减免方式		减免方式
	企业类型		
1	一、集成电路生产企业	（一）线宽小于 0.8 微米（含）	□二免三减半
2		（二）线宽小于 0.25 微米	□五免五减半　□15% 税率
3		（三）投资额超过 80 亿元	□五免五减半　□15% 税率
4	二、集成电路设计企业	（一）新办符合条件	□二免三减半
5		（二）重点企业 □大型 □领域	□10% 税率
6	三、软件企业（□一般软件 □嵌入式或信息系统集成软件）	（一）新办符合条件	□二免三减半
7		（二）重点企业 □大型 □领域 □出口	□10% 税率
8	四、集成电路封装测试企业		□二免三减半
9	五、集成电路关键专用材料或专用设备生产企业（□关键专用材料 □专用设备）		□二免三减半
10	获利年度 / 开始计算优惠期年度		
	关键指标情况		
11	人员指标	一、企业本年月平均职工总人数	
12		其中：签订劳动合同关系且具有大学专科以上学历的职工人数	
13		研究开发人员人数	
14		二、大学专科以上职工占企业本年月平均职工总人数的比例（12÷11）	
15		三、研究开发人员占企业本年月平均职工总人数的比例（13÷11）	
16	研发费用指标	四、研发费用总额	
17		其中：企业在中国境内发生的研发费用金额	
18		五、研发费用占销售（营业）收入的比例	
19		六、境内研发费用占研发费用总额的比例（17÷16）	
20	收入指标	七、企业收入总额	
21		八、符合条件的销售（营业）收入	
22		九、符合条件的收入占收入总额的比例（21÷20）	
23		十、集成电路设计企业、软件企业填报	（一）自主设计 / 开发销售（营业）收入
24			（二）自主设计 / 开发收入占企业收入总额的比例（23÷20）
25		十一、重点软件企业或重点集成电路设计企业符合"领域"的填报	（一）适用的领域
26			（二）选择备案领域的销售（营业）收入
27			（三）领域内的销售收入占符合条件的销售收入的比例（26÷21）
28		十二、重点软件企业符合"出口"的填报	（一）年度软件出口收入总额（美元）
29			（二）年度软件出口收入总额（人民币）
30			（三）软件出口收入总额占本企业年度收入总额的比例（29÷20）
31		十三、集成电路关键专用材料或专用设备生产企业填报	产品适用目录
32	减免税额		

税务会计与税务筹划

表5-29 税额抵免优惠明细表 A107050

行次	项目	年度	本年应纳税额	本年允许抵免的专用设备投资额	本年可抵免税额	以前年度已抵免额					本年实际抵免的各年度税额	可结转以后年度抵免的税额
						前五年度	前四年度	前三年度	前二年度	前一年度	小计	
			1	2	3	4=3×10%	5	6	7	8	9	10	11	12(4-10-11)
1	前五年度												
2	前四年度						*						
3	前三年度						*	*					
4	前二年度						*	*	*				
5	前一年度						*	*	*	*			
6	本年度						*	*	*	*	*	*	*
7	本年实际抵免税额合计												
8	可结转以后年度抵免税额合计												
9	专用设备投资情况	本年允许抵免的环境保护专用设备投资额											
10		本年允许抵免的节能节水专用设备投资额											
11		本年允许抵免的安全生产专用设备投资额											

表5-30 境外所得税收抵免明细表 A108000

行次	国家/地区	境外税前所得	境外税前所得纳税调整后所得	弥补以前年度亏损	境外应纳税所得额	抵减境内亏损	抵减境内亏损后的境外应纳税所得额	税率	境外所得应纳税额	境外所得可抵免税额	境外所得抵免限额	本年可抵免境外所得税额	未超过境外所得税抵免限额的余额	本年可抵免以前年度未抵免境外所得税额	按简易办法计算			境外所得抵免所得税额合计
															按低于12.5%的实际税率计算的抵免额	按12.5%计算的抵免额	按25%计算的抵免额	小计	
		1	2	3	4	5=3-4	6	7=5-6	8	9=7×8	10	11	12	13=11-12	14	15	16	17	18=15+16+17	19=12+14+18
1																				
2																				
3																				
4																				
5																				
6																				
7																				
合计																				

表 5-31 境外所得纳税调整后所得明细表 A108010

行次	国家/地区	境外税后所得								境外所得纳税调整后所得税额				境外税前所得	境外分支机构收入与支出纳税调整额	境外分支机构调整分摊扣除的有关费用	境外所得对应调整的相关成本费用支出	境外所得纳税调整后所得
		分支机构营业利润所得	股息、红利等权益性投资所得	利息所得	租金所得	特许权使用费所得	财产转让所得	其他所得	小计	直接缴纳的所得税额	间接负担的所得税额	享受税收饶让抵免的所得税额	小计					
		1	2	3	4	5	6	7	8	9	10	11	12	13	14	15	16	17	18
1																			
2																			
3																			
4																			
5																			
合计																			

注：14＝9＋10＋11；18＝14＋15－16－17

表 5-32 境外分支机构弥补亏损明细表 A108020

行次	国家/地区	非实际亏损额的弥补			实际亏损额的弥补									
		以前年度结转尚未弥补的非实际亏损额	本年发生的非实际亏损额	本年弥补的以前年度的非实际亏损额	结转以后年度弥补的非实际亏损额	以前年度结转尚未弥补的实际亏损额						本年发生的实际亏损额	本年弥补的以前年度实际亏损额	结转以后年度补的实际亏损额
						前五年	前四年	前三年	前二年	前一年	小计			
		1	2	3	4	5(2+3－4)	6	7	8	9	10	11	12	13
1														
2														
3														
合计														

(续表列：前四年 14、前三年 15、前二年 16、前一年 17、本年 18、小计 19)

表 5-33 跨年度结转抵免境外所得税明细表 A108030

行次	国家/地区	前五年境外所得已缴所得税未抵免余额						本年实际抵免以前年度未抵免的境外已缴所得税额						结转以后年度抵免的境外所得税额					
		前五年	前四年	前三年	前二年	前一年	小计	前五年	前四年	前三年	前二年	前一年	小计	前四年 14=3-9	前三年 15=4-10	前二年 16=5-11	前一年 17=6-12	本年 18	小计 19
		2	3	4	5	6	7	8	9	10	11	12	13						
1																			
2																			
3																			
合计																			

表 5-34 跨地区经营汇总纳税企业年度分摊企业所得税明细表 A109000

行次	项目	金额
1	一、实际应纳所得税额	
2	减：境外所得应纳所得税额	
3	加：用于分摊的本年实际应纳所得税额（1-2+3）	
4	二、用于分摊的本年实际应纳所得税额（1-2+3）	
5	三、本年累计已预分、已分摊所得税额（6+7+8+9）	
6	（一）总机构直接管理建筑项目部已预分所得税额	
7	（二）总机构已分摊所得税额	
8	（三）财政集中已分配所得税额	
9	（四）分支机构已分摊所得税额	
10	其中：总机构主体生产经营部门已分摊的所得税额（4-5）	
11	四、本年度应分摊的应补（退）的所得税额（4-5）	
12	（一）总机构分摊应补（退）的所得税额（11×总机构分摊比例）	
13	（二）财政集中分配应补（退）的所得税额（11×财政集中分配比例）	
14	（三）分支机构分摊应补（退）的所得税额（11×分支机构分摊比例）	
15	其中：总机构主体生产经营部门分摊本年应补（退）的所得税额（11×总机构主体生产经营部门分摊比例）	
16	五、境外所得抵免后的应纳所得税额（2-3）	
17	六、总机构主体生产经营部门本年应补（退）所得税额（12+13+15+16）	

表 5-35　企业所得税汇总纳税分支机构所得税分配表　A109010

税款所属期间：　　年　月　日至　年　月　日

总机构名称（盖章）：　　　　　　　　　　　　　　　　　　　　　　　　　金额单位：元

	应纳所得税额	总机构分摊所得税额				总机构财政集中分配所得税额	分配比例	分支机构分摊所得税额
总机构纳税人识别号								
		分支机构名称	三项因素					分配所得税额
			营业收入	职工薪酬	资产总额			
分支机构纳税人识别号								
分支机构情况								
		合计					—	

5.5 企业所得税的税务筹划

企业所得税的税务筹划主要包括：企业组织形式的税务筹划、企业所得税计税依据的税务筹划和企业所得税减免税的税务筹划等内容。

5.5.1 企业组织形式的税务筹划

由于经营管理的需要，企业设立分支机构时，应考虑以下几个方面的内容。

（1）设立的难易程度。设立子公司程序比较麻烦，条件要求比较高。分公司设立程序相对简单，条件要求比较低。

（2）纳税义务是否有限。子公司是独立的法人，要承担全面纳税义务。分公司不是独立的法人，只承担有限纳税义务。

（3）公司间亏损能否冲抵。子公司的亏损不能冲抵母公司的利润。分公司的亏损可以冲抵总公司的利润，从而减轻税收负担。

（4）纳税筹划难易程度。分公司是母公司的一部分，且其与总公司之间的资本转移，因不涉及所有权变动，不必缴纳税款等政策的存在，使分公司进行纳税筹划相对容易。子公司进行纳税筹划相对较难。

（5）承受的经营风险。分公司不能独立承担民事责任，只能以总公司的名义对外从事活动。如果分公司管理不善，经营风险要由总公司来承担。子公司能独立承担民事责任，经营风险相对较小。

（6）国家税制、纳税人经营状况及企业内部利润分配政策等多重因素。

在进行纳税筹划时，企业可以通过分公司与子公司相互转换来实现减轻企业税负的目的。一般来说，当外地的营业活动处于初始阶段时，母公司可在外地设立一个分支机构（分公司），使外地的开业亏损能在汇总纳税时减少母公司的应纳税款。当外地的营业活动开始盈利，此时就有必要建立一个子公司，以保证享受外地利润仅缴纳低于母公司所在地税款的益处。

【案例 5-12】 假设海华集团由南京母公司和两家子公司甲与乙组成。2015年总公司本部实现利润100万元，子公司甲实现利润10万元，子公司乙亏损15万元，所得税税率为25%。计算该公司应交企业所得税。

解析：

公司本部应交所得税：$100 \times 25\% = 25$（万元）

甲子公司应交所得税：$10 \times 25\% = 2.5$（万元）

乙子公司由于当年亏损，该年度无须缴纳所得税。

公司整体税负：$25 + 2.5 = 27.5$（万元）

如果甲和乙不是子公司，而是分公司，则整体税负为

(100 + 10 − 15)×25% = 23.75（万元）

低于母子公司的整体税负 3.75 万元。

【案例 5-13】 东方公司是机电产品生产企业，2015 年销售收入 8 000 万元，发生广告费 1 500 万元，发生招待费 80 万元，实现税前利润 70 万元，适用企业所得税税率为 25%。因公司销售业务繁忙，欲设立销售公司。现有两个方案可以选择：

一是设立非独立核算的销售公司，即设立分公司；另一个方案是设立独立的法人销售公司，即设立子公司。此种情况下，生产公司将所有产品以 7 500 万元的价格卖给销售公司，生产公司发生招待费 40 万元，广告费 1 000 万元，获得利润 60 万元。销售公司再以 8 000 万元价格对外销售，发生招待费 40 万元，广告费 500 万元，获利 10 万元。

分析不同方案对企业经济利益的影响。

解析：

方案一：设立非独立核算的销售公司。东方公司作为法人企业，汇总缴纳所得税，依法在所得税税前扣除各项费用。

招待费标准：8 000×0.5% = 40（万元），80×60% = 48（万元）

实际发生 80 万元，允许扣除 40 万元，调增所得税额 = 80 − 40 = 40（万元）

广告费标准 = 8 000×15% = 1 200（万元），实际发生广告费 1 500 万元，允许税前扣除 1 200 万元，超标准 300 万元，应调增应纳税所得额。

应交所得税 = (70 + 40 + 300)×25% = 102.5（万元）

税后利润 = 70 − 102.5 = −32.5（万元）

方案二：设立独立法人的销售公司。生产公司将所有产品以 7 500 万元的价格卖给销售公司，生产公司发生招待费 40 万元，广告费 1 000 万元，获得利润 60 万元。生产公司作为法人企业，所得税汇算时，依法在所得税税前扣除各项费用。

招待费标准：7 500×0.5% = 37.5（万元），40×60% = 24（万元）

实际发生 40 万元，允许扣除 24 万元，调增所得额 = 40 − 24 = 16（万元）

广告费标准 = 7 500×15% = 1 125（万元），实际发生广告费 1 000 万元，可以在税前全额扣除。

应交所得税 = (60 + 16)×25% = 19（万元）

税后利润 = 60 − 19 = 41（万元）

销售公司再以 8 000 万元价格对外销售，发生招待费 40 万元，广告费 500 万元，获利 10 万元。销售公司作为独立法人，所得税汇算时，依法在所得税税前扣除各项费用。

招待费标准：8 000×0.5% = 40（万元），40×60% = 24（万元），

实际发生 40 万元，允许扣除 24 万元，调增所得额 = 40 − 24 = 16（万元）

广告费标准 = 8 000×15% = 1 200（万元），实际发生广告费 500 万元，可以税前全额扣除。

应交所得税 = (10 + 16) × 25% = 6.5（万元）

税后利润 = 10 − 6.5 = 3.5（万元）

方案二两个公司总税负 25.5（= 19 + 6.5）万元，比方案1少纳税 77（= 102.5 − 25.5）万元。

方案二税后总收益比方案一多 77 万元。

5.5.2　企业所得税计税依据的税务筹划

企业所得税的计税依据是应纳税所得额，而应纳税所得额的大小取决于收入和扣除项目两个因素，因此，计税依据的筹划主要从收入和扣除项目两个方面进行。

在收入筹划过程中，可以通过推迟计税依据实现和设法压缩计税依据来进行筹划，如采取分期收款销售、推迟获利年度、合理分摊汇兑收益；通过企业的兼并、合并，使成员企业之间的利润和亏损互相冲抵等。在收入总额既定的前提下，扣除项目的筹划空间比较大，可以通过增加准予扣除项目的金额，达到减少应纳税所得额的目的，进而减少应交所得税。

1. 固定资产折旧方式的税务筹划

固定资产的折旧方法有直线折旧法和加速折旧法。不同的折旧方法计算出来的各期的折旧额不一致，从而影响到企业的应税所得额。加速折旧使企业前期的折旧费用大，应纳所得税减少，能充分享受货币时间价值所带来的税收利益。折旧方式选择的筹划应立足于使折旧费用的抵税效应得到最充分发挥。企业应在税法允许的范围内选择不同的折旧方法，使企业的所得税税负降低。

对盈利企业，由于折旧费用都能从当年的所得额中税前扣除，即折旧费用的抵税效应能够完全发挥，因此，在选择折旧方法时，应着眼于使折旧费用的抵税效应尽可能早地发挥作用。

在享受所得税优惠政策的企业中，由于减免税期限内折旧费用的抵税效应会全部或部分地被减免优惠所抵消，应选择减免税期折旧少、非减免税期折旧多的折旧方法。企业在盈利前期享受免税、减税待遇时，固定资产折旧速度越快，企业所得税税负越重。企业在享受减免税期内，应尽可能缩小费用，加大利润，把费用尽可能安排在正常纳税年度摊销，以减少正常纳税年度的应税所得，降低所得税负担。

企业还可以利用折旧年限进行税务筹划。缩短折旧年限，有利于加速成本回收，可以使后期成本费用前移，从而使前期会计利润后移。在税率稳定或降低的情况下，所得税的递延缴纳，相当于从国家获得了一笔无息贷款。

在盈利企业，选择最低的折旧年限，有利于加速固定资产投资的回收，使计入成本的折旧费用前移、应纳税所得额尽可能地后移，这相当于获得了一笔无息贷款，从而相对降低纳税人的所得税税负。

在享受所得税税收优惠政策的企业，选择较长的折旧年限，有利于企业充分享受税收优惠政策，把税收优惠政策对折旧费用抵税效应的抵消作用降到最低，从而达到降低企业所得税税负的目的。

在亏损企业，选择折旧方法和折旧年限应同企业的亏损弥补情况相结合，保证折旧费用的抵税效应得到最大限度的发挥。

【案例 5-14】中兴机械公司 2015 年购入一条生产线，原值 400 000 元，残值率 3%，折旧年限 5 年。假设税法允许企业采用直线法、双倍余额递减法或年数总和法计提折旧。若该企业每年税前利润均为 100 万元，适用所得税税率 25%，采用何种折旧方式的税负最轻？

解析：

经过计算，不同折旧方法下的年折旧额、税前利润和所得税额如表 5-36 所示。

表 5-36 各种折旧方法下的年折旧额

折旧方法 \ 折旧额	第 1 年折旧额	第 2 年折旧额	第 3 年折旧额	第 4 年折旧额	第 5 年折旧额	5 年总折旧额
直线法	77 600	77 600	77 600	77 600	77 600	388 000
双倍余额递减法	160 000	96 000	44 000	44 000	44 000	388 000
年数总和法	129 333	103 467	77 600	51 733	25 867	388 000

虽然不同折旧方法下，5 年总折旧额合计数相等，但不同折旧方法下不同年份的折旧额数据不同，导致同一年度内应纳税所得额不同，各年应交所得税也不同。

2. 选择合理的筹资方式

企业的筹资渠道主要有：财政资金、金融机构贷款、企业自我积累、企业之间相互拆借、企业内部集资、发行债券或股票筹资、商业信用筹资、租赁筹资等。各种筹资渠道形成的企业税负差异很大。通常情况下，企业自我积累筹资所承担的税负要重于企业向金融机构贷款所承受的税负，企业之间相互拆借筹资所承担的税收负担要重于企业内部集资所承担的税负。从总体上看，企业内部集资与企业之间相互拆借筹资的效果最好，金融机构贷款次之，企业自我积累的效果最差。其原因在于企业内部集资与企业之间相互拆借涉及的部门和机构较多，容易使企业的利润规模分散、税负减轻。

筹资活动不可避免地要涉及还本付息的问题。利用利息摊入成本的不同方法和资金往来双方的关系，以及企业在经济活动中所处的不同地位，往往是实现节税的关键所在。

筹资作为一种相对独立的行为，其对企业经营理财业绩的影响主要是通过资本结构的变动引发效应的，因此，在进行筹资的税务筹划时，应着重考虑两个方面：一是资本结构的变动是如何对企业业绩和税负产生影响的；二是企业应当怎样组织资本结构的配置，才能在有效降低税负的同时，实现投资者税后收益最大化的目标。资本结构的构成与变动主要取决于负债与资本金的比例。负债与资本金的比例越高，意味着企业的税前扣除额越大，节税效果也就越明显，但同时企业的经营风险也就越大。因此，在利用筹资方式进行纳税筹划时，不能仅从税收上考虑，还要注意筹资风险，要充分考虑企业自身的特点以及抗风险能力。

【**案例 5-15**】某股份制企业共有普通股 400 万股，每股 10 元，没有负债。由于产品市场前景看好，准备扩大经营规模，该公司董事会经过研究，商定以下 3 个筹资方案：

方案一，发行股票 600 万股（每股 10 元），共 6 000 万元。

方案二，发行股票 300 万股，债券 3 000 万元（债券利率为 8%）。

方案三，发行债券 6 000 万元。

该公司适用的企业所得税税率为 25%，该公司预计下一年度的资金盈利概率如表 5-37 所示。

企业预期盈利率 = 10%×30% + 14%×40% + 18%×30% = 14%

预期盈利 =（400×10 + 600×10）×14% = 1 400（万元）

表 5-37　企业下一年度的资金盈利概率表　　　　　　　　　　　　　　（%）

盈利率	10	14	18
概率	30	40	30

方案一：

应交企业所得税 = 1 400×25% = 350（万元）

税后利润 = 1 400 − 350 = 1 050（万元）

每股净利 = 1 050÷1 000 = 1.05（元/股）

方案二：

利息支出 = 3 000×8% = 240（万元）

应交企业所得税 =（1 400 − 240）×25% = 290（万元）

税后利润 = 1 400 − 240 − 290 = 870（万元）

每股净利 = 870÷700 = 1.24（元/股）

方案三：

利息支出 = 6 000×8% = 480（万元）

应交企业所得税 =（1 400 − 480）×25% = 230（万元）

税后利润 = 1 400 − 480 − 230 = 690（万元）

每股净利 = 690÷400 = 1.725（元/股）

由此可见，随着负债筹资额的增加，企业的每股净利也随着增加，但同时企业的经营风险也随之增加。所以，企业在筹资时，不能仅从税收上考虑，应对筹资成本、财务风险和经营利润进行综合考虑，选择最佳结合点。

5.5.3　企业所得税减免税的税务筹划

企业所得税的优惠政策多种多样，企业应当充分了解各项减免税政策的法律规定，注意税收减税和免税规定的界限，在组建、注册、经营方式上充分利用所得税的优惠政策，以降低税负。

1. 正确把握亏损弥补期限

税法规定，纳税人发生年度亏损，可以用下一纳税年度的所得弥补；下一纳税年度的所得不足弥补的，可以逐年延续弥补，但是延续弥补期最长不超过 5 年。弥补亏损对企业来说非常重要，因为企业发生亏损后，是否可以在以后的 5 年内将全部亏损弥补完，直接影响到企业的经济效益。纳税人发生年度亏损，必须在年度终了后 5 个月内，将《本年度纳税申报表》和《企业税前弥补亏损申报表》报送当地税务机关审核。因此，纳税人在进行亏损弥补时，应最大限度地进行弥补，以免丧失亏损抵税的利益。

2. 正确选择投资项目

投资项目是多种多样的，不同项目所享受的税收待遇也不相同，企业可以根据自身的具体情况，根据税法的规定，选择国家鼓励发展的投资项目，在获得更多收益的同时，又能减轻自身的税收负担。例如，企业可以选择免征、减征企业所得税的农、林、牧、渔业项目进行投资。"三免三减半"的公共基础设施项目和环保、节能节水项目，都是自项目取得第一笔生产经营收入所属纳税年度起，第 1～3 年免征企业所得税，第 4～6 年减半征收企业所得税，因此，企业在可能的情况下，尽量控制收入的取得时间。

3. 正确表述享受优惠政策的经营行为

税收优惠政策的要求比较严格，企业在实际运用中有时可能会由于语言表述不确切，而使本应享受优惠政策的免税合同变为征税合同。

《企业所得税法》规定：在一个纳税年度内，居民企业技术转让所得不超过 500 万元的部分，免征企业所得税；超过 500 万元的部分，减半征收企业所得税。这个税收优惠政策要求技术转让要"符合条件"。企业所签订的技术转让合同必须先经过技术部门认定，然后才能到税务机关办理有关减免税手续。

税务机关在进行认定时，关键要审核合同中表述的有关内容是否符合税法的要求。如果企业在实际运用这项政策时，未将担当载体的货物价值与技术转让收入分开表述，则会被税务机关认定为不能享受该项政策，变免税合同为征税合同。

▶本章小结

1. 企业所得税的计算，首先应根据税法的规定正确确定应税所得和准予扣除的项目，进而计算出应纳税所得额。准予扣除的各个项目的确定非常重要。

2. 企业所得税的会计核算重点是掌握资产负债表债务法的实质及其核算程序，进而掌握递延所得税资产和递延所得税负债的确定方法。

3. 企业所得税税务筹划主要从企业组织形式的税务筹划、企业所得税计税依据的筹划和企业所得税减免税的筹划等方面进行。

▶思考题

1. 应纳税暂时性差异包括哪些内容？
2. 论述应纳税暂时性差异、可抵扣暂时性差异与递延所得税资产、递延所得税负债之间的关系。
3. 简述资产负债表债务法下企业所得税的账务处理程序。
4. 企业所得税的税务筹划方法有哪些？

▶练习题与作业题

一、单项选择题

1. 计算应纳税所得额时，在以下项目中，不超过规定比例的部分准予扣除，超过部分，准予在以后纳税年度结转扣除的项目是（　　）。
   A. 职工福利费　　　　B. 工会经费　　　　C. 职工教育经费　　　　D. 社会保险费

2. 某服装厂 2015 年毁损一批库存成衣，账面成本 20 000 元，成本中外购比例 60%，该企业的损失得到税务机关的审核和确认，在所得税前可扣除的损失金额是（　　）。
   A. 23 400 元　　　　B. 21 920 元　　　　C. 21 360 元　　　　D. 20 000 元

3. 《企业所得税法》规定，无形资产的摊销年限不得（　　）。
   A. 低于 5 年　　　　B. 高于 5 年　　　　C. 低于 10 年　　　　D. 高于 10 年

4. 在汇总缴纳所得税时，企业境外所得已纳税额超过规定抵免限额的部分，可以在以后（　　）内，用每年度抵免限额抵免当年应抵免税额后的余额进行抵补。
   A. 3 个年度　　　　B. 5 个年度　　　　C. 8 个年度　　　　D. 10 个年度

5. 企业下列项目的所得，减半征收企业所得税的是（　　）。
   A. 油料作物的种植　　B. 糖料作物的种植　　C. 麻类作物的种植　　D. 香料作物的种植

6. 企业为开发新技术、新产品、新工艺发生的研究开发费用，未形成无形资产计入当期损益的，在按照规定据实扣除的基础上，按照研究开发费用的（　　）加计扣除。
   A. 10%　　　　　　　B. 20%　　　　　　　C. 50%　　　　　　　D. 100%

7. 依据企业所得税相关规定，不得在税前作为保险费扣除的有（　　）。
   A. 企业支付的货物运输保险费　　　　B. 为职工支付的基本养老保险
   C. 为员工投保的团体意外伤害险　　　D. 为职工缴付的补充医疗保险

8. 下列各项中，能作为业务招待费税前扣除限额计算依据的是（　　）。
   A. 转让无形资产使用权的收入　　　　B. 确实无法支付的应付款
   C. 转让无形资产所有权的收入　　　　D. 出售固定资产的收入

9. 在计算企业所得税时，下列各项准许从收入总额中扣除的是（　　）。
   A. 经济合同的违约金支出　　　　　　B. 各项税金滞纳金支出
   C. 环保罚款支出　　　　　　　　　　D. 非广告性赞助支出

10. 下列关于技术转让税收优惠的叙述中，正确的是（   ）。

   A. 所有技术的转让均可享受税收优惠

   B. 技术转让是指转让拥有所有权或 5 年以上全球独占许可使用权

   C. 技术转让收入包括销售或转让设备、仪器、零部件、原材料等非技术性收入

   D. 技术转让收入包括一并收取的技术咨询、技术服务、技术培训收入

二、多项选择题

1. 可在所得税前扣除的税金包括（   ）。

   A. 增值税   B. 土地增值税   C. 出口关税   D. 资源税

2. 以下可在所得税前列支的保险费用有（   ）。

   A. 基本养老金支出   B. 补充医疗保险基金支出

   C. 职工家庭保险费用支出   D. 企业货物保险支出

3. 在计算应纳税所得额时，不得扣除的项目有（   ）。

   A. 被没收的财产损失   B. 计提的固定资产减值准备

   C. 未按期纳税支付的滞纳金   D. 法院判处的罚金

4. 企业在计算全年应纳税所得额时，应计入应纳税所得额的收入有（   ）。

   A. 购买国库券到期兑现的利息收入   B. 外单位欠款付给的利息

   C. 没收的逾期未退还包装物押金   D. 确实无法支付的应付款

5. 企业下列项目的所得额中，免征企业所得税的有（   ）。

   A. 水果种植   B. 花卉种植   C. 中药材种植   D. 家禽饲养

6. 企业下列项目的所得，应减半征收企业所得税的有（   ）。

   A. 海水养殖   B. 茶叶种植   C. 牲畜饲养   D. 香料种植

7. 在中国境内未设机构、场所的非居民企业从中国境内取得的下列所得，应按收入全额缴纳企业所得税的有（   ）。

   A. 股息   B. 租金   C. 转让财产所得   D. 特许权使用费所得

8. 下列有关利息，可在企业所得税前扣除的有（   ）。

   A. 非金融企业向金融企业借款的利息支出

   B. 非金融企业向非金融企业借款的利息支出

   C. 企业经批准发行债券的利息

   D. 金融企业吸收存款支付的利息

9. 企业发生的下列资产处置行为，应视同销售的有（   ）。

   A. 用于市场推广   B. 用于交际应酬   C. 用于对外捐赠   D. 用于连续生产

10. 在计算应纳税所得额时，下列支出不得扣除的有（   ）。

    A. 向投资者支付的股息   B. 企业所得税税款

    C. 税收滞纳金   D. 被没收罚款的损失

三、判断题

1. 企业发生的资产盘亏、报废净损失，减除责任人赔偿和保险赔款后的余额，准予税前扣除。（   ）

2. 企业之间支付的管理费、企业内营业机构之间支付的租金和特许权使用费，以及非银行企业内营业机构之间支付的利息，不得扣除。（   ）

3. 企业应从固定资产使用月份的当月起计算折旧；停止使用的固定资产，应从停止使用月份的当月起停止计算折旧。（   ）

4. 企业从事国家重点扶持的公共基础设施项目的投资经营所得，从项目取得第一笔生产经营收入所属纳税年度起，第1年和第2年免征企业所得税，第3～5年减半征收企业所得税。（   ）

5.《企业所得税法》规定，纳税人采取加速折旧方法的，可以采取双倍余额递减法。（   ）

6. 企业实际发生的工资、薪金支出，准予在所得税前扣除。（   ）

7. 关联企业之间的技术转让所得，不得享受技术转让减免所得税的优惠。（   ）

8. 不适用税前加计扣除的行业有：烟草制造业、住宿和餐饮业、批发和零售业、房地产业、租赁和商务服务业、娱乐业。（   ）

9. 委托外部进行研发活动与企业内部自行研发活动是一样的，研究开发费可以享受加计扣除的税收优惠。（   ）

10. 现行折旧政策是所有行业的企业新购进的仪器、设备，单价不超过100万元，允许一次性计入当期成本费用在税前扣除。（   ）

四、计算题

1. 某机械制造企业2017年产品销售收入3 000万元，销售成本1 500万元，销售税金及附加12万元，销售费用200万元（含广告费100万元），管理费用500万元（含招待费20万元，办公室不含税房租36万元，存货跌价准备2万元），投资收益25万元（含国债利息6万元，从联营企业分回税后利润34万元，权益法计算投资损失15万元），营业外支出10.5万元，系违反购销合同被供货方处以的违约罚款。

　　其他补充资料：①当年9月1日起租用办公室，支付2年不含税房租36万元；②企业已预缴税款190万元。

要求：（1）计算该企业税前可扣除的销售费用。
　　　（2）计算该企业税前可扣除的管理费用。
　　　（3）计算该企业计入计税所得的投资收益。
　　　（4）计算该企业应纳税所得额。
　　　（5）计算该企业应缴纳的所得税。
　　　（6）计算该企业2015年度应补（退）的所得税税额。

2. 某企业2017年发生下列业务：
（1）销售产品收入2 000万元；取得国债利息收入2万元。

（2）接受捐赠材料一批，取得捐赠方开具的增值税发票，注明价款 10 万元，增值税 1.3 万元，已计入资本公积账户；企业委托一家运输公司将该批材料运回企业，本企业支付运费，取得增值税普通发票，列明运费金额 0.3 万元，税率 3%，税额 0.009 万元。

（3）转让一项商标所有权，取得营业外收入 60 万元，增值税 3.6 万元。

（4）让渡资产使用权，取得专利实施许可费，取得其他业务收入 10 万元，增值税 0.6 万元。

（5）全年销售成本 1 000 万元；全年销售费用 500 万元，含广告费 400 万元；全年管理费用 300 万元（含招待费 80 万元，新产品研究开发费 70 万元）；全年财务费用 50 万元。

（6）全年营业外支出 40 万元（含通过政府部门对灾区捐赠 20 万元，直接对私立小学捐款 10 万元，违反政府规定被工商局罚款 2 万元）。

（7）全年税金及附加 32 万元。

要求计算：（1）该企业的会计利润总额。

（2）该企业对收入的纳税调整额。

（3）该企业对广告费、招待费和营业外支出的纳税调整额。

（4）该企业的应纳税所得额和应纳所得税额。

3. 某市工业企业，2017 年度账面主营业务收入 9 000 万元，其他业务收入 600 万元，应扣除的成本、费用、税金共计 8 600 万元，实现会计利润 1 000 万元。经会计师事务所审核，发现企业自行核算存在以下问题：

（1）发生的与生产经营有关的业务招待费 100 万元、广告费 500 万元、研究开发费 60 万元，已据实扣除。

（2）12 月接受某公司捐赠货物一批，取得增值税专用发票，注明价款 50 万元、增值税 6.5 万元，已计入"资本公积"账户，企业负担运输费 2 万元。

（3）在"营业外支出"账户中，发生的通过民政局向灾区捐赠 200 万元已全额扣除。

（4）企业账面合理工资总额 300 万元，当年实际发生了福利费 50 万元，工会经费 6 万元，职工教育经费 8 万元。

要求：计算全年该企业应缴纳的企业所得税。

4. 某高新技术企业 2017 年度的收入和费用如下：营业收入 8 000 万元；营业成本 2 000 万元；营业税金及附加 200 万元；销售费用、管理费用、财务费用分别为 400 万元、450 万元、500 万元；营业外收入 20 万元，营业外支出 40 万元，存货减值损失 30 万元。

经会计师事务所审计，发现下列问题：

（1）管理费用中列支了 10 万元的投资者生活费用，20 万元的业务招待费，60 万元的研究开发费。

（2）财务费用中列支向其他企业拆借资金的利息支出 20 万元，资金拆借额 100 万元，银行同期同类贷款利率为 8%。

（3）营业外支出中，捐赠总额为 30 万元，其中公益、救济性的捐赠 20 万元，直接向关联企业的捐赠 10 万元。

（4）企业当月提取存货减值准备 30 万元。

（5）营业收入中有一批产品按照成本价销售给了关联企业，成本50万元，成本利润率20%。

要求：计算企业全年应交企业所得税税额。

五、分录题

1. A公司2017年度利润表中利润总额为3 000万元，该公司适用的所得税率为25%。期初可抵扣暂时性差异80万元，递延所得税资产借方余额为20万元。期初应纳税暂时性差异100万元，递延所得税负债贷方余额为25万元。与该所得税核算有关的情况如下。

   2017年发生的有关交易和事项中，会计处理和税收处理存在差别的有：

   （1）2017年1月开始计提折旧的一项固定资产，成本1 500万元，使用年限为10年，净残值为零，会计处理按双倍余额抵减法计提折旧，税务处理按直线法计提折旧。假定税法规定的使用年限及净残值与会计规定相同。

   （2）向关联企业捐赠现金500万元。税法规定，企业向关联方的捐赠不允许税前扣除。

   （3）当年度发生研究开发费1 200万元，未形成无形资产。

   （4）违反环保法规定应支付罚款250万元。

   （5）期末对持有的存货计提了100万元的存货跌价准备。

   （6）当期取得的交易性金融资产，投资成本1 500万元，资产负债表日的公允价值1 800万元。

   期末资产、负债项目的暂时性差异，除上述提及的项目外，本期发生额无其他项目。

   要求：（1）计算应缴纳的所得税，并编制会计分录。

   （2）计算出递延所得税资产和递延所得税负债，并编制会计分录。

   （3）计算出利润表中的所得税费用应填报的数额。

2. 某公司年末会计利润300万元，适用税率25%，期初可抵扣暂时性差异240万元，递延所得税资产借方余额为60万元。期初应纳税暂时性差异100万元，递延所得税负债贷方余额为25万元。

   与所得税有关的情况如下：

   （1）当年已经列入营业外支出的税务罚款10万元。

   （2）企业账面列支业务招待费50万元，该企业当年销售收入5 000万元。

   （3）企业全年发生的广告费和业务宣传费共计600万元。

   （4）全年公益性捐赠56万元。

   （5）当年计入损益的研究开发费70万元。

   （6）期末对商誉计提了减值准备20万元。

   （7）期末交易性金融资产的公允价值为1 000万元，该项交易性金融资产的投资成本1 200万元。

   （8）期末估计售后服务费90万元，当年实际发生售后服务费30万元。

   期末资产、负债项目的暂时性差异，除上述提及的项目外，本期发生额无其他项目。

   要求：（1）计算应缴纳的所得税，并编制会计分录。

   （2）计算出递延所得税资产和递延所得税负债，并编制会计分录。

   （3）计算出利润表中的所得税费用应填报的数额。

六、筹划题

1. 甲公司 2017 年 12 月购入一台不含税价为 500 万元的电子设备,预计净残值率为 5%,预计使用年限 3～5 年。税法规定电子设备的最低使用年限为 3 年,采用直线折旧法。该公司处于盈利期,从 2016 年起的 5 年时间内每年年末扣除固定资产折旧费前的所得额为 1 000 万元,且不存在纳税调整项目。该公司适用的所得税税率为 25%,请对该公司进行税务筹划。

2. 乙公司 2017 年 12 月购入一台节能减排技术改造项目所需的生产设备,原值 200 万元,预计净残值 5%,从 2018 年开始计提折旧。会计和税法确认的折旧年限均为 10 年,适用的所得税税率为 25%。从 2016 年起,该公司享受三免三减半的税收优惠,且该公司每年年末扣除固定资产折旧前的所得额为 1 000 万元。请分析该公司分别采用直线法、双倍余额递减法、年数总和法计提折旧对所得税的影响。

3. 丙公司 2018 年计划销售额为 2 000 万元,请根据《企业所得税法》的规定,税前扣除限额为实际发生额的 60% 和当年营业收入的 0.5%。请筹划出使企业所得税税负最轻的当年可以实际发生的招待费金额。

第6章

个人所得税的会计核算与税务筹划

> **学习提示**
>
> 个人所得税是适用于调节个人收入分配的重要税种。中国目前的贫富差距较大,个人所得税虽然不能承载人们对社会公平的全部期待,但个人所得税制度必须担负起调节贫富差距的功能。在学习本章内容时,不仅要熟知个人所得税的征税范围,正确计算个人所得税的应纳税额,还要在掌握个人所得税法律规定的基础上,掌握个人所得税的税务筹划方法。本章主要介绍个人所得税的基本规定、个人所得税的计算与申报、个人所得税的会计核算和个人所得税的税务筹划等内容。通过本章的学习,应对上述知识有比较全面的理解和掌握。

6.1 个人所得税概述

个人所得税是以自然人取得的各类应税所得为征税对象征收的一种所得税,是政府利用税收对个人收入进行调节的一种手段。个人所得税的征税对象不仅包括个人,还包括自然人性质的企业。个人所得税最早于1799年在英国创立,目前,世界上已有140多个国家开征了这一税种。我国现行的个人所得税税法,是自1994年1月1日起实行的。经过七次修订,2018年8月31日,第十一届全国人民代表大会常务委员会第二十一次会议通过修订后的《中华人民共和国个人所得税法》,并于2019年1月1日起实施。

6.1.1 纳税义务人

个人所得税的纳税人,依据住所和居住时间两个标准,分为居民个人和非居民个人。

1. 居民个人

居民个人是指在中国境内有住所,或者无住所而一个纳税年度内在中国境内居住累计满

183天的个人。居民个人负无限纳税义务，从中国境内、境外取得的全部所得，依法缴纳个人所得税。

在中国境内有住所是指因户籍、家庭、经济利益关系而在中国境内习惯性居住。

居民个人包括在中国境内定居的中国公民和外国侨民；从公历1月1日至12月31日，在中国境内居住累计满183天的外国人、海外侨胞和香港、澳门、台湾同胞。

《中华人民共和国个人所得税法实施条例》（以下简称《个人所得税法实施条例》）对在中国境内无住所的居民个人进一步实施优惠：在中国境内无住所的居民个人，在境内居住累计满183天的年度连续不满6年的，经向主管税务机关备案，其来源于中国境外且由境外单位或者个人支付的所得，免予缴纳个人所得税；在中国境内居住累计满183天的任一年度中有一次离境超过30天的，其在中国境内居住累计满183天的年度的连续年限重新起算。

2. 非居民个人

非居民个人是指在中国境内无住所又不居住，或者无住所而一个纳税年度内在中国境内居住累计不满183天的个人。非居民个人负有限纳税义务，仅就其来源于中国境内的所得，缴纳个人所得税。

非居民个人只能是在一个纳税年度中，没有在中国境内居住，或者在中国境内居住累计不满183天的外籍人员、华侨或港、澳、台同胞。

《个人所得税法实施条例》对在中国境内无住所的非居民个人进一步实施优惠：在中国境内无住所，且在一个纳税年度中在中国境内连续或者累计居住不超过90天的个人，其来源于中国境内的所得，由境外雇主支付并且不由该雇主在中国境内的机构、场所负担的部分，免予缴纳个人所得税。

3. 所得来源地的确定

所得来源地的判定，是判定非居民个人的某项所得是否应该在中国缴纳个人所得税的重要依据。我国《个人所得税法实施条例》明确规定：除国务院财政、税务主管部门另有规定外，下列所得，不论支付地点是否在中国境内，均为来源于中国境内的所得：

（1）因任职、受雇、履约等在中国境内提供劳务取得的所得。

（2）将财产出租给承租人在中国境内使用而取得的所得。

（3）许可各种特许权在中国境内使用而取得的所得。

（4）转让中国境内的不动产等财产或者在中国境内转让其他财产取得的所得。

（5）从中国境内企业、事业单位、其他组织以及居民个人取得的利息、股息、红利所得。

6.1.2 个人所得税税目

我国实行分类和综合相结合的所得税制，个人所得税设9个税目。

1. 工资、薪金所得

工资、薪金所得是指个人因任职或者受雇取得的工资、薪金、奖金、年终加薪、劳动分红、津贴、补贴以及与任职或者受雇有关的其他所得。

根据财企〔2009〕242号和国家税务总局公告2015年第34号的文件精神：列入企业员工工资薪金制度、固定与工资薪金一起发放的住房补贴、交通补贴、车改补贴、通讯补贴、午餐费补贴等，可作为企业发生的工资薪金支出，纳入工资总额管理。

企业发放的职工福利，不计入工资总额，不缴纳个人所得税。包括：①为职工卫生保健、生活等发放或支付的各项现金补贴和非货币性福利，包括职工因公外地就医费用、职工疗养费用、自办职工食堂经费补贴或未办职工食堂统一供应午餐支出、符合国家有关财务规定的供暖费补贴、防暑降温费等。②职工困难补助，或企业统筹建立和管理的专门用于帮助、救济困难职工的基金支出。③离退休人员统筹外费用，包括离休人员的医疗费及离退休人员其他统筹外费用。④按规定发生的其他职工福利费，包括丧葬补助费、抚恤费、职工异地安家费、独生子女费及其他支出。

2. 劳务报酬所得

劳务报酬所得是指个人从事劳务取得的所得，包括从事设计、装潢、安装、制图、化验、测试、医疗、法律、会计、咨询、讲学、翻译、审稿、书画、雕刻、影视、录音、录像、演出、表演、广告、展览、技术服务、介绍服务、经纪服务、代办服务以及其他劳务取得的所得。

3. 稿酬所得

稿酬所得是指个人因其作品以图书、报刊等形式出版、发表而取得的所得。

4. 特许权使用费所得

特许权使用费所得是指个人提供专利权、商标权、著作权、非专利技术以及其他特许权的使用权取得的所得；提供著作权的使用权取得的所得，不包括稿酬所得。

5. 经营所得

经营所得是指：①个体工商户从事生产、经营活动取得的所得，个人独资企业投资人、合伙企业的个人合伙人来源于境内注册的个人独资企业、合伙企业生产、经营的所得；②个人依法从事办学、医疗、咨询以及其他有偿服务活动取得的所得；③个人对企业、事业单位承包经营、承租经营以及转包、转租取得的所得；④个人从事其他生产、经营活动取得的所得。

6. 利息、股息、红利所得

利息、股息、红利所得是指个人拥有债权、股权等而取得的利息、股息、红利所得。

7. 财产租赁所得

财产租赁所得是指个人出租不动产、土地使用权、机器设备、车船以及其他财产而取得的所得。

8. 财产转让所得

财产转让所得是指个人转让有价证券、股权、合伙企业中的财产份额、不动产、机器设备、车船以及其他财产取得的所得。

9. 偶然所得

偶然所得是指个人得奖、中奖、中彩以及其他偶然性质的所得。

6.1.3 个人所得税优惠政策

1.《个人所得税法》规定免征个人所得税的项目

（1）省级人民政府、国务院部委和中国人民解放军军以上单位，以及外国组织、国际组织颁发的科学、教育、技术、文化、卫生、体育、环境保护等方面的奖金。

（2）国债和国家发行的金融债券利息。

（3）按照国家统一规定发给的补贴、津贴（指政府特殊津贴、院士津贴，以及国务院规定免纳个人所得税的其他补贴、津贴）。

（4）福利费、抚恤金、救济金。

（5）保险赔款。

（6）军人的转业费、复员费、退役金。

（7）按照国家统一规定发给干部、职工的安家费、退职费、基本养老金或者退休费、离休费、离休生活补助费。

（8）依照有关法律规定应予免税的各国驻华使馆、领事馆的外交代表、领事官员和其他人员的所得。

（9）中国政府参加的国际公约、签订的协议中规定免税的所得。

（10）国务院规定的其他免税所得（由国务院报全国人民代表大会常务委员会备案）。

1）发给见义勇为者的奖金、奖品。

2）个人举报、协查各种违法、犯罪行为而获得的奖金，免征个人所得税。

3）个人转让自用达5年以上并且唯一的家庭居住用房的所得，免征个人所得税；拆迁补偿款，免征个人所得税。

4）对个人独资企业和合伙企业从事种植业、养殖业、饲养业和捕捞业，其投资者取得的"四业"所得，暂不征收个人所得税。

2.《个人所得税法》规定减征个人所得税的项目

（1）残疾、孤老人员和烈属的所得。

（2）因自然灾害遭受重大损失的。

国务院可以规定其他减税情形，报全国人民代表大会常务委员会备案。

上述减税的具体幅度和期限，由省、自治区、直辖市人民政府规定，并报同级人民代表大会常务委员会备案。

6.1.4 个人所得税反避税及信息监管

2019年实施的《个人所得税法》，增加了反避税条款，加大了个人所得税信息监管。

1.《个人所得税法》中反避税条款

有下列情形之一的，税务机关有权按照合理方法进行纳税调整：

（1）个人与其关联方之间的业务往来不符合独立交易原则而减少本人或者其关联方应纳税额，且无正当理由。

（2）居民个人控制的，或者居民个人和居民企业共同控制的设立在实际税负明显偏低的国家（地区）的企业，无合理经营需要，对应当归属于居民个人的利润不作分配或者减少分配。

（3）个人实施其他不具有合理商业目的的安排而获取不当税收利益。

税务机关依照前款规定做出纳税调整，需要补征税款的，应当补征税款，并依法加收利息。

2.《个人所得税法》中的信息监管

公安、人民银行、金融监督管理等相关部门应当协助税务机关确认纳税人的身份、金融账户信息。教育、卫生、医疗保障、民政、人力资源社会保障、住房城乡建设、公安、人民银行、金融监督管理等相关部门应当向税务机关提供纳税人子女教育、继续教育、大病医疗、住房贷款利息、住房租金、赡养老人等专项附加扣除信息。

个人转让不动产的，税务机关应当根据不动产登记等相关信息核验应缴的个人所得税，登记机构办理转移登记时，应当查验与该不动产转让相关的个人所得税的完税凭证。个人转让股权办理变更登记的，市场主体登记机关应当查验与该股权交易相关的个人所得税的完税凭证。

有关部门依法将纳税人、扣缴义务人遵守本法的情况纳入信用信息系统，并实施联合激励或者惩戒。

6.2 个人所得税的计算

我国实行综合与分类相结合的个人所得税制。工资、薪金所得，劳务报酬所得，稿酬所得，特许权使用费所得等综合所得，适用3%～45%的累进税率，居民个人综合所得按年计税，非居民个人综合所得按月或按次计税。经营所得按年计税，适用5%～35%的累进税率。利息、股息、红利所得，财产租赁所得，财产转让所得和偶然所得，按次计税，适用20%的比例税率。

6.2.1 居民综合所得个人所得税的计算

居民个人的综合所得，以每一纳税年度的收入额减除费用60 000元以及专项扣除、专项附加扣除和依法确定的其他扣除后的余额，为应纳税所得额。

计算收入时，工薪收入全额计入收入总额；劳务报酬所得、稿酬所得、特许权使用费所得以收入减除20%的费用后的余额为收入额；稿酬所得在收入额的基础上再减按70%计算。

专项扣除，包括居民个人按照国家规定的范围和标准缴纳的基本养老保险、基本医疗保险、失业保险等社会保险费和住房公积金等；专项附加扣除，包括子女教育、继续教育、大病医疗、住房贷款利息或者住房租金、赡养老人等支出，具体范围和标准，如表 6-1 所示。其他扣除包括个人缴付符合国家规定的企业年金、职业年金，个人购买符合国家规定的商业健康保险、税收递延型商业养老保险的支出，以及国务院规定可以扣除的其他项目。

专项扣除、专项附加扣除和依法确定的其他扣除，以居民个人一个纳税年度的应纳税所得额为限额；一个纳税年度扣除不完的，不结转以后年度扣除。

个人所得税专项附加扣除暂行办法及个人所得税专项附加扣除操作办法，明确了各项专项附加扣除的标准和适用条件，具体情况如表 6-1 所示。

表 6-1　个人所得税专项附加扣除标准和适用条件

项　目	扣除金额		适用条件
	每月扣除额	每年扣除额	
子女教育	1 000	12 000	每个子女（最多 2 个，学前教育至博士）
继续教育	400	4 800	学历（学位）教育，不超过 48 个月
	——	3 600	职业资格继续教育，取得证书当年
住房贷款利息	1 000	12 000	首套住房贷款利息实际发生年度，扣除期限最长不超过 240 个月。纳税人只能享受一次
住房租金	1 500	18 000	直辖市、省会城市、计划单列市
	1 100	13 200	户籍人口超过 100 万元的其他城市
	800	9 600	户籍人口不超过 100 万元的其他城市
大病医疗	——	最高 80 000	医保目录范围内自付部分超过 15 000 元，可扣除不超过 80 000 元
赡养老人	2 000	24 000	赡养 60 岁（含）以上老人

享受个人所得税专项附加扣除的纳税人，需要填报专项附加扣除信息表，详细填写税法要求的各项具体信息。

1. 月度综合所得应纳个人所得税的计算

为了正确计算个人所得税应纳税额，尽量减少纳税人退税工作量，自 2019 年 1 月 1 日起，我国对居民个人采用累计预扣法。扣缴义务人向居民个人支付工资、薪金所得时，应当按照累计预扣法计算预扣税款，并按月办理扣缴申报。

具体计算公式如下：

累计预扣预缴应纳税所得额 = 累计收入 − 累计免税收入 − 累计减除费用 − 累计专项扣除
　　　　　　　　　　　− 累计专项附加扣除 − 累计依法确定的其他扣除

其中：累计减除费用，按照 5 000 元 / 月乘以纳税人当年截至本月在本单位的任职受雇月份数计算。

本期应预扣预缴税额 =（累计预扣预缴应纳税所得额 × 预扣率 − 速算扣除数）
　　　　　　　　　− 累计减免税额 − 累计已预扣预缴税额

本期应预扣预缴税额为负值时，暂不退税。纳税年度终了后余额仍为负值时，由纳税人通过办理综合所得年度汇算清缴，税款多退少补。

居民个人工资、薪金所得预扣预缴适用税率，如表 6-2 所示。

表 6-2　居民个人工资、薪金所得预扣预缴个人所得税预扣率

级数	累计预扣预缴应纳税所得额	预扣率（%）	速算扣除数
1	不超过 36 000 元的部分	3	0
2	超过 36 000 元至 144 000 元的部分	10	2 520
3	超过 144 000 元至 300 000 元的部分	20	16 920
4	超过 300 000 元至 420 000 元的部分	25	31 920
5	超过 420 000 元至 660 000 元的部分	30	52 920
6	超过 660 000 元至 960 000 元的部分	35	85 920
7	超过 960 000 元的部分	45	181 920

扣缴义务人向居民个人支付劳务报酬所得、稿酬所得、特许权使用费所得时，应当按次或者按月预扣预缴税款。

劳务报酬所得、稿酬所得、特许权使用费所得每次收入不超过 4 000 元的：

$$收入额 = 每次收入或每月收入 - 800$$

劳务报酬所得、稿酬所得、特许权使用费所得每次收入 4 000 元以上的：

$$收入额 = 每次收入或每月收入 \times (1 - 20\%)$$

劳务报酬所得适用个人所得税预扣率，如表 6-3 所示。

表 6-3　居民个人劳务报酬所得预扣预缴个人所得税预扣率

级数	预扣预缴应纳税所得额	预扣率（%）	速算扣除数
1	不超过 20 000 元的	20	0
2	超过 20 000 元至 50 000 元的部分	30	2 000
3	超过 50 000 元的部分	40	7 000

稿酬所得、特许权使用费所得适用 20% 的比例预扣率。其中，稿酬所得的收入额减按 70% 计算。

居民个人办理年度综合所得汇算清缴时，应当依法计算劳务报酬所得、稿酬所得、特许权使用费所得的收入额，并入年度综合所得计算应纳税款，税款多退少补。

【案例 6-1】某公司工程师张某专项扣除为 5 000 元，各月专项附加扣除均为 4 000 元。2019 年 2 月取得以下收入：

（1）每月单位支付其工资 20 000 元，取得住房补贴 4 000 元，单位为其购买商业保险 6 000 元；

（2）应邀到某单位技术指导，取得指导费 40 000 元；

（3）出售一项个人持有的专利，取得专利费 200 000 元；

（4）出版一本专业书籍，稿酬 30 000 元。

计算各付款单位应预扣个人所得税。

解析：

（1）工资收入 = 20 000 + 4 000 + 6 000 = 30 000（元）

1月份工资应税所得额 = 30 000 − 5 000 − 4 000 − 5 000 = 16 000（元）

1月份工资预扣个税 = 16 000 × 3% = 480（元）

2月份工资累计所得额 = 60 000 − 10 000 − 8 000 − 10 000 = 32 000（元）

2月份工资预扣个税 = 32 000 × 3% − 480 = 480（元）

（2）技术指导费属于劳务报酬

计税收入 = 40 000 × (1 − 20%) = 32 000（元）

预扣税率30%，扣除数2000

付款方预扣个税 = 32 000 × 30% − 2 000 = 7 600（元）

（3）出售专利权，属于特许权使用费

计税收入 = 200 000 × (1 − 20%) = 160 000（元）

预扣税率20%，付款方预扣个税 = 160 000 × 20% = 32 000（元）

（4）稿酬计税收入 = 30 000 × (1 − 20%) × 70% = 16 800（元）

预扣税率20%，付款方预扣个税 = 16 800 × 20% = 3 360（元）

2. 全年综合所得应纳个人所得税计算

居民的全年应纳税所得额 = 全年工薪所得 + 劳务报酬所得 × (1 − 20%) + 特许权使用费所得 × (1 − 20%) + 稿酬所得 × (1 − 20%) × 70% − 专项扣除 − 专项附加扣除 − 60 000

即：居民的全年应纳税所得额 = 全年工薪所得 + 劳务报酬所得 × 80% + 特许权使用费所得 × 80% + 稿酬所得 × 56% − 专项扣除 − 专项附加扣除 − 60 000

根据应纳税所得额，查7级超额累进税率表，找出适用税率和扣除数，代入计算公式，即可计算出综合所得应纳个人所得税的金额。

应纳个人所得税 = 应纳税所得额 × 税率 − 速算扣除数

表 6-4　综合所得税率表

级数	月应税所得额	速算扣除数	税率	全年应税所得额	速算扣除数
1	3 000元以下部分	0	3%	36 000元以下部分	0
2	3 000元～12 000元	210	10%	36 000元～144 000元	2 520
3	12 000元～25 000元	1 410	20%	144 000元～300 000元	16 920
4	25 000元～35 000元	2 660	25%	300 000元～420 000元	31 920
5	35 000元～55 000元	4 410	30%	420 000元～660 000元	52 920
6	55 000元～80 000元	7 160	35%	660 000元～960 000元	85 920
7	80 000元以上部分	15 160	45%	960 000元以上部分	181 920

【案例6-2】王某是在境内外资企业工作的中国公民，全年工薪收入600 000元，全年个人负担基本养老保险24 384元，基本医疗保险6 096元，失业保险612元，住房公积金36 576元。另有特许权使用费所得50 000元，稿酬所得20 000元。王某抚养子女2个（由王某一方扣除），全年首套住房贷款利息20 559元。王某全年应纳个人所得税为

专项扣除 = 24 384 + 6 096 + 612 + 36 576 = 67 668（元）

专项附加扣除 = 24 000 + 12 000 = 36 000（元）

计税收入 = 600 000 + 50 000×(1 − 20%) + 20 000×(1 − 20%)×70%

= 600 000 + 40 000 + 11 200 = 651 200（元）

应纳税所得额 = 651 200 − 67 668 − 36 000 − 60 000 = 487 532（元）

应缴纳的个人所得税 = 487 532×30% − 52 920 = 146 259.6 − 52 920 = 93 339.6（元）

3. 全年一次性奖金、中央企业负责人年度绩效薪金延期兑现收入和任期奖励的计税

居民个人取得全年一次性奖金，中央企业负责人年度绩效薪金延期兑现收入和任期奖励，在 2021 年 12 月 31 日前，不并入当年综合所得。以收入额除以 12 个月得到平均数确定税率，适用综合所得月度税率一次性纳税，不做任何扣除。计税公式为

应纳税额 = 全年一次性奖金收入 × 适用税率 − 速算扣除数

【案例 6-3】 李某 1 月工资 38 000 元，2 月工资 40 000 元。每月专项扣除均为 6 000 元，专项附加扣除均为 4 000 元。2 月除工资外，还有年终奖 144 000 元，各月均无其他所得。计算李某 2 月应缴纳的个人所得税。

解析：

1 月应缴纳个人所得税：

应税所得额 = 38 000 − (6 000 + 4 000 + 5 000) = 23 000（元）

查居民个人工资、薪金所得预扣预缴个人所得税预扣率（表 6-3）知，适用税率 3%，扣除数 0。

应缴纳的个人所得税 = 23 000×3% = 690（元）

2 月应纳个人所得税：

累计应税所得额 = (38 000 + 40 000) − (6 000 + 4 000 + 5 000)×2

= 78 000 − 30 000

= 48 000（元）

查居民个人工资、薪金所得预扣预缴个人所得税预扣率（表 6-3）知，适用税率 10%，扣除数 2 520。

应缴纳的个人所得税 = (48 000×10% − 2 520) − 690 = 2 280 − 690 = 1 590（元）

2 月年终奖应纳个人所得税：

年终奖平均到每月 = 144 000÷12 = 12 000（元）

查按月换算后的综合所得税率表（表 6-5）知，适用税率 10%，扣除数 210 元：

年终奖纳税 = 144 000×10% − 210 = 14 190（元）

实得年终奖 = 144 000 − 14 190 = 129 810（元）

若年终奖 144 012 元，平均每月 12 001 元，适用税率 20%，扣除数 1 410 元

年终奖应纳税 = 144 012×20% − 1 410 = 28 802.4 − 1 410 = 27 392.4（元）

实得年终奖 = 144 012 − 27 392.4 = 116 619.6（元）

即年终奖多 12 元，则要多交税 13 202.4 元，所以，在 2020 年以前，年终奖允许单独计税期间，需要对年终奖的发放金额进行税务筹划。每个员工的年终奖除以 12 后，越接近表 6-5 的右边达界越好，如果刚超出左边边界，应该将多出的金额暂不发放，否则，会出现多发的钱不够交税的情况。

自 2022 年 1 月 1 日起，居民个人取得全年一次性奖金，应并入当年综合所得计算缴纳个人所得税。中央企业负责人取得年度绩效薪金延期兑现收入和任期奖励，2022 年 1 月 1 日之后的政策另行明确。

4. 上市公司股权激励计税政策

居民个人取得股票期权、股票增值权、限制性股票、股权奖励等股权激励（以下简称股权激励），符合财税〔2005〕35 号、财税〔2009〕5 号、财税〔2015〕116 号第四条、财税〔2016〕101 号第四条第（一）项规定的相关条件的，在 2021 年 12 月 31 日前，不并入当年综合所得，全额单独适用综合所得税率表，计算纳税。居民个人一个纳税年度内取得两次及以上股权激励的，应合并计税。2022 年 1 月 1 日之后的股权激励政策另行明确。

股权激励的计算公式为

$$应纳税额 = 股权激励收入 \times 适用税率 - 速算扣除数$$

股权激励个人所得税计税方法：员工接受企业授予的股票期权时，不征税；行权时，取得股票的实际购买价低于当日市场价的差额，按工薪所得征税；将行权后的股票再转让时，获得高于购买日市场价的差额，为二级市场股票转让所得，免征个人所得税。员工因拥有股权而参与企业税后利润分配取得的所得，按股息、红利计税。

5. 个人领取企业年金、职业年金的计税政策

个人达到国家规定的退休年龄，领取的企业年金、职业年金，符合财税〔2013〕103 号规定的，不并入综合所得，全额单独计算应纳税款。其中按月领取的，适用月度税率表计算纳税；按季领取的，平均分摊计入各月，按每月领取额适用月度税率表计算纳税；按年领取的，适用综合所得税率表计算纳税。

个人因出境定居而一次性领取的年金个人账户资金，或个人死亡后，指定受益人或法定继承人一次性领取的年金个人账户余额，适用综合所得税率表计算纳税。对个人除上述特殊原因外一次性领取年金个人账户资金或余额的，适用月度税率表计算纳税。

6. 解除劳动关系、提前退休、内部退养的一次性补偿收入的计税政策

（1）个人与用人单位解除劳动关系取得一次性补偿收入（包括用人单位发放的经济补偿金、生活补助费和其他补助费），在当地上年职工平均工资 3 倍数额以内的部分，免征个人所得税；超过 3 倍数额的部分，不并入当年综合所得，单独适用综合所得税率表，计算纳税。

（2）个人办理提前退休手续而取得的一次性补贴收入，应按照办理提前退休手续至法定离退休年龄之间实际年度数平均分摊，确定适用税率和速算扣除数，单独适用综合所得税率表，计算纳税。

应纳税额＝{〔(一次性补贴收入÷办理提前退休手续至法定退休年龄的实际年度数)
　　　　　－费用扣除标准〕×适用税率－速算扣除数}×办理提前退休手续至法定
　　　　　退休年龄的实际年度数

（3）个人办理内部退养手续而取得的一次性补贴收入，按照《国家税务总局关于个人所得税有关政策问题的通知》(国税发〔1999〕58号)规定计算纳税，即按办理内部退养手续后至法定离退休年龄之间的所属月份进行平均，并与领取当月的"工资、薪金"所得合并后减除当月费用扣除标准，以余额为基数确定适用税率，再将当月工资、薪金加上取得的一次性收入，减去费用扣除标准，按适用税率计征个人所得税。

7. 单位低价向职工售房的计税政策

单位按低于购置或建造成本价格出售住房给职工，职工因此而少支出的差价部分，符合财税〔2007〕13号第二条规定的，不并入当年综合所得，以差价收入除以12个月得到的数额，按照月度税率表确定适用税率和速算扣除数，单独计算纳税。

应纳税额＝职工实际支付的购房价款低于该房屋的购置或建造成本价格的差额×适用税
　　　　　率－速算扣除数

6.2.2　非居民综合所得个人所得税的计算

非居民个人的工资、薪金所得，以每月收入额减除费用5 000元后的余额为应纳税所得额；非居民个人的劳务报酬所得、稿酬所得、特许权使用费所得，以每次收入额减除20%后的余额为应纳税所得额。其中，稿酬所得的收入额减按70%计算。非居民个人工资、薪金所得，劳务报酬所得，稿酬所得，特许权使用费所得适用税率如表6-5所示。

表6-5　非居民个人综合所得适用税率

级数	应纳税所得额	税率（%）	速算扣除数
1	不超过3 000元的	3	0
2	超过3 000元至12 000元的部分	10	210
3	超过12 000元至25 000元的部分	20	1 410
4	超过25 000元至35 000元的部分	25	2 660
5	超过35 000元至55 000元的部分	30	4 410
6	超过55 000元至80 000元的部分	35	7 160
7	超过80 000元的部分	45	15 160

非居民个人取得工资、薪金所得，劳务报酬所得，稿酬所得和特许权使用费所得，有扣缴义务人的，由扣缴义务人按月或者按次代扣代缴税款，不办理汇算清缴。

【案例6-4】Alen是加拿大人，2019年计划在华居住不满183天，Alen 5月工资收入折合人民币50 000元，另有劳务费20 000元。

应税所得额＝50 000＋20 000×(1－20%)－5 000
　　　　　＝50 000＋16 000－5 000
　　　　　＝61 000（元）

适用税率 35%，扣除数 7 160 元。

应纳税 = 61 000×35% - 7 160 = 14 190（元）

2019 年 1 月 1 日至 2021 年 12 月 31 日期间，外籍个人符合居民个人条件的，可以选择享受个人所得税专项附加扣除，也可以选择按照财税〔1994〕20 号、国税发〔1997〕54 号和财税〔2004〕29 号规定，享受住房补贴、语言训练费、子女教育费等津补贴免税优惠政策，但不得同时享受。外籍个人一经选择，在一个纳税年度内不得变更。

自 2022 年 1 月 1 日起，外籍个人不再享受住房补贴、语言训练费、子女教育费津补贴免税优惠政策，应按规定享受专项附加扣除。

6.2.3 经营所得个人所得税的计算

纳税人取得经营所得，按年计算个人所得税，由纳税人在月度或者季度终了后 15 日内向税务机关报送纳税申报表，并预缴税款；在取得所得的次年 3 月 31 日前办理汇算清缴。

经营所得是指：①个体工商户从事生产、经营活动取得的所得，个人独资企业投资人、合伙企业的个人合伙人来源于境内注册的个人独资企业、合伙企业生产、经营的所得；②个人依法从事办学、医疗、咨询以及其他有偿服务活动取得的所得；③个人对企业、事业单位承包经营、承租经营以及转包、转租取得的所得；④个人从事其他生产、经营活动取得的所得。

经营所得按年计税，适用 5% ~ 35% 的超额累进税率，如表 6-6 所示。

表 6-6 经营所得个人所得税率表

级数	全年应纳税所得额	税率	速算扣除数
1	不超过 30 000 元的	5%	0
2	超过 30 000 元至 90 000 元的部分	10%	1 500
3	超过 90 000 元至 300 000 元的部分	20%	10 500
4	超过 300 000 元至 500 000 元的部分	30%	40 500
5	超过 500 000 元的部分	35%	65 500

经营所得以每一纳税年度的收入总额，减除成本、费用以及损失后的余额，为应纳税所得额。

应缴纳的个人所得税 = 应纳税所得额 × 适用税率 - 速算扣除数

= （全年收入总额 - 成本、费用以及损失）× 适用税率 - 速算扣除数

其中：成本、费用是指生产、经营活动中发生的各项直接支出和分配计入成本的间接费用以及销售费用、管理费用、财务费用；损失是指生产、经营活动中发生的固定资产和存货的盘亏、毁损、报废损失，转让财产损失，坏账损失，自然灾害等不可抗力因素造成的损失以及其他损失。

取得经营所得的个人，没有综合所得的，计算其每一纳税年度的应纳税所得额时，应当减除费用 6 万元、专项扣除、专项附加扣除以及依法确定的其他扣除。专项附加扣除在办理汇算清缴时减除。从事生产、经营活动，未提供完整、准确的纳税资料，不能正确计算应纳税所得额的，由主管税务机关核定应纳税所得额或者应纳税额。

【案例6-5】2019年，演员李某和张某合作开办工作室，分红比例为7:3。工作室全年收入5 000万元，成本、费用共计1 000万元。当年，李某和张某另有劳务报酬分别为3 000万元和800万元，李某和张某基本养老保险、基本医疗保险、失业保险和住房公积金等专项扣除分别为22万元和11万元，专项附加扣除均为5万元。计算李某和张某应纳个人所得税。

解析：

工作室所得属于经营所得，且先分后税。

李某工作室经营所得 = (5 000 − 1 000)×70% = 2 800（万元）

李某应缴纳的个人所得税 = 2 800×35% − 6.55 = 980 − 6.55 = 973.45（万元）

张某工作室经营所得 = (5 000 − 1 000)×30% = 1 200（万元）

张某应缴纳的个人所得税 = 1 200×35% − 6.55 = 420 − 6.55 = 413.45（万元）

劳务报酬所得属于综合所得：

李某应税所得额 = 3 000×(1 − 20%) − 22 − 5 − 6 = 2 367（万元）

李某应缴纳的个人所得税 = 2 367×45% − 18.192 = 1 065.15 − 18.192 = 1 046.958（万元）

张某应税所得额 = 800×(1 − 20%) − 11 − 5 − 6 = 618（万元）

张某应缴纳的个人所得税 = 618×45% − 18.192 = 259.908 − 18.192 = 241.716（万元）

6.2.4　财产租赁所得的个人所得税计算

财产租赁所得是指个人出租不动产、机器设备、车船以及其他财产取得的所得。财产租赁所得按次纳税，以一个月内取得的收入为一次，适用税率为20%。每次收入不超过4 000元的，减除费用800元；4 000元以上的，减除20%的费用，其余额为应纳税所得额。

针对财产租赁所得，各地政府均根据地区实际情况确定了简易的征税办法。北京市出租房屋税收政策如下。

1）按以下情况实行综合征收：①住房的综合征收率为5%（包括房产税4.5%和个人所得税0.5%）；②非住房按月租金收入分两种情况：月租金 ≥ 5 000元的，综合征收率为12%（包括增值税5%，房产税6%，个人所得税1%），月租金 < 5 000元的，综合征收率为7%（包括增值税5%，房产税6%和个人所得税1%）。

2）分税种征收，即增值税税率5%减征按1.5%，房产税4%，个人所得税10%。

【案例6-6】李某将北京市西城区的一套房屋出租，不含税月租金10 000元，不含税全年租金120 000元。计算李某每月按规定应纳税额。

解析：

按照综合征收计算：

若李某出租的是住房，应纳税 = 10 000×5% = 500（元）

若李某出租的是非住房，应纳税 = 10 000×12% = 1 200（元）

出租非住房与比出租住房多纳税700元。

6.2.5　财产转让所得的个人所得税计算

财产转让所得是指个人转让有价证券、股权、合伙企业中的财产份额、不动产、机器设备、车船以及其他财产取得的所得。财产转让所得，按次纳税，适用税率为20%，以个人每次转让财产取得的收入额减除财产原值和合理费用后的余额为应纳税所得额。

$$应纳个人所得税 = 应纳税所得额 \times 适用税率$$
$$= （每次转让收入 - 财产原值 - 合理税费）\times 20\%$$

财产原值指：

（1）有价证券，为买入价以及买入时按照规定缴纳的有关费用。

（2）建筑物，为建造费或者购进价格以及其他有关费用。

（3）土地使用权，为取得土地使用权所支付的金额、开发土地的费用以及其他有关费用。

（4）机器设备、车船，为购进价格、运输费、安装费以及其他有关费用。

纳税人未提供完整、准确的财产原值凭证，不能按照本条第一款规定的方法确定财产原值的，由主管税务机关核定财产原值。

公式中的"合理费用"是指卖出财产时按照规定支付的有关费用。

个人出售自有住房所得，属于财产转让所得，应征收个人所得税。个人转让住房，根据房源情况不同，房屋原值分别为：

（1）商品房：购置该房屋时实际支付的房价款及缴纳的相关税费。

（2）自建住房：实际发生的建造费用及建造和取得产权时实际缴纳的相关税费。

（3）经济适用房（含集资合作建房、安居工程住房）：原购房人实际支付的房价款及相关税费，以及按规定缴纳的土地出让金。

（4）已购公有住房：原购公有住房标准面积按当地经济适用房价格计算的房价款，加上原购公有住房超标准面积实际支付的房价款以及按规定向财政部门（或原产权单位）缴纳的所得收益及相关税费。

（5）城镇拆迁安置住房：房屋拆迁取得货币补偿后购置房屋的，其原值为购置该房屋实际支付的房价款及缴纳的相关税费；房屋拆迁采取产权调换方式的，所调换房屋原值为拆迁协议注明的价款及缴纳的相关税费，加上所支付的货币，或减去货币补偿后的余额。

个人转让住房，能够提供房屋原值相应凭证的，主管税务机关审核相应凭证后确定房屋原值；纳税人同时提供购房发票、契税缴税凭证的，按孰高原则确定房屋原值；纳税人不能提供房屋原值相应凭证的，主管税务机关应通过税收征管、房屋登记等信息系统对房屋原值进行核实。

主管税务机关应加强对转让住房过程中缴纳的税金以及与转让房屋有关的住房装修费用、住房贷款利息、手续费、公证费等相关费用凭证的审核。纳税人未能提交有关费用凭证的，主管税务机关应要求其补正；不能补正的，经纳税人签字确认后，主管税务机关依照有关规定办理。转让住房可以扣除的合理费用为：

（1）支付的住房装修费用。准予扣除的住房装修费用必须有税务部门统一印制的发票，并且付款人姓名与产权所有人一致。还要在规定的比例内：①已购公有住房、经济适用房，最高扣除限额为房屋原值的15%；②商品房及其他住房，最高扣除限额为房屋原值的10%。

（2）支付的住房贷款利息。凭贷款银行出具的有效证明据实扣除。

（3）纳税人按照有关规定实际支付的手续费、公证费等，凭有关部门出具的有效证明据实扣除。

个人转让住房，能够确定房屋原值和有关合理费用的，个人所得税税款以本次房屋交易价格减除房屋原值和有关合理费用后的余额，按20%税率计算。

纳税人不能提供房屋原值相应凭证，主管税务机关通过税收征管、房屋登记等信息系统也未能核实房屋原值的，个人所得税税款以本次房屋交易价格按核定征收率1%计算。

纳税人申报的住房成交价格明显低于市场价格且无正当理由的，主管税务机关依法有权根据有关信息核定其转让收入。

财税〔2009〕78号文件明确：以下情形的房屋产权无偿赠与，对当事双方不征收个人所得税：①房屋产权所有人将房屋产权无偿赠与配偶、父母、子女、祖父母、外祖父母、孙子女、外孙子女、兄弟姐妹；②房屋产权所有人将房屋产权无偿赠与对其承担直接抚养或者赡养义务的抚养人或者赡养人；③房屋产权所有人死亡，依法取得房屋产权的法定继承人、遗嘱继承人或者受遗赠人。其他情形，受赠人缴纳20%的个人所得税。

受赠人转让受赠房屋的，以其转让受赠房屋的收入减除原捐赠人取得该房屋的实际购置成本以及赠与和转让过程中受赠人支付的相关税费后的余额，为受赠人的应纳税所得额，依法计征个人所得税。受赠人转让受赠房屋价格明显偏低且无正当理由的，税务机关可以依据该房屋的市场评估价格或其他合理方式确定的价格核定其转让收入。

购房时涉及的税费，包括契税、印花税、中介费、手续费等。

财税〔2008〕137号明确：①对个人销售或购买住房暂免征收印花税；②对个人销售住房暂免征收土地增值税。

财税〔2016〕23号明确：自2016年2月22日起，①对个人购买家庭唯一住房（家庭成员范围包括购房人、配偶以及未成年子女），面积为90平方米及以下的，减按1%的税率征收契税；面积为90平方米以上的，减按1.5%的税率征收契税。②对个人购买家庭第二套改善性住房，面积为90平方米及以下的，减按1%的税率征收契税；面积为90平方米以上的，减按2%的税率征收契税。北上广深不实行这条优惠，即北上广深第二套及以上住房，一律按契税正常税率纳税，北京契税3%。

卖房时涉及的税费，包括增值税、城建税、教育费附加、地方教育附加、土地增值税、印花税、土地出让金、中介服务费、交易手续费等。

根据财税〔2016〕23号、财税〔2015〕39号及"营改增"相关规定：自2016年5月1日起，个人将购买不足2年的住房对外销售的，按售价全额征收5%增值税；个人将购买2年以上（含2年）的住房对外销售的，除北上广深以外地区，免征增值税；北上广深四地，超过2年的普通住房出售，免增值税；超过2年的非普通住房出售，按照售价减买价差额征收5%的增值税。

购房时间的确定以房产证或契税完税证明注明时间为准,二者时间不一致的,按照较早的时间确定。个人对外销售住房的,可以到地税局申请开具发票。

财税〔2009〕111号明确,个人无偿赠与不动产、土地使用权,属于下列情形之一的,暂免征收增值税:①离婚财产分割;②无偿赠与配偶、父母、子女、祖父母、外祖父母、孙子女、外孙子女、兄弟姐妹;③无偿赠与对其承担直接抚养或者赡养义务的抚养人或者赡养人;④房屋产权所有人死亡,依法取得房屋产权的法定继承人、遗嘱继承人或者受遗赠人。

国税发〔2006〕144号明确规定:个人将通过无偿受赠方式取得的住房对外销售征收增值税时,对通过继承、遗嘱、离婚、赡养关系、直系亲属赠与方式取得的住房,该住房的购房时间按发生受赠、继承、离婚财产分割行为前的购房时间确定;对通过其他无偿受赠方式取得的住房,该住房的购房时间按照发生受赠行为后新的房屋产权证或契税完税证明上注明的时间确定。

【案例6-7】李兰家庭有两套住房,将其中一套2000年购买的100平方米的经济适用房出售,原购买价20万元,购房时支付其他税费0.5万元。2016年6月李兰转让该房产,转让时不含税价300万元,补缴土地出让金10%。转让环节发生的税费及交易费2.5%由买方负担。

解析:

房产原值 = 20 + 0.5 = 20.5(万元)

因所转让房屋属于期限超过2年的普通住房,故免征增值税、城建税、教育费附加、地方教育附加及土地增值税、印花税。

土地出让金 = 300 × 10% = 30(万元)

个人所得税 = (300 − 20.5 − 30) × 20% = 249.5 × 20% = 49.9(万元)

交易费 = 300 × 2.5% = 7.5(万元)

应由购买方支付的税费为87.4(= 30 + 49.9 + 7.5)万元,购房总支出387.4万元。

【案例6-8】张某5年前购买商住房700万元,2018年6月出售,不含税售价2 100万元,税费由卖方承担。交易费3%由买方承担。

解析: 商住房(商业地产建的住宅楼)没有任何税收优惠。

增值税 = (2 100 − 700) × 5% = 70(万元)

城建税及附加 = 70 × (7% + 3% + 2%) = 8.4(万元)

印花税 = (2 100 + 70) × 0.05% = 1.09(万元)

允许扣除的税金及附加 = 8.4 + 1.09 = 9.49(万元)

计算土地增值税允许扣除额,允许按照买价每年加计扣除5%

允许扣除 = 700 + 700 × 5% × 5 + 9.49 = 884.49(万元)

增值额 = 2 100 − 884.49 = 1 215.51(万元)

增值率 = 1 215.51/884.48 = 137%

土地增值税 = 1 215.51 × 50% − 884.49 × 15% = 607.76 − 132.67 = 475.09(万元)

个人所得税 = (2 100 − 700 − 9.49 − 475.09) × 20% = 915.42 × 20% = 183.08(万元)

总体税负 = 70 + 9.49 + 475.09 + 183.08 = 737.66（万元）

实得 = 2 100 − 700 − 737.66 = 662.34（万元）

买方负担交易费 = 2 100×3% = 63（万元），印花税 1.09 万元。

有些地区对于个人转让房地产，土地增值税采取简易计算形式，按照售价的 1% ~ 3% 征收。

【案例 6-9】 张某 5 年前购买高档住房 700 万元，2018 年 6 月出售，不含税售价 2 100 万元，税费由卖方承担。交易费 3% 由买方承担。

解析：超过 5 年的高档住房，增值税税按差价计算。转让住房，免征土地增值税和印花税。

增值税 = (2 100 − 700)×5% = 70（万元）

城建税及附加 = 70×(7% + 3% + 2%) = 8.4（万元）

个人所得税 = (2 100 − 700 − 8.4)×20% = 1 391.6×20% = 278.32（万元）

总税 = 70 + 8.4 + 278.32 = 356.72（万元）

实得 = 2 100 − 700 − 356.72 = 1 043.28（万元）

交易费 = 2 100×3% = 63（万元）

6.2.6 利息、股息、红利所得，偶然所得个人所得税的计算

利息、股息、红利所得和偶然所得，按次纳税，以每次取得所得为一次，不做任何扣除，适用税率为20%。2008年10月9日后，储蓄存款的利息暂免征收个人所得税。

财税〔2015〕101号明确，自2015年9月8日起，个人从公开发行和转让市场取得的上市公司股票，持股期限超过1年的，股息红利所得暂免征收个人所得税；持股期限在1个月以内（含1个月）的，其股息红利所得全额计入应纳税所得额；持股期限在1个月以上至1年（含1年）的，暂减按50%计入应纳税所得额。上述所得计税时适用20%的税率。

该文件所称上市公司是指在上海证券交易所、深圳证券交易所挂牌交易的上市公司；持股期限是指个人从公开发行和转让市场取得上市公司股票之日至转让交割该股票之日前一日的持有时间。个人转让股票时，按照先进先出的原则计算持股期限。

对个人持有的上市公司限售股，解禁后取得的股息红利，按照财税〔2012〕85号规定计算纳税，持股时间自解禁日起计算；解禁前取得的股息红利继续暂减按50%计入应纳税所得额，适用20%的税率计征个人所得税。证券投资基金从上市公司取得的股息红利所得，也按照财税〔2012〕85号规定计征个人所得税。

个人股东获得转增的股本，应按照"利息、股息、红利所得"项目，适用20%税率，征收个人所得税。自2016年1月1日起，全国范围内的中小高新技术企业以未分配利润、盈余公积、资本公积向个人股东转增股本时，个人股东一次缴纳个人所得税确有困难的，可根据实际情况自行制订分期缴纳计划，在不超过5个年度内分期缴纳，并将有关资料报主管税务机关备案。

利息、股息、红利所得和偶然所得计征个人所得税的公式为

$$应纳个人所得税 = 收入 × 适用税率$$

6.2.7 间接捐赠的税前扣除

个人将其所得对教育、扶贫、济困等公益慈善事业进行捐赠，捐赠额未超过纳税人申报的应纳税所得额 30% 的部分，可以从其应纳税所得额中扣除；国务院规定对公益慈善事业捐赠实行全额税前扣除的，从其规定。

个人将其所得对教育、扶贫、济困等公益慈善事业进行捐赠，是指个人将其所得通过中国境内的公益性社会组织、国家机关向教育、扶贫、济困等公益慈善事业的捐赠；所称应纳税所得额是指计算扣除捐赠额之前的应纳税所得额。

个人通过非营利的社会团体和国家机关向农村义务教育的捐赠，准予在缴纳个人所得税前的所得额中全额扣除。

【案例 6-10】张博中奖 100 万元，通过减灾委员会向灾区捐赠 40 万元，计算其应缴纳的个人所得税及实得。

解析：

允许捐赠额 = 100×30% = 30（万元），小于实际捐赠 40 万元，税前可扣除 30 万元。

缴纳个人所得税 = (100 − 30)×20% = 14（万元）

实得 = 100 − 40 − 14 = 46（万元）

6.2.8 税收抵免制度

在国际税收中，由于承认所得来源地优先征税权，为了避免国际重复征税，许多国家都对来源于国外的所得，实行外国税收抵免法，即一国政府在对本国居民的国外所得征税时，允许其用国外已纳的税款冲抵在本国应缴纳的税款。实际征收的税款为该居民应纳的本国税款与已纳的外国税款的差额。

我国税法规定：居民个人从中国境外取得的所得，可以从其应纳税额中抵免已在境外缴纳的个人所得税税额，但抵免额不得超过该纳税人境外所得依照我国税法规定计算的应纳税额。

居民个人从中国境内和境外取得的综合所得、经营所得，应当分别合并计算应纳税额；从中国境内和境外取得的其他所得，应当分别单独计算应纳税额。

我国个人所得税实行分国别抵免。在境外某一国家/地区实际纳税低于限额的，补缴差额；实际纳税高于限额的，5 年内在扣除限额的余额中补扣。

【案例 6-11】中国居民李凌在 2019 年从 A 国取得应税所得 92 万元。其中，因全年在 A 国某公司任职取得工资收入 72 万元（平均每月 6 万元），因提供一项技术咨询服务取得劳务费 20 万元，该纳税人已就这两项收入在 A 国纳税 11.5 万元。同年，该纳税人从 B 国取得分红 50 万元，并向 B 国缴纳税款 12 万元（以上数额均已折合成人民币）。计算李凌的外国税收抵免限额和在中国的应纳税额。

解析：

（1）A 国个人所得税抵免限额：

工资所得和劳务报酬所得属于综合所得，假设没有专项扣除和专项附加扣除。

综合所得应税所得额 = 72 + 20×(1 - 20%) - 6 = 82（万元），适用税率35%，扣除数8.592万元。

应纳税 = 82×35% - 8.592 = 20.108（万元）

在A国已纳个人所得税11.5万元，小于20.108万元，故需要向中国补交个人所得税8.608万元。

（2）B国个税抵免限额：

红利所得属于分类所得，适用税率20%

应纳税 = 50×20% = 10（万元）

在B国已纳个人所得税12万元，大于10万元。由于在国外已纳个人所得税大于中国税法要求缴纳的个人所得税，故红利所得在我国不再缴纳个人所得税。

6.3 个人所得税的申报与核算

个人所得税的纳税申报越来越重要。个人所得税的会计核算则比较简单。

6.3.1 个人所得税的纳税申报

个人所得税的纳税申报分为扣缴申报和自行申报。

1. 扣缴申报

向个人支付所得的单位或者个人为扣缴义务人。扣缴义务人应当依法办理全员全额扣缴申报。全员全额扣缴申报是指扣缴义务人应当在代扣税款的次月15日内，向主管税务机关报送其支付所得的所有个人的有关信息、支付所得数额、扣除事项和数额、扣缴税款的具体数额和总额以及其他相关涉税信息资料。

扣缴义务人每月或者每次预扣、代扣的税款，应当在次月15日内缴入国库，并向税务机关报送《个人所得税扣缴申报表》。实行个人所得税全员全额扣缴申报的应税所得包括：①工资、薪金所得；②劳务报酬所得；③稿酬所得；④特许权使用费所得；⑤利息、股息、红利所得；⑥财产租赁所得；⑦财产转让所得；⑧偶然所得。

个人所得税扣缴申报表，如表6-7所示。

2. 自行申报

国家税务总局公告2018年第62号明确，下列情况下，纳税人应自行纳税申报。

（1）取得综合所得需要办理汇算清缴的纳税申报。取得综合所得且符合下列情形之一的纳税人，应当依法办理汇算清缴：

1）从两处以上取得综合所得，且综合所得年收入额减除专项扣除后的余额超过6万元。

2）取得劳务报酬所得、稿酬所得、特许权使用费所得中一项或者多项所得，且综合所得年收入额减除专项扣除的余额超过6万元。

3）纳税年度内预缴税额低于应纳税额。

表 6-7　个人所得税扣缴申报表

税款所属期：　　年　月　日至　　年　月　日

扣缴义务人名称：

扣缴义务人纳税人识别号（统一社会信用代码）：□□□□□□□□□□□□□□□□□□

金额单位：人民币元（列至角分）

序号	姓名	身份证件类型	身份证件号码	纳税人识别号	是否为非居民个人	所得项目	收入额计算			本月（次）情况									累计情况（工资、薪金）												税款计算						备注
							收入	免税收入	减除费用	专项扣除				其他扣除					累计收入额	累计减除费用	累计专项扣除	累计专项附加扣除					累计其他扣除	减按计税比例	准予扣除的捐赠额	应纳税所得额	税率/预扣率	速算扣除数	应纳税额	减免税额	已扣缴税额	应补(退)税额	
										基本养老保险费	基本医疗保险费	失业保险费	住房公积金	年金	商业健康保险	税延养老保险	财产原值	允许扣除的税费	其他				子女教育	赡养老人	住房贷款利息	住房租金	继续教育											
1	2	3	4	5	6	7	8	9	10	11	12	13	14	15	16	17	18	19	20	21	22	23	24	25	26	27	28	29	30	31	32	33	34	35	36	37	38	39	40
合计																																							

谨声明：本扣缴申报表是根据国家税收法律法规及相关规定填报的，是真实的、可靠的、完整的。

代理机构签章：

代理机构统一社会信用代码：

经办人签字：

经办人身份证件号码：

扣缴义务人（签章）：

受理人：

受理税务机关（章）：

受理日期：　　年　月　日

4）纳税人申请退税。

需要办理汇算清缴的纳税人，应当在取得所得的次年 3 月 1 日至 6 月 30 日内，向任职、受雇单位所在地主管税务机关办理纳税申报，并报送《个人所得税年度自行纳税申报表》。个人所得税年度自行纳税申报表，如表 6-8 所示。

纳税人办理综合所得汇算清缴，应当准备与收入、专项扣除、专项附加扣除、依法确定的其他扣除、捐赠、享受税收优惠等相关的资料，并按规定留存备查或报送。

（2）取得经营所得的纳税申报。个体工商户业主、个人独资企业投资者、合伙企业个人合伙人、承包承租经营者个人以及其他从事生产、经营活动的个人取得经营所得，按年计算个人所得税，由纳税人在月度或季度终了后 15 日内，向经营管理所在地主管税务机关办理预缴纳税申报（报送 A 表，如表 6-9 所示）。在取得所得的次年 3 月 31 日前，向经营管理所在地主管税务机关办理汇算清缴（报送 B 表，如表 6-10 所示）。从两处以上取得经营所得的，选择向其中一处经营管理所在地主管税务机关办理年度汇总申报（报送 C 表，如表 6-11 所示）。

（3）取得应税所得，扣缴义务人未扣缴税款的纳税申报。纳税人取得应税所得，扣缴义务人未扣缴税款的，应当在取得所得的次年 6 月 30 日前，向扣缴义务人所在地主管税务机关办理纳税申报。非居民个人在次年 6 月 30 日前离境的，应当在离境前办理纳税申报（报送 A 表）。税务机关通知限期缴纳的，纳税人应当按照期限缴纳税款。

（4）取得境外所得的纳税申报。居民个人从中国境外取得所得的，应当在取得所得的次年 3 月 1 日至 6 月 30 日内，向中国境内任职、受雇单位所在地主管税务机关办理纳税申报；在中国境内没有任职、受雇单位的，向户籍所在地或中国境内经常居住地主管税务机关办理纳税申报；户籍所在地与中国境内经常居住地不一致的，选择其中一地主管税务机关办理纳税申报；在中国境内没有户籍的，向中国境内经常居住地主管税务机关办理纳税申报。

（5）因移居境外注销中国户籍的纳税申报。纳税人因移居境外注销中国户籍的，应当在申请注销中国户籍前，向户籍所在地主管税务机关办理纳税申报，进行税款清算。纳税人有未缴或者少缴税款的，应当在注销户籍前，结清欠缴或未缴的税款。

（6）非居民个人在中国境内从两处以上取得工资、薪金所得的纳税申报。非居民个人在中国境内从两处以上取得工资、薪金所得的，应当在取得所得的次月 15 日内，向其中一处任职、受雇单位所在地主管税务机关办理纳税申报（报送 A 表）。

表 6-8　个人所得税自行纳税申报表（A 表）

税款所属期：自　年　月　日至　年　月　日　　　　　　　　　　　　　　　　　　　　　　　　　　　金额单位：人民币元（列至角分）

姓名		国籍（地区）		身份证件类型		身份证号码															
自行申报情形		□从中国境内两处或者两处以上取得工资、薪金所得				□没有扣缴义务人					□其他情形										
任职受雇单位名称	所得项目	所得期间	收入额	免税所得	税前扣除项目							减除费用	准予扣除的捐赠额	应纳税所得额	税率 %	速算扣除数	应纳税额	减免税额	已缴税额	应补（退）税额
					基本养老保险费	基本医疗保险费	失业保险费	住房公积金	财产原值	允许扣除的税费	其他	合计								
1	2	3	4	5	6	7	8	9	10	11	12	13	14	15	16	17	18	19	20	21	22

谨声明：此表是根据《中华人民共和国个人所得税法》及其实施条例和国家相关法律法规规定填写的，是真实的、完整的、可靠的。

纳税人签字：　　　年　月　日

代理机构（人）公章：	主管税务机关受理专用章：
经办人：	受理人：
经办人执业证件号码：	
代理申报日期：　　　年　月　日	受理日期：　　　年　月　日

国家税务总局监制

表6-9 生产、经营所得个人所得税纳税申报表（A表）

税款所属期：　年　月　日至　年　月　日　　　　　　　　　金额单位：人民币元（列至角分）

投资者信息	姓名		身份证件类型		身份证件号码	
	国籍（地区）				纳税人识别号	
被投资单位信息	名称				纳税人识别号	
	征收方式	□查账征收　□核定征收			类型	□个体工商户　□承包、承租经营者 □个人独资企业　□合伙企业

项目	行次	金额
一、本期收入总额	1	
二、本期成本费用总额	2	
三、本期利润总额	3	
四、分配比例%	4	
五、应纳税所得额	5	
查账征收　1.按本期实际计算的应纳税所得额	6	
2.上年度应纳税所得额的1/12或1/4	7	
核定征收　1.税务机关核定的应税所得率%	8	
2.税务机关认可的其他方法确定的应纳税所得额	9	
六、按上述内容换算出的全年应纳税所得额	10	
七、税率%	11	
八、速算扣除数	12	
九、本期预缴税额	13	
十、减免税额	14	
十一、本期实际应缴税额	15	

谨声明：此表是根据《中华人民共和国个人所得税法》及其实施条例和国家相关法律法规规定填写的，是真实的、完整的、可靠的。

纳税人签字：　　　　　　　年　月　日

代理申报机构（人）公章： 经办人： 经办人执业证件号码：	主管税务机关受理专用章： 受理人：
代理申报日期：　年　月　日	受理日期：　年　月　日

国家税务总局监制

表 6-10 生产、经营所得个人所得税纳税申报表（B 表）

税款所属期：　年　月　日至　年　月　日　　　　　　　　　　　　金额单位：人民币（列至角分）

投资者信息	姓名		身份证件类型		身份证件号码			
	国籍（地区）				纳税人识别号			
被投资单位信息	名称				纳税人识别号			
	类型	□个体工商户		□承包、承租经营者		□个人独资者		□合伙企业

项目	行次	金额	补充资料
一、收入总额	1		
减：成本	2		
营业费用	3		
管理费用	4		
财务费用	5		
营业税金及附加	6		
营业外支出	7		
二、利润总额	8		
三、纳税调整增加额	9		
1、超过规定标准扣除的项目	10		
（1）职工福利费	11		
（2）职工教育经费	12		
（3）工会经费	13		
（4）利息支出	14		
（5）业务招待费	15		
（6）广告费和业务宣传费	16		1.年平均职工人数：____人
（7）教育和公益事业捐赠	17		2.工资总额：_____元
（8）住房公积金	18		3.投资者人数：_____人
（9）社会保险费	19		
（10）折旧费用	20		
（11）无形资产摊销	21		
（12）资产损失	22		
（13）其他	23		
2、不允许扣除的项目	24		
（1）资本性支出	25		
（2）无形资产受让、开发支出	26		
（3）税收滞纳金、罚金、罚款	27		
（4）赞助支出、非教育和公益事业捐赠	28		
（5）灾害事故损失赔偿	29		
（6）计提的各种准备金	30		
（7）投资者工资薪金	31		
（8）与收入无关的支出	32		
其中：投资者家庭费用	33		

(续)

四、纳税调整减少额	34	
1、国债利息收入	35	
2、其他	36	
五、以前年度损益调整	37	
六、经纳税调整后的生产经营所得	38	
减：弥补以前年度亏损	39	
乘：分配比例%	40	
七、允许扣除的其他费用	41	
八、投资者消除费用	42	
九、应纳税所有额	43	
十、税率（%）	44	
十一、速算扣除数	45	
十二、应纳税额	46	
减：减免乘客	47	
十三、全年应缴税额	48	
加：期初末缴税额	49	
减：全年应缴税额	50	
十四、应补（退）税额	51	

谨声明：此表是根据《中华人民共和国个人所得税法》及其实施条例和国家相关法律法规规定填写的，是真实的、完整的、可靠的。

纳税人签字：　　　　　年　月　日

代理申报机构（人）公章： 经办人： 经办人执业证件号码：	主管税务机关受理专用章： 受理人：
代理申报日期：　年　月　日	受理日期：　年　月　日

国家税务总局监制

表6-11 生产、经营所得投资者个人所得税汇总申报表（C表）

税款所属期：　年　月　日至　年　月　日　　　　　　　　　　金额单位：人民币元（列至角分）

投资者信息	姓名		身份证件类型		身份证件号码			
	国籍（地区）				纳税人识别号			
项目	被投资单位编号	被投资单位名称		被投资单位纳税人识别号		分配比例	行次	金额
一、应汇总申报的各被投资单位的应纳税所得额	1.汇缴地						1	
	2.其他						2	
	3.其他						3	
	4.其他						4	
	5.其他						5	
	6.其他						6	
	合计						7	
二、应调增的投资者减除费用							8	
三、调整后应纳税所得额							9	
四、税率							10	
五、速算扣除数							11	
六、应纳税额							12	
七、本企业经营所得占各企业所得总额的比重（%）							13	
八、本企业应纳税额							14	
九、减免税额							15	
十、全年应缴税额							16	
十一、全年已预缴税额							17	
十二、应补（退）税额							18	

谨声明：此表是根据《中华人民共和国个人所得税法》及其实施条例和国家相关法律法规规定填写的，是真实的、完整的、可靠的。

纳税人签字：　　　　　　年　月　日

代理机构（人）签章： 经办人： 经办人执业证件号码：	主管税务机关受理专用章： 受理人：
代理申报日期：　年　月　日	受理日期：　年　月　日

国家税务总局监制

6.3.2 个人所得税的会计核算

个人所得税实行源泉扣税，由向个人支付报酬的单位代扣代缴。代扣代缴的个人所得税通过"应交税费——应交代扣个人所得税"明细科目核算。企业支付所得并代扣个人所得税时，计入该科目的贷方，将代扣代缴的个人所得税交给税务机关时，计入该科目的借方。

1. 代扣工薪所得的个人所得税的账务处理

【案例6-12】优力公司2月共代扣工薪所得的个人所得税为4 500元，应做会计分录为

借：应付职工薪酬　　　　　　　　　　　　　　　　　4 500
　　贷：应交税费——应交代扣个人所得税　　　　　　　　　　4 500

公司上交代扣个人所得税时：

借：应交税费——应交代扣个人所得税　　　　　　　　　4 500
　　贷：银行存款　　　　　　　　　　　　　　　　　　　　　4 500

2. 代扣劳务报酬所得、财产租赁所得的个人所得税的账务处理

【案例6-13】优力公司聘请外单位工程师李季进行设计，支付设计费8 000元，则支付设计费时应代扣个人所得税为

应纳税额 = (8 000 − 8 000×20%)×20% = 1 280（元）

优力公司账务处理为

借：管理费用　　　　　　　　　　　　　　　　　　　　8 000
　　贷：应交税费——应交代扣个人所得税　　　　　　　　　　1 280
　　　　现金　　　　　　　　　　　　　　　　　　　　　　　6 720

上缴税金时：

借：应交税费——应交代扣个人所得税　　　　　　　　　1 280
　　贷：银行存款　　　　　　　　　　　　　　　　　　　　　1 280

3. 代扣利息、股息、红利所得的个人所得税的账务处理

【案例6-14】经过有关部门批准，优力公司向员工集资1 000万元，按约定，年末向员工支付集资款的利息100万元，则优力公司在支付上述利息时应代扣个人所得税为

应纳税额 = 1 000 000×20% = 200 000（元）

优力公司支付利息时的账务处理为

借：财务费用　　　　　　　　　　　　　　　　　　　1 000 000
　　贷：应交税费——应交代扣个人所得税　　　　　　　　 200 000
　　　　现金　　　　　　　　　　　　　　　　　　　　　800 000

上缴税金时：

借：应交税费——应交代扣个人所得税　　　　　　　　　 200 000
　　贷：银行存款　　　　　　　　　　　　　　　　　　　200 000

4. 个体工商户及个人独资企业、合伙企业的投资者的个人所得税的账务处理

个体工商户及个人独资企业、合伙企业的投资者的个人所得税，通过"应交税费——应交个人所得税"科目和"留存收益"科目核算。

计算出应纳个人所得税时：

借：留存收益
　　贷：应交税费——应交个人所得税

缴纳时：

借：应交税费——应交个人所得税
　　贷：银行存款

6.4　个人所得税的税务筹划

个人所得税的税务筹划，主要介绍如何将个人收入项目在综合所得、经营所得和股息红利所得之间进行分配的税务筹划。

1. 综合所得与经营所得的税务筹划

在我国，个人所得税实行综合与分类相结合方式计税，综合所得较高的个人，将一部分综合所得转换经营所得，可以减轻税负。个人经营所得，不仅最高税率比综合所得的最高税率低，而且，个人经营所得可以申请核定征收。在按照收入的一定比例（一般在30%以下，在北京，除饮食业和娱乐业为20%外，其他行业均在10%以下）核定应税所得额的情况下，其所得额要比查账征收小很多。此时，个人经营所得以低所得额和低最高税率而减轻了个人税负。

【案例6-15】李某是一名高校教师，也是一名律师，经常代理一些诉讼官司。李某年工资收入减除专项扣除和专项附加扣除后约60万元，取得诉讼费和咨询费等劳务费约200万元。新个人所得税法实施后，李某想注册一家律师事务所，请问李某应如何进行税务筹划？

解析:

第一种方式:李某不注册律师事务所,工资所得和劳务所得均属于综合所得,其每年纳税情况如下:

每年应税所得额 = 60 + 200×(1 − 20%) − 6 = 214(万元)

适用税率 45%,扣除数 18.192 万元

应纳税额 = 214×45% − 18.192 = 96.3 − 18.192 = 78.108(万元)

实得 = 260 − 78.108 = 181.892(万元)

第二种方式:注册一个有限责任事务所,此时,工资属于综合所得,缴纳个人所得税;劳务费则成了公司的经营所得,缴纳增值税及附加和企业所得税,税后分红,缴纳个人所得税。李某纳税情况如下:

工资所得纳税:

每年应税所得额 = 60 − 6 = 54(万元)

适用税率 30%,扣除数 5.292 万元

应纳税额 = 54×30% − 5.292 = 16.2 − 5.292 = 10.908(万元)

实得 = 60 − 10.908 = 49.092(万元)

公司经营所得纳税:

营业额在 500 万元以下,属于增值税小规模纳税人,适用增值税税率 3%。

应纳增值税 = 200÷1.03×3% = 5.825(万元)

应纳城建税及附加 = 5.825×(7% + 3% + 2%) = 5.825×12% = 0.699(万元)

假设开设有限责任事务所发生成本约为 20 万元:

则应税所得额 = 200÷1.03 − 20 − 0.699 = 194.175 − 20 − 0.699 = 173.46(万元)

应税所得额在 100 万~300 万元之间,实际企业所得税税率 5% 和 10%

企业所得税 = 100×5% + 73.46×10% = 12.346(万元)

税后分红 = 173.46 − 12.346 = 161.114(万元)

缴纳个人所得税 = 161.114×20% = 32.222 8(万元)

实得 = 161.114 − 32.222 8 = 128.891 2(万元)

总共纳税 = 10.908 + (5.825 + 0.699) + 12.346 + 32.222 8 = 62.000 8(万元)

总共实得 = 49.092 + 128.891 2 = 177.983 2(万元)

在开办一人有限责任事务所的情况下,很多人不做利润分配,可以暂不缴纳 20% 的个人分红所得税。另外,很多人把日常开销列入了公司成本,则应税所得额也比较少,若在 100 万元以下,实际适用企业所得税 5%。

第三种方式:注册一个负无限责任的工作室或者事务所,此时,工资属于综合所得,劳务费则成了缴纳个人所得税的经营所得,这两类所得适用个人所得税税率不同。李某纳税情况如下。

工资所得纳税:

每年应税所得额 = 60 − 6 = 54（万元）

适用税率 30%，扣除数 5.292 万元

应纳税额 = 54×30% − 5.292 = 16.2 − 5.292 = 10.908（万元）

实得 = 60 − 10.908 = 49.092（万元）

个人经营所得纳税：

营业额在 500 万元以下，属于增值税小规模纳税人，适用增值税税率 3%。

应纳增值税 = 200÷1.03×3% = 194.174 7×3% = 5.825（万元）

应纳城建税及附加 = 5.825×(7% + 3% + 2%) = 5.825×12% = 0.699（万元）

假设开设无限责任工作室或事务所发生成本约为 20 万元

则应税所得额 = 200÷1.03 − 20 − 0.699 = 194.175 − 20 − 0.699 = 173.46（万元）

适用经营所得个人所得税税率 35%，扣除数 6.55 万元

应纳税额 = 173.46×35% − 6.55 = 60.71 − 6.55 = 54.16（万元）

实得 = 173.46 − 54.16 = 119.3（万元）

总共纳税 = 10.908 + 5.825 + 0.699 + 54.16 = 71.59（万元）

总共实得 = 49.092 + 119.3 = 168.392（万元）

与注册公司相比，注册无限责任的工作室或事务所，少交一道所得税。在比较合理的情况下列支个人业务相关开销，能减少应税所得额。另外，可向税务机关争取核定征收，即按照收入的一个百分比核定应税所得额。京津冀地区一般行业的核定比例为：北京 10%，天津 20%～30%，河北 10%～20%。上例中，如果在北京且采用核定征收，则应税所得额为不含税收入 194.175 万元的 10%，即 19.417 5 万元，适用税率 20%，扣除数 1.05，则应纳个人所得税为 2.833 5（= 19.417 5×20% − 1.05）万元。因此，开设无限责任的工作室或事务所，并争取核定征收，税负最轻（10.908 + 2.833 5 = 13.741 5 万元）。

2. 工薪所得与员工持股的税务筹划

21 世纪的竞争是人才的竞争。如何建立、实施一套完整有效的员工激励机制，吸引和挽留高素质的人才，提高企业的竞争能力，是各企业参与国际竞争的策略的战略性课题。人才激励机制包括很多内容，工资薪金、职位升迁、股票期权、职业培训等都是员工激励机制的组成部分。目前，提高工资薪金还是吸引优秀人才的一种基本的办法。工资薪金所得按照七级超额累进税率计算缴纳 3%～45% 的个人所得税。工资薪金越高，要纳的税也就越多，这时，激励机制的作用就会因纳税而降低。

工薪所得的税务筹划就是运用税法的优惠条件，拆分各项应税所得，使之分别适用较低的税率，进而减轻税负。企业要在遵守国家财经法规的前提下，合理地选择职工收入支付方式，以帮助职工提高消费水平。

【案例 6-16】某高新技术企业（有限责任公司）人均年收入在 100 万元以上，该企业的税务筹划方案是实行全员持股（普通员工持股只有分红权，无表决权；高管持股既有表决权，

又有分红权）。该企业员工个人收入分配方案：工资30%，年终奖30%，分红40%。某中层管理人员总收入约400万元。分配方式：工资120万元，年终奖120万元，分红160万元。请分析相关税负。

解析：

工资纳税：

假设专项扣除20万元，无专项附加扣除。

纳税 = (120 − 20 − 6)×35% − 8.592 = 32.9 − 8.592 = 24.308（万元）

年终奖纳税：

在2020年以前，年终奖可以单独计税，不并入综合所得。

120÷12 = 10万元，适用税率45%，扣除数1.516万元

纳税 = 120×45% − 1.516 = 54 − 1.516 = 52.484（万元）

分红纳税：

有限责任公司先缴纳企业所得税，高新技术企业适用税率15%。税后分红缴纳个人所得税20%。

已纳公司所得税 = 160÷(1 − 15%)×15% = 188.24×15% = 28.24（万元）

扣缴个人所得税 = 160×20% = 32（万元）

总税 = 24.308 + 52.484 + 28.24 + 32 = 137.032（万元）

如果400万元全部以工资形式发放，则：

应扣缴个税 = (400 − 20 − 6)×45% − 18.192 = 168.3 − 18.192 = 150.108（万元）

该企业的分配方案节省税款的原因在于：一是年终奖虽然适用了45%的最高税率，但有8万元以下的部分适用了较低的税率；二是分红缴纳了15%的企业所得税，其余85%部分缴纳了20%的个税，税负 = 15% + 85%×20% = 15% + 17% = 32%。总收入分为30%、30%、40%三部分，使得工资适用了最高35%的税率，分红适用32%的税率，年终奖有一部分适用了35%以下的低税率。多次适用低税率，使得整体税负降低。

上述方案存在进一步优化的空间。对于高新技术企业，分红税负32%，那么，每个员工的工资和年终奖都降低至适用税率30%的水平（所得额66万元以内），能最大限度地减轻税负。对于适用25%企业所得税的公司来说，分红税负 = 25% + 75%×20% = 25% + 15% = 40%，因此，每个员工的工资和年终奖应在适用税率35%的水平（所得额96万元以内），能最大限度地减轻税负。

▶本章小结

1. 个人所得税实行综合与分类相结合的所得税制，应掌握综合所得和分类所得的计税方法。

2. 个人所得税的税务筹划主要是将个人收入在综合所得、经营所得和股息红利所得之间

进行分配转换，以达到降低税负的目的。

3. 扣缴义务人在扣缴税款次月的 15 日内进行扣缴个人所得税申报；需要办理汇算清缴的纳税人，应当在取得所得的次年 3 月 1 日至 6 月 30 日内，向任职、受雇单位所在地主管税务机关办理纳税申报。

▶思考题

1. 个人所得税有哪些项目实行综合征收？哪些项目实行分类征收？
2. 在 2020 年以前，年终奖应如何计算个人所得税？
3. 劳务报酬的税务筹划方法有哪些？
4. 工薪所得的税务筹划方法有哪些？

▶练习题与作业题

一、单选题

1. 所得来源地的判定是为了确定（   ）在中国不缴纳个人所得税。
   A. 居民个人在境内工作期间取得的所得
   B. 居民个人在境外工作期间取得的所得
   C. 非居民个人在境内工作期间取得的所得
   D. 非居民个人在境外工作期间取得的所得

2. 根据个人股票期权所得的征税规定，员工行权时从企业取得的实际购买价低于购买日公平市场价的差额，应计算个人所得税，其适用的应税所得项目为（   ）。
   A. 财产转让所得   B. 劳务报酬所得
   C. 工资薪金所得   D. 利息股息红利所得

3. 下列应税项目中，不适用代扣代缴方式纳税的是（   ）。
   A. 工资薪金所得   B. 稿酬所得
   C. 个体户生产经营所得   D. 劳务报酬所得

4. 下列各项中，缴纳个人所得税的项目是（   ）。
   A. 职工困难补助   B. 供暖费补贴
   C. 职工异地安家费   D. 住房补贴

5. 下列关于个人住房的叙述，不能在全国范围均适用的政策是（   ）。
   A. 个人购买家庭唯一住房，90 平方米及以下，减按 1% 征契税
   B. 个人将购买不足 2 年住房对外销售，全额征收增值税
   C. 个人将购买 2 年以上的普通住房对外销售，暂免征收增值税
   D. 个人将购买 2 年以上的住房对外销售，暂免征收增值税

二、多选题

1. 下列各项中，属于个人所得税的居民个人的有（　　　）。
   A. 在中国境内无住所，但在一个纳税年度中在中国境内居住满 183 天的个人
   B. 在中国境内无住所且不居住的个人
   C. 在中国境内无住所，且中国境内一个纳税年度内居住不满 183 天的个人
   D. 在中国境内有住所的个人

2. 按《个人所得税法》规定，下列项目属于专项附加扣除的有（　　　）。
   A. 子女教育或继续教育支出　　　　　B. 大病医疗
   C. 住房贷款利息或者住房租金　　　　D. 赡养老人

3. 下列项目中，属于个人所得税专项扣除的项目有（　　　）。
   A. 基本养老保险　　　　　　　　　　B. 基本医疗保险
   C. 失业保险　　　　　　　　　　　　D. 住房公积金

4. 计算个人转让住房应缴个人所得税时，允许扣除的合理费用有（　　　）。
   A. 住房装修费用　　B. 住房贷款利息　　C. 手续费　　D. 公证费

5. 下列各项中，应按照"利息、股息、红利"项目计征个人所得税的有（　　　）。
   A. 股份制企业为个人股东购买住房而支出的款项
   B. 员工因拥有股权而参与企业税后利润分配取得的所得
   C. 员工将行权后的股票再转让获得的高于购买日市场价的差额
   D. 股份制企业个人投资者，年度终了后既不归还又未用于企业生产经营的借款

6. 下列各项个人所得中，应当征收个人所得税的有（　　　）。
   A. 企业集资利息　　　　　　　　　　B. 从股份公司取得的股息
   C. 企业债券利息　　　　　　　　　　D. 银行存款利息

7. 下列各项中，免征或暂免征收个人所得税的有（　　　）。
   A. 个人取得的保险赔款　　　　　　　B. 军人的转业安置费
   C. 国家金融债券利息收入　　　　　　D. 个人举报违法行为而获得的奖金

8. 根据国际惯例，我国对居民个人和非居民个人的划分采用（　　　）标准。
   A. 住所　　　B. 国籍　　　C. 居住时间　　　D. 现居住地

9. 下列各项中收入中，按照减除 20% 后的余额计入应税收入的有（　　　）。
   A. 演员的演出费收入
   B. 个人担任上市公司独立董事取得的收入
   C. 个人出售专利权的收入
   D. 个人出书取得的版税收入

10. 下列各项所得中，适用 20% 税率计算个人所得税的有（　　　）。
    A. 在职人员兼职取得的收入　　　　　B. 个人出租住房取得的租金收入
    C. 个人出售非住房取得的价差收入　　D. 购买优先股年终取得的股息收入

三、判断题

1. 个人购买国家发行的金融债券和企业债券的利息免税。（   ）
2. 个人承包经营、转包经营取得的所得，一律按照经营所得的5级超额累进税率，计算其应纳税额。（   ）
3. 取得应税所得但没有扣缴义务人的，应自行申报纳税。（   ）
4. 个体户张某对外投资，从被投资企业分得红利，属投资经营所得，应依法按个体工商业户的生产、经营所得缴纳个人所得税。（   ）
5. 居民个人从中国境内和境外取得的所得，应当分别计算应纳税额。（   ）
6. 个人将其应税所得全部用于公益救济性捐赠，将不承担个人所得税纳税义务。（   ）
7. 中小高新技术企业以未分配利润、盈余公积、资本公积向个人股东转增股本，应按照利息、股息、红利所得缴纳个人所得税，并可在不超过5个年度内分期缴纳。（   ）

四、计算题

1. 某公司工程师张某专项扣除为5 000元，各月专项附加扣除均为4 000元。2019年1月取得以下收入：

   （1）每月单位支付其工资20 000元，取得住房补贴4 000元，单位为其购买商业保险6 000元。

   （2）一次取得年终奖金240 000元。

   （3）应邀至某高校做报告，取得报告费10 000元。

   （4）出售一项个人持有的专利，取得专利费200 000元。

   （5）取得省政府颁发的科技进步奖10 000元；取得储蓄存款利息3 000元。

   （6）投资的股份制企业分红10万元，股份制企业为其购买20万元的汽车一辆。

   要求：计算付款单位应预扣个人所得税。

2. 某歌舞团的舞蹈演员王欢（中国公民），2019年1月和2月工资均为20 000元，除工资外无其他收入。专项扣除每月4 000元，各月专项附加扣除均为4 000元。2019年3月工资20 000元，除工资收入外，王欢还取得了以下几项收入：

   （1）参加该团在上海组织的演出三场，取得报酬6 000元。

   （2）应一家娱乐公司邀请，参加在广州的演出，取得收入30 000元。

   （3）购买彩票，中奖收入50 000元，购买彩票的成本10 000元，从中奖总额中拿出20 000元，通过有资质的机构捐给希望工程。

   （4）取得国债利息收入2 000元，银行存款利息收入1 000元，取得股息收入4 000元（持股时间6个月）。

   （5）王欢工作室取得累计收入600 000元，允许扣除的成本费用累计150 000元。1月和2月累计预缴税款20 000元。

   要求：根据以上资料，计算2019年3月各付款单位预扣个人所得税。

3. 北京某高校教授李某（中国公民，在职），2019年进行全年个人所得税汇算，全年工资收入为

500 000 元。专项扣除总额 80 000 元，专项附加扣除资料：上中学的子女 2 个，首套房住房贷款利息每月 2 000 元；因李某妻子收入水平低，故上述两项均由李某单方面扣除。另李某父亲已经 62 岁，母亲 58 岁。李某兄妹 2 人共同赡养，分别扣除。

除上述工资收入外，2019 年，李某还有以下收入：

（1）在 B 企业兼职，每月兼职费 10 000 元。

（2）到 5 家企业讲课各一次，每家企业支付课酬 15 000 元。

（3）出版一本专著，取得稿酬 50 000 元。

（4）将两栋普通住房中的一栋转让，取得转让收入 800 万元，转让房产的购入时间为 2010 年，转让房产购入时总成本 300 万元，税务机关认可的发票上列明该房产的装修费 20 万元。

要求：根据以上资料，计算 2019 年各付款单位已经预扣个人所得税和李某汇算清缴应补缴个人所得税。

第 7 章

财产税和行为税的会计核算与税务筹划

▶ **学习提示** ◀

财产税和行为税是针对纳税人拥有某种财产和进行某些应税行为征收的税种,包括房产税、车船税、城镇土地使用税、印花税、环境保护税、契税、车辆购置税和耕地占用税等。本章主要介绍房产税、车船税、城镇土地使用税、印花税、环境保护税、契税、车辆购置税和耕地占用税等基本规定、计算和核算方法等内容。通过本章的学习,学生应对房产税、车船税、城镇土地使用税、印花税、环境保护税、契税、车辆购置税和耕地占用税的概念、征税范围、计算和核算方法、税收优惠政策、税务筹划方法等有比较全面的理解和掌握。

7.1 房产税的会计核算与税务筹划

为了提高房产使用效率,调节房产所有人或经营人的收入,我国开征了房产税。房产税是以房产为征税对象,依据房产价格或房产租金收入向房产所有人或经营人征收的一种税。

7.1.1 房产税的基本规定

1. 纳税人

房产税的纳税人为城市、县城、建制镇和工矿区的房屋产权所有人。具体纳税人为:①产权属于国家所有的,由经营管理的单位缴纳;②产权属于集体和个人所有的,由集体单位和个人缴纳;③产权出典的,由承典人缴纳;④产权所有人、承典人不在房产所在地的,或产权未确定及租典纠纷未解决的,由房产代管人或者使用人缴纳;⑤纳税单位和个人无租使用房产管理部门、免税单位及纳税单位的房产,应由使用人代为缴纳房产税。

2. 计税依据

房产税以房产为征税对象，以城市、县城、建制镇和工矿区内经营性房产为征税范围，以房产的计税价值或房产的租金收入为计税依据。

（1）从价计征。对于自用的房产，以房产计税价值为依据，实行从价计征，房产计税价值指房产原值一次减除10%～30%（由省级政府规定）后的余值。房产原值是指固定资产账面原价，包括与房屋不可分割的各种附属设备或一般不单独计价的配套设施。从2006年1月1日起，房屋附属设备和配套设施计征房产税，按以下规定：

1）凡以房屋为载体，不可随意移动的附属设备和配套设施，如给水排水、采暖、消防、中央空调、电气及智能化楼宇设备等，无论会计核算中是否单独记账与核算，都应计入房产原值，计征房产税。

2）对于更换房屋附属设备和配套设备的，在将其价值计入房产原值时，可扣减原来相应设备和设施的价值；对附属设备和配套设施中易损坏、需要经常更换的零部件，更新后不再计入房产原值。

此外，对于房屋原值的确定，应注意以下情况：

1）纳税人对原房屋进行改建、扩建的，要相应增加房屋的原值。

2）自2010年12月21日起，对按照房产原值计税的房产，无论会计上如何核算，房产原值均应包含地价，包括为取得土地使用权支付的价款、开发土地发生的成本费用等。宗地容积率低于0.5的，按房产建筑面积的2倍计算土地面积，并据此确定计入房产原值的地价。

3）对于投资联营的房产，在计征房产税时应区别对待。以房产投资联营，参与投资方利润分配，共担风险的，以房产余值作为计税依据；以房产投资，收取固定收入的，不承担联营风险的，按租金收入计征房产税。

4）融资租赁的房产，由承租人自融资租赁合同约定开始日的次月起依照房产余值缴纳房产税。合同未约定开始日的，由承租人自合同签订的次月起依照房产余值缴纳房产税。

5）房地产开发企业建造的商品房，在出售之前，不征收房产税；但对出售前房地产开发企业已使用或出租、出借的商品房，按规定征收房产税。

6）凡在房产税征税范围内的具备房屋功能的地下建筑，包括与地上房屋相连的地下建筑以及完全建在地下的建筑、地下人防设施等，均应当征收房产税。工业用途的房产，以房屋原价的50%～60%作为应税房屋原值；商业和其他用途的房产，以房屋原价的70%～80%作为应税房屋原值。

（2）从租计征。对于出租的房产，以房产租金收入为依据，实行从租计征。房产租金收入是指房屋产权所有人出租房产使用权所得的报酬，包括货币收入和实物收入。

如果以劳务或其他形式为报酬抵付房租的，应根据当地同类房产的租金水平，确定一个标准租金额从租计征。

出租房产的租赁合同约定有免租期的，免租期内由产权所有人按照房产计税余值缴纳房产税。

无租使用其他单位房产的应税单位和个人，依照房产余值代缴纳房产税。

各种来源的房产，自办理权属转移的次月起或自交付使用的次月起，缴纳房产税。

3. 税率

现行房产税税率采用比例税率。自用房产，以计税余值为基础，税率为 1.2%；出租的房产，以租金收入为基础，税率为 12%。自 2008 年 3 月 1 日起，对个人出租住房，不区分用途，按 4‰ 的税率征收房产税。

4. 减免税

免缴房产税的房产主要有：国家机关、人民团体、军队自用的房产；由国家财政部门拨付事业经费的单位本身业务范围内使用的自有房产；宗教寺庙、公园、名胜古迹自用的房产；个人所有的非营业用房产；中国人民银行总行所属分支机构自用的房产。

经财政部批准免税的其他房产主要有：非营利性医疗机构、疾病控制机构和妇幼保健机构等卫生机构自用的房产；按政府规定价格出租的公有住房和廉租住房；经营公租房的租金收入。

7.1.2 房产税的计算与核算

房产税的计算分为从价计征和从租计征两种情况。

自用的房产，从价计征，计算公式为

$$应交房产税 = 计税余值 \times 1.2\%$$

出租的房产，从租计征，计算公式为

$$应交房产税 = 租金收入 \times 12\%$$

房产税按年计算，分期缴纳。

【案例 7-1】 大华公司 2013 年 1 月 1 日 "固定资产" 明细账中，房产原值为 2 500 万元。2 月，企业将原值 100 万元的房屋出租给其他单位使用，每年收取租金 12 万元；3 月，房产价值和租金均无变化。当地政府规定，计税余值扣除比例为 20%；按年计算，分季缴纳房产税。

解析：

没有出租业务时，按房产余值计算 1 月自用房产应交房产税：

1 月应交房产税 = 2 500×(1 − 20%)×1.2% ÷ 12 = 2（万元）

有出租业务时，按房产余值计算 2 月自用房产应交房产税：

2 月应交房产税 = (2 500 − 100)×(1 − 20%)×1.2% ÷ 12 = 1.92（万元）

按租金收入计算 2 月出租房产应交房产税：

2 月应交房产税 = 12×12% ÷ 12 = 0.12（万元）

本季度应交房产税合计 = 2 + (1.92 + 0.12)×2 = 6.08（万元）

房产税的会计核算通过 "应交税费——应交房产税" 科目进行，企业缴纳的房产税是企业经营过程缴纳的税金,列入"税金及附加"账户。但对于出租的房产,由于其租金收入记入"其他业务收入"账户,出租房产缴纳的房产税应列入"其他业务支出"账户。本例中,大华公司2月缴纳的房产税的会计分录为:

借:税金及附加　　　　　　　　　　　　　　　　　　　　　19 200
　　其他业务支出　　　　　　　　　　　　　　　　　　　　　1 200
　　贷:应交税费——应交房产税　　　　　　　　　　　　　　20 400

7.1.3　房产税的税务筹划

房产税的税务筹划主要是从作为计税依据的房产原值入手。房产原值是指房屋的造价,包括与房屋不可分割的各种附属设备或一般不单独计价的配套设施。可见,合理地减少房产原值是房产税筹划的关键。

按照税法的有关规定,房产是以房屋形态表现的财产,是可供人们在其中生产、工作、居住或储藏物资的场所,但不包括独立于房屋之外的建筑物,如围墙、水塔、变电塔、露天停车场、露天凉亭、露天游泳池、喷泉设施等。准确掌握房屋定义的税法规定,独立于房屋之外的建筑物不征房产税,但与房屋不可分割的附属设施或者一般不单独计价的配套设施,需要并入原房屋原值,计征房产税。与房屋不可分割的各种附属设备或一般不单独计算价值的配套设施,指暖气、卫生、通风、照明、煤气等设备,各种管线,如蒸汽、压缩空气、石油、给水排水等管道及电力、电信、电缆导线、电梯、升降机、过道、晒台等。附属设备和配套设施往往不仅仅为房产服务,税法同时规定了其具体界限:"附属设备的水管、下水道、暖气管、煤气管等从最近的探视井或三通管算起,电灯网、照明线从进线盒连接管算起。"这就要求在核算房屋原值时,应当对房屋与非房屋建筑物以及各种附属设施、配套设施进行适当划分。

【案例7-2】北京华升集团公司2017年年初计划兴建一座花园式工厂,工程分两部分:一部分为办公用房以及辅助设施,包括厂区围墙、水塔、变电塔、停车场、露天凉亭、游泳池、喷泉设施等建筑物,总计造价为1亿元;另一部分为厂房。

这里需要考虑房产原值的确认问题。如果1亿元都作为房产原值,该企业自工厂建成的次月起就应缴纳房产税,若当地规定的扣除比例为30%,则每年应交房产税为84万元[即10 000万元×(1 − 30%)×1.2%]。以20年计算,该企业需缴纳房产税1 680万元。因此,企业感到税收负担太重,希望寻找节税的方法和途径。

解析:

为了寻找解决问题的办法,企业向税务专家请教。专家指出,税法规定,房产税的征税对象是房产。企业自用房产依照房产原值一次减除10%~30%后的余值,按1.2%的税率计算缴纳。房产原值是指纳税人按照会计制度规定,在"固定资产"科目中记载的房屋原价。因此,对于自用房产应交房产税的筹划应当紧密围绕房产原值的会计核算进行。

税务专家建议除厂房、办公用房外的建筑物，把停车场、游泳池也都建成露天的，并且将这些独立建筑物的造价同厂房、办公用房的造价分开，在会计账簿中单独记载，则这部分建筑物的造价不计入房产原值，不缴纳房产税。该企业经过估算，除厂房、办公用房外的建筑物的造价为 800 万元左右，独立出来以后，每年可少缴房产税 6.72 万元 [即 800 万元 × (1－30%)×1.2%]，以 20 年计算，就是 134 万元！

7.1.4 房产税改革

我国现行房产税对"个人所有的非营业用房产"实行免税，即现行房产税只对经营性房产征税，所以，个人住房的持有成本为零。随着住房房价上涨，为了调控房价，对住房开征房产税的问题越来越成为热点问题。对个人住房征收房产税，通过增加住房持有成本，可以引导购房者理性地选择居住面积适当的住房，从而促进土地的节约集约利用。

1. 上海房产税试点方案

2011 年 1 月起，上海市开征房产税。上海房产税征税范围是：上海居民家庭在当地新购且属于该居民家庭第 2 套及以上的住房（包括新购的二手存量住房和新建商品住房）和非上海居民家庭在上海市新购的住房。

上海房产税的税率为：房价低于 28 426 元/平方米，税率为 0.4%；房价超过 28 426 元/平方米，税率为 0.6%。

上海房产税的免税规定为：上海居民家庭人均住房面积 60 平方米，免税。在计算免税面积时，合并计算家庭全部住房建筑面积。

房产税的计算公式为

应纳房产税 = 新购住房应征税建筑面积 × 新购住房单价（或核定的计税价格）×70%× 税率

【案例 7-3】张某家庭成员 2 人，现购买第 2 套房产，面积 140 平方米，房价 3 万元/平方米，张某家庭原有一套面积 70 平方米的房产。

解析：

$$应纳房产税 = 90 \times 3 \times 70\% \times 0.6\% = 1.134（万元）$$

每年 12 月 31 日前，纳税人应凭有效身份证明原件，自行向主管税务机关申报缴纳税款。未按时足额缴纳的，次年 1 月 1 日起按日加收滞纳税款 0.05% 滞纳金。

上海房产税的优惠政策有：①上海居民家庭新购一套住房后一年内出售该家庭原有唯一住房，退税；②上海居民家庭中子女成年后，首次新购住房且属成年子女家庭唯一住房，暂免征税；③引进高层次人才、重点产业紧缺急需人才，持上海居住证并在上海工作生活，新购住房且属家庭唯一，暂免征收房产税；④持居住证满 3 年，并在上海工作生活的购房人，其新购住房且属家庭唯一住房，暂免征税；持居住证但不满 3 年的购房人，先按规定计征房产税，并在上海工作生活满 3 年的，实施退税。

2. 重庆房产税试点方案

2011年1月起，重庆市开征房产税。重庆房产税的征税范围是：主城九区内存量增量独栋别墅、新购高档商品房、外地炒房客（在重庆无户口、无工作、无投资的三无人员）在重庆购买的第二套以上房产。

重庆房产税税率规定为：

（1）独栋商品住宅和新购高档住房单价在上两年主城九区新建商品房成交均价2倍以下，免税；2倍（含2倍）至3倍，税率为0.5%；3倍（含3倍）至4倍，税率为1%；4倍（含4倍）以上，税率为1.2%。

（2）在重庆市同时无户籍、无企业、无工作的个人新购第二套及以上的普通住房，税率为0.5%。

重庆房产税试点方案还强调：对未列入征税范围的个人高档住房、多套普通住房，将适时纳入征税范围。

房产税扩大试点范围势在必行。其他地区开征房产税时，必将以重庆和上海的试点方案作为参考。

征收房产税必须全面掌握每个人的住房信息，而我国除了商品住房外，各地还存在大量的其他房产，可能未录入住房信息系统，包括名目繁多的保障房、房改房、自建房等，有些地区的住房信息还是纸质档案，未录入电子信息库。住建部于2013年6月底完成500个城市的住房信息联网工作，这为房产税在全国征收奠定了基础。

7.2 车船税的会计核算

2011年2月25日，第十一届全国人民代表大会常务委员会第十九次会议通过了《中华人民共和国车船税法》。同日，国家主席胡锦涛签署第43号主席令予以公布，自2012年1月1日起施行。

车船税是以车船为征税对象，向拥有车船的单位和个人征收的一种税。征收车船税，有利于地方政府筹集资金，有利于车船的管理和合理配置，有利于调节财富差异。

7.2.1 车船税的基本规定

1. 征税范围

车船税的征税范围是指依法应当在我国车船管理部门登记的车船，包括车辆和船舶两大类。在中华人民共和国境内属于《车船税税目税额表》规定的车辆、船舶的所有人或者管理人，为车船税的纳税人。

从事机动车第三者责任强制保险业务的保险机构为机动车车船税的扣缴义务人，应当在收取保险费时依法代收车船税，并出具代收税款凭证。

2. 税目与税率

车船税实行定额税率，具体情况如表 7-1 所示。

表 7-1 车船税税目税额表

税目	计税单位		年基准税额	备注
乘用车（按排气量分档）	1.0 升及以下 1.0～1.6 升 1.6～2.0 升 2.0～2.5 升 2.5～3.0 升 3.0～4.0 升 4.0 升以上	每辆	60～360 元 300～540 元 360～660 元 660～1 200 元 1 200～2 400 元 2 400～3 600 元 3 600～5 400 元	核定载客人数 9 人（含）以下
商用车	客车	每辆	480～1 440 元	核定载客人数 9 人以上，包括电车
	货车	整备质量每吨	16～120 元	包括半挂牵引车、三轮汽车和低速载货汽车等
挂车		整备质量每吨	按照货车税额的 50% 计算	
其他车辆	专用作业车轮式专用机械车	整备质量每吨	16～120 元	不包括拖拉机
摩托车		每辆	36～180 元	
船舶	机动船舶	净吨位每吨	3～6 元	拖船、非机动驳船分别按照机动船舶税额的 50% 计算
	游艇	艇身长度每米	600～2 000 元	

车辆的具体适用税额由省、自治区、直辖市人民政府依照本法所附《车船税税目税额表》规定的税额幅度和国务院的规定确定。船舶的具体适用税额由国务院在本法所附《车船税税目税额表》规定的税额幅度内确定。

3. 纳税申报

车船税的纳税地点为车船的登记地或者车船税扣缴义务人所在地。依法不需要办理登记的车船，车船税的纳税地点为车船的所有人或者管理人所在地。

公安、交通运输、农业、渔业等车船登记管理部门、船舶检验机构和车船税扣缴义务人的行业主管部门应当在提供车船有关信息等方面，协助税务机关加强车船税的征收管理。

车辆所有人或者管理人在申请办理车辆相关登记、定期检验手续时，应当向公安机关交通管理部门提交依法纳税或者免税证明。公安机关交通管理部门核查后办理相关手续。

4. 税收优惠

《中华人民共和国车船税法》中明确，下列车船免征车船税：

（1）捕捞、养殖渔船。
（2）军队、武装警察部队专用的车船。
（3）警用车船。
（4）依照法律规定应当予以免税的外国驻华使领馆、国际组织驻华代表机构及其有关人员的车船。

（5）对节约能源、使用新能源的车船可以减征或者免征车船税；对受严重自然灾害影响纳税困难以及有其他特殊原因确需减税、免税的，可以减征或者免征车船税。具体办法由国务院规定，并报全国人民代表大会常务委员会备案。

（6）省、自治区、直辖市人民政府根据当地实际情况，可以对公共交通车船，农村居民拥有并主要在农村地区使用的摩托车、三轮汽车和低速载货汽车定期减征或者免征车船税。

7.2.2 车船税的计算与核算

车船税的计税依据有"辆""整备质量吨"和"艇身长度米"3种。乘用车、客车和摩托车按"辆"计算车船税；货车、挂车和其他车辆按"整备质量吨"计算车船税；机动船舶按"净吨位"计算车船税；游艇按"艇身长度米"计算车船税。

车船税按年征收，纳税人在规定的申报纳税期限内一次缴纳全年税款。对购置的新车船，购置当年的应纳税额自纳税义务发生的当月起按月计算。

（1）乘用车、客车和摩托车应纳车船税的计算：

$$全年应纳车船税 = 应税车辆的辆数 \times 单位税额$$

（2）货车、挂车和其他车辆应纳车船税的计算：

$$全年应纳车船税 = 应税车辆的整备质量吨数 \times 单位税额$$

（3）机动船舶应纳车船税的计算：

$$全年应纳车船税 = 应税机动船舶的净吨位数 \times 单位税额$$

（4）游艇应纳车船税的计算：

$$全年应纳车船税 = 应税游艇的艇身长度米 \times 单位税额$$

【案例7-4】顺兴客运公司地处北京市，拥有大型客运汽车50辆，小型客车1辆，若大型客车适用税额600元/辆，小型客车适用税额480元/辆，计算该公司全年应纳车船税。

解析：

全年应纳车船税 = 50×600 + 1×480 = 30 480（元）

车船税的会计核算通过"应缴税费——应交车船税"科目进行，企业缴纳的车船税是企业经营过程缴纳的税金，列入"税金及附加"账户。本例中顺兴交通运输公司全年缴纳的车船税的会计处理为：

借：税金及附加　　　　　　　　　　　　　　　　　　　　　　30 480
　　贷：应交税费——应交车船税　　　　　　　　　　　　　　　　30 480

7.3 城镇土地使用税的会计核算

城镇土地使用税是以国有土地或集体土地为征税对象，以实际占用的土地面积为计税依据，对拥有土地使用权的单位和个人征收的一种税。自 2007 年 1 月 1 日起，内资企业和外资企业统一执行《城镇土地使用税暂行条例》，使得内外资在土地使用方面的税负一致。

7.3.1　城镇土地使用税的基本规定

1. 征税范围和纳税人

城镇土地使用税的征税范围包括在城市、县城、建制镇和工矿区内的国家所有和集体所有的土地。

城镇土地使用税的纳税人是在城市、县城、建制镇和工矿区范围内使用土地的单位和个人，具体包括：

（1）拥有土地使用权的单位和个人。

（2）拥有土地使用权的单位和个人不在土地所在地的，土地的实际使用人或土地的代管人为纳税人。

（3）土地使用权未确定或权属纠纷未解决的，土地的实际使用人为纳税人。

（4）土地使用权共有的，共有各方都是纳税人，由共有各方分别纳税。

2. 计税依据和税额

城镇土地使用税的计税依据是纳税人实际占用的土地面积，以每平方米为计量标准。

城镇土地使用税采用定额税率，即采用有幅度的差别税额，按大、中、小城市和县城、建制镇、工矿区，分别规定每平方米土地使用税年应纳税额，具体标准如表 7-2 所示。

表 7-2　城镇土地使用税税率表

级　　别	非农业正式户口人数	每平方米年税额
大城市	50 万人以上	1.5～30 元
中等城市	20 万～50 万人	1.2～24 元
小城市	20 万人以下	0.9～18 元
县城、建制镇、工矿区		0.6～12 元

城镇土地使用税属于地方税。根据 2007 年 4 月 27 日北京市人民政府第 188 号令，北京市实施修订后的《中华人民共和国城镇土地使用税暂行条例》的规定。北京市城镇土地使用税的纳税等级划分为六级，各级每平方米年税额为：一级土地 30 元，二级土地 24 元，三级土地 18 元，四级土地 12 元，五级土地 3 元，六级土地 1.5 元。

对在城镇土地使用税征税范围内单独建造的地下建筑用地，按规定征收城镇土地使用税。其中，已取得地下土地使用权证的，按土地使用权证确认的土地面积计算应征税款；未取得地下土地使用权证或地下土地使用权证上未标明土地面积的，按地下建筑垂直投影面积计算应征税款。对上述地下建筑用地暂按应征税款的 50% 征收城镇土地使用税。

国家税务总局公告 2014 年第 74 号明确：通过招标、拍卖、挂牌方式取得的建设用地，不属于新征用的耕地，从合同约定交付土地时间的次月起缴纳城镇土地使用税；合同未约定交付土地时间的，从合同签订的次月起缴纳城镇土地使用税。

3. 税收优惠

法定免征城镇土地使用税的情况有：①国家机关、人民团体、军队自用的土地。②由财政机关拨付事业经费的单位自用的土地。③宗教寺庙、公园、名胜古迹自用的土地。④市政道路、广场、绿化地带等公共用地。⑤直接用于农、林、牧、渔业的生产用地。⑥经批准开山整治的土地和改造的废弃土地，从使用的月份起免征城镇土地使用税10年。⑦对非营利性医疗机构、疾病控制机构和妇幼保健机构等卫生机构自用的土地，免征城镇土地使用税。对营利性医疗机构自用的土地自2000年起免征城镇土地使用税3年。⑧企业办的学校、医院、托儿所、幼儿园，其用地与企业其他用地明确区分的，免征城镇土地使用税。⑨免税单位无偿使用纳税单位的土地，免征城镇土地使用税。纳税单位无偿使用免税单位的土地，纳税单位应照章缴纳城镇土地使用税。⑩中国人民银行总行所属分支机构自用的土地，免征城镇土地使用税。特殊用地政策性减免税如下：A.石油天然气生产建设中由于地质勘探、钻井、井下作业、油气田地面工程等施工临时用地，暂免征收土地使用税；B.对企业的铁路专用线、公路等用地，在厂区以外、与社会公用地段未加隔离的，暂免征收土地使用税；C.对企业厂区以外的公共绿化用地和向社会开放的公园用地，暂免征收土地使用税；D.对盐场的盐滩、盐矿的矿井用地，暂免征收土地使用税。

由省级地方税务局确定减免土地使用税的优惠有：①个人所有的居住房屋及院落用地；②免税单位职工家属的宿舍用地；③民政部门举办的安置残疾人占一定比例的福利工厂用地；④集体和个人办的各类学校、医院、托儿所、幼儿园用地；2019年1月1日至2021年12月31日，各省级政府可以对增值税小规模纳税人，在50%幅度内减征城镇土地使用税。

4. 纳税申报

城镇土地使用税实行按年计算，分期缴纳。北京市城镇土地使用税全年税额分两次申报缴纳，申报纳税期限为每年4月1日至4月15日和10月1日至10月15日。纳税人应在规定的期限内向地方税务机关提交使用土地面积数量的依据，办理土地情况登记手续。纳税人使用土地情况变动的，应当自变动之日起30日内，到登记地的地方税务机关办理土地情况变更税务登记手续。

城镇土地使用税的纳税义务发生时间为：①纳税人购置新建商品房的，自房屋交付使用之次月起纳税。②纳税人购置存量房产，自签发产权证之次月起纳税。③纳税人出租、出借房产，自交付出租、出借之次月起纳税。④房地产开发企业自用、出租、出借本企业建造的商品房，自房屋使用或交付之次月起纳税。⑤纳税人新征用的耕地，自批准征用之日起满1年开始纳税。⑥纳税人新征用的非耕地，自批准征用之次月起开始纳税。

7.3.2 城镇土地使用税的计算与核算

城镇土地使用税以纳税人实际占用的土地面积为计税依据，依照规定的税额，按年计算，分期缴纳。应交城镇土地使用税的计算公式如下：

$$应交城镇土地使用税 = 实际占用应税土地面积 \times 适用税率$$

【案例 7-5】 某工厂实际占用土地 40 000 平方米,其中,企业自办的托儿所用地 200 平方米,企业自办的医院用地 2 000 平方米。该厂位于北京市四级地段,土地使用税适用税额为 12 元/平方米。计算该厂全年应交城镇土地使用税。

解析:

按照规定,企业自办托儿所、医院占用的土地,可以免征城镇土地使用税,则:

应交城镇土地使用税 = (40 000 − 200 − 2 000)×12 = 453 600(元)

城镇土地使用税的会计核算通过"应交税费——应交土地使用税"科目进行。企业缴纳的城镇土地使用税是企业经营过程缴纳的税金,列入"税金及附加"账户。因此,本例中该工厂全年缴纳的城镇土地使用税的会计分录为:

借:税金及附加　　　　　　　　　　　　　　　　　　　453 600
　　贷:应交税费——应交城镇土地使用税　　　　　　　　　　453 600

7.4 印花税的会计核算

印花税是对经济活动和经济交往中,以书立、使用、领受应税凭证的行为为征税对象征收的一种税。印花税属于行为税,凡发生书立、使用、领受应税凭证的行为,就必须依照印花税法的有关规定,履行纳税义务。

7.4.1 印花税的基本规定

1. 纳税人

印花税的纳税人是指在中国境内书立、使用、领受印花税所列举的应税凭证并应依法履行纳税义务的单位和个人,包括立合同人、立据人、立账簿人、领受人、使用人和各类电子应税凭证的签订人。立合同人指经济合同的各方当事人,不包括担保人、证人、鉴定人。立据人是指订立各种财产转移书据的纳税人。立账簿人是指设立并使用营业账簿的纳税人。领受人是指领取或接受并持有权利许可证照的纳税人。使用人是指在国外书立、领受但在国内使用的应税凭证的纳税人。各类电子应税凭证的签订人是指以电子形式签订的各类应税凭证的当事人是印花税的纳税人。

值得注意的是,凡由两方或两方以上当事人共同书立的应税凭证,当事人各方都是印花税纳税人,应各自就其所持凭证的计税金额履行纳税义务。

2. 税目

印花税采用列举法,列入税目的就要征税,未列入税目的就不征税。印花税共有 13 个税目。

(1)购销合同,包括:供应、预购、采购、购销结合及协作、调剂、补偿贸易等合同;出版单位与发行单位之间订立的图书、报纸、期刊和音像制品的订购单、订数单等;发电厂与电网之间、电网与电网之间签订的购售电合同，但不包括电网与用户之间签订的供用电合同。

（2）加工承揽合同，包括加工、定做、修缮、修理、印刷、广告、测绘、测试等合同。

（3）建设工程勘察设计合同，包括勘察、设计合同。

（4）建筑安装工程承包合同，包括建筑、安装工程承包合同。承包合同又包括总承包合同、分包合同和转包合同。

（5）财产租赁合同，包括租赁房屋、船舶、飞机、机动车辆、机械、器具、设备等合同，还包括企业、个人出租门店、柜台等订立的合同。

（6）货物运输合同，包括民用航空、铁路运输、海上运输、公路运输和联运合同以及作为合同使用的单据。

（7）仓储保管合同，包括仓储、保管合同以及作为合同使用的仓单、栈单等。

（8）借款合同，包括银行及其他金融组织与借款人（不包括银行同业拆借）所签订的合同，以及只填开借据并作为合同使用、取得银行借款的借据。融资租赁合同也属于借款合同。

（9）财产保险合同，包括财产、责任、保证、信用保险合同以及作为合同使用的单据。财产保险合同分为企业财产保险、机动车辆保险、货物运输保险、家庭财产保险和农牧业保险五大类。"家庭财产两全保险"属于家庭财产保险性质，其合同在财产保险合同之列，应照章纳税。

（10）技术合同，包括技术开发、转让、咨询、服务等合同以及作为合同使用的单据。

（11）产权转移书据，包括财产所有权和版权、商标专用权、专利权、专有技术使用权等转移书据和土地使用权出让合同、土地使用权转让合同、商品房销售合同等权利转移合同。

（12）营业账簿是指单位或者个人记载资金的账簿，包括实收资本和资本公积，其他账簿免征印花税。

（13）权利、许可证照，包括政府部门发给的工商营业执照、商标注册证、专利证、土地使用证。

3. 税率

印花税的税率有两种形式，即比例税率和定额税率。印花税的税率比较低。

（1）比例税率。在印花税的13个税目中，各类合同以及具有合同性质的凭证、产权转移书据、营业账簿中记载资金的账簿，适用比例税率。

印花税的比例税率分为四个档次，分别是1‰、0.5‰、0.3‰和0.05‰。

适用1‰税率的有：财产租赁合同、仓储保管合同和财产保险合同。

股权转让书据（包括A股、B股）原来的印花税税率为4‰，2001年11月16日起降为2‰，2005年1月24日起降为1‰，2007年5月30日起又调高为3‰，2008年4月24日起为1‰，2008年9月19日起，单向收税。

适用 0.5‰ 税率的有：加工承揽合同、建设工程勘察设计合同、货物运输合同、产权转移书据、记载资金的账簿（减半纳税）等。

适用 0.3‰ 税率的有：购销合同、建筑工程承包合同和技术合同。

适用 0.05‰ 税率的是借款合同。

（2）定额税率。在印花税的 13 个税目中，专利、许可证照适用定额税率，按件贴花，税额为 5 元。这主要是考虑到上述应税凭证比较特殊，权利、许可证照无法计算金额，其他账簿虽记载金额，但以金额作为计税依据明显不合理。

4. 贴花

（1）纳税人在应税凭证书立或领受时即行贴花完税，不得延至凭证生效日期贴花。

（2）印花税票应贴在应税凭证上，并由纳税人在每枚税票的骑缝处盖戳注销或划销，严禁揭下重用。

（3）已贴花的凭证，凡修改后所载金额增加的部分，应补贴印花。

（4）对已贴花的各类应税凭证，纳税人须按规定期限保管，不得私自销毁。

（5）合同在签订时无法确定计税金额时，采取两次纳税方法。签订合同时，先按每件合同定额贴花 5 元；结算时，再按实际金额和适用税率计税，补贴印花。

（6）不论合同是否兑现或是否按期兑现，已贴印花不得撕下重用，已缴纳的印花税不予退还。

（7）未贴或少贴印花税票，除补贴印花税票外，应处以应补贴印花税票金额 3～5 倍的罚款；已贴印花税票未注销或未划销的，处以未注销或未划销印花税票 1～3 倍的罚款；已贴印花税票揭下重用的，处以重用印花税票 5 倍或 2 000 元以上 10 000 元以下的罚款。

5. 免税

下列凭证免纳印花税：

（1）已缴纳印花税的凭证的副本或者抄本。

（2）财产所有人将财产赠给政府、社会福利单位、学校所书立的书据。

（3）国家指定的收购部门与村民委员会、农民个人书立的农副产品收购合同。

（4）无息、贴息贷款合同。

（5）外国政府或国际金融组织向我国政府及国家金融机构提供优惠贷款所书立的合同。

（6）房地产管理部门与个人签订的用于生活居住的租赁合同。

（7）农牧业保险合同。

（8）军事物资运输凭证、抢险救灾物资运输凭证、新建铁路工程临管线运输凭证等特殊运输凭证。

（9）企业改制过程中有关印花税征免规定。

实行公司制改造的企业在改制过程中成立的新企业（重新办理法人登记的），其新启用的资金账簿记载的资金或因企业建立资本纽带关系而增加的资金，凡原已贴花的部分可不再贴花，未贴花的部分和以后新增加的资金按规定贴花。

以合并或分立方式成立的新企业,其新启用的资金账簿记载的资金,凡原已贴花的部分可不再贴花,未贴花的部分和以后新增加的资金按规定贴花。但企业其他会计科目记载的资金转为实收资本或资本公积的资金,企业债权转股权新增加的资金和企业改制中经评估增加的资金都应按规定贴花。

企业改制前签订但尚未履行完的各类应税合同,改制后需要变更执行主体的,对仅改变执行主体、其余条款未作变动且改制前已贴花的,不再贴花。企业因改制签订的产权转移书据免予贴花。

2019年1月1日至2021年12月31日,各省级政府可以对增值税小规模纳税人,在50%幅度内减征印花税。

7.4.2 印花税的计算与核算

印花税按应税凭证的不同,分别采取比例税率和定额税率,其应纳税额的计算相应适用不同公式。

适用比例税率的应税凭证:

$$应交印花税 = 计税金额 \times 税率$$

值得注意的是,同一凭证记载两个以上不同税率的事项,分别载有金额的,分别计税,合计贴花;未分别载有金额的,从高计税。

适用定额税率的应税凭证:

$$应交印花税 = 凭证数量 \times 定额税率(5元)$$

【案例7-6】 兴兴建筑公司2018年2月承包一项建筑工程,工程造价为8 000万元,双方签订了建筑承包合同。建筑工程承包合同适用印花税税率0.3‰。计算双方各自的应交印花税。

解析:

合同双方应各自应交印花税 = 80 000 000×0.3‰ = 24 000(元)

企业缴纳的印花税,一般是自行计算、购买、贴花、注销,不会形成税款债务。为了简化会计处理,印花税可以不通过"应交税费"账户核算,而是通过"银行存款"或"库存现金"账户直接付款。购买税票时,直接记入"税金及附加"账户。

购买印花税票时:

借:税金及附加　　　　　　　　　　　　　　　　　　　　　　　24 000
　　贷:银行存款　　　　　　　　　　　　　　　　　　　　　　　　24 000

7.5 环境保护税的会计核算

环境保护税是对在我国领域和管辖的海域内,直接向环境排放污染物征收的一种行为税。2016年12月25日，全国人民代表大会通过《中华人民共和国环境保护税法》（以下简称《环境保护税法》），2018年1月1日开始施行。

7.5.1 环境保护税的基本规定

1. 纳税人

环境保护税的纳税人是在我国领域和管辖的海域内，直接向环境排放应税污染物的企事业单位和其他生产经营者。

应税污染物是指《环境保护税税目税额表》《应税污染物和当量值表》规定的大气污染物、水污染物、固体废物和噪声。

有下列情形之一的，不属于直接向环境排放污染物，不缴纳相应污染物的环境保护税：

（1）企事业单位和其他生产经营者向依法设立的污水集中处理、生活垃圾集中处理场所排放应税污染物的。

（2）企事业单位和其他生产经营者在符合国家和地方环境保护标准的设施、场所贮存或者处置固体废物的。

依法设立的城乡污水集中处理、生活垃圾集中处理场所超过国家和地方规定的排放标准向环境排放应税污染物的，应当缴纳环境保护税。企事业单位和其他生产经营者贮存或者处置固体废物不符合国家和地方环境保护标准的，应当缴纳环境保护税。

2. 计税依据和税率

环境保护税的计税依据因应税污染物种类不同而有所不同。

应税大气污染物、水污染物的计税依据，按照污染物排放量折合的污染当量数确定。纳税人有下列情形之一的，以其当期应税大气污染物、水污染物的产生量作为污染物的排放量：

（1）未依法安装使用污染物自动监测设备或者未将污染物自动监测设备与环境保护主管部门的监控设备联网。

（2）损毁或者擅自移动、改变污染物自动监测设备。

（3）篡改、伪造污染物监测数据。

（4）通过暗管、渗井、渗坑、灌注或者稀释排放以及不正常运行防治污染设施等方式违法排放应税污染物。

（5）进行虚假纳税申报。

应税固体废物的计税依据，按照固体废物的排放量确定。固体废物的排放量为当期应税固体废物的产生量减去当期应税固体废物的贮存量、处置量、综合利用量的余额。纳税人有非法倾倒应税固体废物或进行虚假纳税申报等情形，以其当期应税固体废物的产生量作为固体废物的排放量。

应税噪声按照超过国家规定标准的分贝数确定。

环境保护税的税目、税额如表 7-3 所示。

表 7-3　环境保护税税目税额表

税目		计税单位	税额	备注
大气污染物		每污染当量	1.2～12 元	
水污染物		每污染当量	1.4～14 元	
固体废物	煤矸石	每吨	5 元	
	尾矿	每吨	15 元	
	危险废物	每吨	1 000 元	
	冶炼渣、粉煤灰、炉渣、其他固体废物	每吨	25 元	
噪声	工业噪声	超标 1～3 分贝	每月 350 元	（1）一个单位有多处噪声超标，按最高超标计算 （2）一个单位有多个作业场所超标，分别计算，合并计征 （3）昼夜均超标，分别计算，累计征收
		超标 4～6 分贝	每月 700 元	
		超标 7～9 分贝	每月 1 400 元	
		超标 10～12 分贝	每月 2 800 元	
		超标 13～15 分贝	每月 5 600 元	
		超标 16 分贝以上	每月 11 200 元	

3. 减免税

《环境保护税法》规定，下列情形暂予免征环境保护税：

（1）农业生产（不包括规模化养殖）排放应税污染物的。

（2）机动车、铁路机车、非道路移动机械、船舶和航空器等流动污染源排放应税污染物的。

（3）依法设立的城乡污水集中处理、生活垃圾集中处理场所排放相应应税污染物，不超过国家和地方规定的排放标准的。

（4）纳税人综合利用的固体废物，符合国家和地方环境保护标准的。

（5）国务院批准免税的其他情形。

纳税人排放应税大气污染物或者水污染物的浓度值低于国家和地方规定的污染物排放标准 30% 的，减按 75% 征收环境保护税。纳税人排放应税大气污染物或者水污染物的浓度值低于国家和地方规定的污染物排放标准 50% 的，减按 50% 征收环境保护税。

4. 税款缴纳

环境保护税的纳税义务发生时间为纳税人排放应税污染物的当日。纳税人应当向应税污染物排放地的税务机关申报缴纳环境保护税。环境保护税按月计算，按季申报缴纳。不能按固定期限计算缴纳的，可以按次申报缴纳。

纳税人按季申报缴纳的，应当自季度终了之日起 15 日内，向税务机关办理纳税申报并缴纳税款。纳税人按次申报缴纳的，应当自纳税义务发生之日起 15 日内，向税务机关办理纳税申报并缴纳税款。

纳税人申报缴纳时，应当向税务机关报送所排放应税污染物的种类、数量，大气污染物、水污染物的浓度值，以及税务机关根据实际需要要求纳税人报送的其他纳税资料。纳税人应当依法如实办理纳税申报，对申报的真实性和完整性承担责任。

7.5.2 环境保护税的计算与核算

应税水污染物的污染当量数，以该污染物的排放量除以该污染物的污染当量值计算。其中，色度的污染当量数，以污水排放量乘以色度超标倍数再除以适用的污染当量值计算。畜禽养殖业水污染物的污染当量数，以该畜禽养殖场的月均存栏量除以适用的污染当量值计算。畜禽养殖场的月均存栏量按照月初存栏量和月末存栏量的平均数计算。

$$应税大气污染物的应纳税额 = 污染当量数 \times 适用税额$$
$$应税水污染物的应纳税额 = 污染当量数 \times 适用税额$$

应税固体废物的排放量为当期应税固体废物的产生量减去当期应税固体废物贮存量、处置量、综合利用量的余额。纳税人应当准确计量应税固体废物的贮存量、处置量和综合利用量，未准确计量的，不得从其应税固体废物的产生量中减去。

$$应税固体废物的应纳税额 = 固体废物排放量 \times 适用税额$$

应税噪声的应纳税额为超过国家规定标准分贝数对应的具体适用税额。噪声超标分贝数不是整数值的，按四舍五入取整。一个单位的同一监测点当月有多个监测数据超标的，以最高一次超标声级计算应纳税额。声源一个月内累计昼间超标不足 15 昼或者累计夜间超标不足 15 夜的，分别减半计算应纳税额。

$$应税噪声的应纳税额 = 超过国家规定标准的分贝数 \times 适用税额$$

【案例 7-7】 某养殖场，养猪 1 000 头，养鸡 15 000 只。该养殖场没有进行环保处理，造成附近的水污染，适用税额每污染当量 3 元。环境保护税只对存栏规模大于 50 头牛、500 头猪和 5 000 只鸡鸭的养殖场征收。猪的污染当量值 1 头，鸡的污染当量值 30 只。计算该养殖场每月应纳环境保护税。

解析：

应纳水污染环境保护税 = (1 000 ÷ 1 + 15 000 ÷ 30) × 3 = 4 500（元）

环境保护税按月计算，按季缴纳。月末计算出应纳环境保护税时，计入"税金及附加"账户。做分录：

借：税金及附加   4 500
    贷：应交税费——应交环境保护税   4 500

实际缴纳环境保护税时，做分录：

借：应交税费——应交环境保护税   4 500
    贷：银行存款   4 500

7.6 契税的会计核算

契税是对以所有权发生转移变动的不动产为征税对象，向产权承受人征收的一种财产税。征收契税，有利于增加地方财政收入，有利于保护合法产权，避免产权纠纷。

7.6.1 契税的基本规定

1. 征税对象

契税是以境内转移土地、房屋权属为征税对象，向产权承受人征收的一种财产税。契税的征税对象具体包括以下内容。

（1）国有土地使用权出让，是指土地使用者向国家交付土地使用权出让费用，国家将国有土地使用权在一定年限内让与土地使用者的行为。

（2）土地使用权转让，是指土地使用者以出售、赠与、交换或者其他方式，将土地使用权转移给其他单位和个人的行为。土地使用权的转让，不包括农村集体土地承包经营权的转移。

（3）房屋买卖，是指以货币为媒介，出卖者向购买者过渡房产所有权的交易行为。以下几种特殊情况，视同买卖房屋：①以房抵债或实物交换房屋；②以房产作投资或作股权转让；③买房拆料或翻建新房。

（4）房屋赠与，是指房屋产权所有人将房屋无偿转让给他人所有。

（5）房屋交换，是指房屋所有者之间互相交换房屋的行为。

（6）承受国有土地使用权支付的土地出让金。对承受国有土地使用权支付的土地出让金，要计征契税，不得因减免土地出让金而减免契税。

随着经济形势的发展，下面这些以特殊方式转移土地、房屋权属的，视同土地使用权转让、房屋买卖或者赠与：一是以土地、房屋权属作价投资、入股；二是以土地、房屋抵债；三是以获奖方式承受土地、房屋权属；四是以预购方式或者预付集资建房款方式承受土地、房屋权属。

2. 纳税人

契税的纳税人是在我国境内转移土地、房屋权属，承受的单位和个人，即买卖契约的纳税人是买者，房产典当的纳税人是受典人，房产赠与的纳税人是受赠人。

纳税人在签订土地、房屋权属转移合同的当天，或者取得其他具有土地、房屋权属转移合同性质凭证的当天，为纳税义务发生时间。纳税人应当自纳税义务发生之日起10日内，向土地、房屋所在地的契税征收机关办理纳税申报，并在契税征收机关核定的期限内缴纳税款。

3. 计税依据和税率

契税实行幅度比率税率，税率为3%～5%。具体的执行税率，由省级政府确定。

自2016年2月22日起，①对个人购买家庭唯一住房（家庭成员范围包括购房人、配偶以及未成年子女），面积为90平方米及以下的，减按1%的税率征收契税；面积为90平方米以上的，减按1.5%的税率征收契税。②对个人购买家庭第二套改善性住房，面积为90平方米及以下的，减按1%的税率征收契税；面积为90平方米以上的，减按2%的税率征收契税。北上广深不实行这条优惠，即北上广深第二套及以上住房，一律按契税正常税率纳税，北京契税 3%。

契税的计税依据为不动产的不含增值税价格，具体计税依据视不同情况而定，包括：

（1）国有土地使用权出让、土地使用权出售、房屋买卖，以成交价格为依据。

（2）土地使用权赠与、房屋赠与，由征收机关参照市场价格核定。

（3）土地使用权交换、房屋交换，为所交换土地使用权、房屋的价格差额，即交换价格相等时，免征契税；交换价格不等时，由多支付的一方缴纳契税。

（4）以划拨方式取得土地使用权，经批准转让房地产时，由房地产转让者以补交的土地出让金为计税依据补交契税。

（5）个人无偿赠与不动产，应对受赠人全额征收契税。

4. 税收优惠

契税优惠的一般规定如下：

（1）国家机关、事业单位、社会团体、军事单位承受土地、房屋，用于办公、教学、医疗、科研和军事设施的，免征契税。

（2）城镇职工按规定第一次购买公有住房，免征契税。

（3）因不可抗力灭失住房而重新购买住房的，酌情减免。

（4）土地、房屋被县级以上人民政府征用、占用后，重新承受土地、房屋权属的，由省级人民政府确定是否减免。

（5）承受荒山、荒沟、荒丘、荒滩土地使用权，并用于农、林、牧、渔业生产的，免征契税。

（6）经外交部确认，依照我国有关法律规定以及我国缔结或者参加的双边和多边条约或协定，应当予以免税的外国驻华大使馆、领事馆、联合国驻华机构及其外交代表、领事官员和其他外交人员承受土地、房屋权属。

与企业改革有关的契税政策如下：

2018 年 1 月 1 日起至 2020 年 12 月 31 日，企业、事业单位改制重组过程中涉及的契税，按以下规定执行：

（1）企业改制。企业整体改制，包括非公司制企业改制为有限责任公司或股份有限公司，有限责任公司与股份有限公司之间变更，原企业投资主体存续并在改制（变更）后的公司中所持股权（股份）比例超过 75% 且改制（变更）后公司承继原企业权利、义务的，对改制（变更）后公司承受原企业土地、房屋权属，免征契税。

（2）事业单位改制。事业单位改制为企业，原投资主体存续并在改制后企业中出资（股权和股份）持股比例超过 50% 的，对改制后企业承受原事业单位土地、房屋权属，免征契税。

（3）企业合并。两个或两个以上的公司，依据法律规定、合同约定，合并为一个公司，且原投资主体存续的，对其合并后公司承受合并各方土地、房屋权属，免征契税。

（4）企业分立。公司依照法律规定、合同约定分立为两个或两个以上与原公司投资主体相同的公司，对分立后公司承受原公司土地、房屋权属，免征契税。

（5）企业破产。债权人（包括破产企业职工）承受破产企业抵偿债务的土地、房屋权属，免征契税；非债权人承受破产企业土地、房屋权属，凡妥善安置原企业全部职工，且与其签订不少于3年的劳动用工合同的，对其承受所购企业土地、房屋权属，免征契税；与原企业超过30%的职工签订不少于3年的劳动用工合同，减半征收契税。

（6）资产划转。对承受县级以上人民政府或国有资产管理部门按规定进行行政性调整、划转国有土地、房屋权属的单位，免征契税。

同一投资主体内部所属企业之间土地、房屋权属的划转，包括母公司与其全资子公司之间，同一公司所属全资子公司之间，同一自然人与其设立的个人独资企业、一人有限公司之间土地、房屋权属的无偿划拨，免征契税。

母公司以土地、房屋权属向其全资子公司增资，视同划转，免征契税。

（7）债权转股权。经国务院批准实施债转股企业，对债权转股权后新设立的公司承受原企业土地、房屋权属，免征契税。

（8）划拨用地出让或作价出资。以出让方式或国家出资（入股）方式承受原改制重组企业、事业单位划拨用地的，不属于上述规定的免税范围，对承受方按规定征收契税。

（9）公司股权（股份）转让。在股权（股份）转让中，单位、个人承受公司股权（股份），公司土地、房屋权属不发生转移，不征收契税。

7.6.2 契税的计算与核算

契税采用比例税率。当计税依据确定后，应纳税额的计算比较简单。契税应纳税额的计算公式为

$$应交契税 = 计税依据 \times 税率$$

【案例7-8】居民李兴有两套住房，将一套私有房屋出售给居民张某，房屋不含增值税成交价格为100万元。李兴将另一处两居室住房与居民王某交换成两处一居室住房，并支付换房不含增值税差价款10万元。计算李某、张某、王某的应交契税（当地契税税率为3%）。

解析：

（1）房屋买卖时，契税的纳税人为房屋权属的承受人，故张某的应交契税为

$$100 \times 3\% = 3（万元）$$

（2）交换价格不等时，由多支付货币、实物、无形资产或者其他经济利益的一方缴纳契税，故李兴的应交契税为

$$10 \times 3\% = 0.3（万元）$$

（3）王某不交契税。

契税应纳税款，通过"应交税费——应交契税"账户进行核算。契税是取得土地、房屋的承受人缴纳的税种，故契税是土地、房屋成本的构成部分，缴纳契税应计入土地、房屋的

成本中。

企业在取得房产所有权,按规定计算应纳契税税额时,编制如下分录:

借:固定资产　　　　　　　　　　　　　　　×××
　　无形资产——土地使用权　　　　　　　　×××
　贷:应交税费——应交契税　　　　　　　　　　　×××

实际缴纳契税时,编制如下分录:

借:应交税费——应交契税　　　　　　　　　×××
　贷:银行存款　　　　　　　　　　　　　　　　　×××

7.7 车辆购置税的会计核算

车辆购置税是以在中国境内购置规定的车辆为课税对象,在特定环节向车辆购置者征收的一种行为税。2018 年 12 月 29 日第十三届全国人大第七次会议通过《中华人民共和国车辆购置税法》,于 2019 年 7 月 1 日起实施。

7.7.1 车辆购置税的基本规定

1. 纳税人

车辆购置税的纳税人是在我国境内购置应税车辆的单位和个人。这里的"购置"是指以购买、进口、自产、受赠、获奖或者其他方式取得并自用应税车辆的行为。

2. 纳税范围与税率

应税车辆包括汽车、有轨电车、汽车挂车、排气量超过 150 毫升的摩托车。车辆购置税实行一次性征收。购置已征车辆购置税的车辆,不再征收车辆购置税。

车辆购置税对纳税范围内的应税车辆实行 10% 的比例税率。

3. 计税依据

车辆购置税的计税依据是车辆的不含增值税价格,根据不同情况确定如下:

(1)纳税人购买自用应税车辆的计税价格,为纳税人实际支付给销售者的全部价款,不包括增值税税款。

(2)纳税人进口自用应税车辆的计税价格,为关税完税价格加上关税和消费税。

(3)纳税人自产自用应税车辆的计税价格,按照纳税人生产的同类应税车辆的销售价格确定,不包括增值税税款。

(4)纳税人以受赠、获奖或者其他方式取得自用应税车辆的计税价格,按照购置应税车辆时相关凭证载明的价格确定,不包括增值税税款。

纳税人申报的应税车辆计税价格明显偏低,又无正当理由的,由税务机关依照《中华人民共和国税收征收管理法》的规定核定其应纳税额。纳税人以外汇结算应税车辆价款的，按照申报纳税之日的人民币汇率中间价折合成人民币计算缴纳税款。

4. 减免税

下列车辆免征车辆购置税：

（1）依照法律规定应当予以免税的外国驻华使馆、领事馆和国际组织驻华机构及其有关人员自用的车辆。

（2）中国人民解放军和中国人民武装警察部队列入装备订货计划的车辆。

（3）悬挂应急救援专用号牌的国家综合性消防救援车辆。

（4）设有固定装置的非运输专用作业车辆。

（5）城市公交企业购置的公共汽电车辆。

根据国民经济和社会发展的需要，国务院可以规定减征或者其他免征车辆购置税的情形，报全国人民代表大会常务委员会备案。

免税、减税车辆因转让、改变用途等原因不再属于免税、减税范围的，纳税人应当在办理车辆转移登记或者变更登记前缴纳车辆购置税。计税价格以免税、减税车辆初次办理纳税申报时确定的计税价格为基准，每满一年扣减10%。

纳税人将已征车辆购置税的车辆退回车辆生产企业或者销售企业的，可以向主管税务机关申请退还车辆购置税。退税额以已缴税款为基准，自缴纳税款之日至申请退税之日，每满一年扣减10%。

5. 税款缴纳

车辆购置税由税务机关负责征收。车辆购置税的纳税义务发生时间为纳税人购置应税车辆的当日。纳税人应当自纳税义务发生之日起60日内申报缴纳车辆购置税。

纳税人应当在向公安机关交通管理部门办理车辆注册登记前，缴纳车辆购置税。

公安机关交通管理部门办理车辆注册登记，应当根据税务机关提供的应税车辆完税或者免税电子信息对纳税人申请登记的车辆信息进行核对，核对无误后依法办理车辆注册登记。

税务机关发现纳税人未按照规定缴纳车辆购置税的，有权责令其补缴；纳税人拒绝缴纳的，税务机关可以通知公安机关车辆管理机构暂扣纳税人的车辆牌照。

7.7.2 车辆购置税的计算与核算

车辆购置税采用比例税率10%。车辆购置税应纳税额的计算公式为

$$应交车辆购置税 = 计税价格 \times 税率$$

【**案例7-9**】兴旺公司进口轿车一部，到岸价为50 000美元，汇率为1:6.2，进口关税税率为25%，消费税税率为8%，增值税税率为13%。另在国内购买一部轿车，含税价格为226 000元。计算该公司的应交车辆购置税。

解析：
（1）进口轿车的计税价格 = 50 000×6.2×(1 + 25%)÷(1 − 8%)
　　　　　　　　　　　 = 421 195.65（元）
进口轿车应交车辆购置税 = 421 195.65×10% = 42 119.57（元）
（2）国内购车计税价格 = 226 000÷(1 + 13%) = 200 000（元）
国内购车应交车辆购置税 = 200 000×10% = 20 000（元）

车辆购置税应纳税款，一般在缴纳时直接记入"固定资产"账户，构成车辆的成本。企业在缴纳车辆购置税后，编制如下会计分录：

借：固定资产　　　　　　　　　　　　　　　　　　　　　　×××
　　贷：银行存款　　　　　　　　　　　　　　　　　　　　　×××

7.8　耕地占用税的会计核算

耕地占用税是国家对占用耕地建房或者从事其他非农业建设的单位和个人，就其实际占用的耕地面积一次性征收的一种税。2018 年 12 月 29 日第十三届全国人大第七次会议通过《中华人民共和国耕地占用税法》，于 2019 年 9 月 1 日起实施。

7.8.1　耕地占用税的基本规定

1. 纳税人

耕地占用税的纳税人是指境内占用耕地建设建筑物、构筑物或者从事非农业建设的单位和个人。耕地占用税由税务机关负责征收。

2. 征税范围

耕地占用税的征税范围是耕地。耕地是指用于种植农作物的土地。占用耕地建设农田水利设施的，不缴纳耕地占用税。

占用园地、林地、草地、农田水利用地、养殖水面、渔业水域滩涂以及其他农用地建设建筑物、构筑物或者从事非农业建设的，依法律规定缴纳耕地占用税。占用此类农用地的，适用税额可以适当低于本地区适用税额，但降低的部分不得超过 50%。占用此类农用地建设直接为农业生产服务的生产设施的，不缴纳耕地占用税。

3. 计税依据与税率

耕地占用税以纳税人实际占用的耕地面积为计税依据，按照规定的适用税额一次性征收，应纳税额为纳税人实际占用的耕地面积（平方米）乘以适用税额。

耕地占用税实行差别定额税率，即按各地区人均耕地面积的数量确定每平方米适用的税额，具体税额标准见表 7-4。

表 7-4　耕地占用税税额表

以县为单位人均耕地面积	单位税额（每平方米）
1 亩以下（含 1 亩）	10～50 元
1～2 亩（含 2 亩）	8～40 元
2～3 亩（含 3 亩）	6～30 元
3 亩以上	5～25 元

国务院财政、税务主管部门根据人均耕地面积和经济发展情况，确定各省、自治区、直辖市的平均税额如下：上海，45 元 / 平方米；北京，40 元 / 平方米；天津，35 元 / 平方米；江苏、浙江、福建、广东，30 元 / 平方米；辽宁、湖北、湖南，25 元 / 平方米；河北、安徽、江西、山东、河南、重庆、四川，22.5 元 / 平方米；广西、海南、贵州、云南、陕西，20 元 / 平方米；山西、吉林、黑龙江，17.5 元 / 平方米；内蒙古、西藏、甘肃、青海、宁夏、新疆，12.5 元 / 平方米。各地适用税额，由各省、自治区、直辖市人民政府在法定的税额幅度内，根据本地区情况核定。各省、自治区、直辖市人民政府核定的适用税额的平均水平，不得低于法定的平均税额（人均耕地 1～2 亩[①]地区的平均税额）。

在人均耕地低于 0.5 亩的地区，省、自治区、直辖市可以根据当地经济发展情况，适当提高耕地占用税的适用税额，但提高的部分不得超过适用税额的 50%。占用基本农田的，应当按照当地适用税额，加按 150% 征收。

4. 减免税

军事设施、学校、幼儿园、社会福利机构、医疗机构占用耕地，免征耕地占用税。

铁路线路、公路线路、飞机场跑道、停机坪、港口、航道、水利工程占用耕地，减按每平方米 2 元的税额征收耕地占用税。

农村居民在规定用地标准以内占用耕地新建自用住宅，按照当地适用税额减半征收耕地占用税；其中农村居民经批准搬迁，新建自用住宅占用耕地不超过原宅基地面积的部分，免征耕地占用税。

农村烈士遗属、因公牺牲军人遗属、残疾军人以及符合农村最低生活保障条件的农村居民，在规定用地标准以内新建自用住宅，免征耕地占用税。

根据国民经济和社会发展的需要，国务院可以规定免征或者减征耕地占用税的其他情形，报全国人民代表大会常务委员会备案。

免征或者减征耕地占用税后，纳税人改变原占地用途，不再属于免征或者减征耕地占用税情形的，应当按照当地适用税额补缴耕地占用税。

纳税人因建设项目施工或者地质勘查临时占用耕地，应当依法缴纳耕地占用税。纳税人在批准临时占用耕地期满之日起一年内依法复垦，恢复种植条件的，全额退还已经缴纳的耕地占用税。

2019 年 1 月 1 日至 2021 年 12 月 31 日，各省级政府可以对增值税小规模纳税人，在

[①] 1 亩≈667 平方米。

50% 幅度内减征耕地占用税。

5. 征收管理

耕地占用税的纳税义务发生时间为纳税人收到自然资源主管部门办理占用耕地手续的书面通知的当日。纳税人应当自纳税义务发生之日起 30 内申报缴纳耕地占用税。自然资源主管部门凭耕地占用税完税凭证或者免税凭证和其他有关文件发放建设用地批准书。

纳税人不如实申报,逃避纳税的,除补缴全部税款外,处以应纳税额 50% 以上 5 倍以下的罚款;单位或个人获准征(占)用耕地超过两年不使用的,按规定税额加征两成以下耕地占用税。

7.8.2 耕地占用税的计算与核算

耕地占用税的计税依据是企业实际占用的耕地面积,计算公式为

$$应交耕地占用税 = 实际占用耕地面积 \times 适用税率$$

【案例 7-10】某企业征用耕地 15 000 平方米,该地区适用税额为 20 元 / 平方米。计算该企业应缴纳的耕地占用税。

解析:

应缴纳的耕地占用税 = 15 000 × 20 = 300 000(元)

耕地占用税是企业占用耕地建房或从事其他非农业建设时依法缴纳的税款,这部分税款应计入企业购建的固定资产价值,并通过"应交税费——应交耕地占用税"科目核算。

企业计算应缴纳的耕地占用税时:

借:在建工程 300 000
  贷:应交税费——应交耕地占用税 300 000

实际缴纳耕地占用税时:

借:应交税费——应交耕地占用税 300 000
  贷:银行存款 300 000

耕地占用税也可以不通过"应交税费——应交耕地占用税"科目,而是在缴纳时直接通过银行存款账户核算。

▶本章小结

1. 财产税和行为税是针对纳税人拥有某种财产和进行某些应税行为征收的税种,包括房产税、车船税、城镇土地使用税、印花税、契税、环境保护税、车辆购置税、耕地占用税等。

应重点掌握各税种的征税范围。

2.房产税、车船税、城镇土地使用税、印花税、环境保护税等应该计入"税金及附加"的税种，企业每年都要缴纳，应注重对其进行税务筹划。

3.契税、车辆购置税、耕地占用税是一次性缴纳的税种，应注意它们计税依据的确定。

▶思考题

1. 纳税人缴纳的房产税、车船税、城镇土地使用税、印花税，应如何进行账务处理？
2. 契税、车辆购置税、耕地占用税，各以什么为计税依据？
3. 房产税、印花税的税务筹划方法有哪些？

▶练习题与作业题

一、单项选择题

1. 下列房产税的纳税人是（   ）。
   A. 房屋的出典人
   B. 拥有农村房产的农民
   C. 允许他人无租使用房产的房管部门
   D. 产权不明的房屋使用人

2. 某企业有房产 1 000 平方米，房产原值 100 万元。2015 年该企业将其中的 200 平方米的房产出租，年租金 20 万元，已知省政府规定的减除比例为 30%，该企业当年应纳房产税为（   ）。
   A. 0.84 万元　　B. 0.4 万元　　C. 12 万元　　D. 3.072 万元

3. 下列情况免征房产税的有（   ）。
   A. 外贸出口企业仓库用房
   B. 个人无租使用免税单位房屋用于经营
   C. 个人出租自有住房
   D. 学校的办公用房

4. 下列应征收房产税的项目是（   ）。
   A. 集团公司的仓库　　B. 加油站的罩棚　　C. 股份制企业的围墙　　D. 工厂的独立烟囱

5. 下列情况中应缴纳土地使用税的是（   ）。
   A. 某县城军事仓库用地
   B. 某煤矿仓库用地
   C. 某村农产品收购站用地
   D. 某镇标志性广场用地

6. 某公司 2017 年实收资本和资本公积合计为 200 万元，已经全额贴花，2018 年收到捐赠货物 20 万元，2018 年应贴的印花税票为（   ）元。
   A. 0　　B. 5　　C. 67　　D. 100

7. 下列各项中，不属于印花税应税凭证的是（   ）。
   A. 无息、贴息贷款合同
   B. 发电厂与电网之间签订的电力购售合同

C. 产权所有人将财产赠与社会福利单位的书据

D. 银行因内部管理需要设置的现金收付登记簿

8. 某国有粮食收购站与农民签订的农副产品收购合同（　　　）。

   A. 免纳印花税　　　　　　　　　　B. 按购销合同由收购站贴花，农民免于贴花

   C. 按购销合同由双方各自贴花　　　D. 按购销合同由农民贴花，收购站免于贴花

9. 下列各项中，应征收契税的是（　　　）。

   A. 法定继承人承受房屋权属　　　　B. 企业以行政划拨方式取得土地使用权

   C. 承包者获得农村集体土地承包经营权　　D. 运动员因成绩突出获得国家奖励的住房

10. A、B 两人因需要互换房产，经评估部门确认，A 的房产价值为 400 万元，B 的房产价值为 500 万元，该地方契税适用率为 3%，则应纳契税（　　　）万元。

    A. 4.2　　　　　B. 3.6　　　　　C. 3　　　　　D. 10.4

二、多项选择题

1. 下列情况中应征房产税的有（　　　）。

   A. 高等院校教学用房　　　　　　　B. 中小学出租房屋

   C. 军队办的对外营业的招待所　　　D. 区政府办公用房

2. 下列情况中，属于房产税征税范围的有（　　　）。

   A. 工业企业的厂房　　　　　　　　B. 商业企业的仓库

   C. 工业企业的厂区围墙　　　　　　D. 股份制企业的露天游泳池

3. 下列关于房产税计税依据的说法，正确的有（　　　）。

   A. 融资租赁的房屋，以房产原值为计税依据

   B. 联营投资的房产，收取固定收入的，比照租金收入计税

   C. 联营投资的房产，共担风险、共负盈亏的，以房产余值为计税依据

   D. 出租房产的，以租金为计税依据

4. 下列各项中，暂免或不征收房产税的有（　　　）。

   A. 房管部门向居民出租的公有住房　　B. 企业向职工出租的单位自有住房

   C. 用地下人防设施开办的商店　　　　D. 个人对外出租的自有住房

5. 下列属于房产税纳税人的有（　　　）。

   A. 出租住宅的城市居民　　　　　　B. 出租住房的县城企业

   C. 出租房屋的事业单位　　　　　　D. 出租住房的乡村农民

6. 下列免征房产税的项目有（　　　）。

   A. 国家图书馆的藏书用房　　　　　B. 行政单位附属招待所用房

   C. 人民团体的办公用房　　　　　　D. 尼姑庵中尼姑的生活用房

7. 下列属于城镇土地使用税纳税人的有（　　　）。

   A. 拥有土地使用权的外资企业　　　B. 用自有房产经营小卖部的个体工商户

C. 拥有农村承包责任田的农民　　　　D. 拥有国拨土地自身经营的国有企业

8. 下列各项中，应征收土地使用税的有（　　）。
   A. 学校教师食堂用地　　　　　　　B. 工厂实验室用地
   C. 公园内茶社用地　　　　　　　　D. 百货大楼仓库用地

9. 下列各项中，应征收土地使用税的有（　　）。
   A. 用于水产养殖的生产用地　　　　B. 名胜古迹园区内附设的茶水部用地
   C. 公园中管理部门办公用地　　　　D. 对社会营业的学校食堂用地

10. 下列各项中，应征收印花税的是（　　）。
    A. 分包或转包合同　　　　　　　　B. 会计咨询合同
    C. 财政贴息贷款合同　　　　　　　D. 未列明金额的购销合同

11. 下列各项中，应当征收契税的有（　　）。
    A. 以房抵债　　　　　　　　　　　B. 将房产赠与他人
    C. 以房产作投资　　　　　　　　　D. 子女继承父母房产

12. 契税的征税对象具体包括（　　）。
    A. 土地使用权的转让　　　　　　　B. 房屋买卖
    C. 房屋交换　　　　　　　　　　　D. 国有土地使用权的出让

13. 下列各项中，以成交价格为契税计税依据的有（　　）。
    A. 等价交换房屋　　　　　　　　　B. 国有土地使用权出让
    C. 土地使用权出售　　　　　　　　D. 受赠房屋

14. 下列合同中，适用1‰印花税税率的有（　　）。
    A. 财产租赁合同　　　　　　　　　B. 仓储保险合同
    C. 财产保管合同　　　　　　　　　D. 股权转让书据

15. 下列说法中，正确的有（　　）。
    A. 同一投资主体内部所属企业之间土地、房屋权属的划转，免征契税
    B. 企业破产的，债权人承受破产企业抵偿债务的土地、房屋权属，免征契税
    C. 企业分立为与原公司投资主体相同的公司，分立后公司承受原企业土地、房屋权属，免征契税
    D. 企业合并时，原投资主体存续的，承受合并各方土地、房屋权属，免征契税

三、判断题

1. 纳税单位无租使用免税单位的房产不缴纳房产税。（　　）
2. 某企业分别与他人签订了经营租赁合同和融资租赁合同各一项，该企业按照两项租赁合同金额的1‰缴纳印花税。（　　）
3. 城镇土地使用税的征收范围是城市、县城、建制镇、工矿区范围内的国家所有的土地。（　　）
4. 承受与房屋相关的汽车库所有权的，应征收契税。（　　）
5.《印花税暂行条例》规定，合同的担保人不是印花税的纳税人。（　　）

附 录

部分练习题与作业题参考答案

第 1 章

一、单项选择题

1. A　2. D　3. B　4. D

5. D　**解析**：现代企业具有生存权、发展权、自主权和自保权，其中自保权就包含了企业对自己经济利益的保护。纳税关系到企业的重大利益，享受法律的保护并进行合法的税务筹划，是企业的正当权利。

二、多项选择题

1. ABCD　2. BCD　3. ABD　4. ABCD　5. ABCD　6. BD

三、判断题

1. 错　**解析**：会计主体是财务会计为之服务的特定单位或组织，会计处理的数据和提供的财务信息，被严格限制在一个特定的、独立的或相对独立的经营单位之内，典型的会计主体是企业。纳税主体必须是能够独立承担纳税义务的纳税人。在一般情况下，会计主体应是纳税主体。但在特殊或特定情况下，会计主体不一定就是纳税主体，纳税主体也不一定就是会计主体。

2. 对

3. 错　**解析**：避税是纳税人应享有的权利，即纳税人有权依据法律的"非不允许"进行选择和决策，是一种合法行为。

4. 错　**解析**：税负转嫁是纳税人通过价格的调整与变动，将应纳税款转嫁给他人负担的过程。因此税负转嫁不适用于所得税，只适用于流转税。

四、案例分析题

提示：可以扣押价值相当于应纳税款的商品，而不是"等于"。

第 2 章

一、单选题

1. D 2. D 3. A 4. C 5. B 6. D 7. A 8. B 9. C 10. C

11. C   12. A（2019 年 4 月 1 日起，均当期全额抵扣进项税额。）

二、多选题

1. ABCD

2. ABCD

3. ABCD

4. ABC   **解析**：销售房地产老项目适用 5% 的征收率。

5. CD   **解析**：进口货物适用税率为 13% 或 9%，与纳税人规模无关。

6. ABCD

7. ABC   **解析**：纳税人取得的存款利息收入，免税。

8. ACD   **解析**：农民销售自产粮食，免税。

9. ABD   **解析**：2019 年 4 月 1 日起，旅客运输服务取得客票，可以抵免进项税额。

10. ABCD

11. ABCD

12. AB   **解析**：一般纳税人出售老项目选择简易计税以及小规模纳税人出售其自行开发的房地产项目，均不得扣除土地价款。

三、判断题

1. 错   **解析**：增值税只就增值额征税，如果相同税率的商品的最终售价相同，其总税负就必然相同，而与其经过多少个流转环节无关。

2. 对

3. 对   **解析**：2009 年 1 月 1 日实施增值税转型，我国全面实施消费型增值税。

4. 错   **解析**：已经抵扣了进项税额的购进货物，投资给其他单位应视同销售，计算增值税的销项税额。

5. 错   **解析**：小规模纳税人不存在抵扣的问题，只有一般纳税人外购小轿车自用所支付价款及其运费，取得了专用发票，才允许抵扣进项税额。

6. 对   **解析**：只有境内运费才允许单独抵扣。境外运费作为进口商品完税价格的组成部分。

7. 对

8. 对

9. 错   **解析**：搬家公司搬运货物收入属于物流辅助服务，适用 6% 税率。

10. 对

11. 对

12. 对

第 3 章

一、单项选择题

1. A 解析：啤酒屋销售的自制扎啤应缴纳消费税；土杂商店出售的烟火鞭炮在生产出厂环节缴纳消费税，商业零售环节不缴；卡车不是消费税的征税范围。使用过的小轿车不交消费税，只交增值税。

2. A 解析：征收消费税的汽车包括小轿车、越野车、小客车。电动汽车、沙滩车、大客车都不属于消费税的征税范围。

3. C 解析：卷烟的批发环节缴纳消费税；金银首饰在零售环节缴纳消费税；酒类产品在生产环节缴纳消费税 酒精属于非应税消费品。

4. D 解析：只有用于连续生产应税消费税的自用消费品，才不需要缴纳消费税。

5. D 解析：自制涂料用于粉刷办公楼，属于用于非消费税应税项目，使用时纳税。自制烟丝用于继续加工成卷烟属于连续生产应税消费品；酒精不缴纳消费税。

6. A 解析：消费税一般在生产和进口环节征收，零售电池、涂料和零售啤酒不是纳税环节；高档家具不属于消费税征税范围。

7. D 解析：提回后用于连续生产应税消费品时不缴纳消费税，最终消费品销售时缴纳消费税；提回后用于生产非应税消费品时不纳税；提回后按加工环节计税价格直接平价出售时不纳税；提回后以加工环节计税价格为基础加价出售时应缴纳消费税。

8. C 解析：电动汽车、高尔夫球车、40 座的大客车，均不属于征税范围。

二、多项选择题

1. AC 解析：啤酒、黄酒、汽油、柴油采用定额税率征收消费税。葡萄酒、烟丝采用比例税率计算消费税。

2. ABCD 解析：AB 属于视同销售应缴纳消费税；C 在出厂环节计算缴纳消费税；D 直接加价销售时还要缴纳消费税。

3. ACD 解析：连续生产非应税率品在移送环节缴纳消费税；金银首饰、钻石及饰品在零售环节缴纳消费税；卷烟在货物批发环节缴纳消费税；不动产转让不是消费税征税范围。

4. ABD 解析：对饮食业、商业、娱乐业举办的啤酒屋生产的啤酒，应当征收消费税。其销售额还应当征收增值税，按消费税与增值税之和计征城建税和教育附加。

5. BD 解析：A 属于连续生产应税消费品；BD 属于视同销售；C 酒精属于非应税项目。

6. ABD 解析：一般消费品都在生产环节和进口环节缴纳消费税，特殊的是卷烟，除生产环节缴纳消费税外，在批发环节还要再缴纳消费税。

7. ACD 解析：一般情况下，增值税和消费税的税基相同，均为含有消费税不含增值税的销售额；销售货物在统一征收增值税后，应税消费品再征收一道消费税，非应税消费品只征收增值税。

8. AD　　解析：属于消费税同一税目的才可以抵扣，但白酒不可以抵扣。

9. ABD　　解析：只有连续生产应税消费品时，不缴纳消费税，其他方面自用时，都应缴纳消费税。

10. ABC　　解析：D高尔夫球车不属于消费税征税范围。

三、判断题

1. 对　　解析：对啤酒、黄酒以外的酒类产品押金，不论到期与否，发出时均应并入销售额计征增值税。

2. 对

3. 错

4. 错　　解析：化妆品在生产、批发、零售环节均要缴纳增值税，但消费税仅在出厂销售环节缴纳。

5. 对

6. 对　　解析：消费税采用实耗扣税法，而增值税采用购进扣税法。

7. 对

8. 错　　解析：除了卷烟以外的应税消费品，进口环节缴纳消费税后，国内的批发和零售环节，不再缴纳消费税。

9. 对

10. 对

第4章

一、单项选择题

1. D　　解析：城建税的计税依据是纳税人实际缴纳的"三税"税额，不包括非税款项。

2. D　　解析：当月免抵的增值税税额，纳入城建税计税范围。

3. D　　解析：货物运抵境内输入地点起卸前的支出，都计入完税价格。

4. B

5. A　　解析：转让二手房能扣除的是以全部重置成本为基础计算的评估价格。

6. C　　解析：个人之间互换自有住房，免征土地增值税；企业之间房地产交换，缴纳土地增值税；兼并企业从被兼并企业得到房地产，不征土地增值税；非房地产企业间用房地产进行投资，免征土地增值税。

7. C

8. D　　解析：到达中国口岸起卸前的支出计入进口货物的关税完税价格。

二、多项选择题

1. ABCD

2. AC

3. BD　　解析：转让房地产时缴纳的税金包括增值税、印花税、城建税及教育附加（视同税金）。其中，增值税是价外税，不允许扣除。契税由购买、承受方缴纳，房地产开发企业作为销售方并不涉及。

4. ABCD

5. ABC

6. ABC **解析**：房地产企业可以加扣 20%，非房地产企业不得加扣 20%。

7. ABD **解析**：进口关税计入货物成本。

8. BC **解析**：买地卖地按差价缴纳增值税；缴纳土地增值税时，只允许扣除买地支付的款项和卖地时支付的相关税费，没有开发，不得加计扣除 20%。

三、判断题

1. 错 **解析**：缴纳增值税和消费税的纳税人不在县城、镇的，城建税税率为 1%。城建税的征税范围遍及城乡。

2. 错 **解析**：房地产开发企业转让新开发房地产缴纳的印花税，在计算土地增值税时不允许扣除，其他企业转让新开发房地产缴纳的印花税，允许扣除；转让二手房缴纳的印花税，允许扣除；转让土地使用权缴纳的印花税，允许扣除。

3. 对

4. 错 **解析**：城建税的计税依据不包括滞纳金、罚款等非税款项。

5. 错 **解析**：本命题缺少一个关键条件——纳税人建造普通标准住宅出售的，其增值额未超过扣除项目金额 20% 的房地产开发项目，免征土地增值税。

6. 对

7. 错 **解析**：原产于我国境内的货物，进口时采用最惠国税率。

8. 对

9. 对

10. 错 **解析**：进口关税和出口关税的计税依据中都不包含关税本身。

第 5 章

一、单项选择题

1. C

2. B **解析**：不得从销项税金中抵扣的进项税金，应视同财产损失，准予与存货损失一起在所得税前按规定扣除。

   不得抵扣的进项税 = 20 000 × 60% × 13% = 1 560（元）

3. C

4. B

5. D **解析**：ABC 为企业所得税免税项目。

6. C

7. C **解析**：团体意外伤害险属于一般商业保险，不得在所得税前扣除。

8. A **解析**：A 属于营业收入；BCD 属于资本利得。

9. A

10. B　**解析**：技术范围包括专利技术、计算机软件著作权、集成电路布图设计权、植物新品种、生物医药新品种等；技术转让收入不包括销售或转让设备、仪器、零部件、原材料等非技术性收入；只有在合同中约定并随技术转让收入一并收取的技术咨询、技术服务、技术培训收入，才可以享受税收优惠。

二、多项选择题

1. BCD　2. ABD　3. ABCD　4. BCD　5. ACD　6. ABD　7. ABD　8. ACD　9. ABC　10. ABCD

三、判断题

1. 对

2. 对

3. 错　**解析**：企业应从固定资产使用月份的次月起计算折旧；停止使用的固定资产，应从停止使用月份的次月起停止计算折旧。

4. 错　**解析**：企业从事国家重点扶持的公共基础设施项目的投资经营所得，从项目取得第一笔生产经营收入所属纳税年度起，第1～3年免征企业所得税，第4～6年减半征收企业所得税。

5. 对

6. 错　**解析**：只有企业实际发生的合理的工资、薪金支出，才准予扣除。

7. 错　**解析**：只有直接或间接持股之和达100%技术转让所得，不享受减免税优惠。

8. 对

9. 错　**解析**：委托外部进行研发活动，研究开发费的80%可以享受加计扣除的税收优惠。

10. 错　**解析**：所有行业的企业新购进研发仪器、设备，单价不超过100万元，允许一次性计入当期成本费用在税前扣除。

第6章

一、单选题

1. D　**解析**：非居民个人在境外工作期间取得的所得，不在中国缴纳个人所得税。

2. C

3. C　**解析**：只有经营所得不适用代扣代缴方式纳税。

4. D　**解析**：职工困难补助、供暖费补贴、职工异地安家费均属于无须缴纳个人所得税的职工福利。

5. D　**解析**：个人将购买2年以上的住房对外销售，暂免征收增值税，仅适用于除北上广深以外的地区。

二、多选题

1. AD　**解析**：居民个人的判定条件一是住所——习惯性居住；二是居住时间——在一个纳税年度内

在中国境内住满 183 天。

2. ABCD

3. ABCD

4. ABCD

5. ABD　**解析**：股份制企业为个人股东购买住房而支出的款项和股份制企业的个人投资者在年度终了后既不归还，又未用于企业生产经营的借款，均视同利润分配，缴纳个人所得税。

6. ABC　**解析**：2008 年 10 月 9 日以后，储蓄存款利息收入，暂免征收个人所得税。

7. ABCD

8. AC　**解析**：我国根据住所和居住时间是否超过 1 年为标准。

9. ABC　**解析**：个人出书取得的版税收入属于稿酬，在减除 20% 的基础上按 70% 计入应税所得额。

10. BCD　**解析**：在职人员兼职取得的收入，属于劳务报酬纳税。

三、判断题

1. 错　**解析**：个人购买国家发行的金融债券的利息免税，但购买企业债券的利息照章纳税。

2. 对

3. 对

4. 错　**解析**：按《税法》规定，个体户与生产经营无关的各项应税所得，应分别适应各应税项目的规定计算征收个人所得税。个体户从联营企业分得的利润，应按"利息、股息、红利"所得项目征收个人所得税。

5. 错　**解析**：居民纳税人从中国境内和境外取得的工资薪金所得，应合并计算应纳税额。

6. 错　**解析**：捐赠额在应纳税所得额 30% 以内，可以在计算个人所得税时扣除。

7. 对

第 7 章

一、单项选择题

1. D　**解析**：房屋出典的，由承典人纳税；农村不是房产税的开征区域，农村农民不是房产税的纳税人；无租使用房产的，由使用人纳税；产权未确定的，由代管人或使用人纳税。

2. D　**解析**：$100 \times (1\,000 - 200) \div 1\,000 \times (1 - 30\%) \times 1.2\% + 20 \times 12\% = 3.072$（万元）

3. D　**解析**：学校非经营用房均免税。

4. A　**解析**：A 属于房屋，其他不属于房屋。

5. B　**解析**：县城军事仓库用地免税；煤矿仓库用地属于企业经营用地，应纳税；村不属于土地使用税的征税范围；镇标志性广场用地属于公共用地，免税。

6. A　**解析**：按照新准则规定，接受捐赠计入营业外收入。

7. D　**解析**：无息、贴息贷款合同属于印花税应税凭证，但享受免税优惠；企业内部管理设置的登记簿不属于印花税应税范围。

8. A　解析：国家指定部门与农民签订的农副产品收购合同免纳印花税。

9. D　解析：A 免税；BC 不属于契税征税范围；D 属于获奖方式取得房屋土地权属，应征收契税。

10. C　解析：由付出差价的 A 缴纳差价部分应纳契税。

　　应纳契税 = (500 − 400) × 3% = 3（万元）

二、多项选择题

1. BC

2. AB　解析：厂区围墙和露天游泳池不具备房屋特征。

3. BCD　解析：融资租赁的房屋，以房产余值为计税依据。

4. ABC　解析：个人对外出租的自有住房，属于经营性租赁，应缴纳房产税。

5. ABC　解析：出租房屋取得收入的单位和个人都是纳税人，但乡村不在纳税范围内。

6. ACD　解析：行政单位附属招待所用房属于经营性用房，需要纳税。

7. ABD　解析：农村的土地属于集体所有，不属于土地使用税征税范围。

8. BCD　解析：学校教师食堂用地属于免税单位自身经营用地。

9. BD　解析：直接用于农林牧渔业用地免税；公园和名胜古迹园区内游览和办公用地免税，但附设的茶水部用地征税；对社会营业的学校食堂有经营性质，其用地应征。

10. AD　解析：即便施工单位总承包合同贴花了，分包或转包合同作为新的凭证也要贴花；会计咨询合同不属于技术咨询，所立合同不贴印花；政府贴息贷款属于印花税免税项目；未列明金额的购销合同应按合同所列数量和国家牌价计算金额贴花，没有国家牌价的按市场价格计算贴花。

11. ABC　解析：子女继承父母房产属于法定继承人继承土地房屋权属，不征契税。

12. ABCD

13. BC　解析：等价交换房屋免契税；受赠房屋参照市场上同类价格计征契税。

14. ABCD

15. ABCD

三、判断题

1. 错　解析：纳税单位无租使用免税单位的房产应由使用人代缴房产税。

2. 错　解析：融资租赁合同应按借款合同万分之零点五计算贴花。

3. 错　解析：城镇土地使用税的征收范围是城市、县城、建制镇、工矿区范围内的国家所有和集体所有的土地。

4. 对

5. 对

参 考 文 献

[1] 中国注册会计师协会. 2016年度注册会计师全国统一考试指定辅导教材：税法 [M]. 北京：经济科学出版社，2016.
[2] 盖地. 税务筹划学 [M]. 北京：中国人民大学出版社，2009.
[3] 计金标. 税收筹划 [M]. 3版. 北京：中国人民大学出版社，2010.
[4] 梁文涛. 纳税筹划实务 [M]. 北京：清华大学出版社，2012.
[5] 国家税务总局教材编写组. 财务会计（税务版）[M]. 北京：人民出版社，2011.

推荐阅读

中文书名	原作者	中文书号	定价
会计学：企业决策的基础（财务会计分册·原书第17版）	简R.威廉姆斯（田纳西大学）	978-7-111-56867-4	75.00
会计学：企业决策的基础（管理会计分册·原书第17版）	简R.威廉姆斯（田纳西大学）	978-7-111-57040-0	59.00
会计学：企业决策的基础（财务会计分册·英文原书第17版）	简R.威廉姆斯（田纳西大学）	978-7-111-58012-6	99.00
会计学：企业决策的基础（管理会计分册·英文原书第17版）	简R.威廉姆斯（田纳西大学）	978-7-111-58011-9	85.00
管理会计（原书第14版）	雷H.加里森（杨百翰大学）	978-7-111-55796-8	79.00
财务会计教程（原书第10版）	查尔斯 T.亨格瑞（斯坦福大学）	978-7-111-39244-6	79.00
管理会计教程（原书第15版）	查尔斯 T.亨格瑞（斯坦福大学）	978-7-111-39512-6	88.00
财务会计：概念、方法与应用（原书第14版）	罗曼 L.韦尔	978-7-111-51356-8	89.00
会计学：教程与案例（管理会计分册原书第13版）	罗伯特N.安东尼（哈佛大学）	978-7-111-44335-3	45.00
会计学：教程与案例（财务会计分册原书第13版）	罗伯特N.安东尼（哈佛大学）	978-7-111-44187-8	49.00
亨格瑞会计学：管理会计分册（原书第4版）	特蕾西·诺布尔斯	978-7-111-55407-3	69.00
亨格瑞会计学：财务会计分册（原书第4版）	特蕾西·诺布尔斯	978-7-111-59907-4	89.00
会计学（原书第5版）	卡尔 S.沃伦（佐治亚大学）	978-7-111-53005-3	69.00
会计学基础（原书第11版）	莱斯利 K.布莱特纳	978-7-111-44815-0	39.00
公司理财（原书第11版）	斯蒂芬A.罗斯（MIT斯隆管理学院）	978-7-111-57415-6	119.00
财务管理（原书第14版）	尤金F.布里格姆（佛罗里达大学）	978-7-111-58891-7	139.00
高级经理财务管理：创造价值的过程（原书第4版）	哈瓦维尼（欧洲工商管理学院）	978-7-111-56221-4	89.00

推荐阅读

中文书名	作者	书号	定价
税务会计与税务筹划（第6版）	王素荣（对外经济贸易大学）	978-7-111-57537-5	45.00
成本管理会计（第4版）	崔国萍（河北经贸大学）	978-7-111-58015-7	49.00
企业财务分析（第3版）	袁天荣（中南财经政法大学）	978-7-111-60517-1	45.00
成本会计	李玉周（西南财经大学）	978-7-111-59111-5	45.00
财务会计学	徐泓（中国人民大学）	978-7-111-55753-1	45.00
基础会计学（第2版）	潘爱玲（山东大学）	978-7-111-57991-5	39.00
基础会计学（第4版）	徐泓（中国人民大学）	978-7-111-60517-1	45.00
财务管理原理（第3版）	王明虎（安徽工业大学）	978-7-111-59375-1	45.00
财务管理专业英语（第3版）	刘媛媛（东北财经大学）	978-7-111-47499-9	30.00
管理会计：理论·模型·案例（第2版）	温素彬（南京理工大学）	978-7-111-46850-9	40.00
会计信息系统（第3版）	韩庆兰（中南大学）	978-7-111-54896-6	39.00
审计学（第2版）	叶陈刚（对外经济贸易大学）	978-7-111-50635-5	39.00
成本与管理会计（第4版）	赵书和（天津工业大学）	978-7-111-49580-2	39.00
海外投资税务筹划	王素荣（对外经济贸易大学）	978-7-111-59305-8	89.00
政府与非营利组织会计（第2版）	杨洪（武汉纺织大学）	978-7-111-54822-5	49.00
会计审计专业英语（第3版）	贺欣（中南财经政法大学）	978-7-111-51721-4	30.00
公司财务管理（第2版）	马忠（北京交通大学）	978-7-111-48670-1	69.00
公司财务管理案例分析	马忠（北京交通大学）	978-7-111-49470-6	55.00

推荐阅读

中文书名	原作者	中文书号	定价
公司理财（原书第11版）	斯蒂芬A.罗斯（MIT斯隆管理学院）	978-7-111-57415-6	119.00
公司理财（英文版·原书第11版）	斯蒂芬A.罗斯（MIT斯隆管理学院）	978-7-111-58856-6	145.00
公司理财（精要版·原书第10版）	斯蒂芬A.罗斯（MIT斯隆管理学院）	978-7-111-47887-4	75.00
公司理财精要（亚洲版）	斯蒂芬A.罗斯（MIT斯隆管理学院）	978-7-111-52576-9	59.00
公司理财（精要版·英文原书第10版）	斯蒂芬A.罗斯（MIT斯隆管理学院）	978-7-111-44907-2	99.00
公司理财习题集（第8版）	斯蒂芬A.罗斯（MIT斯隆管理学院）	978-7-111-32466-9	42.00
财务管理（原书第14版）	尤金F.布里格姆（佛罗里达大学）	978-7-111-58891-7	139.00
中级财务管理（原书第11版）	尤金F.布里格姆（佛罗里达大学）	978-7-111-56529-1	129.00
财务管理精要（亚洲版·原书第3版）	尤金F.布里格姆（佛罗里达大学）	978-7-111-57017-2	125.00
财务管理精要（英文版·原书第3版）	尤金F.布里格姆（佛罗里达大学）	978-7-111-57936-6	129.00
高级经理财务管理：创造价值的过程（原书第4版）	哈瓦维尼（欧洲工商管理学院）	978-7-111-56221-4	89.00
国际财务管理（原书第8版）	切奥尔·尤恩	978-7-111-60813-4	79.00
管理会计（原书第14版）	雷H.加里森（杨百翰大学）	978-7-111-55796-8	79.00
财务管理：以EXCEL为分析工具（原书第4版）	格莱葛W.霍顿	978-7-111-47319-0	49.00
投资学（原书第10版）	滋维·博迪	978-7-111-57407-1	149.00